Development Report
on Confucius Institute Studies

孔子学院研究发展报告

主 编 宁继鸣

2016

2016年·北京

教育部人文社会科学研究一般项目"孔子学院的文化功能与社会价值研究"（13YJAZH066）

主编

宁继鸣

副主编

马晓乐　王彦伟

作者
（按音序排列）

马晓乐　宁继鸣　王　琦　王彦伟　阎　啸　袁　凯　周汶霏

语言是了解一个国家最好的钥匙，孔子学院是世界认识中国的一个重要平台。作为中外语言文化交流的窗口和桥梁，孔子学院和孔子课堂为世界各国民众学习汉语和了解中华文化发挥了积极作用，也为推进中国同世界各国人文交流、促进多元多彩的世界文明发展做出了重要贡献。（习近平在全英孔子学院和孔子课堂年会开幕式上的致辞，2015年10月22日）

世界各国人民创造的灿烂文化，是人类共同的宝贵财富。我们应该通过交流互鉴和创造性发展，使之在当今世界焕发出新的生命力。孔子学院属于中国，也属于世界。中国政府和人民将一如既往支持孔子学院发展。让我们一起努力，推动人类文明进步，推动人民心与心的交流，共同创造人类更加美好的明天。（习近平致全球孔子学院建立十周年暨首个全球"孔子学院日"的贺信，2014年9月25日）

| 序 |

中国话语的一种表达
——"命运共同体"框架下的孔子学院

当前,中国进行话语表述的系统和业态很多,本报告致力研究的孔子学院便是其中之一。尽管全球孔子学院规模初具,然其蒸蒸日上之势令世界刮目相看,耳目一新。孔子学院世界存在的形态与内涵,建构了一种基于汉语教学与文化传播的话语生产机制,搭建了一个在全球环境和"命运共同体"框架下,代表中国话语表达的一种极富影响力的教育合作与文化传播模式。孔子学院的话语表达方式是系统而独特的,主要体现在基于物理存在与传播实践的话语表达,基于文本呈现与内涵诠释的话语表达以及基于价值生成与影响扩散的话语表达。

一

"语言是了解一个国家最好的钥匙,孔子学院是世界认识中国的一个重要的平台。"[①]"世界各国人民创造的灿烂文化,是人类共同的宝贵财富。我们应该通过交流互鉴和创造性发展,使之在当今世界焕发出新的生命力。孔子学院属于中国,也属于世界。"[②]

党的十八大以来,党中央、国务院更加重视孔子学院工作。习近平总书记、李克强总理等中央领导同志多次做出重要批示和指示,多次见证孔子学院协议

---

① 习近平. 在全英孔子学院和孔子课堂年会上的讲话. 2015 年 10 月 22 日.
② 习近平. 致全球孔子学院建立十周年暨首个全球"孔子学院日"的贺信. 2014 年 9 月 25 日.

签署或出席有关活动。2014年3月，习近平访问德国期间，专门与孔子学院师生代表和汉学家座谈，指出要"进一步发挥孔子学院作用，加大语言交流合作和中西方比较研究"。2013年，国务院办公厅发布《孔子学院发展规划（2012—2020年）》，为孔子学院可持续发展提供了制度保障。

10多年前，孔子学院在借鉴世界语言推广机构建设经验和成果的基础上，作为一个以汉语教学和文化传播为主旨的全球非营利性教育组织应运而生。经过不懈坚持和努力，孔子学院从建设初期的模仿与探索，发展到了如今的引领与创新，成为开创当代人文交流与国际教育合作的典范。孔子学院作为综合文化交流平台的作用与共识更加深入人心，世界对孔子学院的认知与认同也在不断地明确和深化。如英国文化委员会首席执行官马丁、歌德学院主席雷曼等所说，孔子学院仅用短短几年时间，走完了英、法、德、西等国语言推广机构几十年甚至上百年的路，如同中国经济发展一样，堪称世界奇迹。美国布鲁金斯学会主席约翰·桑顿说，孔子学院坚持这样办下去，30年不动摇，世界将会大变样。《纽约时报》《泰晤士报》等诸多媒体发表评论认为，孔子学院是迄今为止中国出口的最好最妙的文化产品。[①]

如果说国家领导人和外国政要对孔子学院的定位和评价代表一种声音，那么来自孔子学院一线教师的感慨则代表了更为普遍的心声。2014年9月，《人民日报》刊登了一篇海外汉语教师撰写的文章，题目是《孔子学院，为世界捧出"中国读本"》，作者提出"孔子学院已不再是单一的语言文化推广机构，而是成为传播中华文化的文明使者，成为'讲清楚每个国家和民族的历史传统、文化积淀、基本国情'的平台"[②]。诚如其言，"平台"和"读本"的理念成为诸多孔子学院建设者、实践者所秉承的信条。这种来自基层和个体的感悟，是更加值得重视的。当一个人自觉地认为自己是国家文化交流平台上的"舞者"，是代表国家的"名片"和"读本"时，必将汇聚成一种力量，这是一种可以促进民族文化复兴的力量，一种具有革新和引领意义的力量。通过这个平台和读

[①] 孔子学院总部. 孔子学院10年发展回顾[EB/OL]. 中国网. http://news.china.com.cn/world/2014-09/15/content_33514532.htm, 2014-09-15.

[②] 周长鲜. 孔子学院，为世界捧出"中国读本"[N]. 人民日报，2014-09-24.

本，世界开启了对中国新的阅读与关注，中国也因为全球孔子学院的兴起开启了一种新的言说和讲述。在世界130多个国家和地区，在日出日落之间、东方西方之间，孔子学院每天都在讲述着生动而丰富的中国故事，讲述着中华民族先天的气质和她后天的成长，讲述着她厚德载物、仁爱宽厚的秉性和天道酬勤、自强不息的信条，叙述着她的兼容并蓄和睦邻友善，当然也叙说着中国家庭、里弄间的市井生活，以及城市和乡村的困扰与新貌。

二

每个民族和国家都在思考全球化背景下自身的定位与发展问题、自身的外部形象塑造问题，特别是新的话语建构问题，如在国际社会交往中，如何开展自己的话语表达并形成自身的话语生产框架与机制等问题。中国是世界中的一个存在，"'世界中的'是中国这一存在的本质特征，解读它则总是需要和这个世界联系在一起，而这个世界必然包括了围绕中国的话语和表述"。"如果没有语言和关于中国的话语建构，中国就不可能有意义地存在"。[①]

"扩大对外文化交流，加强国际传播能力和对外话语体系建设，推动中华文化走向世界，鼓励社会组织、中资机构等参与孔子学院和海外文化中心建设，承担人文交流项目。积极吸收借鉴国外一切优秀文化成果，引进有利于文化发展的人才、技术、经营管理经验。"[②]这段文字源于中国共产党十八届三中全会的《决定》，目标是明确的，导向是清晰的，任务是艰巨的。

孔子学院前期发展的主要目标和成就表现为规模和布点，时至今日，提升质量规范运营、促进理解推动合作、深耕细作扩大影响，特别是获得社会的普遍了解和支持，已成为当前孔子学院建设与发展需要特别关注和加强的方面。正如《孔子学院10年发展回顾》一文所讲，今后的发展与建设，迫切需要进一步创新中华文化走出去的体制机制、方式方法和渠道途径，进一步充分发挥

[①]〔澳〕潘成鑫. 国际政治中的知识、欲望与权力：中国崛起的西方叙事[M]. 张旗译. 北京：社会科学文献出版社，2016, p10.
[②] 中共中央关于全面深化改革若干重大问题的决定. 2013-11-12.

孔子学院综合文化交流平台作用，着力打造融通中外的新概念、新范畴、新表述，讲好中国故事，传播好中国声音，增强在国际上的话语权。

然而，中国并不是一个善于言说的国度，素来以圣人"敏于行而讷于言"的教导为价值取向，认为事实大于雄辩，崇尚实干兴邦、实践先行，对于言说自我总是或多或少带有内敛的腼腆。所以很久以来，中国在世界上的形象主要是以一种"他者塑造"的模式演进着，无论是《马可·波罗游记》对古老神秘中国的介绍，还是外国传教士对中国寰宇的地理标记，对中国古代思想和科技成果的推介，或是西班牙门多萨《中华大帝国志》对中国生活方式的描绘，世界在很大程度上是通过这些话语和文本间接地感知和了解中国。也许很多人对那些耳熟能详的表述还记忆犹新。列夫·托尔斯泰说："中国人是世界上最爱好和平的民族。他们不想占有别人的东西，他们也不好战。"[1] 歌德说："中国人在思想、行为和情感方面，几乎和我们一样；只是在他们那里，一切都比我们这里更明朗，更纯洁，更合乎道德。"[2] 莱布尼茨告诉世界："全人类最伟大的文化和最发达的文明仿佛今天汇集在我们大陆的两端，即汇集在欧洲和位于地球另一端的东方的欧洲——中国。"[3] 这些话语今天读来依然真切温暖，民族自豪感油然而生。但是这种话语呈现背景和言说视角的选择伴随着历史的斑驳也摇曳多变。特别是，随着近年来中国经济的不断增长，以及在国际社会中逐渐显现出来的大国责任、义务和贡献，"中国威胁论""中国机遇论"，以及"黄祸论""垮台论""博弈论""崛起论"等各种声音相继而来，时而高亢，时而低缓，时而友善，时而尖锐。对于他者的言论，作为被言说的主体，可以在意也可以忽略，可以参照也可以不屑。然而，作为任何一个价值主体，总要面临自我形象建构的问题，总要面临言说与实践并驾齐驱的问题，总要面对自身话语表达的问题。特别是在今天这个开放而交织的时代，"你中有我""我中有你"，任何国家和民族都不可能孤立存在，也不是保持缄默就可以实现价

---

[1]〔俄〕列夫·托尔斯泰. 中国的贤哲——孔子的著作，列夫·托尔斯泰文集（第15卷）[M]. 北京：人民文学出版社，1989，p71.

[2]〔德〕爱克曼辑录. 歌德谈话录 [M]. 朱光潜译. 北京：人民文学出版社，2008，p102.

[3]〔德〕G. G. 莱布尼茨. 中国近事——为了照亮我们这个时代的历史 [M]. 杨葆筠译. 河南：大象出版社，2005，p1.

值与选择的中立。全球化的裹胁性具有强大的同化能力，保持国家政治经济文化等领域"民族态"和"全球态"的辩证统一是诸多国家都要深刻思考和现实面对的问题。无视全球化的存在，忽视全球化所带来的变化，不仅是不明智的，更是不理性的。增强对全球化的洞察与解析，加强对全球化效应的评估，不断优化应对的举措，应当成为世界共有的观念和公共的选择。然而，特别令我们感到尴尬和遗憾的是，伴随历史和社会发展，特别是经济上的狂飙突进，突然发现，我们尚缺乏与今日中国的大国形象和大国责任相匹配的话语表述，缺乏在当代语境下呈现自我、塑造自我的话语体系。难道，时至今日，我们仍然还需要靠他者和先贤的话语来言说自己吗？对这种"失语"的漠然会带来什么？那么又该怎样言说自我、重建话语呢？

很长时间以来，我们对事实和话语的关系是不太关注的。然而，面对开放的世界，事实及其意义的解读与传达、价值的生成及其有效的扩散，的确需要话语的表述与建构。正如玛雅·泽福斯所言："我们视为真实的东西实际上本身就是表述的结果。"这个世界从来不是通过其自身向我们直接展示其意义，而是通过文本、话语和语言等"阐释之光"的映照间接达致的。[①] 著名的话语理论的代表人物米歇尔·福柯告诉世人："我们生活在一个事物被说出的世界中。这些被说出的话实际上不是像人们所认为的那样，是不留痕迹的一阵风，实际上，不论它们的痕迹如何多样，都会保留下来。我们生活在一个完全为话语所标记、所交织的世界中，这种话语就是谈论被说出的物，谈论断言与命令，以及谈论已出现的话语的言说。"[②] 近期，澳大利亚学者潘成鑫也提出："事实或者至少社会事实并非先验地存在或独立于知识与话语。如果存在一种看似客观的事实，那是因为相信这一事实的人们首先已经就关于这一'事实'的共同话语存在共识。"[③] 这些学术的表述听起来有些思辨和抽象，但其核心都是

---

① 〔澳〕潘成鑫. 国际政治中的知识、欲望与权力：中国崛起的西方叙事 [M]. 张旗译. 北京：社会科学文献出版社，2016，p22.

② Foucault.translated by C.Ruas, *Death and Labyrinth: the World of Raymond Roussel*.The Athlone Press,1987, p117, 转引自吴猛. 福柯话语理论探要 [D]. 复旦大学，2003，p23.

③ 〔澳〕潘成鑫. 国际政治中的知识、欲望与权力：中国崛起的西方叙事 [M]. 张旗译. 北京：社会科学文献出版社，2016，p21.

在向我们揭示事实存在与话语建构之间的辩证关系和有机统一。政府、媒体、贸易往来、人文交流、外交互访、艺术对话,等等,世界各国都在用不同的形式言说着自我,如火如荼地开展着话语建构和话语版图的绘制。"国际话语权已成为主导国际关系的战略制高点。""话语权不是指一国的语言的魅力,而是指通过话语所包含的概念内涵、论证逻辑、价值理念、意识形态等因素所产生的影响力。""国际话语权作为国家软实力,并不是国家所自然享有或先天赋予的,而是通过主动塑造和国际竞争而获得,其决定着对国际舆论的影响力,决定着一国主导国际事务的权利。"①鉴于此,世界各国有关话语权生成优选模式的探究与尝试已悄然兴起、蔚然成风。在此情形下,中国和中国的发展作为客观存在的全球事实,也要在"敏行"和"善言"间寻求均衡与协调,这已经成为全球化背景下一个绕不过去的问题。

三

参与过孔子学院建设实践、语言与文化传播活动的人可能都会有切身的感受,孔子学院的话语生产方式,不是存在于报纸、广播等宣传口径中,不是在经济贸易等产业的链条中,更不是在军事斗争和地区冲突的暴力中,而是在日用而不知的日常交流的中国接触中。遍布于世界130多个国家和地区的500余所孔子学院,以及1000多所孔子课堂就是提供中国接触的平台和真实的物理空间。没有什么比真实的切身体验与感受更能带给心灵以震撼,带给大脑以思考。

国之交在于民相亲,民相亲在于心相通。相对于意识形态层面的话语阐释或者基于力量碰撞和实力竞逐的话语表述方式,孔子学院的"日常中国接触"模式看起来有些"家常"和"琐碎",在异质文化环境下,人们能否通过碎片感知整体,能否通过符号生成意义,能否通过体验产生价值呢?回答这个问题可能要回到"话语"本身。话语是什么?中国话语又是什么?尽管

---

① 赵庆寺. 创新中国学术话语 提升国际话语权 [N]. 中国教育报,2016-06-09.

在语言学、社会学、政治学的框架下，人们都可以找到对应的答案，但是笔者认为，话语首先应该是对事实的描述及其内涵的揭示。陶东风提出："'中国话语'的意思就是切中当下中国人生存经验，切中当下中国的真问题，对中国的历史与现实、政治和经济、文化艺术和日常生活有诊断力、解释力的话语，这样的话语才是有'中国特色'的。至于这个话语是否包含了西方理论或古人理论，是中国本土学者说的还是美国学者说的等等，都是无关紧要的，要紧的是它能不能解释中国的现实。"① 该论述可谓深中肯綮、入木三分。话语的能量在于是否反映了真实和事实，是否凝练了本土生存和生活的经验，是否具有解释力与影响力。孔子学院每天用汉语讲述的正是真实的中国故事，其语料的日常真切毋庸置疑。古往今来，我们还从未在异国他乡如此广泛而大方地呈现中国的真实，这种勇气和行为首先就是一种创举。"向其他文化开放就能加深掌握和理解自己的文化，因为开放像一面镜子，它使人们能更清楚地看到自己和自己的文化，而且是在更深和更高的分析层次上看到。"② 文化本身就是一种生活方式的集成。因此，在每天日出东方之时，孔子学院所讲述的中国语言文化之真实就是对中国方式、中国符号、中国经验的表述。尽管有"水土不服"的焦灼，尽管有"文化适应"的起伏和波动，但就走过的历程而言，孔子学院的建设发展是积极的、健康的，国际社会对孔子学院的整体认知是理性的、正面的。

当然，对于孔子学院这种言说和话语表达的价值也是需要再解读、再挖掘和再阐释的。爱德华·萨义德说："真正的问题是，究竟能否对某种事物进行真实的表述，或者说，是否任何以及所有的表述，因其是表述，都首先受表述者所用的语言，其次受表述者所属的文化、机构和政治氛围的制约。"③ 孔子学院的表述方式发源于中国文化的土壤，与中国贵和尚中、推己及人、勇于实践的思维方式和民族精神是相辅相成的。与此同时，无论是孔子学院

---

① 陶东风. 什么是学术研究的"中国话语"和"中国特色" [EB/OL]. http://www.bjcs.edu.cn/whyjzx/xzqy/whllqy/60678.htm.
② D. 保罗·谢弗. 文化引导未来 [M]. 北京：社会科学文献出版社，2008，p101.
③〔美〕萨义德. 东方学 [M]. 王宇根译. 北京：生活·读书·新知三联书店，2000，p349.

这种话语表述的本体价值,还是其所产生的辐射影响和意义增值,都需要基于文本呈现与内涵诠释的话语表述,需要从政治、经济、文化,以及哲学、历史、制度等立场或视角出发进行论说和验证。这可以理解为孔子学院在思想、学术、意识、价值等层面的存在。本报告中集成汇总的文献研究成果都是这种言说的成果和产物。相对于事实,文本具有一种穿越时空的力量,它是对事实的定格,也是对事实的话语诠释与传播。基于文本的话语传播是人类文明进程中的又一创举,无论是前代的学者还是当世的贤才,总能在文本的爬梳剔抉中洞察出思想、价值和一个个耐人品咂不尽的故事。相对于孔子学院日常实践的表达,这种文本和意义诠释的话语表达带有相对明显的精英语境和思想标签,在事实和话语之间介入了更多的思想的贯穿、价值的诉求和导向的引渡。基于这一口径的话语建构使孔子学院的存在获得了更加坚实的基础,也使中国话语的国际表述更为铿锵有力、掷地有声,因为有观点、有理念、有逻辑、有论证的话语体系才会更有魅力、有生命力、有影响力。

孔子学院话语生产机制与框架的建立,一个直接的结果就是中国海外话语资本的积累。话语资本尽管与话语权之间没有必然的逻辑关系,但对话语权的累积与比重加权会有所贡献和增益。需要指出的是,话语权的产生首先是基于自利的,因为国家利益是一切行动的起点,所有国家和民族的言说和表述都会出发于捍卫自身利益的逻辑起点上。但是,更应看到,一种基于自利又兼顾他利的民族国家发展道路正在悄然兴起,在推动世界文明进程的大格局中寻求自身的可持续发展成为越来越多国家和地区的理性选择。尽管全球化带来了诸多新的挑战,但是全球化最重要的益处之一就是推动了整体性的进程,无论是世界范围内经济领域的市场运作,还是全球范围内资源领域的整体配置,抑或是语言与文化传播领域的共享,都打破了局域性和碎片化的格局,国家利益与全球利益的同向性、统一性被广泛接受,"全球公民"和"命运共同体"的观念日益深入人心。

"命运共同体"带给我们的最直接启示就是合作共赢的理念,群体参与和集体价值选择。例如"'一带一路'涉及60多个国家、44亿人口",这些国家"国情相似、发展阶段相近,利益交集点多面广"[①]。相关国家和地区需要在此共识基础上,在自利与他利互惠共赢的基础上谋求长远发展。无论是从理念的视角还是从实践的观察,孔子学院都是"命运共同体"框架下,中国参与全球治理、表述自我的一种创新尝试,实践证明也是一种成功的发展道路。这种道路选择和基于语言与文化传播的范式得到了越来越多的国际理解、回应和赞同。2015年6月,泰国27家教育机构联合申办了"海上丝路孔子学院","一带一路"沿线国家的孔子学院达到了125所。尽管"孔子学院不是为'一带一路'而生,但客观上为沿线国家的民心相通做了铺垫"[②]。2015年9月,孔子学院总部在保加利亚召开欧洲部分孔子学院联席会议,与会的中外校长和院长绝大多数来自"一带一路"沿线国家,大会认为,孔子学院对于"一带一路"沿线国家的贡献和重要作用会随着时间的推移显得越来越重要。

孔子学院形成的社会影响和媒介舆论,使得孔子学院成为"命运共同体"框架下国内外教育领域共谋发展的一种话语表达,成为汉语和中华文化参与全球治理的一种实践方式。孔子学院广泛的覆盖面、较高的普及率,以及不断深入的影响力,不仅在国际社会教育系统内形成了一道独特的风景,同时也加速了国际话语体系的重构与世界多元文化色彩的重绘。而学术研究既是对这种话语表达的逻辑性表达,其自身也构成文本系统的精要。

"雄关漫道真如铁,而今迈步从头越。"时代赋予了孔子学院新的发展环境和新的历史使命,孔子学院的存在和价值亦成为中国切实履行利益共同体、责任共同体和命运共同体的一种脚踏实地的实践,成为中国话语的一种表达方式。在这个以语言和文化的信息攻势与传播攻略为核心要义的时代,话语和话语权已经获得了与国家战略和民族利益比肩的地位。语言与文化传播问题与国家和民族的事业牵系在一起,作为中国历史上成建制的、集群优势明显的、宗旨与目标明确的教育合作与国际交流项目,孔子学院不仅做到了"走出去",

---

① 王辉、罗雨泽. 立足打造命运共同体 扎实推进"一带一路"合作[N]. 中国经济时报,2014-12-05.
② 王义桅. "一带一路"助孔子学院高飞[N]. 人民日报海外版,2015-02-17.

而且筑起了"中国文化走出去唯一的综合交流平台"[①]。

作为一个走出国门10余年的"名片"或"平台",无论是面对国际社会还是国内环境,孔子学院还是一个新生事物,在其发展过程中必将面临诸多困难和挑战。"士不可以不弘毅,任重而道远。"孔子学院作为当代语言与文化传播的中国实践,肩负着使命勇毅力行。

宁继鸣

2016年8月于山东大学

[①] 许嘉璐、冯俊. 唤醒和培育13亿人心里的中华文化基因[N]. 文汇报,2014-05-19.

目 录

编写说明 ··· 1

第一章　编撰设计 ·· 1
　　第一节　编撰背景 ··· 1
　　第二节　研究思路 ··· 3
　　第三节　文献来源与选择 ··· 5
　　第四节　文献分布与统计 ··· 7

第二章　教学研究 ·· 11
　　第一节　学科与专业建设 ··· 12
　　第二节　教师与人才培养 ··· 24
　　第三节　教材建设与开发 ··· 48
　　第四节　教学实践与方法 ··· 65
　　第五节　网络与现代教育技术 ···································· 73

第三章　发展研究 ·· 83
　　第一节　总部年报与会议共识 ···································· 84
　　第二节　创新与可持续发展 ······································ 92
　　第三节　立法与制度建设 ··· 117
　　第四节　政府责任与市场运作 ···································· 126
　　第五节　海外孔子学院建设与发展案例 ························ 135

第四章　影响研究……………………………………………………145

　　第一节　主旨演讲与会议共识………………………………146
　　第二节　教育国际化…………………………………………153
　　第三节　交流与文化理解……………………………………161
　　第四节　观点与综合评价……………………………………170
　　第五节　理论与学术探讨……………………………………189

第五章　舆情研究……………………………………………………199

　　第一节　中国媒体报道与评论………………………………200
　　第二节　海外媒体报道与评论………………………………226
　　第三节　媒体报道的话语分析………………………………242

附录1　世界主要语言与文化传播机构发展概况……………………253
附录2　2015年孔子学院研究文献索引………………………………277
后　记…………………………………………………………………326

编写说明

《孔子学院研究发展报告》是基于孔子学院研究年度文本文献的研究成果。本报告注重文本解读与综合分析，通过教学研究、发展研究、影响研究以及舆情研究等四个维度客观反映孔子学院研究的普遍关注、热点问题和思想观点。其中，教学研究是指在孔子学院框架下与教学相关的研究，如学科与专业建设、教师与人才培养、教材建设与开发、教学实践与方法等；发展研究是指与孔子学院自身建设和发展相关的研究，如年度发展概况、创新与可持续发展、立法与制度建设等；影响研究是指孔子学院的存在和发展，对政治、经济、文化、外交等外部环境以及国家软实力建设产生的影响研究；舆情研究是指在媒体镜像下，关于孔子学院的报道与评价，以及学者对相关报道与评价的分析研究。

《孔子学院研究发展报告》的编撰主要遵循以下三个环节：

第一，确定研究文献的来源数据库，按照关联度[①]检索文本资料。根据研究发展报告的需要，选择中外文文献数据库，按照专题研究、相关研究确定检索条件，最后进行文献资料的汇总。其中，专题研究是指主/副标题中含有"孔子学院"的文献。相关研究是指专题研究之外的，与孔子学院相关的文本文献。在相关研究中，又分为强相关研究和弱相关研究。强相关研究是指主/副标题中含有汉语国际教育领域专用概念的文献，以及同时满足下述两个条件的文献：条件一，关键词包含"孔子学院""汉语国际推广""汉语国际教育"；条件二，主题（标题/关键词/摘要）包含"走出去""软实力""共同体""文化""经济""外交""话语"等。弱相关研究是指仅主题包含"孔子学院"的其他文献。

---

① 关联度是指文献主题及内容与"孔子学院"之间的关联程度或亲疏程度。

第二，为了确保研究对象的系统全面与真实有效，在三个方面进行人工干预。一是在数据库中对本领域在学术研究方面较为活跃的专家学者进行成果检索；二是对本领域较为活跃但尚未收录到数据库中的辑刊文献进行检索；三是在上述工作的基础上，基于文献事实及文献内容对所有文献进行重复筛查和无效文献的剔除，符合条件的文献全文下载、分类管理，列入本报告附录。

第三，注重和坚持"学术研究"在成果与观点选择中的作用。根据编纂目的及年度文献，坚持以学术规范为文献分析和观点析出的原则，突显"学术研究"在谋篇布局、观点撷英中的作用。对待优秀研究成果，尽可能地呈现其要、其精、其彩；对待通篇虽平但不乏有点睛之笔的妙论，在忠于原作的基础上，对其有关论点、论述择要摘录梳理，叙述出来；对待那些或选题立意好、或具有创新意义、或涉及孔子学院发展重要命题的文章，在尊重作者主张和文章主旨的基础上，撷要摘录部分文字，以求见微知著。

本报告注重观点呈现和跨学科研究，每年撰写一篇主旨文章作为当年发展报告的序言，该文章力求体现开放、客观和理性原则，注重思想挖掘和话语分析，突显原创性的学术思考与价值判断。

本报告以文本为研究的出发点，以观点要点析出为要，以类别分析为序，以数据统计为据，以大政方针为纲，以格局洞察为体，以实践的优化提升为用，以综合学术判断为旨归。期望本报告以年度集成和动态聚焦的形式，持续清晰地呈现在读者面前，引发社会各界更多的关心和关注，为开展跨学科的孔子学院研究提供参考，以利于对孔子学院功能和价值的挖掘，以及相关问题的探讨和解决，更好地发挥学术研究对社会实践活动的引导作用。

笔者及其团队对孔子学院研究一直抱有一种敬畏，孔子学院学术体系的建构及其价值与影响的探究，是我们孜孜以求的大道。做持续性的研究发展报告需要学术的坚持与韧性，需要团队的支撑与协作，更需要同人的批评和指正。学术探究之路漫漫修远，唯时光与读书不可辜负，唯天道酬勤的信条不可怠慢。我们深知，在本报告逻辑框架的确定、研究文献的选择以及相关思想与观点的提炼总结等方面还存在着很多不足，其中既有理论和方法以及手段等方面的原因，更受制于自身能力和水平，若有遗漏和偏误，敬请方家指正。

| 第一章 |

编撰设计

2015年是孔子学院建设发展第二个10年的开局之年。《孔子学院研究发展报告（2016）》对2015年孔子学院研究的文本文献进行综合分析与择要呈现，希望为孔子学院的建设者、研究者及广大读者提供了解认识和分析研究孔子学院的一个新的视角。

第一节 编撰背景

截至2015年12月，孔子学院已遍及全球134个国家（地区），500所孔子学院、1000个孔子课堂形成了一个跨越国界、融通多元文化的社会网络，参与和关注者众多，影响和价值日增。如果说10年前，孔子学院还是一个新的概念和新的事物，时至今日，孔子学院以其"量"的变革和"质"的突破已成为客观普遍的社会存在，铸就了汉语和中华文化传播的全球性史实，培育了典范与集成兼备、价值与意义共存的中国符号，为中国参与全球文化治理搭建了一个桥梁和话语框架。

10多年来，健康发展、科学发展、制度发展和人文发展，形成了孔子学院内涵与外延丰富的"立体式"发展格局。建设空间上，国内国外统筹规划、同步发展；建设主体上，海内外合作双方平台共建、身份共有、责任共担、成果共享；运行机制上，在尊重基本原则与规范的基础上，因地制宜、因院制宜，兼收并蓄、灵活创新；办学方式上，地方政府、大中小学及相关教育机构多方合作，教育服

务层级丰富；经费投入上，国家支持、地方投入与市场拓展相结合；人力资源上，中外方院长各司其职、通力合作，国内师资供给与本土师资成长并驾齐驱；教学支撑上，通用教材与跨媒体、多语种、本土化教材互为补充，教学理论与方法传承创新，网络平台与资源建设蓬勃发展。这种立体化的格局是一种网状聚合的支撑体系。这个支撑体系以孔子学院总部为核心与枢纽、以全球孔子学院/课堂为终端与基础，开创了一种既符合国际惯例又具中国特色的语言与文化传播模式，形成了国内外多方介入和多元共建的综合文化交流平台。

孔子学院在推动教育与人类文明多元发展、双向合作，以及不同文明之间交流和对话中发挥了积极作用。面对全球化、竞争论、和谐共生，以及人类命运共同体等宏观命题，孔子学院作为语言与文化传播的中国实践，其功能与价值正在不断地被凝练、被发现。主要表现在三个方面：

一是，孔子学院借鉴了国际上相对成熟、运行几十年甚至上百年的语言国际推广机构的成功实践，吸收了全世界的行业经验和智慧。从发展历程看，孔子学院源于社会需求和对世界语言推广机构的学习借鉴。从模仿、创新到引领，孔子学院自身的功能定位和特色标识不断明确突显，其提供的综合发展、共享共建、互利共赢的模式已逐渐发展成一种世界范畴的公共产品，以及重要的参考框架和研究热点，被众多国家和有关机构关注和研究、借鉴和采纳。

二是，孔子学院的社会存在引起各个阶层的关注，从初期的教学主体接触，发展到国家、地区、组织等各个层面的对话。孔子学院的社会影响从破茧而出到方兴未艾，所产生的连带和辐射效应显示出"直挂云帆济沧海"的气象。在国内，理性认知与共识的声音越来越多，引导着政府、精英和民众从域外的视角重新审视思索民族语言文化的传承和海外传播问题。或许借用"墙外开花墙内香"来形容会别有一番意义，这种比喻源于孔子学院海外存在对国内的诸多行业以及政策机制等带来的驱动和链接效应。在这种驱动和链接效应下，以海外汉语学习需求为导向、以服务国家战略为目标的国内相关领域的体制机制改革已悄然兴起并稳步推进。一个以孔子学院为龙头的汉语国际教育新阶层正呈现出蒸蒸日上之势。在国际社会，孔子学院作为当今感知中国的一种方式，也逐渐影响和融入所在国家不同层面的框架体系内，对促进文明对话、人文交流

切实发挥了桥梁纽带作用。孵化、培育、驱动功能日进发展，双向互通、协作共赢的格局呈日新之态。诸多案例和实践表明，这种双向交流在一些国家和地区已经上升到国家首脑、政府之间的高端合作层面。

三是，孔子学院的广泛存在和快速发展，引起了海内外不同群体的持续关注，对孔子学院的评价也越来越多元和深入。我们可以在众多媒体报道、评论文章、官方言辞中接收到诸多关于孔子学院的信息。有的关注孔子学院自身完善与发展，以及在当地的存在与适应；有的关注学科切入和学术探究的深度开掘；有的关注汉语国际教育服务支撑体系的建构；有的关注在人类命运共同体的背景下，孔子学院如何通过语言和文化传播参与全球文化治理。当然，其间也不乏不同见解和不同观点频频出现。

孔子学院已经走过 10 年的历程。10 年间，孔子学院不仅解决了布点、生存和发展问题，而且创新了世界语言推广机构建设与发展模式，其影响广泛而深远，历史价值和现实意义兼备，成为人文与社会科学领域新兴的研究对象，对孔子学院的教学、发展、影响以及舆情开展进一步的挖掘和探究应该成为学术研究的一个重要领域。

第二节　研究思路

物理的存在、网络的存在、平台的存在，构成孔子学院作为新兴社会存在的表征和客观存在的事实，这种客观存在使其成为内涵丰富的价值主体，无论是孔子学院的建设者和参与者，还是科研领域的工作者都对孔子学院给予了深切的学术观照与价值关怀。近年来，关于孔子学院研究的著作、文章、学位论文等相继问世，思想纷呈、观点各异。这些研究成果伴随孔子学院的成长、积累和成熟，成为孔子学院发展中的重要组成部分，逐渐形成孔子学院建设实践体系之外的文献成果系统，或者称之为文本系统。"文献是人类精神智力创造的物化形态"[1]，从价值哲学视域出发，文献的核心价值有两个方面：一是

---

[1] 贺巷超. 文献价值 [M]. 北京：电子科技大学出版社，2014, p14.

人类认识成果的保存价值，一是认识世界的工具价值。[1] 它是对历史的尊重、对历程的记载、对信息的记录，以及价值判断的基础。中外前贤都对文献不可替代的价值予以赞誉，中国较早的官修史志目录《隋书·经籍志》认为，文献"经天地、纬阴阳、正纲纪、弘道德，显仁足以利物，藏用足以独善"[2]。中国的文献资料浩如烟海、卷帙浩繁，对文献的保存和研究是中国的优良传统之一。几乎中国历史上所出现过的行业、领域、著名人物、重要事件等，很多都可以在文献资料中找到其踪迹和身影，尽管有时华彩、有时斑驳、有时完整、有时缺漏，但是总能给后人留下发现和思考的线索，留下历史借鉴和参照的空间，留下人文学科探索和学术研究的问题。对孔子学院的研究成果进行梳理、分析，采撷其精华和要义，更好地服务于孔子学院的建设与发展，自然成为编撰《孔子学院研究发展报告》的基础。

通过对孔子学院研究文献的年度统计分析，可以更好地了解孔子学院的发展动态，以及社会对孔子学院的认知路径、基本态度与价值判断。如果说文献成果本身是对孔子学院发展的物理记载和物质表达，那么对该年度文献资料的分析和研究，则是对孔子学院内理、结构、概念、功能、意义等意识性存在的析出与挖掘。当我们带着强烈的问题意识和学术探究的诉求对相关资料探赜索隐、爬梳剔抉，对相关思想与观点进行学术意义上的审视与甄别时，一定会从中有所斩获，洞悉出些许鲜活的要素和可供进一步探究的学术期待。

《孔子学院研究发展报告》是对年度孔子学院文本系统考察研究的一种呈现。其定位是对孔子学院年度研究文献进行集成与梳理，对研究现状开展综合分析；其功能是对孔子学院研究发展脉络的呈现、发展要义的洞悉和发展动向的判断；其目标是使孔子学院这一新生事物在社会语境和学术语境中获得相应的定位和意义空间，获得功能与价值的确认与诠释；其作用是信息发布、动态分析和趋势预测。明确《孔子学院研究发展报告》的定位、功能、目标和作用，既是本报告的基础性工作，也是本报告的重要组成部分。

以年度为纲对孔子学院研究成果进行梳理分析具有自身特色，有利于发

---

[1] 贺巷超. 文献价值 [M]. 北京：电子科技大学出版社，2014，p23.
[2] 【唐】魏征. 隋书经籍志（一）[M]. 北京：中华书局，1965，p903.

挥学术研究的现实指导意义,服务孔子学院的建设与可持续发展。作为一种重要的成果形式,年度研究报告呈现出越来越重要的学术价值和社会价值,成为学术话语表达的重要选择之一。这种学术现象与中国传统文化观念神理相接。中华文化之于时间体验有着一种特别的情感,这不仅源于中国大陆性季风气候和四季轮转对民族文化心理的映射,从人文精神的角度讲也渊源已久。自孔子矗立在水边感慨逝者如斯,不舍昼夜,这种时间基因的烙印就深刻地镌刻在思想者和有识之士的心头。以时间为纲、以年度为节点回首过去展望未来,是一种具有普遍意义和广泛认同的方式。经过10多年的积淀和发展,孔子学院及其研究成果已经可以按照"年度"节点进行总结与展望,本报告的编撰将有利于孔子学院的建设者、参与者和学术研究者把握年度孔子学院研究的要点和框架,基于阶段成果做出全面总结、规律探究和前沿探索。我们希望,《孔子学院研究发展报告》可以成为关涉孔子学院研究命题的时间体验和话语表述的一种方式。

第三节 文献来源与选择

在本报告中,中文期刊文献来源于中国(CNKI)学术文献总库(以下简称CNKI)、中文科技期刊数据库;中文学位论文来源于CNKI和万方数据知识服务平台;中文会议文献来源于CNKI;辑刊文献来源于CNKI;中文图书文献来源于读秀学术搜索引擎和国家图书馆联机检索系统;外文期刊来源于EBSCO、Elsevier、Summon、Web of science和Wiley数据库;外文学位论文来源于ProQuest、Summon和Web of science数据库;外文图书文献来源于亚马逊官方网站。

根据检索条件,本报告分别对2015年孔子学院研究不同类型文献进行跨库专业检索,共检出中外文相关文献1216篇/部。其中,期刊文献663篇,学位论文461篇,会议文献52篇,辑刊文献20篇,图书20部。

按照编撰设计,本报告对本领域在学术研究方面较为活跃的专家学者进行成果专项检索,共补充期刊文献5篇,图书1部;对本领域较为活跃但尚未收录到数据库中的辑刊文献进行专门检索,共补充辑刊文献 14 篇。

在上述工作的基础上,基于文献事实和内容对所检索到的文献进行重复筛查和剔除,最终进入本报告分析及附录的中外文文献共 701 篇 / 部。其中期刊文献 442 篇,学位论文 182 篇,会议文献 22 篇,辑刊文献 34 篇,图书 21 部。如图 1-1。上述文献的部分成果以主题归类的方式,按章节进行摘录呈现。

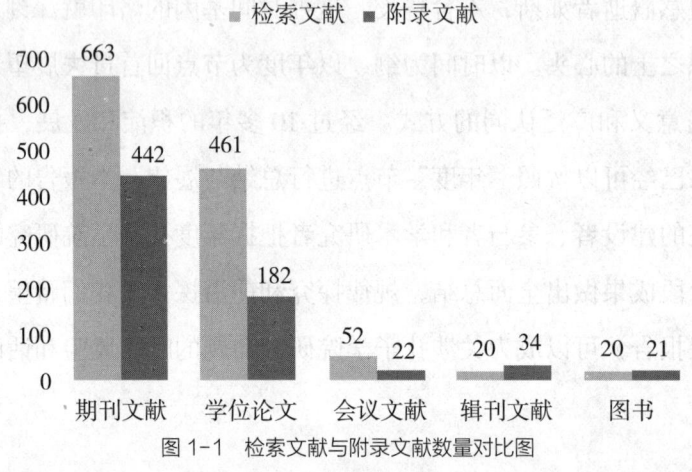

图 1-1　检索文献与附录文献数量对比图

经过文献的补充、查重和剔除,各类文献的数量均发生了变化。其中,期刊文献减少 217 篇、学位论文减少 278 篇、会议文献减少 30 篇,辑刊文献增加 14 篇、图书增加 1 部。

从文献的数量看,孔子学院已成为一个"标签"进入了学术研究范畴,孔子学院研究正成为一种广泛存在,在不同类型的文献载体中均有呈现,其中期刊文献和学位论文成为研究成果的主要来源,如图 1-2 所示。

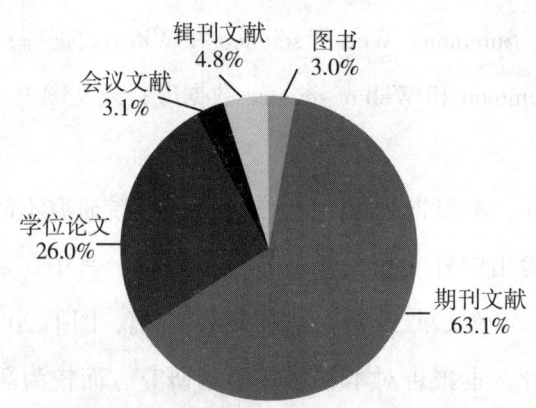

图 1-2　《孔子学院研究发展报告(2016)》文献类型分布

第四节 文献分布与统计

本报告对最终收录的期刊文献和学位论文进行了文献分布和统计工作。其中,对期刊文献进行核心期刊[①]和普通期刊的分布与统计;对学位论文进行来源机构与作者专业的分布与统计。

一、期刊文献分布与统计

2015年孔子学院研究期刊文献共445篇,其中,中文期刊文献408篇,外文期刊文献37篇。本报告对中文期刊文献进行了文献来源统计。

在408篇中文期刊文献中,发表在核心期刊上的文献79篇,占中文期刊文献总量的19.4%。发表在普通期刊上的文献329篇,占中文期刊文献总量的80.6%。如图1-3所示。

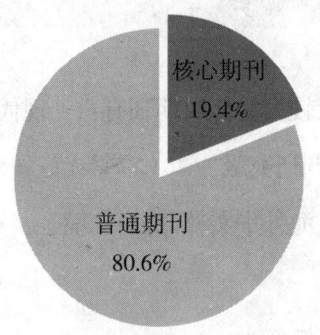

图1-3 核心期刊文献和普通期刊文献统计图

在核心期刊文献中,CSSCI来源期刊文献62篇,中文核心来源期刊文献56篇,其中,有39篇被CSSCI和中文核心来源期刊同时收录。

刊发孔子学院研究文献2篇及以上的核心期刊共17种,见表1-1。

表1-1 《孔子学院研究发展报告(2016)》核心期刊文献来源

期刊名称	刊载数量(篇)
《东北师范大学学报(哲学社会科学版)》	3
《贵州民族研究》	3

---

① 核心期刊主要是指CSSCI来源期刊(南京大学)和中文核心来源期刊(北京大学)。

(续表)

期刊名称	刊载数量（篇）
《语文建设》	3
《中华文化论坛》	3
《广西社会科学》	2
《黑龙江高教研究》	2
《民族教育研究》	2
《华文教学与研究》	2
《人民论坛》	2
《山东社会科学》	2
《同济大学学报（社会科学版）》	2
《新疆师范大学学报（哲学社会科学版）》	2
《学术研究》	2
《语言教学与研究》	2
《语言文字应用》	2
《中国党政干部论坛》	2
《中国高教研究》	2

刊发孔子学院研究文献较多的普通期刊有：《现代语文》（19篇）、《云南师范大学学报（对外汉语教学与研究版）》（17篇）、《对外传播》（7篇）、《国际汉语教学研究》（7篇）、《海外华文教育》（6篇）、《世界教育信息》（4篇）等。

二、学位论文分布与统计

2015年孔子学院研究学位论文共182篇，其中，博士论文2篇，硕士论文180篇。

2篇博士论文的题目分别为《孔子学院社会资本研究》和《孔子学院：国际理解教育的实践研究》，作者单位均为山东大学，专业为语言与文化传播。

180篇硕士论文来源于全国53所院校。其中，数量排名前10的院校是：北京外国语大学、暨南大学、四川师范大学、山东大学、中央民族大学、重庆师范大学、云南师范大学、郑州大学、华中师范大学和天津师范大学。如图1-4。

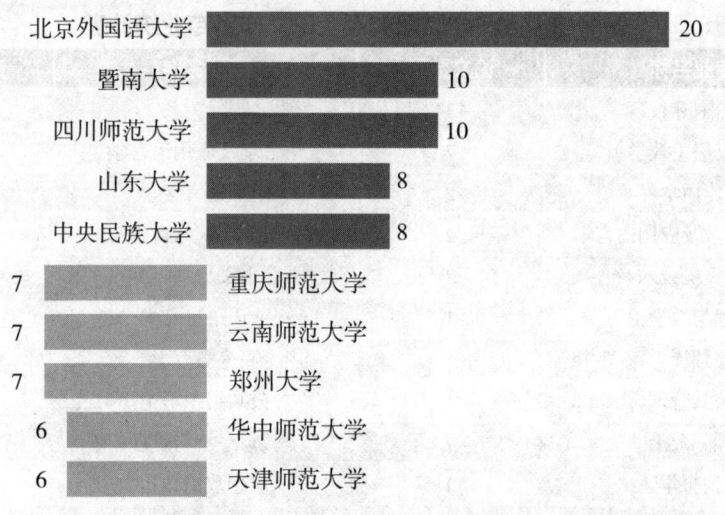

图 1-4 孔子学院研究硕士学位论文主要来源机构（前 10 位）

2015 年，孔子学院研究硕士论文共涉及 25 个专业门类，其中，汉语国际教育专业的硕士研究生是作者主要来源群体。

在 180 篇硕士学位论文中：汉语国际教育专业 134 篇，占 74.6%；国际关系专业 8 篇；对外汉语（教学）专业 7 篇；语言学及应用语言学专业 5 篇。其他专业涉及传播学、计算机技术、外国语言学及应用语言学、课程与教学论、教育经济与管理、应用经济学等。如图 1-5 和表 1-2。

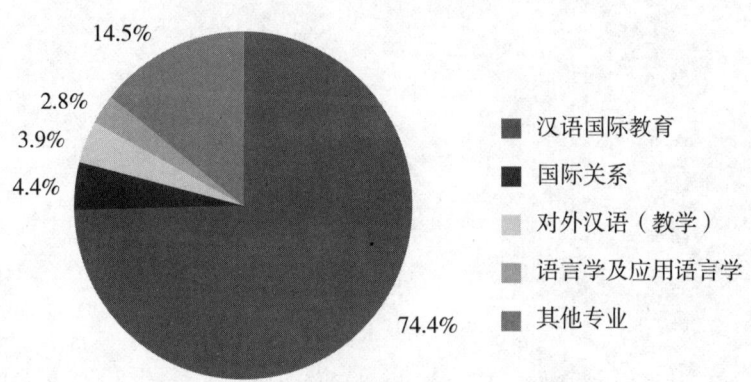

图 1-5 孔子学院研究硕士论文作者专业分布图

表 1-2　孔子学院研究硕士论文作者专业统计表

专业名称	论文数量	专业名称	论文数量
汉语国际教育	134	国际关系	8
对外汉语（教学）	7	语言学及应用语言学	5
传播学	2	中国语言文学	2
外国语言学及应用语言学	2	民族传统体育学	2
计算机技术	2	科学社会主义与国际共产主义	1
课程与教学论	1	法语语言文学	1
翻译	1	高等教育学	1
公共管理	1	公共组织理论	1
国际政治	1	教育经济与管理	1
情报学	1	思想政治教育	1
外交学	1	新闻学	1
舞蹈学	1	应用经济学	1
英语语言文学	1	—	—

此外，2015年孔子学院研究图书共21部，其中，英文图书3部，中文图书18部；在21部图书中，研究类13部，教材类7部，会议论文集1部。

以上数据与信息反映了2015年度孔子学院研究文本文献的概貌，是基于文本类型、文献形式、文献内容的梳理和统计。其内容分析按照教学研究、发展研究、影响研究、舆情研究分章阐述。

| 第二章 |

教学研究

汉语教学与文化传播是孔子学院存在与发展的重要基础。10年来，关涉孔子学院汉语教学研究的成果迅猛发展，相关论点和建议层出不穷。专家和学者们从不同的角度，采用不同的方法对孔子学院框架下的汉语教学给予多视角、多层级的关注，得出众多理论和应用方面的优秀成果，在汉语教学与文化传播实践过程中发挥了重要的指导作用。

孔子学院的建设与发展对汉语教学研究的推动和促进功不可没，其影响是全方位的，其中既有思想观念方面的挑战、理论框架方面的建构、方法模式方面的探索、环境受众方面的适应，更有关涉具有全方位支撑作用的、无法回避的人才队伍建设等问题。面对复杂的局面，我们总是会充满自信地回应：挑战和机遇并存！是的，在这方面有一个普遍的共识，那就是：孔子学院为汉语教学开拓了更广阔的空间，奠定了更坚实的基础，汉语教学研究也因此具有了更为开放的学术空间、研究语境，以及更有针对性的学术指向。

面对新的形势、新的环境和新的要求，关涉孔子学院的教学研究已从之前侧重于本体发展到从更加宏观的视角去审视和研究。有学者曾撰文提出目前海外汉语教学的六个特点：第一，孔子学院将汉语学习者推向低龄化；第二，孔子学院正在促进或已经将汉语教学纳入外国国民教育体系；第三，孔子学院已逐渐成为当地汉语教学的孵化器；第四，孔子学院的汉语教学在海外已经形成一定的规模；第五，孔子学院促进了将汉语作为应用型语言的汉语教学；第六，孔子学院将汉语教学与华文教学融为一体。①

伴随孔子学院的发展，其综合文化交流平台的功能与价值日臻增益，在"继往开来，迎接汉语国际教育新阶段"②的过程中，不忘"初心"尤为重要。孔子学院的基础性价值，即教学功能和教育属性不仅需要进一步加强，更是孔子学院质量提升和内涵发展的重心。没有好的科研难以产生优秀的教学，开展全面综合的学术研究不仅是学科发展的根基和提升教学质量的源头活水，也是培养和造就一大批合格汉语教师的根本之道。

回顾以往，关于学科理论的研究曾是业内研究的重点领域，诸多专家和学者曾多次发表文章，阐发思想和观点，对学科发展发挥了重要的创建和引领作用。本年度关于学科理论的研究与其他研究相比略显单薄，显现该问题的探究仍需更多的关注，期待更多学人提出见解，丰富教学研究的理论土壤。

第一节 学科与专业建设

学科建设是专业发展的内生动力，是行业发展的重要基础，也是近年来业内研究和热议的问题。

近几年，关于汉语国际教育的学科定位与学科属性问题，学界一直存在着不同的认识，这种不同的认识影响了这个专业的人才培养目标和培养规格。有学者在对汉语国际教育和对外汉语教学离析解读的基础上指出，汉语国际教育"解决了在原'对外汉语教学'名称下不可能设立硕士、博士学位点的问题。汉语国际教育学科的设立，是教学事业和学科发展的新的里程碑"③。还有学者提出，我国对外汉语教学已经到了思考学科前景的转型时期。原有的从属应用语言学的"对外汉语教学"这一学科名称与定位，已经不能适应形势需要。应该从"对外汉语教学"时代进入"汉语国际教育与传播"时代。而"汉语国

---

① 赵金铭. 孔子学院汉语教学现状与教学前景 [J]. 华南师范大学学报（社会科学版），2014（05）：67-72、162.

② 许嘉璐. 继往开来，迎接汉语国际教育的新阶段 [J]. 北京师范大学学报（社会科学版），2012（05）：14-20.

③ 刘珣. 汉语国际教育与对外汉语教学 [J]. 国际汉语教学研究，2014（01）：3-4.

际教育与传播"应该与中国语言文学、外国语言文学等学科一样,成为独立的一级学科,并应建立相应的学科体系。① 这些争鸣与观点反映了业内对行业发展的关心,对事业进步的关爱,也映衬了孔子学院的存在与发展为学科建设和专业发展带来的契机、挑战和新的拓展空间。

崔希亮在《关于汉语国际教育的学科定位问题》中再次撰文论述"学科定位"问题。作者认为,"汉语国际教育"是一项事业,也是一个专业,这个专业如果不是一个独立的学科的话,那么它应该在某个既有的学科体系或者某几个既有的学科体系中找到自己的位置。汉语国际教育的学科定位是交叉性的,很难简单地归之于某个单一学科。作为一个专业,"汉语国际教育"具有中国特色,其专业内涵涵盖了它的前身"对外汉语"或"对外汉语教学"。"汉语国际教育"这个名称避免了"对外汉语"逻辑上不清楚的麻烦,也避免了"对外汉语教学"层次切分上的尴尬。

从该专业的培养目标看,"汉语国际教育"这个专业主要是培养"汉语作为第二语言教学"的教师和研究者。而"汉语作为第二语言教学"从理论上说既包括对外国人进行的汉语教学,也包括对境内少数民族进行的汉语教学。但是"汉语国际教育"的内涵则比较明确,它只包括在国内或者国外对第一语言非汉语者进行的第二语言教学。作者不认同"汉语国际教育"的主要任务是中国文化传播这一观点。他认为,语言是文化的载体,第二语言教学不可避免地会涉及文化问题,"汉语国际教育"说到底还是"汉语教育","国际"只不过突出了它的教育对象及其分布特点。

文章指出,"汉语国际教育"从学科属性上来说不单纯,它涉及汉语言文字学、语言学、教育学、心理学、信息科学、传播学等多个学科门类。"汉语国际教育"的学科定位是交叉性的,很难简单地归之于某个单一学科。从它的交叉性上看,作为一个独立的学科来看待是比较合理的,应该作为一个独立的二级学科来建设,而不是简单地依附于其他学科。它的学科基础是语言学(理论语言学、应用语言学)、汉语言文字学、教育学、认知科学和现代教育技术。

---

① 亓华. 试论设立"汉语国际教育与传播学"一级学科的必要与可能[J]. 语言教学与研究, 2010(03): 1-8.

作为一个独立的学科除了应该有独特的研究对象、研究方法、科学体系和研究成果，[①]还有一些独特之处，具体表现在：第一，"汉语国际教育"名称的诞生背景独特，与孔子学院事业的发展有伴生关系。第二，"汉语国际教育"既是一项事业，又是一个专业，这个概念不单纯。作为事业人们赋予它太多的功能，而作为专业则必须有明确的边界。第三，作为专业的"汉语国际教育"的研究对象从本质上说不是单一均质的，不仅要研究静态的语言，更要研究如何教授语言。而要研究如何教授语言，必得研究语言自身的结构规律、研究教学方法、研究学习者的习得过程、研究教学环境和手段。第四，"汉语国际教育"不仅仅要研究语言和语言教学，还要研究语言背后的文化，但是不能把文化教学与研究作为主要任务。第五，"汉语国际教育"还应针对性地研究所在国家的政治、历史、文化、宗教信仰、风俗习惯等，做到"入境问俗，入国问禁，入门问讳"。第六，"汉语国际教育"专业培养的人才不仅仅要有知识，更要有能力，包括组织能力、外交能力、文化理解能力、独立研究能力、语言表达能力、才艺表演能力、亲和力等，最重要的是要有教学操作能力。

作者认为，"汉语国际教育"的学科定位问题众说纷纭，各有各的道理。然而就现状来看，依托于中国语言文学是比较好的，因为教学中出现的很多问题实际上是我们对汉语本体的认识还不充分，对如何把本体研究的成果转化为容易为学习者所接受的教学方案研究得还不够。从国际学术界比较能够接受和理解的角度看，"汉语国际教育"的学科支撑理论都可以纳入应用语言学的范围，因为说到底它还是第二语言教学的翻版，只不过这个第二语言教学有特定的对象和目标而已。

来源文献：崔希亮. 关于汉语国际教育的学科定位问题[J]. 世界汉语教学，2015（03）：405-411.

[①] 赵金铭. 对外汉语教学概论[M]. 北京：商务印书馆，2004.

汉语教学核心任务是什么？陆俭明在继 2013 年对《汉语国际传播中的几个问题》进行分析之后，又在《汉语国际教育与中华文化国际传播》一文中，对汉语国际教育与中华文化国际传播问题、汉语教学的核心、文化教学的定位等予以阐述。

作者指出，就其学科性质而言，汉语教学是关涉汉语言文字学、应用语言学、教育学、心理学、文学以及文化、艺术和其他某些学科等多个学科的交叉性学科，但其核心任务与内容是汉语言文字教学，其出发点和终极目标是让国外愿意学习汉语的学习者，学习、掌握好汉语，培养他们综合运用汉语的能力。第一，汉语教学最直接的目的是，设法让外国汉语学习者在最短的时间里能尽快、最好地学习掌握好汉语。有人强调要通过汉语教学让外国学生了解灿烂的中华文化。这个想法当然好，但是，如果外国汉语学习者的汉语过不了关，他们怎能了解、研究中华文化？第二，汉语教师在汉语教学过程中所碰到的，外国汉语学习者在学习汉语的过程中所出现的问题、所提出的问题，主要或者说大多数是汉语言文字方面的问题。第三，中华文化的有效传播，很重要的一个方面，是靠学好并掌握了汉语，特别是学好并掌握了汉语书面语的外国学者，由他们来向自己的国人介绍中华文化，这是中华文化走向世界最有效的途径之一。切实做好汉语言文字教学工作，正是为了更有效地传播中华文化。

文章指出，汉语教学的基础教学、汉语教学的核心任务是汉语言文字教学，尤其在初级阶段的汉语教学中。从整体上来说，其他学科方面的教学都是为国外汉语学习者更好学习掌握汉语言文字服务的。

关于文化教学在汉语教学中的位置问题，作者认为，语言是文化的载体，汉语教学必然会同时伴随着文化教育，汉语教学离不开文化教育，特别是由于不同民族、不同国家存在着文化上的差异，需要重视跨文化交际问题，汉语教师也需要有文化的头脑。汉语教学必然伴随着文化教学，但是这绝不意味着要让文化教学成为汉语教学的重心或主流，更不是要用文化技艺来冲击乃至取代汉语言文字教学。作者同意李泉教授（2011）的看法："要恰当地评估汉语教学的文化传播功能。汉语教学跟其他外语教学一样，是一门学科，有其自身的教学规律。外语教学中的文化教学有其特定的内涵和功能，文化教学不宜喧宾

夺主。过于强调汉语教学的文化传播功能，是对汉语作为外语教学是一门学科的误解，是对汉语教学文化传播功能的扩大化、理想化、超负荷化。"①

关于汉语教学中所伴随的文化教学，文章认为，需要考虑的问题包括：第一，该选取哪些文化内容和文化点？第二，所选取的文化内容和文化点，前后如何安排为宜？第三，该采取什么样的呈现方式——是开设文化专题课，还是编作汉语教材的课文？如果开设文化专题课，开几门课？开设什么样的课？第四，我们应该持有什么样的呈现心态？

文化内容及文化点的选取，文化内容及文化点的前后安排，如果不加研究只是凭想当然，不可能真正达到有效的或者说最佳的文化教学目的。基于此，作者提出了三点值得探讨的问题，希望引起大家的注意与思考：一是我国的古代文化是很辉煌，但不能光展现古董，很需要展示当代文化，甚至包括我们的春运和高铁、跨海大桥等，以呈现我们物质文化与精神文化的变化为主。内容的选取，除了考虑让外国汉语学习者对中国与中华文化有个大概的、最必需的但又比较正确的了解外，更多地要考虑外国学习者学习汉语的需要。二是文化内容主要应该通过汉语课的课文来呈现，以便对外国汉语学习者起到潜移默化、耳濡目染的影响。课文内容的选取尽可能精当，课文内容的设计要有创新性。课文的前后编排要尽可能合理、科学。也可以适当开设文化专题课，但不宜过多。三是文化的呈现心态很重要，一定要摆正。我们既不要一味迁就、迎合外国某些汉语学习者的猎奇心态的需要，也不能不考虑外国汉语学习者的合理需求。

来源文献： 陆俭明.汉语国际教育与中华文化国际传播[J].同济大学学报（社会科学版），2015（02）：79-84.

专业建设关涉教学的质量以及人才培养的价值取向、能力和水平。在汉语国际教育硕士人才培养的过程中，教学信念深刻地影响着教师的教学行为和教学效果。有什么样的教学信念，就会有什么样的专业发展信念，而专业发展

---

① 李泉.文化内容呈现方式与呈现心态[J].世界汉语教学，2011（03）：388-399.

信念则会直接影响教师知识、能力和自身素养体系的构成，进而影响其教学的取向和重点、质量与得失。

李泉在《汉语国际教育硕士的教学信念和专业发展信念》文章中深入探讨了汉语作为第二语言教学教师的教学信念和专业发展信念问题。文章内容包括教学信念的含义、特点、作用与表现，教师专业发展信念的内涵与作用等相关问题；强调教学信念是教师教学思想的灵魂，是教师自己真正信奉的教学观念，它全面而深刻地影响着教师的教学决策和教学行为，进而影响着教学的质量和效益；指出教师的教学信念指引着教师的职业发展方向，有什么样的教学信念就有什么样的知识、能力和素养发展取向。

文章指出，教学信念对教师来说至关重要，它深刻地影响着教师的教学行为和教学效果。比如，如果一位教师确信第二语言学习主要就是学习词汇和语法，那他就可能在教学中特别重视词汇和语法的教学，就可能大讲词汇和语法，甚至会要求学生多背单词，死记语法。又如，如果教师确信第二语言学习就是习得一套新的语言符号系统，那他就可能更加注重目的语的语言单位、语言单位组合规则的教学，就可能大讲目的语的结构规则而忽视目的语运用规则的教学。再如，如果教师确信学习一种新的语言就是在学习一种新的文化，语言跟文化密不可分，不揭示和解释语言中的文化内涵和文化现象，学习者就不可能真正学好和用好这种语言，那么他就可能特别重视文化内容和语言材料中文化要素和文化现象的介绍，甚至一味寻找和解释与语言教学相关的和不相关的文化因素、文化现象。再比如，如果教师确信第二语言课堂教学主要就是解释词义、说明语法现象以及课文的串讲和解说，那么他一定更多地关注自己讲什么和怎么讲，课堂上一定讲得多练得少，甚至以讲为主、"满堂灌"。如此等等的一些观念和做法，都表明教师的第二语言教学信念全面而深刻地影响着课堂的教学走向和教学效果，不同的教学信念就有不同的教学实施，就会带来不同的教学效益。

教学信念决定教师专业发展信念的取向。作者认为，教师的专业发展信念受制于教师的教学信念，有什么样的教学信念就会有什么样的专业发展信念。比如，如果教师确信在对外汉语教学中汉语知识最为重要，那他就会在专业学习阶段和教学实践中更加注重汉语语音、词汇、语法、语篇和语用知识的学习和积累，而对其他方面知识的学习就不那么重视和投入。又如，如果教师确信教学组织能力更为重要，那他就可能更加注重组织和管理课堂教学能力的发展和养成。同样，如果教师确信跨文化交际方面的知识和能力对语言教学和开展教学活动非常重要，那他就可能更加注重跨文化交际方面的知识学习和能力发展。如此等等的一些观念和做法表明，教师确信什么样的教学理念，有什么样关于教学应该是怎么回事的信念，他就会更加注重相关知识、能力和素养的积累，就会更加积极主动地在教学实践中自我发展和提高这些方面的知识、能力和素养。毫无疑问，教师的专业发展信念同样是十分重要的，它影响着教师知识体系、能力体系和自身素养体系的构成，进而影响其教学的取向和重点、教学的质量与得失。

教师是课堂教学活动的最终决策者。教学信念决定和引导教师怎么设计、决策和实施教学活动，是教师教学思想的灵魂，是教师真正信奉的教学观念，正是"灵魂深处"的这些理念指导着教师的教学决策和教学行为，进而影响着教学的质量和效益。在汉语国际教育硕士培养过程中，作为重点应该加强对学生教学信念的培养，使他们形成和确立符合第二语言教学规律的教学信念和教学指导思想，以保证他们在未来的教学实践中恰当而有效地开展教学活动。

无论从理论上还是从教学实践上，都可以认识到：教学信念有影响第二语言教学全局的和影响局部的，有主要的和相对次要的。同样，专业发展信念也有涉及第二语言教学整体或局部问题的发展取向，有主要的和相对次要的知识、能力和素养发展取向。这样看来，尽管教师的教学信念多种多样，难以尽述，教师的职业发展信念内涵丰富，难以穷尽掌握，但按照重要程度大体上可以将它们区分为核心信念与非核心信念两大类别。具体而言，影响教学全局的、管辖范围大的重要教学信念即为核心教学信念，此外即非核心教学信念；影响整体教学质量和水平、涉及语言学习者综合语言能力获得质量和效益的重要专业发展取向及其内涵即为核心专业发展信念，此外即非核心职业发展信念。

作者认为，汉语国际教育硕士应具备的核心教学理念包括：语言能力培养是根本；高密度高质量的互动；注重汉语汉字特点；不断让学生有成就感；

教师深度备课；永远不要高估学习者的汉语能力等。文章对教师的专业发展理念提出建议，作者认为，一个合格的汉语国际教育硕士必须具备核心知识、核心能力和核心素养，这应该是一名教师终身学习和努力的方向。

来源文献：李泉.汉语国际教育硕士的教学信念和专业发展信念[J].云南师范大学学报（对外汉语教学与研究版），2015（03）：1-8.

作为学科建设与专业建设的连接平台，课程设计问题一直是汉语国际教育专业设立以来人们关心的话题。人们对它和对外汉语专业的关系做了一些探讨，取得了一些有益的研究成果，但对它们的本质区别还没有达成共识，从而使汉语国际教育专业在培养目标和方式上出现较大的差别。

张建民在《文化在汉语国际教育专业课程设计中的作用》中认为，汉语国际教育和原对外汉语这两个专业有其相同点，都是着眼于发挥汉语的作用。汉语国际教育专业的课程设计从原对外汉语专业那里继承了一部分理论，但这个专业的理论基础却和它不完全一致，不同点在于它们对汉语性质的认识。从相当一部分的原对外汉语专业的课程设计来看，是把汉语主要看作是工具，而汉语国际教育却把汉语主要看作是文化，是一种价值观的体现，因此它们在课程设计的取向上是不同的。作者认为，文化在汉语国际教育专业课程设计中具有主导作用。汉语国际教育应该引入和关注的一个理论基础是语言相对论，采用这种理论是为了从另一视角对汉语作为汉文化中最核心、最基本的部分进行阐释，以适应课程设计的需要。

文章指出，以工具论作为基础的原对外汉语课程设计无疑受到了结构主义语言学的极大影响，追求的是对工具的精确掌握，如语言形式，但是忽略了"语言是人类交流思想的工具"这一定义中的"交流思想"的重要性。没有思想的交流，汉语就成了"真正的"没有灵魂的工具。没有灵魂的工具，也就把课程分解成组装这一工具的零部件，人们可以把玩这个工具，却不能有效交流思想，展现各自的文化。当追求工具的精细时，课程就会将相当多的时间放在对语言形式的讲解上，而对语言和文化的关系缺乏合理的安排。对汉语性质认识的不同，就会在课程设计上产生不同的科目。

汉语国际教育专业从另一侧面揭示了汉语的本质，也就是认为汉语是中华文化最基础、最核心的部分，它不仅是汉文化的重要载体，还是了解汉文化的重要途径。这种认识的理论基础是语言的相对论，因此，汉语国际教育专业的课程设计和原对外汉语专业相比应该可以发生很大的变化。作者认为，语言相对论在西方语言教育界有着极大的市场，根据这一理论，20世纪80年代开始"放弃将语言看作是独立的、中立的系统这一结构主义观点"[1]，展开了多学科交叉研究，其在文化方面的研究成果在中国外语学界得到了广泛的认可，作为以实践性为主的汉语国际教育专业的课程设计，以这样的理论为基础，可以反映出让学生全面而又和谐发展的课程观。但在现实中，由于汉语国际教育专业建立的历史不长，课程设计人员对语言相对论的了解不够深入，使这一理论还是难以科学地在本专业上应用，造成的直接结果就是现有课程设计很难解释为什么像中华才艺等等会进入课程体系。汉语国际教育融入语言相对论的观点，可以解决原对外汉语专业课程设计中所产生的语言、文化分列的局面，从而加深人们对语言即文化的认识。

从理论上来说，将语言看作是一种纯工具的观点，也自动隐藏了语言作为文化现象所具有的价值观。语言是记录文化的符号系统，文化是可以用语言来反映价值观的，这和语言是人类交流思想的工具有着密切关系。汉语作为一种文化，课程设计就要体现这种文化所代表的价值观。由于原对外汉语专业注重工具论的体现，不会将汉语看作是一种价值观来表述。从汉语国际教育事业所出现的新情况来看，是无论如何也不能回避价值观问题的。只有将汉语看作是文化现象，同时也反映了汉民族的价值观，才可以充分了解在汉语国际教育中出现的问题之实质。作者认为，汉语国际教育事业的发展，产生了汉语国际教育专业，相当多的单位以培养从事汉语国际教育的教师为主要目标。但无论是原对外汉语专业还是现在的汉语国际教育专业都没有很好地解决一个认识问题，即课程是什么？常将课程简单地理解为一种知识体系的呈现。汉语国际教育专业的课程设计并不否定原对外汉语专业把汉语作为工具的课程设计所具有

---

[1] John E. Joseph. *Language and Politics* [M]. Edinburgh University Press Ltd, 2006:Forword.

的作用，它始终认为，汉语是一种工具，是一种交流思想、体现文化的工具。也许可以说，原对外汉语专业关注的是如何"制作"工具，汉语国际教育专业关注的是如何发挥工具的功能。要发挥工具的功能，就需要掌握工具。就课程设计的取向而言，要最大限度地采用实践性的标准。

作者认为，依据实践性课程理论，可以把汉语国际教育的专业课程看作是一个传播中华文化的"生态系统"，它是由教师、学生、教材和环境四要素构成的，四要素之间在不断追求平衡状态，任何一个要素发生变化，都会打破这一平衡。因此在课程设计中要充分注意到这四者在传播中华文化方面各自所具有的角色及发挥的独特作用。在这个"生态系统"中，教师是汉语国际教育课程的引导者，学生是汉语国际教育的掌握者，教材是汉语国际教育课程的呈现者，环境是汉语国际教育课程的塑造者。

来源文献：张建民.文化在汉语国际教育专业课程设计中的作用[J].云南师范大学学报（对外汉语教学与研究版），2015（06）：1-6.

随着汉语国际教育本科专业在高校的普遍设置，如何建构、充实和完善课程体系，特别是怎样进行"新一轮"的汉语语言类课程的教学改革已经成为当前亟待学者进一步关注和有效解决的问题。

刁世兰在《汉语国际教育专业汉语语言类课程模块化教学体系研究》中提出，汉语国际教育专业以培养复合型、应用型的对外汉语专门人才为主要目标，这意味着该专业课程设置及教学内容不仅要重视学生的汉语文化素质的提高，更要注重汉语实际应用能力的培养。目前，普通高校汉语国际教育本科专业的汉语语言类课程的教学大多还沿用以知识输入为导向的传统教学模式，该模式已不能适应国际社会对汉语应用型人才的需求，也不能满足该专业人才培养目标的顺利实现，而实行模块化教学是解决上述问题的行之有效的方法。

模块化指的是"将一个专业内单一的教学活动组合成（不同的）主题式教学单位（即模块）"[①]。按照作者的解释，模块化是将某个专业相关课程的教

[①] 徐理勤、赵东福、顾建民.从德国汉诺威应用科学大学模块化教学改革看学生能力的培养[J].高教探索，2008（03）：70-72.

学内容分解为一个个知识点，再按其内在的相关性把整个知识体系整合成相对独立的知识单元，然后根据不同人才培养目标对理论知识和职业能力的要求，根据人才市场需求的变化设计或更新教学模块，通过增减模块数量及调整模块组合方式，加强教学内容的针对性和实用性，按需施教，学用一致，使同一课程体系和教学内容能够满足不同专业方向、不同人才培养规格的要求。

基于上述想法，作者提出构建模块化教学体系的基本思路是，把全部汉语语言类课程整合在一起，将相关课程的知识体系分解成一个个知识点，然后将知识点按其内在联系组合成相对独立的知识单元，进而根据该专业人才培养目标的要求及人才需求分析，将相关的知识单元组合成数个可以灵活搭配和自由组合的知识模块和技能模块。

在课程体系和教学内容的模块化划分方面，作者建议根据汉语国际教育专业培养具有国际化、复合型、应用型的高层次汉语人才的总体目标，按照优化知识体系、强化职业能力、提高职业素质、拓宽就业途径的模块化教学改革理念，把汉语语言类课程划分为汉语基础知识、汉语应用能力两大教学模块，汉语基础知识模块再细分为语音、词汇、语法、语用（修辞）四个子模块，汉语应用能力模块再细分为口头表达能力、书面表达能力、对外汉语教学能力、汉外语言文化对比等四个子模块，如图 2-1 所示。

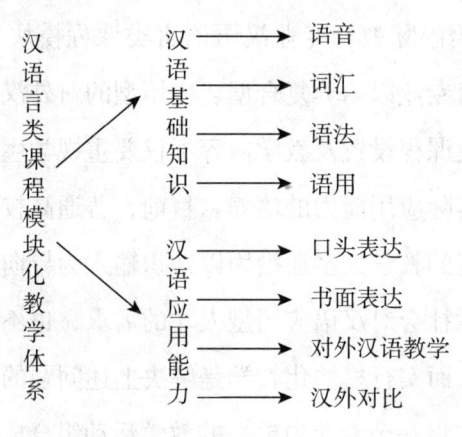

图 2-1 汉语言课程模块化教学体系

作者认为，汉语语言类课程模块化教学体系的建立和实施，是一个系统工程。在模块化教学过程中，需要把学生作为教学活动的主体，精讲多练，边学边练，做到学以致用。文章建议在实施过程中关注五个方面的内容：

一是整合相关课程的教学内容，形成模块体系。按照人才培养目标的不同要求，有针对性地整合教学资源、重编教材，根据不同的学习需求设置各模块内的教学内容，既要保证各个模块相对独立，又要保证模块之间的内在联系，模块与模块之间必须环环相扣、相互支撑。

二是按不同的学习需求，对学生进行分类教学。不同培养目标对汉语言类课程体系的教学有着不同的要求，以××课程为单位的传统教学模式已经不能适应多元化的人才培养需求。在模块化教学方案实施之前，教师需按照不同的培养方向对学生进行分组，以便在教学过程中选取相应的模块组合，对学生按需施教，分类指导。

三是搭建相应的实践教学平台。汉语国际教育是一个应用型的专业，在教学过程中应该注重汉语应用能力的培养，所以在划分知识模块时，"每一个模块内的教学内容都应该设置对应的技能训练项目"[1]。实践教学项目预期目标的顺利实现，离不开诸如网络课堂、语言实验室、实习基地等实践教学平台的建设。

四是选配合适的教师承担各模块的教学任务。模块化教学的组织实施，需要具备不同知识结构和业务能力的教师分工协作，仅靠一两个教学水平高的教师是不够的。模块化教学对教师的教学能力提出了更高的要求，教师不仅要具有广博的语言理论知识，还要有较强的语言应用能力。在教学过程中，教师必须从整体上对模块内的所有知识点融会贯通，围绕某个主题教学内容统筹安排教学进程。

五是对模块教学的质量进行综合性评估。评估方式包括：作业、过程考核、模块结束后的综合考试。在模块化教学过程中，可根据学生的兴趣和学习需求有针对性地布置多元化的作业，以检验学生对理论知识的掌握情况及汉语应用能力的水平。各种考核完成后，对学生的模块学习进行综合评估，全部合格后才可以结束该模块的学习。

---

[1] 付瑞平.大学计算机基础分模块教学的探讨与实践[J].计算机时代，2014（01）：49-51.

来源文献：刁世兰. 汉语国际教育专业汉语语言类课程模块化教学体系研究 [J]. 安徽警官职业学院学报. 2015（06）：99-102.

第二节　教师与人才培养

人力资源建设是任何一个行业的兴起与发展都必须强力关注和重点建设的基础性工程。就像法律制度框架下带动司法领域和律师行业隆兴，互联网飞速发展和信息产业制度的形成带来IT阶层异军突起一样，随着以孔子学院为龙头的汉语国际教育事业的迅猛发展，人才培养和教师发展等环节已经作为一种制度予以安排和实现。

教师是教育事业发展的基础。当前，从事汉语国际教育的教师群体规模不断扩大，作为行业发展的主要支撑，国际汉语教师正在成为中国一个新兴的语言与文化传播社会阶层。国际汉语教师是一个具有共同目标、共同归属、肩负共同使命，具备相似知识结构与技能的群体。教师问题是"三教"问题的核心，是重中之重，这是不争的事实。关于教师队伍的建设问题，之前已有诸多专家和学者贡献真知灼见。随着孔子学院的快速发展，我们不仅在继续强化建设已经成为专业人士的教师队伍，也在关注如何培养和培训一大批各种类型的本土教师，与此同时，如何进一步加强和完善汉语国际教育专业硕士培养体系，业已成为工作与研究的常态。从2015年的汉语国际教育专业硕士学位论文来看，无论是在发现问题、叙述呈现问题的广度，学理探究的程度，还是理论和方法的把握方面，都尚存有诸多普遍性的问题，具有较大的提升空间。在此问题上，业内很多专家有所共鸣。

国际汉语教师的发展，在世界范围教育领域中的地位和作用正在发生深刻而又根本的转变，我们必须面对国际社会对汉语学习、当代中国以及中华传统文化的广泛需求。教师发展问题，不仅关注者众多，理论与观点也是层出不穷，其中一个大家都非常关心的问题是，教师发展应该是一个过程还是一种结果？如果说，上述观点的讨论所针对的是一个普遍性问题，那么，对于一个"国际教师"的发展来讲，这个问题就显得更加突出和复杂。

王添淼通过对国际汉语教师专业发展状况和存在问题进行深入分析后，在《国际汉语教师专业发展现状及其对策》中指出，培养教师树立"终身学习"的理念是非常重要的。作者认为，"汉语热"对我国而言，既是挑战也是机遇。汉语国际教育革新与专业发展的迫切性都在呼唤国际汉语教师专业发展理念的构建，要充分发挥国际汉语教师的自主性，通过终身学习，不断扩展专业技能，实施专业自主，修养专业品质，使其成长为一个学习型、反思型、研究型的国际汉语教育专家。

文章在梳理国际汉语教师专业发展现状的基础上提出，在学术研究方面，从20世纪90年代至今，国内有关国际汉语教师专业发展的研究主要分为三方面：国际汉语教师知识结构与能力结构发展研究；职前师资培养研究；职后师资培训研究。这些研究深化了学界对国际汉语教师专业发展的认识。

与此同时，作者指出，国际汉语教师的进一步发展仍面临着一些障碍。

首先是职前师资培养方面的有限性。近年来，在国家汉办的指导下，各高校不断完善国际汉语教师职前师资培养体系，不断完善课程建设，但在师资培养过程中仍存在知识的有限性。国际汉语教师要面对不同的学习者，包括不同的母语背景、不同的文化背景、不同的年龄层次，还要应对不同的语言环境。这就决定了国际汉语教学的复杂性、多样性、不确定性和情境性。教师在职前教育过程中所学得的知识是远远不够的，必须在实践中去积累和获得新知。

其次，目前的职后师资培训也有一定的局限性。主要存在以下四方面问题：第一，培训过程往往是提供一般性的知识、理论，与实际情境脱离，不符合教师的真实需求和个人风格；第二，学员缺少一定的教学实习机会，难以将已有的感性经验上升为理性知识；第三，培训的空间和时间有限，即使学员有一定的实践机会，也只是点到为止，难以实现行动、反思、再行动的良性循环过程；第四，较少采用启发式教学，缺乏师生互动。

欧美各国的经验表明，职前师资培养和职后师资培训具有一定意义，但同时都有不足之处，应将有限的师资培养和培训进一步扩大为教师专业发展。"培养"和"培训"一词带有很强的"弥补缺陷"的意思，而"发展"一词则意味着所有的教师都必须在其职业生涯中持续终身地学习,[①]由被动变主动的业务素质不断提高的专业发展过程。

  在上述分析的基础上,作者认为,基于国际汉语教师专业发展所面临的种种问题都突显出一个关键问题,即现有的教师专业发展仍是将教师作为一个被动接受体,局限于"传播知识——接受知识"这种外在因素推动其前进的过程中,而非教师内心自主、自发的诉求,异化了教师生命价值与专业理想。因此,实现国际汉语教师专业发展的首要对策是构建一种以教师专业发展理论为基础的国际汉语教师专业发展理念。教师专业发展理论指出教师不再是一种职业,而是等同于律师和医生的具有专业素养的社会阶层,专业发展的目标是教育教学知识和技能的不断提升。作者认为,构建国际汉语教师专业发展理念应该根据国际汉语教师成长规律和特点,关注国际汉语教师本人在专业发展中的能动作用,强调知识传授和实践反思相结合的"自我更新"的、不断成长的专业发展历程。此种理念不仅要融入国际汉语教师师资培养和培训阶段,更要贯穿于国际汉语教师发展的整个过程。具体而言,国际汉语教师专业发展理念包括以下三方面:

  一是关注人的发展,以教师为中心。《国际汉语教师标准》是对从事国际汉语教学工作的教师所应具备的知识、能力和素质的全面描述,建立了一套完善、科学、规范的教师标准体系。标准中明确提出,国际汉语教师应理解"专业发展"的含义,并能够实现自我专业发展。国际汉语教育的创新,无论是教学理念与思维模式的改变、教学方法的更新,还是课程教材的编写,以及对教师能力和素养的新要求,这一切都要依赖于教师自身的推动与落实。这些创新的实施过程都不是短期行为,而是要与教师专业发展并进的,不断学习和完善的过程。因此,在教师专业发展过程中必须关注教师本人在将外在影响因素转化为自身专业发展过程中所起的不可替代的作用,把教师作为一个富有生命力的人来看待,注重其自我专业发展意识的独特作用。

[①] Holly, M.L.H. Teacher Professional Development: Perceptions and Practice in the USA and England. in M.L.Holly & C.S.McLoughlin (Eds.), *Perspectives on the Teacher Professional Development*[M]. New York: The Falmer Press, 1989, p175.

二是培养教师树立"终身学习"的理念。国际汉语教师教学情境的复杂性决定了教师应该不断接受新知识,增长自己的专业技能。就国际汉语教师而言,终身学习包括汉语国际教育信念的增强,对所任教学科知识的不断更新、拓宽和深化,教学方法和技能的不断提高,以及与国际汉语教学界同仁和同事合作能力等方面的全面进步。作者同时指出,关于国际汉语教师应具备的知识结构和能力结构,专家们尚未达成共识,课程体系也处于建设之中,还有大量的兼职教师问题。"师资培养"和"职后培训"仍处于不断完善和改革之中。因此,进一步加强和关注教师专业发展理念的构建应是一种更为宽阔的思想。

三是教师是一个具有自主性的"反思实践者"。国际汉语教师的知识需求广泛,教学技能要求高。国际汉语教师不仅要具备语言学、教育学、心理学等专业基础知识;还要有文化知识,既要了解中国文化,又要了解异国的文化知识,包括政治、经济、历史、地理方面的基础性知识;还要有跨文化交往知识;外语教学基本原理、原则,外语教学的应用知识(教学目标、课程设置、教材分析与使用、评估测试等),并具有熟练应用一门外语的能力等等。此外,还需要多媒体教学知识。因此,国际汉语教师的专业发展具有极强的实践性,不可纸上谈兵、坐而论道,要在实践中增长知识和能力。[①]

来源文献:王添淼.国际汉语教师专业发展现状及其对策[J].东北师大学报(哲学社会科学版),2015(02):229-231.

作为促进教师专业发展的一个重要途径,行动研究对于促进教师将教学和研究结合起来具有积极作用,受到国际汉语教育界的关注。但是,对于很多国际汉语教师来讲,在实际工作中如何将教学和研究两者结合起来并不是一件简单和容易的事情。

王添淼指出,后方法语言教育理论三个重要参量之一就是"实践性",即理论和实践之间的关联性。而"行动研究"所强调的正是研究和解决教师教学实践中遇到的问题,重视一线教师在实践过程中总结形成的小理论。教师可

[①] 赵立红.汉语课堂教学的多元智能策略[J].东北师大学报(哲学社会科学版),2013(04):197-200.

以在行动研究过程中探究适合某种特定教育情境和教学目标的教学理论与方法。作者在《国际汉语教师行动研究现状、问题与对策》中，针对国际汉语教师行动研究的现状和存在的问题进行了调查分析。

在对问卷和访谈记录的整理和分析中，作者发现，在被调查的49位教师中，有43位教师对行动研究感兴趣，并希望能够进行行动研究。但教师们对行动研究内涵和价值的理解以及实施情况仍存在一些问题，归纳起来有以下五个方面：

一是对行动研究的内涵比较模糊。访谈结果显示，一些教师虽对行动研究有一定的兴趣，但不太清楚行动研究是一种具体的研究方法还是研究范式，另有一些从事过行动研究的教师对行动研究的内涵也比较模糊。对比分析发现，即便是从事过行动研究的教师，对行动研究是一种具体的研究方法，还是一种研究理念或者研究范式都比较模糊。实际上，行动研究不是一个纯粹的方法，确切地说，它是一种倡导和提议，也可称为一种研究理念和研究范式，即呼吁教师参与研究教学中遇到的问题。

二是不善于发现和窄化研究问题。行动研究是一种以问题为中心的研究范式，但调查结果显示，51.0%的教师选择"难于发现问题"；30.6%的教师选择"不知道自己发现的问题是否值得研究"。事实上，凡是教师在教学实践中遇到的问题和感到困惑的地方都是值得研究的，因为这些问题源于自身的实践，每个教师都是不同的，每个教学情境也因人而异，所以这些问题也都是独一无二的。如何将教学中的困惑转化为行动研究的问题，是教师们面临的难题之一。比如，有些教师拟对"学生汉语交际能力的提高"进行研究。但该问题就过于宽泛，学生的交际能力包括听说读写等方面，而且学生的汉语水平也需要界定，不同汉语水平学生交际能力提高的方法也不尽相同等。

三是国际汉语教育相关学科理论基础较为薄弱。调查问卷显示，22.4%的教师选择"国际汉语教育相关学科理论知识比较丰富"；20.5%的教师选择"还可以"；57.1%的教师选择"国际汉语教育相关学科理论知识比较薄弱"；没有教师选择"国际汉语教育相关学科理论知识非常丰富"。访谈中，有的教师认为，他们"曾经对一些理论很感兴趣，在教学实践中遇到问题时，也很想套用这些理论来解决问题，可问题并没有解决，所以，渐渐地就觉得理论知识的作用也不太大"。40 位教师选择"他们已经感觉到理论知识比较薄弱，希望能够进一步加强相关理论的学习"，占 81.6%。但是他们的问题在于，一是"苦于没有时间"，二是"苦于没有机会"。

　　四是行动研究的研究方法不够科学和严谨。对于采用何种方法，31 位教师选择"不清楚哪种方法适合行动研究"，占 63.3%。在有关进行课堂教学研究可以采取的方法中，所有教师都选择了"课堂观察法""访谈法"和"问卷法"；16 位教师选择了"反思日志法"，占 32.6%。但在已有的国际汉语课堂教学研究成果中，教师们大多采用课堂观察法、访谈法或者问卷调查的方法，采用反思日志法进行研究的并不多见。教师们表示，主要问题是"不太清楚反思日志和教学日志的区别"，"不清楚如何将反思日志运用到研究中"。

　　五是对行动研究价值和作用认识不清楚。数据表明，虽然 93.9% 的教师"听说过行动研究"，对行动研究感兴趣，想从事行动研究，但对行动研究的具体价值和作用还缺乏一定的了解。当前的国际汉语教师培养和培训大多囿于"技术理性"之中，偏重于固定的理论知识的传授，认为教师掌握了这些知识就可以成为一名合格的或优秀的国际汉语教师，很少关注实践性知识。在 20 世纪 50—80 年代，英美国家有关专家型教师和新进教师的研究就已表明，二者的一个重要区别是专家型教师有关教学实践的知识远远高于新进教师，而这些知识的大部分都是缄默性知识，这种缄默性知识很难通过外在的形式和直接教学获得，只能由实践者本人在实际情境中"体悟"。

　　针对国际汉语教师行动研究的现状以及存在的问题，作者提出教师行动研究能力提升的四个方面建议：

　　首先，加强教师对实践情境的关注与研究。注重培养问题意识：第一，遇到的问题种类是跨文化交往的问题，还是与学习风格或是学习动机有关的问题。第二，遇到的问题是普遍存在的还是个别现象。第三，产生此问题的原因是什么？是教材问题？学生问题还是教师问题？或是教学方法问题？学校的原因？第四，此问题对课堂教学是否有影响，会产生哪些影响。第五，行动研究的问题不是一成不变的，而是不断发展和变化的。

其次，增强教师相关学科理论知识和研究方法的学习。国际汉语教学对象来自世界各地，汉语教材也在不断地推陈出新。汉语教学较强的实践性和不确定性以及课堂上的复杂情境，都导致了任何教育教学理论、二语习得理论和跨文化交往理论都难以像数学原理或者物理定律一样"放之四海而皆准"，而是"教有法而无定法"。行动研究是一个计划、行动、观察和反思的不断扩展、呈螺旋式循环的过程，其中的每一个环节都需要理论支持。教师应该加强对研究方法的学习，增强对问题进行科学研究的意识，提升根据具体问题采用相应理论和方法的能力。

再次，提升教师自我反思的意识与能力。相对于其他研究范式而言，行动研究更关注解决问题的过程以及过程中的观察和反思。而且，问题的解决并不意味着行动研究的结束，而是要对研究的结果继续反思，发现新的问题，开始新一轮的行动研究，所以这个过程实际上是一个反思、反馈和调整的反思性实践循环的过程，教师需要主动地对实践进行持续的、公开的、系统化的反思。反思与行动研究密不可分，是行动研究的保障。

最后，促进教师间的交流与合作。在行动研究中，传统的教师文化将被解构和重建，教师需要从孤立走向合作。当教师在教学中遇到问题时，要主动地与同事及专家进行沟通和合作，寻求解决问题的办法。同时，也要主动地接受别人对行动方案、研究方法、研究过程和研究结果的质疑和批评。合作公开性是行动研究的一个重要特征。但调查结果表明，教师们对教学实践问题的正式的、深入的交流并不多，和国际汉语教育相关学科专家交流的机会也比较少。

来源文献：王添淼.国际汉语教师行动研究现状、问题与对策[J].汉语学习，2015（05）：85-90.

汉语教师的本土化是国际汉语教师人才培养中的一个重要组成部分，其更重要的意义还在于：汉语教师的本土化意味着汉语教学不仅走出了国门，而且在本土深深地扎下了根！

汉语国际教育师资本土化既是一项长期的人才工程，也是一项正在进行的教育实践，既要讲意义也要看成效。王建军在《汉语国际教育师资本土化的基本内涵、培养模式与未来走向》中指出，汉语国际教育实现本土化，必须在教育对象、教育内容、教育资源和教育人员方面取得实质性的进展。作者认为，汉语国际教育师资的本土化至少应该包括以下四个方面：

一是教育对象的本土化。教育是一种旨在培养人才的高级活动，其始终如一的对象只能是活生生的人。人的发展是需要特定条件、讲求特定规律的。教育只有依据人的身心发展规律去施行，才能发挥主导作用，才能达到既定目标。人的身心发展是受到外部环境制约的，不可能摆脱种族、地域、文化等因素的影响，因此，在不同的国度，教育对象在身体、情感、认知方面的差异是显而易见的。教育对象的特质说穿了就是本土化特质。当今世界，尽管一个人可以在不同的国度接受并完成不同阶段的教育，但他并不能改变自身被本土化的命运。事实上，加速自身的本土化、提高自身的本土化素养恰恰是很多留学生的不二选择。当汉语教育作为一种外语教育进入一个国家的时候，同样面临着教育对象本土化的严峻课题。可以说，教育对象的本土化主宰了整个教育的本土化，汉语国际教育当然也不能例外。

二是教育内容的本土化。所谓教育内容的本土化，就是汉语教材要反映学生的生存环境，反映他们的日常生活，反映他们的真情实感。教材只有贴近学生，才能吸引学生并赢得学生，才能获得教学效果的最大化。目前业界通行的绝大部分汉语教材都是国内教师编写的，一律将授课对象假定为来华的留学生，因此，教材的内容基本限于中国的国情和民情，而忽视外国学生的生存环境和文化背景。

三是教育资源的本土化。教育资源是人类社会的重要文明资源之一，包括自有教育活动和教育历史以来，人们在教育实践中所创造积累的教育知识、教育经验、教育技能、教育资产、教育经费、教育制度、教育品牌、教育人格、教育理念、教育设施以及教育领域内外的人际关系等。本土教学资源植根于本土的人文背景和教育传统，是任何外来教育资源所无法替代的。任何一种外来教育只有依托或借助本土教育资源，才可能在当地立足并发展壮大。开发利用本土的教学资源，对于实施课程教学和深化课程改革具有至关重要的作用，因此，充分开发并大力利用本土的教学资源是汉语国际教育的必由之途，只有当我们愈来愈多地引入了优质的本土教育资源，汉语国际教育才可能获得持久的发展后劲，而在现行的汉语国际教学中，对当地的教学资源的开发和利用还是极其有限的。

四是教学人员的本土化。教学人员即教师是教学活动的主要承担者，也是决定教学活动成败与优劣的关键因素，教学活动是一项双向互动的有情活动，只有当教师的生活、知识与情感更贴近学生的时候，教学效果才有可能实现最大化，而要达到这种理想状态，非本土教师莫能为。本土教师在本土教育内容的熟悉和驾驭、本土教育资源的占有和支配等方面都有着外来教师所无法比拟的优势。另外，本土教师还比外来教师更具归属感，因而也就更具事业心和稳定性。而教师队伍的恒常与稳定则是教学水平不断提升的重要基础。

作者认为，教育对象的本土化一般是自然生成的，教育内容和教育资源的本土化一般是被动生成的，而教师的本土化则是其中唯一具有主观能动作用的介质。作者指出，本土化的师资并不等于本土师资。本土师资即生于斯长于斯的师资，一般只能由本地或本籍人士出任，而本土化的师资除了本土师资外，还应包括某些外籍师资。外籍师资只要能在当地长期任教，熟悉并且遵从当地的教学理念、教学规律、教学方式、教学传统，那么就应该视为本土教师。可见，任何外来教师，不管其资质如何优秀、技能如何高超，都必须直面如何融入、如何转化的问题。考评一名教师是否属于本土化师资，不应执着于教师的种族国籍与文化背景，而应该着重看他（她）与当地教育环境的融入程度。

基于上述观点，作者提出了两种汉语国际教育本土师资的培养模式：一是自发培养模式——域外培养模式，即由国外的汉语学者和培训机构出于某种实际需要而为本国或本领域培养汉语传播人才；二是专门培养模式——域内培养模式，即由中国的教育机构和培训机构为他国培养汉语师资或相关的专业人才。在比较上述两种模式之后，作者提出，域外培养模式借重的是语言的工具力量，而域内培养模式则注重的是语言的文化力量，前者具有功利性和随机性，后者则具有渗透性和持久性，因此，后者无论在传播力度还是传播成效方面都应当更具优势。

来源文献：王建军．汉语国际教育师资本土化的基本内涵、培养模式与未来走向[J].云南师范大学学报（对外汉语教学与研究版），2015（03）：9-14.

在孔子学院框架下的汉语教学实践中，有一个非常重要的领域，那就是如何应对当前海外蓬勃发展的中小学生汉语教学，而这一领域恰恰是我们过去关注不多、探讨不足的。

刘谦功在《幼儿汉语教师基本素质的培养》一文中特别谈到，中小学汉语教学在教师、教材、教法上都应该有别于针对成人的汉语教学，在这方面需要有更多的关注以及相关的研究。作者指出，随着近几年海外孔子课堂数量的迅速增加，世界范围内呈现出汉语教学对象低龄化的趋势，甚至低到了幼儿园的层次，因而在幼儿汉语教师培养方面有了越来越多的需求。幼儿教育与成人教育在很多方面有着本质的不同，汉语作为第二语言教学方面也不例外。具体说来，幼儿的心智尚未成熟，想象力却极为丰富，他们在感知发展、记忆发展、思维发展、注意发展、语言发展等方面都有着许多特殊性，我们在教他们学汉语时必须考虑这些因素。作者结合自身实践经验及理论思考，提出幼儿教师基本素质培养的三个问题：

一是要有换位思考的意识。作者认为，作为一个幼儿汉语教师，必须要有换位思考的意识，一方面要站在孩子的角度看人看事看问题，另一方面还要在其学习汉语乃至认识世界的过程中起到重要的指导作用，帮助他们长大，而对外国儿童进行汉语教学，还要考虑"跨文化"问题。作者提出两点建议：

1.创设真实、自然的汉语环境。"日常的、随机的语言交往是幼儿学习语言、运用语言的最真实而自然的状态，也是极其丰富的语言教育环境。幼儿年龄小，各种器官与神经系统的功能尚未发育完全，他们的自我控制力差，不能长时间专注于所从事的活动。因而专门的语言教育活动较之日常的语言活动相对来说时间要少得多，因此，我们必须重视日常生活中各个环节的言语渗透，不失时机地对他们进行随机教育。"[①]

2.在游戏中学习汉语。喜欢游戏是孩子的天性，做游戏非常符合幼儿生

[①] 蒋芳香.论幼儿语言教育的途径和方法[J].零陵师范高等专科学校学报，2002（04）：147-148.

理与心理的发展水平。游戏从某种意义上说就是"玩儿",课堂上玩儿好了,就是寓教于乐。例如,就口语课而言,"玩儿是'说'最好的教材,玩儿什么,怎么玩儿,在玩儿中能说些什么? 其实这些玩儿的教材就在每一个国际汉语教师的周围。只要教师捕捉住了,让孩子们玩儿得好,孩子们的自然天性和语言潜力就开始慢慢地开启并展示出来了;玩儿得快乐、愉悦和智慧,孩子们就想用汉语来表达他们的想法了。老师同孩子们一起玩儿——让孩子们自己玩儿——分兴趣爱好玩儿——鼓励有领导才能的孩子带着大家玩儿的四部曲能让孩子们自然而然地张嘴说话,为课堂学习奠定基础"[①]。很多国家幼儿教育的实践证明:游戏化教学是丰富和发展幼儿语言的最佳途径。

也就是说,幼儿汉语教师必须具有换位思考的意识,从孩子的角度看世界、想问题,创设真实、自然的汉语环境,且注重让孩子们在游戏中学习汉语,切忌照本宣科,用教成人的套路教孩子。

二是要有深入浅出的功底。作为一个幼儿汉语教师,必须对儿童心理学有所了解,研究儿童心理发展的内因和外因、阶段性和连续性等,同时也要懂得第二语言习得的基本规律。在此理论基础上还要深入浅出,将高深的东西大而化小、繁而化简地教给小学生乃至幼儿园的孩子。在具体操作时,"深入"的内涵不能变,但"浅出"的方法可以多种多样,至少可以从以下方面进行考虑:

1. 注重感性体验。幼儿处在人生的童年,身体与心智都在初期的发展过程中,理性思维远未成熟,故而感性体验特别重要。

2. 充分利用多媒体技术。现代科学技术的发展极大地丰富了教学手段,在向学生讲解某种事物或阐释某种道理时,并非只能使用语言,尤其是在孩子听不懂某种外语或不能明了某种事物的深奥之处的时候。多媒体技术使汉语教学有了跨越时空的可能,可以验证或纠正孩子们的想象和对大自然与人类社会的认识,使过去诸多不可触及的事物变得直观可感,只要运用得当,有百利而无一害。

[①] 刘亚非.国际幼儿汉语课程、教材、评估的建设[A].世界汉语教学学会、国家汉办/孔子学院总部.第十一届国际汉语教学研讨会论文集[C].世界汉语教学学会、国家汉办/孔子学院总部,2012,pp548-557.

简言之，幼儿汉语教师必须具有深入浅出的功底，在汉语教学中应注重让学生多进行感性体验，同时充分利用多媒体技术作为辅助手段，以解决语言不能尽意和寓教于乐的问题。

三是要有操控课堂的能力。作为一个幼儿汉语教师必须具有亲和力和感染力，首先让孩子们认可你，这是你能够很好地操控课堂的基础，在此基础上还要懂得各种各样的上课技巧，幼儿的特点是思维不连贯，经常突发奇想地说一些话、做一些事，幼儿汉语教师必须千方百计地把他们拉回到汉语学习中来，以下两个方面是最基本的：

1. 注重课堂管理语言。上好幼儿汉语课，首先要注重课堂管理语言，其有效性直接影响到教学效果。"幼儿园的孩子小，注意力持续的时间比较短，需要建立一套话语体系来组织孩子的注意力。这套话语体系在进入一个新活动之前以及在不同活动间进行转换时都十分重要。……一般情况下，教师的管理语体系有效，孩子的一日常规和教学秩序就比较好；管理语体系的有效性差，孩子的常规和教学秩序就会比较混乱。"[1]更重要的是，我们教的就是语言，课堂管理语言正好可以作为使外国儿童浸润在汉语环境中的一个契机。

2. 多才多艺是基础。对幼儿进行汉语教学，将美育贯穿其中是很重要的，爱美之心人皆有之，且是天然的、天生的。"艺术是实施美育的主要途径，应充分发挥艺术的情感教育功能，促进幼儿健全人格的形成……教师的作用主要在于激发幼儿感受美、表现美的情趣，丰富他们的审美经验，使之体验自由表达和创造的快乐。"[2]通过教师展示才艺、幼儿学习才艺的方式来教汉语是一种非常好的方法，这既是美育也是语言教学，唱歌、跳舞、画画儿、剪剪纸、写书法、做中国结等，这些活动目前已被广泛应用于世界各国孔子学院的文化活动乃至汉语课堂，使各国小朋友们觉得兴趣盎然，在美的享受中不知不觉提高了汉语水平。

简言之，幼儿汉语教师必须具有操控课堂的能力，这一点首先表现在注重课堂管理语言上，同时多才多艺是基础。然而这些只是展示教师个人魅力的

---

[1] 邓晓芳、徐彩华．沉浸式幼儿汉语教学中教师课堂管理语言的有效性与特点[J]．学前教育研究，2010（02）：33-36．
[2] 教育部基础教育司．幼儿园教育指导纲要（试行）解读[M]．南京：江苏教育出版社，2002，p37．

手段，从根本上说，幼儿汉语教师一定要让孩子们感到有亲和力和感染力，能够被你吸引，这样很多课堂管理问题就会迎刃而解了。

来源文献：刘谦功. 幼儿汉语教师基本素质的培养 [J]. 云南师范大学学报（对外汉语教学与研究版），2015（05）：1-4.

随着汉语国际教育的迅速发展，海内外教育机构对汉语国际教育人才的要求日渐提高，不断有学者呼吁和倡议依托"孔子新汉学计划"，激活中外方院校在"中外合作培养博士项目"和"'理解中国'来华访问学者项目"中的主体作用和合作关系，尽快搭建汉语国际教育高层次人才培养平台，培养海外急需的汉语国际教育高层次人才。

仇鑫奕在《汉语国际教育高端人才培养平台建构思路》中认为，设置汉语国际教育博士专业学位（简称 D.TCSOL）是培养汉语国际教育高层次人才的根本途径。文章指出，该平台应当是依托汉语国际教育人才培养和课题研究项目构建起来的、多元主体多层次联动协作的国际合作办学平台。其构成要素应当包括：汉语国际教育高层次人才实体培养机构；一系列既来源于又服务于汉语国际教育实践、具有重要现实意义和实用价值的课题指南和人才培养计划；一整套适用于师生双方的准入条件和选拔机制；一系列支持教学、实践和课题研究工作的海内外备选单位；一整套用于指导各运作主体高效协作的规章制度和管理机制。其基本特征可概括为两点：一是以项目的形式启动、开展和检验跨学科研究和人才培养工作；二是动态地、开放地支持汉语国际教育的课题研究和人才培养。

文章提出，汉语国际教育高层次人才培养平台的建设可分为规划、搭建、整合三个阶段。在规划阶段，要综合考虑职业导向和实践需要确定运作主体，规划课题研究和人才培养的方向和目标。汉语国际教育高层次人才培养需要面向职业需求，跨学科、跨部门、跨地域、跨国界组建多元背景的教师团队，开展跨学科研究。同时，外语类院校和海外实践单位的参与必不可少。

在搭建阶段，须依托具体的项目从局部开始搭建，也可依托具体的国际合作办学项目创建相应的运作平台。作者认为，"孔子新汉学计划"与汉语国际教育高层次人才培养平台之间的关系尚未得到重视，"孔子新汉学计划"中方试点院校与外方院校的合作角色也尚未激活。文章指出，从"孔子新汉学计划"与汉语国际教育高层次人才培养平台的关系来看，前者为后者提供政策依据、资金支持和项目来源；后者是落实和推动"孔子新汉学计划"的实体机构，两者相辅相成。理由有三：一是"孔子新汉学计划"全面支持汉语国际教育领域的研究课题；二是"孔子新汉学计划"从生源质量、目标定位、资金支持等方面为中外联合培养汉语国际教育高层次人才提供了可行性；三是汉语国际教育高层次人才培养平台是实施"孔子新汉学计划"的实体机构。

作者认为，搭建汉语国际教育高层次人才培养平台，关键是要激活中外院校在"中外合作培养博士项目"和"'理解中国'来华访问学者项目"中的主体作用和合作关系。作者参照其运作模式，建议在保持项目内容、资助内容、来华时间和资助额度不变的前提下，把部分招生权与培养权同时下放给中外合作院校。让中外院校借助与孔子学院总部的多边合作优势，带动多元主体共同参与、相互协作，共同创建合作办学的实体机构，以海外汉语教学、中国文化传播、孔院管理和汉语国际教育公共外交的职业需求和研究需要为导向，制订和实施招生计划、培养方案，共同设计课程，组建由海内外专家组成的教师队伍，并为学生开拓与行业专家、资深学者和高层管理人员沟通交流的渠道，营造有助于了解行业信息、职业需求和研究动态的教学环境，培养高层次专门人才。

在整合阶段，要充分考虑到汉语国际教育是一项面向全球开展汉语教学、传播中华文化的事业，不同国家和地区对汉语教学等职业的岗位要求和研究需要千差万别，要随着项目的进展和项目数量的增加及时整合各方力量，不断优化合作框架和运作机制，而不断优化整合的过程，应该是汉语国际教育高层次人才培养平台的常态，是面向汉语国际教育实践动态开放的特点所在。

来源文献：仇鑫奕．汉语国际教育高端人才培养平台建构思路[J]．研究生教育研究，2015（02）：74-80.

作为一本专门讲述汉语国际教育师资培养方式的著作，王丕承《汉语国际教育师资任务培养方式》一书认为，关于汉语国际教育人才培养的内容已经有了许多研究，但在教学能力训练的具体操作方式上还有研究空间，还存在一些问题，影响到师资培养的效果，尤其是实践能力方面。

书中提到，第二语言教学的教学理念和教学方式，在不断地进行着更新。在这种学习方式和教学方式革新的潮流中，各种方式百花齐放，其中任务型教学方式产生了越来越大的影响，得到了教学实践的肯定。"一般认为，20世纪80年代后期至90年代中期，基于任务的语言教学思想开始产生越来越大的影响。'任务型语言教学'大有替代交际语言教学、形成新的语言教学流派的趋势。"[1]在寻找合适的培养方式时，我们发现任务型语言教学方式在海外开展得很普遍，并且受到了提倡。其实任务型教学本身就起源于国外，选择任务型教学方式来培养将来赴海外的汉语教师，就与其要在海外实施的汉语教学形成了同构性。

面对汉语国际教育人才的新型培养需求，应当调整甚至变革教学方式，强化被培养者的参与，综合训练全面的教学能力。在这种要求下，任务型教学方式不失为一种可行的、能够解决当前教学中问题的、使被培养者适应海外教学环境特点的教学方式。由此，师资培养的全部课程的教学方式，至少是有关教学的课程，应与在海外汉语教学中所要开展的任务型教学相一致，因此就需要建立一种新型的师资培养的课堂教学方式和教学实习方式。

王丕承结合其在汉语教学第一线的教育教学实践经验和培养、培训汉语师资（特别是面向海外的汉语国际教育专业的师资）的教育教学实践经验，提出了采用任务型教学方式培养汉语师资的必要性、优越性和具体的实施办法。他认为加强汉语师资课堂教学的实践性经验和实际的操作能力，是汉语国际教育师资培养的关键，所以要增加被培养者的实践机会，提高实践的效率，任务型教学方式是最佳的出路。

来源文献：王丕承.汉语国际教育师资任务培养方式[M].北京：知识产权出版社，2015.

---

[1] 赵金铭.对外汉语教学理念管见[J].语言文字应用，2007（03）：13-18.

孔子学院海外办学的特点，使得其几乎所有事务都有了"跨国交流"或"跨文化交流"的性质，而对从事汉语教学的教师而言，无论年长年幼还是老手新手，了解跨文化交流的常识，掌握跨文化交流的技巧，培养跨文化交流的意识等，是必备的职业素养和能力。基于此，跨文化交际或跨文化适应能力也就自然成为国际汉语教师培养与培训中的一项重要内容。

安然等在《孔子学院中方人员跨文化适应能力研究》一书中，从个体视角关注赴泰汉语教师志愿者的整体性研究及其跨文化适应过程中的情绪与心理适应；从跨文化教学视角审视美国孔子学院汉语教师的跨文化教学理念与身份认同；从组织管理视角关注孔子学院中方院长的跨文化适应及其与外方院长的冲突与合作，阐述孔子学院可持续发展的外部条件与路径；尝试对孔子学院中方人员跨文化适应进行理论模式建构。

该书关于孔子学院中方人员跨文化适应理论模式的建构基于对志愿者、汉语教师及中方院长的研究。作者提出，由于孔子学院的特殊性，中方人员的跨文化适应过程和结果与常态的个体跨文化适应情形不完全一致。孔子学院总部派出的中方人员（中方院长、汉语教师、汉语教师志愿者）的跨文化适应能力研究应跳出西方传统视维，建构符合自身发展规律的理论模式。孔子学院中方人员（个体）的跨文化适应能力模型由"个体的生活适应能力""组织内沟通协调能力""对外语言教学能力"三个彼此相关的维度组成。其中"对外语言教学能力"是孔子学院中方人员跨文化适应能力的最终体现。

来源文献：安然、刘程、王丽虹. 孔子学院中方人员跨文化适应能力研究[M]. 北京：中国社会科学出版社，2015.

汉语教师志愿者项目（以下简称"项目"）是为适应国际汉语教学的发展形势、解决国外汉语师资力量不足的问题而实施的一项志愿者外派项目，自2004年正式启动至今，已经实施了10年。该项目无论是从社会需求与影响，还是人才培养与锻炼等方面，都发挥了重要作用。对该项目的主体——志愿者的状况适时进行跟踪分析，对于该项目的可持续发展具有重要意义。

朱瑞平等依据2010年至2012年对3000余名志愿者的跟踪调查，重点提取了志愿者的来源、学历、专业、教学经历和报名动机等数据，基于较大样本数分析了目前志愿者队伍的现状和问题。根据《汉语教师志愿者背景、动机与志愿者项目的可持续发展研究》一文的调查数据，绝大部分志愿者缺乏汉语教学经验，更不熟悉针对特定对象的教学方法。分析结果表明，在报名动机方面，志愿者参加项目的动机比较单纯，对汉语国际教育事业之意义的认识、职业兴趣和丰富个人经历是他们优先考虑的因素。对于80%以上的志愿者而言，参加项目是出于自我实现的需要，是为了实现自己的人生价值。

作者认为，相对于世界各国的需求而言，汉语师资还存在两大问题：数量上，海外汉语师资缺口巨大，"供不应求"，而国内人才"供给相对过剩"，[①]难以输出；质量上，世界各国汉语教学水平不断提高，汉语教师志愿者质量有待进一步提高。这两个问题不解决，必然会影响汉语国际教育事业的可持续发展，影响志愿者项目的可持续发展。针对以上问题，作者提出五点建议：

第一，继续加大志愿者项目的宣传力度，尤其要向近五年来新开设汉语国际教育本科专业的高校大力推介，让更多汉语国际教育相关专业的学生了解和参与项目，扩大差额录取的基数，提高队伍的专业性。学生选拔、培训、赴任的经历反过来也会促使这些院校认识到自身专业培养的不足，根据海外市场对汉语人才的实际需求，及时调整课程设置，促进专业建设，提高人才培养质量。

第二，适度改变选拔考试的权重，提高对报名者外语听说技能的要求，尤其是用外语组织教学、讲授文化的能力。对英语以外其他语种志愿者可适当降低其他方面的要求，以满足外方学校对某些特殊语种志愿者的需求；在同等条件下，优先录取男性申请者和有海内外汉语教学经验的申请者。

第三，随着申请者队伍中专业人才的比例继续上升，志愿者培训应更侧重技能培训，加大教学实践类课程的比重，采用案例分析、教学观摩、课堂模拟等培训方式；选择培训师时，要聘请有海外工作经验的专家和教师，授课内容要既有理论高度，又有典型案例；发挥曾参加过项目的志愿者的积极作用，鼓励他们分享个人经验和体会。

---

① 王海兰、宁继鸣. 国际汉语师资的供求矛盾、成因与对策[J]. 云南师范大学学报（对外汉语教学与研究版），2013（05）：87—92.

第四，针对90后志愿者强调自我的群体特征，培训中要继续加大"三情三感"和志愿精神的教育，重点培养其团队精神，鼓励志愿者通过合作交流、互助分享的方式解决问题；强化志愿者的组织观念，加强志愿者领队队伍建设，为志愿者定期组织岗中培训、经验交流，将离任考核与分期考核相结合，发现问题及时疏导、解决。同时，通过领队队伍为志愿者及时提供信息支持、手段支持和情感支持。

第五，重视信息交流。一方面，可以建设"国内外汉语教学和就业信息库"，通过搭建这一信息交流平台，及时掌握国内外汉语国际教育的发展趋势，基于动态的数据来调整外派政策和具体措施；另一方面，志愿者对具体国别和地区的汉语课程设计、课堂教学法、学生学习规律等方面的研究，对工作所在地的政治、经济、文教、风俗等多方面的了解也都是宝贵的资料，也应当建立信息库来归纳保存，以便继任者查阅和研究者进一步研究。

来源文献：朱瑞平、钱多. 汉语教师志愿者背景、动机与志愿者项目的可持续发展研究 [J]. 国际汉语教学研究，2015（01）：63-68.

汉语国际教育专业硕士是汉语国际教育人才体系中的一个重要组成部分，虽起步较晚但规模发展较快。这致使其导师队伍的整体力量显得有些单薄和单一，相关人才培养模式的研究仍处于初级阶段。特别是与蓬勃发展的汉语国际教育事业比较，与英语国家多层次、多样化的 TESOL 教师培养模式比较，关于汉语国际教育人才培养的研究显得相对滞后。

高育花在《汉语国际教育硕士外向型人才培养模式探究》一文中，以北京外国语大学"多语种国别化师资"培养理念为例分析指出，目前各个学校课程设置不一，学制不一，培养目标也不尽相同。国内外关于汉语国际教育硕士已有的研究成果主要集中在课程设置、人才培养模式究竟应该是定位为"研究型""应用型"还是"实践型"的争论上。作者认为，在汉语国际教育硕士培养过程中，真正实现汉语国际教育"实践性""国际化"外向型培养目标，需要做好以下几方面的工作：

第一，广泛调查了解汉语国际教育跨文化人才培养现状和存在的问题。在全国范围内选择一些有代表性的汉语国际教育硕士培养单位，调查其海外实习学生在文化适应、心理压力、中国文化自信、跨文化交际能力、外交能力、管理能力等方面的表现，分析汉语国际教育在跨文化人才培养方面所存在的问题。

第二，通过对相关孔子学院、海外汉语教学单位管理层和学生的访谈、调研，了解汉语国际教育硕士海外实习者在工作方面的优缺点，尤其是知识与能力的欠缺点。通过对海外实习者的问卷调查和访谈，分析其在知识储备、跨文化适应性等方面所存在的问题。孔子学院是国际汉语教学、文化传播和文化交流的重要机构，实习的学生能否借助这一平台，讲好中国故事、传播好中国声音，是时下各界都在关注的一个热点问题。孔子学院管理层和学生的反馈意见，是衡量这些跨文化人才是否符合时代需求的一个重要标杆。

第三，探索汉语国际教育测量与评价的方法，创新汉语国际教育硕士跨文化人才培养模式。通过调查研究，对照分析汉语国际教育硕士现有人才培养模式的优缺点，研究国际汉语教学和教育管理中跨文化教育测评的质量指标、编制方法及其统计结果的数据分析和处理方法。根据测量与评价结果，同时借鉴国际上培养本国语言文化传播人才的成功经验和培养模式，提出汉语国际教育硕士跨文化人才培养的新模式。

此外，文章还提出了多语种、国别化汉语师资培养的相关建议，认为语言是文化的载体，只有实现生源的多语种化，才有可能培养出一支既懂目的语国家语言文化，又能讲清楚中华优秀传统文化与中国特色的外向型专业人才队伍，也才能使汉语国际传播在世界各国得到相对均衡发展。

来源文献：高育花.汉语国际教育硕士外向型人才培养模式探究——以北京外国语大学为例 [J].对外传播，2015（10）：56-58.

汉语国际教育专业硕士留学生是世界各国汉语教学的预备师资，是汉语教师本土化人才培养的重要环节。孔子学院总部该项目的主管袁礼认为，从总体上看，各国孔子学院奖学金生学习态度认真，有明确的学习目标和学习动力，立志毕业回国后从事汉语教学工作。但是，国别生源的不平衡和汉语教学与学习质量的差异等问题，需要相关学校和教师有针对性地给予关心和帮助。

袁礼在《国际汉语教育预备师资汉语水平考查述评》一文中，以孔子学院奖学金留学生为例，通过调查对比专业硕士留学生中期评审与毕业前的汉语测试成绩发现，大多数学生（78.4%）来华学习后汉语水平进步幅度很大，能够在 8 个月内（2011 年 9 月至 2012 年 5 月）达到孔子学院奖学金中期考核的要求（即新 HSK 六级 180 分，继续获得奖学金），接近 60% 的学生达到新 HSK 六级 200 分水平。部分成绩较差的学生（21.6%）能够通过努力在毕业前最终达到 HSK 六级 180 分以上的汉语水平。

对比分析结果表明，在专业硕士的教学与学习过程中，学校和教师需要关注因洲别国别差异甚至个体能力差异给留学生带来的影响，有必要采取相应的针对性措施帮助学生提高汉语水平，以便他们更好地掌握专业能力，按期完成学业。通过比较毕业生汉语测试成绩的差异性，可以发现在招生、教学与学习中存在一些不平衡的现象：

一是专业硕士生源规模差异很大。即留学生主要来自亚洲和欧洲（占 90.4%），其中泰国、越南、韩国、印尼、俄罗斯等周边国家学生较多，而美洲、大洋洲地区生源不足甚至极度匮乏。这一现象，反映了中外之间地缘、政治、贸易和文化距离等因素对汉语国际教育专业硕士招生的影响，同时反映出有关国家国民教育体系中汉语教学普及程度，以及国民对中华文化及汉语学习的关注与重视程度。美洲、大洋洲以及非洲地区的生源较少乃至汉语教学人才不足的问题，值得进一步研究。

二是洲别学生的汉语水平差异明显。从统计样本看，毕业生测试成绩与生源规模呈现高度正相关，即生源规模越大的洲学生的毕业成绩相对越好。从样本标准差看，欧洲学生汉语成绩分布相对集中，说明汉语水平比较整齐，亚洲次之，非洲地区学生成绩离散程度较大。其中，美洲、大洋洲地区华裔学生在华学习后的汉语水平明显高于其他非华裔学生。

三是地理位置、城市及培养单位的差异，影响专业硕士招生人数与培养质量。"985 工程"高校和"211 工程"高校培养的专业硕士毕业生汉语水平相对较高，但招生培养人数相对较少。专业硕士留学生多数选择到中国东、西部地区（占 82%）和一、二线城市（占 91%）学习，有关院校培养的毕业生汉语测试平均分明显较高。总体上看，各国孔子学院奖学金生学习态度认真，有明确的学习目标和学习动力，立志毕业回国后从事汉语教学工作。来华学习后，按期毕业的专业硕士生汉语水平是过关的，值得肯定。今后应继续加大招生力度，扩大专业硕士的国别覆盖面。

结合汉语测试成绩样本分析，作者建议：一是继续优化专业硕士招生选拔办法，因地制宜，特别是要向非洲和美洲适当倾斜孔子学院奖学金名额，并提供优惠政策，如探索向欧洲地区提供硕士—博士连读的高级汉语教师（汉学家苗子）培养计划。二是充分利用中国对外开放大好形势和国内高校的优质教育资源，鼓励中国一、二线城市和"985工程""211工程"高校积极配置专业教师、教学保障和住宿服务条件，接收更多的孔子学院奖学金专业硕士。三线城市和中部地区更应抢抓机遇，努力扩大国际合作与交流的领域，通过提高教学质量，进一步培养合格的孔子学院奖学金生，逐步提高学校招生吸引力和办学声誉。三是继续加强孔子学院奖学金专业硕士教学质量监测，特别是在中期评审后，有关学校应及时总结反思汉语测试成绩反映出的教学和学习问题，帮助教师和学生加以改进，以提高办学育人水平，确保培养更多合格的专业硕士毕业生。对于毕业达到优秀水平的专业硕士，学校应积极推荐其到孔子学院等海外汉语国际教育机构，从事一线汉语教学工作。

来源文献： 袁礼.国际汉语教育预备师资汉语水平考查述评——以孔子学院奖学金2011级汉语国际教育硕士留学生为例[J].河北师范大学学报（教育科学版），2015（02）：136-139.

作为国际汉语师资可持续补充、完善和加强的重要组成部分，汉语国际教育专业的毕业生是否具有熟练的汉语作为第二语言教学技能和良好的文化传播技能、跨文化交际能力，能否适应汉语国际推广工作胜任多种教学任务，最终体现为该专业的毕业生在未来的实践中，是否具备能够创造性地应对各种复杂的专业问题的研究能力。

关于专业问题研究能力，仇鑫奕在《汉语国际教育硕士专业学位研究生专业问题研究能力培养刍议》一文中指出，专业问题研究能力就是发现专业问题、描写和解决专业问题的能力，该能力是汉语国际教育硕士专业学位研究生从业能力的基础。作者将该能力归纳为六个方面：一是观察、发现、记录和描写问题的能力；二是从"汉语作为第二语言（外语）教学、二语习得、跨文化交际、中国文化传播"的文献资料中检索出相关信息，去伪存真、去粗存精的能力；三是解读专业文献中的指标、数据、观点和结论，分析整理出对解决实际问题最具价值和意义的内容，掌握其要义，吸收内化的能力；四是分析跨文化交际案例、中国文化传播案例、汉语作为第二语言（外语）教学和习得案例的能力（课堂教学反思和研究能力、中介语研究和偏误分析能力等）；五是灵活运用现有的研究成果和专业技术解决汉语教学和文化交流中的实际问题的能力；六是记录实践过程、总结实践经验，分析数据，撰写专业报告的能力。

基于此，作者主张并建议：第一，汉语国际教育硕士专业学位研究生培养须与汉语国际教育专业本科学历教育相衔接；第二，专业文献阅读和案例分析须突出实践导向和问题导向，重视对过程的解析，以团队学习、师生互动、生生互动的方式进行；第三，通过训练课程与学生见习活动的双向互动，培养学生调研、观察、记录、分析和解决专业问题的能力；第四，建立研究生导师和任课教师岗前培训、资格认证和定期培训制度，对教师的海内外汉语教学经验提出硬性要求；第五，面向汉语国际教育从业实践需要，规划好与课程教学、见习实习相适应的"MTCSOL 研究生专业课题指南"，为培养学生的专业问题研究能力提供完整的参考框架；第六，建立定性与定量相结合的档案袋评价体系，确保汉语国际教育硕士专业学位研究生专业问题研究能力的培养工作日常化、制度化。

来源文献：仇鑫奕. 汉语国际教育硕士专业学位研究生专业问题研究能力培养刍议 [J]. 华文教学与研究，2015（01）：32-40.

受教育部教指委的委托，2013 年相关专家对 24 所汉语国际教育专业硕士培养院校推荐的 96 篇学位论文进行了优秀论文评选工作。《汉语国际教育专业硕士学位论文选题和研究方法调查分析》一文以这 96 篇论文为样本，对论文的选题、类型和研究方法等进行调查分析，探讨其特点和存在的问题。

文章作者亓海峰在调查分析中发现，这些论文的实践性和应用性较强，注重材料分析和实证研究，但选题单一，研究领域不够开阔，论文的科学性和规范性都需要提高。论文选题基本上都来源于汉语国际教育实践领域，主要集中于汉语教学和汉语习得方面，该类论文占到样本总量的82%。关于文化传播、跨文化交际和教师发展等方面的研究比较缺乏，呈现出"汉语作为第二语言教学＞汉语作为第二语言习得＞汉语教师素质、汉语本体特征＞文化与交际"分布次序。其中，实践类论文和本体研究类论文的比例为18∶1。所调查的96篇论文中，数量最多的是教学设计类论文，主要是基于某种理论进行具体的教学设计，但不少论文由于缺少对汉语教学的观察、思考，并没有发现教学中存在的问题，只是将一些外语教学的理论照搬到汉语教学中，导致论文中的教学设计比较空泛、缺少应用性。

鉴于此，文章指出，在专业硕士培养中应注重培养、训练教育反思能力，强化问题意识，使他们在教学实践中不断发现问题、尝试解决问题，将教学实践与论文撰写结合起来。同时，也应加强研究方法的科学性。在对论文进行调查时，作者发现部分论文缺乏科学的研究方法，比如一些教学资源介绍的论文，主要是资料的比较或现象的描述，缺少理论的支撑和研究方法的运用，这样就使论文的学术性比较弱。还有不少论文提到研究中运用了案例分析法、访谈法等，但在论文的分析中却体现不出这些方法的运用，论文的分析论证不具说服力。在研究设计的科学性方面，所调查的论文以量化分析为主，但量化分析的研究比较单一，在58篇量化分析的论文中有51篇采用了问卷调查法，不少论文调查问卷并没有紧密围绕研究问题，设计笼统简单，缺乏针对性，这样势必影响到论证的充分性和结论的可信度。还有些论文采用了教学实验，但没有实验前后的数据比较，使实验结果缺少效度。所调查论文中属于质性研究的论文比例较低，质性研究的研究对象很少，研究设计对抽样和数据采集的要求很高，一般采用目的性抽样的方法。在调查的30篇质性研究的论文中，发现采用目的抽样的比例少，大多采用了方便抽样的方法，虽然有利于数据采集，但没有充分考虑到研究对象的典型性、多样性，也会影响到质性研究论文本身的科学性。

作者提出，汉语国际教育硕士培养的主要目标是能胜任汉语推广工作、适应海外多样化教学环境的专门型人才。但所调查的论文对跨文化交际、中华文化传播等领域的关注和研究比较少，选题主要集中于汉语二语教学领域，一则说明论文作者的研究视域比较狭窄，对本学科领域的前沿问题、热点问题关注较少，二则也体现出汉语国际教育专业硕士中华文化传播技能和中华知识比较欠缺。

来源文献：亓海峰. 汉语国际教育专业硕士学位论文选题和研究方法调查分析[J]. 云南师范大学学报（对外汉语教学与研究版），2015（01）：87-92.

根据目前专业论文的写作需求与现状，亓海峰等主编了《汉语国际教育硕士学位论文写作分析与指导》。该书以学习者为中心，以案例为载体，强调实用性和针对性，是一本专门针对汉语国际教育专业硕士学位论文的撰写进行分析和指导的专业用书。该书共分六章。总论部分对汉语国际教育专业硕士学位论文撰写的意义、要求、类型和撰写的主要环节、撰写中存在的常见问题进行论述。后五章对调研报告、专题研究、教学设计、教学实验、案例分析等五种不同类型的论文分章进行具体分析，并在每一章结合两篇具有代表性的学位论文，对不同类型论文的特点、要求、选题途径、研究方法等进行指导。

吴中伟在为该书写的序中谈到，专业硕士的学位论文，不是降低了要求的学术型硕士学位论文，而是以其自身特点区别于学术型硕士的研究生学位论文。汉语国际教育硕士学位论文的特点，可以概括为实践性，这是由其培养目标的特点决定的。所谓实践性，体现在以下几个方面：1.论文研究的课题来自于实践。论文选题应密切结合汉语国际教育的实际情况，针对汉语国际教育的现实问题，适应汉语国际教育的实际需求。学生应该善于从教学实践中发现问题，寻找课题。2.研究过程与实践过程密切结合。学生在自己的教学实践过程中收集材料，统计分析，调查访谈，实验、对比、反思，探索问题的解决方法，寻求问题的解决途径，发现规律，得出结论。3.研究成果对于教学实践具有直接的应用价值。研究数据和研究发现，应该对于其他人的教学实践、教学设计，以及政策制定、课程设计、教材编写等等，能够提供有益的启示和参考。

吴中伟认为，专硕论文的写作过程，是学生提高理论素养和实践能力的过程，是理论和实践的互动过程。如果没有足够的实践经验，就不可能真正发现问题和解决问题，研究结果可能停留在理论层面而缺乏直接应用价值，甚至是空谈理论，闭门造车；而如果没有足够的专业理论素养，对现象就会缺乏敏锐的观察力，所做的分析就不可能准确、深入、细致，得出的结论难免缺乏深度，不得要领，或失之偏颇，甚至似是而非。从人才的角度看，在一定意义上，论文写作的价值不在于结果，而在于过程。论文写作过程其实也是研究者在实践中思考、学习、成熟的过程。这一点正体现了专硕的培养特点。同时，论文写作的过程也是提高综合素质的过程，如逻辑思维能力、语言文字的组织和表达能力等等。

吴中伟表示，《汉语国际教育硕士学位论文写作分析与指导》深入分析了汉语国际教育硕士学位论文的特点，不仅把几种主要的论文类型的写作范式讲清楚了，而且还通过实例解析，引导研究生们进一步提高专业素养和专业能力，这是难能可贵的。

来源文献：亓海峰、曹儒主编．汉语国际教育硕士学位论文写作分析与指导 [M]．北京：华语教学出版社，2015．

第三节　教材建设与开发

孔子学院和汉语国际教育的发展极大地推动了各类教材的需求和研发力度。这期间，既有经典教材的修订完善，也有创新教材的横空出世；既有汉语学习的系列教材，也有功能不同的针对性教材；既有国内一线教师的成果，也有海外孔子学院编撰的新作。数量与规模的扩大为教学提供了更多文本选择，促进了行业发展。然而，教材缺口、教材不足、教材不适用等各种"抱怨"和"焦虑"，也一直在伴随着业内或业外的各个相关群体。也许，这恰恰反映了汉语国际教育领域真实的、丰富多彩的客观诉求。

伴随信息技术的发展，关于教材的多媒体呈现方式和应用方式也提上日程，近年来的不少成果都对此发表意见和建议。多媒体、自媒体、慕课以及网络课程的快速发展，必将会对教材研发带来明显的冲击和广泛的影响。而文化类教材数量和种类呈攀升的态势也值得关注。在教材内容方面，当代中国和生活中的中国文化等得到了更多层面的关注和呈现，在此情况下，文化教材编纂所需要的理念和观念、素材来源与语料收集、汉语教材与文化教材的互惠应用等问题都期待着专家学者的更多关注和表达。需要特别提出的是，"全球汉语教材库"百川汇海，汇总集成国内外教材，提供网络检索功能，为业界开展教材研究提供了新的平台。

近年来，教材的国别化问题受到广泛重视，取得了一定成就，但也引来许多不同的观点和声音。教材是理论与实践等相关要素最集中的呈现与表达，对教材编撰理念的探讨、编撰方法的创新、编撰效果的验证，以及关涉人才培养的学科教材和专业教材等，期待学者开展深入的探究与实践。

关于"国别化"教材的编写与发行，李泉等在《通用型、区域型、语别型、国别型——谈国际汉语教材的多元化》一文中认为，"国别化"教材是需要的，但如果海内外教材编写者和出版机构一窝蜂地都来编写所谓国别化教材，对于国际汉语教材的编写和研究来说未必是好事，至少不符合教材编写、研究和使用的多元化要求，而多元化是教材编写和研究的常态。有些学者把国别化教材看成是教材编写的"趋势""主流""大势所趋"，乃至教材编写的根本出路，则有些强调过头。

鉴于此，作者根据教材适用范围和所用诠释语言的不同，将汉语教材分为通用型、区域型、语别型、国别型四类，探讨它们的内涵和特点、适用范围和编写理据、设计和编写要求以及各自的优势与局限，进而提出关于教材分类的若干原则和建议。

文章对上述四类教材的基本内涵做了界定。其中，通用型教材是为某一类教学对象及特定教学目标编写的教材。"某一类教学对象"指的是成人或非成人、在校生或非在校生、学历生或非学历生等，也可以指初、中、高不同阶段的语言学习者，但一般不限于特定国家和母语背景的学习者。"特定教学目标"指的是全面提高汉语听、说、读、写综合语言能力，或是提高口语、听力、阅读、写作等专项语言技能。

区域型教材是为某一地理区域的汉语学习者编写的教材，如面向东南亚、中亚、北欧、南美、非洲等编写的各类汉语教材。教材的媒介语可以是该区域的通用语或是英语等其他通行较广的语言。区域型教材仍然是以提高学习者汉语听、说、读、写综合语言能力,或是提高听、说、读、写等某一两项语言能力为目标。

语别型教材是为共同使用某种语言的学习者编写的汉语教材,如为以法语、德语、西班牙语等为母语或通用语的汉语学习者编写的教材。语别型教材不限于某一国家的学习者使用。语别型教材也是以提高学习者的综合汉语能力或是专项汉语技能为目标。

国别型教材是专为某国汉语学习者编写的教材,如为泰国、越南、匈牙利、瑞士、巴西、阿根廷等国学习者编写的汉语教材。国别型教材可以是综合教材,也可以是专项技能教材。

在此基础上,文章从七个方面对四类教材的共性与差异进行了比较和分析。

第一,从根本上说,这四类教材都应以提高学习者汉语综合能力或说、听等专项能力为教材编写的基本目标。这就要求各类教材的设计和编写都应以汉语汉字自身的知识系统及其组合规律、应用规律和教学规律为根本着眼点来安排和取舍教学内容。中国文化的教学、外国文化的融入和规避、有关国家国情因素的考量等,都应以便于汉语汉字教学和有助于提高汉语交际能力为目的,而不能淡化乃至挤压汉语本身的教学。从教学目标、结构方式和主体内容看,四类教材没有根本区别。

第二,从本质上说,这四类教材都属于"通用型教材",但它们的通用程度及范围各不相同甚至差别很大,其中,通用型可以使用的范围最广,国别型的使用范围最窄,区域型和语别型的使用范围居中(二者使用范围难分高下),即:通用型>区域型、语别型>国别型。

第三,一般来说,教材适用对象越广、国别越多,对学习者的母语、文化、社会环境等的关照就越难以全面和充分;相反,则能给予更充分的关照和体现。因此,就针对性而言,国别型最强,通用型最差,语别型略强于区域型,即:国别型>语别型>区域型>通用型。

第四,从注释的准确程度上看,用学习者母语来对译汉语词汇、解说语法现象，应好于用媒介语的效果，因此，国别型和语别型教材的"对译"和"解说"比通用型和区域型教材应更准确、更易于理解。国别型只针对某一国家学习者，语别型针对有共同通用语的不同国家学习者，因此前者注释的准确性应高于后者。通用型适用范围大于区域型，区域型又有着自然和人文环境相同或相近的优势，因此区域型教材注释的准确性优于通用型。就注释的准确程度上说：国别型＞语别型＞区域型＞通用型。

第五，从教材编写和出版的应用价值和经济效益上看，教材设定的适用范围越广，其应用价值和可能的效益也就越大，相反则不然，至少从理论上说应该是这样。而追求最大化的应用价值和经济效益，应该是教材设计和编写的基本理念。如果精心编写和正式出版的教材仅仅为少数学习者使用，那这种不计成本和效益的做法至少不是教材编写的常态。因此，从教材应用价值和效益最大化的角度看：通用型＞区域型、语别型＞国别型。

第六，从对语言及文化对比要求的程度上看，通用型只能是汉语与其他语言的泛比，更多的是关注汉语自身特点的教学。区域型在语言上也只能是汉外泛比（有通用语的可以进行细比），但可以也应该体现出相关区域的自然和人文特点，以增强教材的实用性、趣味性和学习者的成就感。比较起来看，国别型和语别型教材对汉外语言及文化的对比要求最高，尤其是前者，因此这两类教材既有条件也有义务进行语言及相关文化对比，而只有对比并在此基础上有针对性地安排教学内容，才能体现出这类教材的特色和优势。因此，从便于对比和应该对比的要求和可能的程度上看：国别型＞语别型＞区域型＞通用型。

第七，作者将四种类型教材的主要异同综合归纳后指出，各类教材有共性有差异，只有充分体现不同类型教材的编写要求，才可能实现不同类型教材的特点和价值。

文章最后提出五点建议：

一是这四类教材各有优势和不足，也各有自己的适用范围和功用。很难说哪类教材最优，哪类教材最差，更不应用一种类型替代其他类型的教材编写和研究。从教材自身的设计、研究和应用需求来看，这四类教材都需要编写和进一步研究，从满足和推进汉语国际化的需求和进程来看更是如此。

二是通用型现在和将来都应是教材研究和编写的重点。通用型只是一个总名,可以编出各种各样、各具特色的通用型教材。对通用型教材持反对意见是因为:没有哪一种教材可以包打天下,可以适用于所有的教学对象。这话本身并不错,但用来批评通用型教材却不合适。通用型的"通用"是相对的、有限的通用,它追求的是最大限度地满足某类教学对象的特点和学习需求。

三是鉴于同一地理区域上在地缘、语言、文化、宗教、历史、习俗以及汉语教学传统等多方面的共性优势。鉴于某些语言在世界范围内或某些地区通行较广,建议应加强诸如法语、西班牙语、阿拉伯语、葡萄牙语、俄语、德语等语别通用型汉语教材的研究和编写,促进汉语国际化进程中地缘区域化和语别类型化优势的形成和发展。

四是国别型需要研究和编写,因为这类教材有其适用范围和应用价值。理论上说可以做到基于汉外语言及文化对比来编写教材,其针对性最强。但是,这类教材对于"对比"的要求很高、很明确。不进行对比或对比进行得不全面、不准确,相应措施不到位,就不能真正实现国别型教材的优势。但这不意味着国别化教材不能编,中外合编即有助于实现对比的要求。

五是各类教材的编写都应以汉语汉字的基本知识及其组合规律与应用规律的教学为主,都应以中国话题、中国故事为主,都应以自然而恰当地介绍和展示中国人思维方式、价值取向、历史传统和文化习俗等为主。但这绝不意味着汉语教材不能有"外国的话题和故事",为了学习和交流的方便,为了增强教材的趣味性和学习者的成就感,完全可以在各类教材中适当融入"外国的内容和文化",但融入的量要有度,呈现方式要恰当。

来源文献:李泉、宫雪. 通用型、区域型、语别型、国别型——谈国际汉语教材的多元化[J]. 汉语学习,2015(01):76-84.

汉语教材国别化的编撰与开发,涉及教材编写乃至学科理论建设与教学实践诸多方面的问题。李泉在针对国际汉语教材的多元化问题发表文章表达见解之后,再次对"国别化"汉语教材的编写理念与导向等问题发出自己的声音。

他在《汉语教材的"国别化"问题探讨》一文中明确提出自己的观点。认为,近年提出的教材"国别化"的理念和导向不符合教材编写多元化原则，多元化才是第二语言教学和教材编写的常态。现有教材"国别化"的理据并不充分，教材编写要贴近外国人的思维、生活和习惯的观点值得质疑。国际汉语教材编写应体现汉语汉字的特点及其教学规律，国别型教材的内容应主要贴近"中国故事"、适当贴近人类共同的情感和价值观、有限贴近"外国故事"。"国别化"与"国别型"虽一字之差，但内涵相去甚远。不必高估国别型教材的作用和价值，它的某些优势并非唾手可得；不必低估通用型教材的作用和价值，它的某些弱势并非那么严重。教材编写与研究应秉持多元化的原则，在此前提下，汉语母语国应更多地研究和编写有创新示范意义的各类通用型教材，国别型教材主要应由有关国家自己去编写。

《汉语教材的"国别化"问题探讨》梳理了相关研究，探讨了教材"国别化"观念的由来、教材"国别化"的理据、教材编写"三贴近"（贴近外国人的思维、生活和习惯）问题、"国别化""国别型"与"通用型"的比较及各自的地位与功用，"国别化"提法和导向的适当性与可行性，以及涉及"国别型"教材的实质问题、国际汉语教材的编写趋势及国际"分工"等相关问题。在此基础上，作者以结论和余论的形式，概括总结了自己的主要观点和余言。

在主要观点方面，作者提出九点看法：

第一，20世纪90年代基于教材更新换代的学术动因，以及国内编写的通用教材不适合海外教学的需求动因，而提出了编写国别、语别教材的理念。这是合情合理的，是教材编写研究深化的某种必然。

第二，进入21世纪，特别是2009年召开"国别化教材研讨会"以来形成的教材编写"国别化"的观念，是对海外汉语教学迅速发展的一种呼应，是试图更有效地推进汉语教学国际化的一种策略，并且客观上深化了汉语教材特别是国别型教材的编写和研究。

第三，现有关于教材"国别化"的理据或必要性，大都是可以讨论和质疑的，其中有的并不那么"必要"，有的则是国别型教材同样也存在的问题，即教材编写普遍存在的问题，跟是否"国别化"无关。

第四，教材编写的"三贴近"原则值得商量。其中：贴近"外国人的思维"

不符合外语教学的目标，外语教学的最终目标就是使学习者能用目的语思维；贴近"外国人的生活"是合理与必要的，但是应是适当而有限的，更多的还是贴近中国人的生活，讲中国人的故事；贴近"外国人的习惯"，需要区分是何种习惯，即使是贴近外国人的生活习惯也应适当而有限，更多的还是要贴近中国人的各种习惯。

第五，面向海外编写的各种类型的教材，应该"一体现，三贴近"：体现汉语汉字的特点及教学法，主要贴近当代中国人的生活和文化、适当贴近人类共通的情感和价值观、有限贴近海外学习者的生活和相关国家的文化。

第六，"国别化"意味着编写国别教材应成为汉语教材编写的普遍趋势、长期过程、主体类型，这不符合第二语言教材编写的多元化原则和趋势，多元化是外语教材编写的常态；不符合现阶段国际汉语教材编写和研究的现状与发展趋势。

第七，"国别化"的理念不可取，"国别型"教材有其自身的价值和用途，历来是汉语教材编写的重要类型，但同样不必对国别型教材寄予过高的希望，它的某些优势并非唾手可得。应以平常心来看待国别型教材的优势、作用和实际可行性。

第八，通用型教材自有其先天性的缺憾，亦有其自身的优势。推出国际化的精品汉语教材可能还是要靠通用型教材去实现。对于汉语汉字这种"真正的外语"和"独特的文字"来说，面向海外的通用型汉语教材的研发尤其值得关注和期待。

第九，通用型教材主要应由汉语母语国来编写，并且努力编写出有引领、示范和模式化作用的精品教材。但是，没有任何理由表明海外不能或不宜编写通用型教材，事实上海外已经编写了一些广为使用的通用型教材（如美国出版的《中文听说读写》）。国别型教材可能更适合有关国家自己去编写，就像中国人给中国人编写的各类英语教材一样，因为他们更知道该怎么编和怎么用。比如，西班牙本土出版公司 Difusion 就组织编写了一套初级汉语系列教材《谢谢》（2009），德国 Huber 出版社 2010 年出版了初级汉语综合教材《聊聊》。教材不仅有编写的问题，还有出版发行、市场确认和教师认可等多方面的问题。

在该文余论部分，作者意犹未尽提出四点补充意见：

一是教材编写应加强针对性的设计和实施。在针对性原则下，完全可以解决"国别化"教材的各种问题，针对性就是要针对教材的使用环境、学时学制等问题，如果是给某国编写的教材，就是要适当融入和规避有关国家的文化和习俗，就是要进行语言对比，等等。国别化／国别型教材的实质是教材针对性问题，是"针对点"的分析和措施的落实到不到位的问题。

二是教材编写的问题说到底是理论研究的问题。一些教材质量不高、不适用、不好用，主要是教材编写理论、汉语习得理论、汉语（汉字）本体研究、跨文化教学研究薄弱之所致，[①]从根本上说，不是国别化和本土化的问题。

三是中外合作编写是教材编写的重要途径，但同样不能给予过高的希望：几个学术背景、教学经验、汉语教学认知乃至个性完全不同或差异很大的人合作编写教材，他们对教材的整体设计、编写理念的考量、课文内容的选择、练习题型的设置，乃至一句话、一个句子怎么编写，一个注释、一个语言点怎么说明，都可能存在分歧，甚至分歧得不可开交。当然，这种情况可能有点极端，但可以说明合作编写并不是一件简单易行的事情。此外，合作编写国别教材同样需要进行有针对性的创新研究和精准的实施。[②]

四是教材要编好，要编出好教材，可是教师对教材的使用同样甚至更为重要。"没有教师的能动作用，编得再好的教材也不能实现它的教学目标。人们总是抱怨没有一本好教材，而一本十全十美的教材永远不会出现。"[③]可见，重要的还在于提高教师对教材的解读和发挥能力，在于提高教师的自身素质和教学水平。有经验的优秀教师从来都能够结合教学对象的特点、水平、需求，结合教材的具体内容和当地的教学环境等因素，来弥补教材的不足，补充相关而必要的教学内容。过于依赖教材、拘泥教材，而不能结合教学实际创造性地

---

① 李泉.汉语教材编写的根本问题探讨 [J].国际汉语教育研究，2013（02）：167-174.
② 丁安琪.国别汉语教材编写的思考与探索 [J].世界汉语教学学会通讯，2011（01）：15-16.
  吴勇毅.汉语作为外语环境下的教材编写——以《汉语入门》为例 [A].第十届国际汉语教学研讨会论文选 [C].沈阳：北方联合出版传媒（集团）股份有限公司（万卷出版公司），2012.
③ 鲁健骥、杨石泉.教材和教学实践 [A].世界汉语教学学会.第一届国际汉语教学讨论会论文选 [C].世界汉语教学学会，1985，p5.

使用教材，正是一些教师抱怨教材不理想的一个原因。实际上，教材是死的，教师是活的，不能"只教教材、死教教材"，而应结合教学环境和学习者的需求创造性地使用教材，恰当地开发和补充教材。

来源文献：李泉. 汉语教材的"国别化"问题探讨[J]. 世界汉语教学，2015（04）：526-540.

教材的编写和研究是国际汉语教学一项长期的战略性工作。随着汉语国际教育事业的不断发展，为海外汉语学习者积极开发本土汉语教材的观点与实践，俨然成为业内普遍关注和关切的问题。

在这方面，有一些声音是大家熟知而颇有共识的：相较于本土编写的教材，由中国作者或机构编写出版、以海外非目的语环境下汉语学习者为主要使用对象的汉语教材，近年来颇受诟病。如对本土教学对象的性格、兴趣、思维方式等了解不够；所选取的文化内容不像本土编写的教材那样贴近学习者生活，等等。与此同时，与中国编写的汉语教材相比，由本土汉语教师及当地出版机构编写出版的汉语教材，也存在一些问题，如教材中所选用的词汇使用频率低，甚至有些词语已经过时；有些教材为增加趣味性而运用的一些俗语没有得到全面、正确的解释，不利于学习者接受中国文化；教材体系性不强，等等。

丁安琪在《中外合作：汉语教材国际推广的重要途径》一文中指出，相较于上述现象，目前由中外合作编写教材越来越受到国际汉语教学界的重视。文章指出，中外合作编写教材并非新生事物。事实上，国外使用较为广泛的一些汉语教材，很多都是中外合作编写的，如何碧玉、吴勇毅联合编写的《汉语入门》（法语为媒介语），白乐桑、张朋朋合著的《汉语语言文字启蒙》（法语为媒介语），马西尼、梁冬梅合作编写的《意大利人学汉语》（意大利语为媒介语）等教材，在当地都有较大的影响。中外合作编写的本土汉语教材能充分发挥中外作者的不同优势，在一定程度上避免上述中国编写与本土编写教材的不足，必将成为汉语教材国际推广的重要途径。

作者介绍说，早期的中外合作教材，主要为中外合著教材，即作者由中外两方组成。近年来，中外合作开发汉语教材出现了以下一些新的特点，并且有不断深入发展的趋势。首先，中外作者队伍的合作，出现了从中外双方合作向三方合作的发展。以《走遍中国》为例，该系列教材除中外方作者外，还聘请了国际知名的英语作为第二语言教材编写专家加盟，实质性地介入编写工作。国外第二语言教材编写专家专门从事教材编写研究，对二语教材编写中的理念问题、教学法的贯彻问题以及诸如语言点呈现、练习编排顺序、字体字号等教材编写中的细节问题都有深刻的理解与独到的见解。二语教材编写专家的加盟，为中外作者合作编写汉语教材从理论到实践都提供了有力的保障。[1]

其次，中外出版机构间的合作开始占据越来越重要的地位。以往中外出版机构在汉语教材方面的合作主要表现为版权输出形式，国外首先购买中国出版机构的教材版权，然后根据本国实际需要进行一定程度的改编。目前出版社间的合作开始尝试改变"作坊式"的生产模式，从市场调研、框架设计到编写大纲，完全按照国际化流程进行规划。这种合作模式既能发挥国内出版社在汉语母语研究方面的成果优势，又能借助国外出版机构对国际市场的了解，为汉语教材的国际推广提供了新的途径。

第三，中外政府的介入将在中外合作教材开发中显示其巨大影响力。这主要表现在三个方面：其一，海外政府与中国政府间的合作。如丁安琪曾作为中国国家汉办专家组成员赴南非基础教育部，协助其完成了4-12年级汉语作为第二外语教学大纲的编制工作。随着大纲的推出，由南非基础教育部主持、中国国家汉办支持、中南非双方共同编写相应汉语教材也将提上议事日程。其二，海外政府与中国出版机构间的合作。目前越来越多的国家和地区将汉语教学纳入其国民教育体系之中，这为汉语教材在当地的推广提供了有力的支持。泰国基础教育部的介入，使高等教育出版社组织编写的《体验汉语（泰语版）》系列教材在泰国得到了广泛的应用，即为该类合作的成功案例之一。其三，中国政府与海外出版机构间的合作。据媒体报道，目前国家汉办正在与牛津、麦克米伦、培生等国际出版商洽谈合作，共同开发本土化教材。国际出版商对汉语教材的国际市场有敏锐的观察与深入的了解，再得到中国国家汉办的支持，

---

[1] 苏丹洁. 中外合编汉语教材的新探索——《走遍中国》主编访谈[J]. 国际汉语，2011（01）：99-103.

其在汉语教材国际推广中的影响力不容小觑。

不同形式的中外合作，为汉语教材的国际推广提供了多种可能，但新的合作模式也需要我们对一些问题进行新的思考。

第一，作者队伍的合作问题。比如，尽管目前通信技术已经相当发达，但中外作者如果不能在一段集中的时间共处一处，在沟通方面仍然会有一定的不便。这在一定程度上会影响双方对教材的认识，同时也可能会影响教材的编写进度等。再如，老一代的海外汉语教师多为非汉语相关专业出身，但在外语的地道性方面有优势，这使中外双方作者形成互补。新一代的海外汉语教师，汉语及汉语教学专业背景的人越来越多，同时国家汉办为海外本土汉语教师提供的各类培训，也在一定程度上提高了本土汉语教师群体的汉语言文化本体知识水平；而相应地，国内汉语教师在海外任教的经验越来越丰富，对海外汉语教学现状的了解也愈加深入，外语水平不断提升。这使得两个不同的作者群体间的差异性逐渐缩小，双方在合作中的定位将会发生一定的改变。随着海外汉语教学的不断深入，母语非汉语的海外汉语教师也将成为中外合作中的重要成员。来自中国的汉语教师、海外母语为汉语的汉语教师、海外母语非汉语的汉语教师以及第二语言教材编写专家等不同人员的加入，将使中外作者合作形式变得更加丰富。

第二，文化差异对中外合作开发教材的影响。文化差异不仅体现在双方对材料内容的选择上，也体现在开发出版教材的过程中。应了解当地的社会文化环境和汉语学习需求，寻找合适的切入点，出版适用的国际水平的汉语教材。

作者认为，在汉语教材推广方面，只有中外合作，充分发挥中外各自的优势，扬长避短，才能使国际汉语教材市场实现从"要我用"到"我要用"的转变。如果往更长远处看，海外汉语教学终究是本土的外语教学，要使汉语教学在海外占据更重要的地位，必须大力支持本土汉语教学的发展，扶植纯本土汉语教材的编写。只有当汉语教学进入当地国民教育体系，汉语非母语的本土教师占了当地汉语教师的主流，由他们编写的纯本土汉语教材被当地广泛使用，汉语才能成为当地的主要外语。

来源文献：丁安琪. 中外合作：汉语教材国际推广的重要途径 [J]. 国际汉

语教学研究, 2015（02）：8-10.

  本节开始曾经提到，教材是理论与实践等相关要素最集中的呈现与表达。其中，素材的选择与诠释，既是知识结构的要求，也是文化形态的体现。教材作为教学的总体指导与主要依托，必将不同程度地具有意识形态的属性。第二语言学习是学习一种语言，也是知悉一种文化的过程，同样会涉及意识形态等方面的问题。

  耿直在《第二语言教材中的意识形态宣传》中指出，汉语教学界关于教材中意识形态问题的直接研究并不多，一些相关研究多见于语言文化关系的讨论以及语言政策问题的讨论中。有学者分析了这个原因，称狭隘的"工具主义"导致对意识形态问题的回避。

  我们的汉语教学对意识形态问题大都一直采取回避的态度……许多教师仍习惯于把对外汉语教学当成语法、词汇等纯语言项目的讲练……一般不涉及文化，即使涉及，也大都是中国古代文化知识和名胜古迹、风俗节日等表层文化，像意识形态这样的深层的观念文化，即使在报刊阅读中大量出现，也不应作为教学的重点。这种对中国的意识形态问题有意回避的做法，在我国对外汉语教学的讲坛上，造成了中国意识形态的"失语"或"真空"状态。

  作者选取A教材（《汉语新闻阅读教程》，刘谦功主编，2005年，北京大学出版社）、B教材（《报纸上的天下——中文报纸阅读教程》，王海龙主编，2004年，北京大学出版社）、C教材（《事事关心——现代汉语高级读本》，周质平主编，2001年，普林斯顿大学出版社）中的部分话题进行了对比分析，如表2-1所示：

表2-1 三部汉语报刊阅读教材的部分论题

教材A	教材B	教材C
新世纪的思考：中国的和平崛起	温家宝哈佛介绍真实中国	中国对核裁军的立场
大学生找工作牵动人心	少小离家为哪般：留学低龄化	小学生做生意
他有水晶般的心灵——美国青年马修关爱中国孤残儿童纪事	乡村义教终无悔	浙江"好学生杀母事件"引起社会各界反思

（续表）

教材 A	教材 B	教材 C
多色彩的上海	上海，各国洋人欢庆中国年	杭州街头设置安全套自售机引起争议
中国扶贫：一项暖人心的伟大事业	中国跨国企业呼之欲出	儿童乞丐
我国人口性别比例严重失衡	国际美女新规格 东西合璧	中国人口结构发生转变
航天技术的辉煌展示	国产车为何要换洋车标？	产品质量与社会道德
全面共享社会资源 积极防治艾滋病	慢性头疼折磨人，年轻力壮也难免	中国要控制吸烟率上升趋势
引导青年文明上网：如何应对网上"黄"潮	海明威变性子后事和解	中国大学生对性的态度
今天，我们如何过好年？	法国总统请华人吃饺子	餐桌上的文明与野蛮

作者认为，第二语言教学涉及教育政策制定者、教材编者、学习者，以及学校管理层面等更加多元的文化背景、思想立场、教育目的。教材在一定程度上也具备意识形态宣传的功能，甚至在特定时候教材自身会成为一种意识宣传的工具。因此，应加强汉语第二语言教材的意识形态研究，构建汉语教材的话语体系。

首先，应客观认识到教材的意识形态宣传功能。第二语言教材是展现目的语国家文化传统、价值理念、国家形象、人文风俗、社会现象的窗口。必须意识到，教材不仅要帮助学习者获得语言能力，还应帮助学习者了解、理解甚至进一步认同这种文化，从而建立起全面的跨文化交际能力。意识形态在语言教材中的泛滥自然是荒诞的，但缺失同样也不可取。

同时，应树立正确的教材价值导向。对外汉语教材要以"讲好中国故事，促进文化交流"为价值导向。"讲好中国故事"要求不能片面、歪曲地介绍中国，但也不是单纯地"讲中国好故事"，应避免直接地宣传，而是使国际社会全面、客观、理性地看待和认识中国。"促进文化交流"不是单向地输出中国文化，更不是戴着有色眼镜来歪曲中国文化，而是放眼世界，用国际视角来解读认识中国社会和东方文化，同时也为学习者展示观察国际社会、国际事务的中国视角。

然而，对于汉语第二语言教材的研究者来说，最重要的落脚点是加强教材话语体系的研究与建设。教材中体现哪些意识形态的内容以及如何恰当地表达这些内容，是一个技术性很强的工作，需要教材的研究者、编写者学习借鉴传播学的理论以及批评话语分析的方法，从课文话题、课文文本、词语选择、人物设置、例句展示、活动设置等多个维度进行研究。从文化传播学的角度，从宏观到微观层面，逐步构建起汉语教材自身的话语体系。

来源文献：耿直.第二语言教材中的意识形态宣传[C].第四届汉语国别化教材国际研讨会.中国重庆：2015.

将教授外国人汉语看成轻而易举的事情，是"业外人士"持有的一种较为普遍的错误认知。这种认识往往会导致一些人对汉语作为第二语言教学的科学性认识不足，单凭一股热情进入汉语国际教育专业硕士队伍。如何对这些来自不同专业、不同知识结构、不同文化背景的学习者进行专业培养，以及如何安排课程内容，将他们培养成合格的汉语教师，就成为需要研讨的问题。

赵金铭在《汉语国际教育硕士专业学位课程与教材研究》一文中指出，鉴于目前攻读汉语国际教育硕士专业学位的学生来自不同的专业，知识结构不尽相同，汉语水平参差不齐，借鉴国外对外本族语教师的培养经验，探讨如何针对这些学生的具体情况，设计科学而实用的课程内容，编好核心教材，打好作为国际汉语教师所应具有的基本知识，掌握汉语教学的基本教学技能，以求真正达到预期的培养目标是一件非常重要的工作。

作者认为，对比国际上对从事本族语教学教师的培养与选拔，对外本族语教师的培养都有一套科学程序，从培养到派出，都有严格的规范和标准，都能确保教师质量，而这正是向国外推广自己母语的根本保证。《汉语国际教育硕士专业学位研究生指导性培养方案》（以下简称《培养方案》）在既定的培养目标的基础上，对课程设置进行了明确规定：课程设置以实际应用为导向，以国际汉语教师的职业需求为目标，围绕汉语教学能力、中华文化传播能力和跨文化交际能力的培养，形成以核心课程为主导、模块拓展为补充、实践训练为重点的课程体系。核心课程重在提升学生的汉语教学技能、文化传播技能、跨文化交际能力。其中，学位核心课程的设置和学分如下：汉语作为第二语言教学（4学分）、第二语言习得（2学分）、国外汉语课堂教学案例（2学分）、中华文化与传播（2学分）、跨文化交际（2学分）。

作为专业硕士学位课程的主体，《培养方案》只有课程设置，既无课程大纲，也没有课程的内容规范，更没有教学计划与安排，致使授课教师无所适从，于是或自编教材，或寻求替代教材。在内容取舍上，教师须自行斟酌。至于如何针对学习者的具体情况授课，以及课程是否能达到预期目的，教师更是茫然。甚至出现用以往培养研究型硕士的相关课程取而代之的情况。

文章指出，汉语国际教育硕士专业学位的设置是一个新生事物，在国际汉语教育领域，对专业硕士研究生的培养与研究型硕士研究生的培养之间的区别，有些培养单位至今依然不十分清晰。加之缺少课程规范，教材也付之阙如，上述现象也就在所难免。

基于上述思考，作者提出以教材形式规定课程内容的建议。《培养方案》所规定的课程设置，是为了培养适应汉语国际推广工作，胜任多种教学任务的高层次、应用型、复合型、国际化专门人才。应从课程建设上入手，从教学要求上进行规范，用实用、适用、高质量的教材来保证教学质量。专业学位课程内容设计的原则应是"科学而实用"。科学指的是课程内容尽量系统而全面，整体上突出汉语汉字基础知识和中国文化基本知识，具有相关学科的知识，包括语言学、教育学、心理学、跨文化交际学、信息技术辅助汉语教学等方面的知识。如果赴国外任教，还应有如下三方面的了解：对学习对象所在国国情的了解；对学习对象思维习惯的了解；对学习对象生活习惯的了解。实用指的是课程内容有助于主要技能的培养。全面的语言能力就是指对母语的掌控能力。教师要能纯熟地运用自己的母语，驾驭听、说、读、写诸方面的教学活动。而课堂的理论学习与教学实习密切结合，是培养教学技能的唯一途径。要能以教学实例阐释教学原理，用案例证实学习规律，掌握基本的教学本领。

考虑到国内外教学与学习环境不同，各国各地教学理念不同，外语教学传统也各异，汉语教师要能做到因地制宜，采用灵活、多变的教学策略。包括：

教师的教学语言是否与学生所掌握的语言水平同步（词汇、语法点、表达方式），并稍稍高出；教师能否用学生母语解释一些语言现象，同时做到简明、扼要，恰到好处，点到为止；教师能否设计并组织多种多样的有趣的语言教学活动；教师能否做到尽量少说话而把大量的时间留给学生来练习；教师能否正确地使用显性体态语和隐性体态语，能否用手势、身姿辅助语言教学，能否用表情启发学生，能否用眼神与学生沟通；教师是否在课堂上来回走动，眼观六路，耳听八方；教师能否让课堂既严肃又幽默，并时有笑声；教师能否正确对待学生出现的语言错误；课堂上学生是否积极参与，做到师生互动；教师在教学中是否兼顾到所有的学生，任务的设计是否渗透了对学生学习策略的训练；等等。

在教材建设与开发方面，作者认为，必须紧紧围绕对外汉语教师所应具备的条件，以及在培养与培训过程中所应掌握的内容来设计和编写教材。专业硕士课程教材与研究型硕士课程教材的不同之处在于，在提供基本知识、基本理论的前提下，还要尽可能地提升学习者的教学基本技能，做到理论与实践并重，知识与技能兼顾。

来源文献：赵金铭. 汉语国际教育硕士专业学位课程与教材研究 [J]. 国际汉语教育，2015（01）：3-9.

基于上文作者所述理念，以赵金铭为总主编的《汉语国际教育硕士系列教材》2015年度出版发行，共六册。

一是吴中伟主编的《汉语作为第二语言教学——汉语技能教学》。该书面向汉语国际教育硕士课程及汉语教师职业发展需要，反映了汉语作为第二语言教学最新发展需求和研究成果，引导了第二语言教学多元理念下的学术探索和理论创新，专注于培养面向多元学习需求和多元教学环境的实际教学能力。

二是毛悦主编的《汉语作为第二语言教学——汉语要素教学》。该书着重讨论了汉语作为第二语言教学中的要素教学问题。除了分析第二语言教学的基本理念和原则外，分别讨论了汉语语音、词汇、语法和汉字教学的原则、方法和技巧，同时注重引导学生的理论探索和创新能力，培养汉语国际教育专业学生的综合能力。

三是祖晓梅主编的《跨文化交际》。该书系统介绍了跨文化交际的基本概念和核心理论，着重阐述了与第二语言教学及国际汉语教学相关的跨文化交际内容及教学方法，分析了很多与汉语教师相关的真实的跨文化交际案例，旨在提高国际汉语教师的跨文化交际能力，主要内容包括价值观、语言交际、非语言交际、跨文化适应、跨文化的人际交往、跨文化交际的心理与态度、教育领域中的跨文化交际、语言文化教学方法等。

四是赵杨主编的《第二语言习得》。该书介绍了二语习得的学科背景、不同视角、关注的主要问题和研究方法，还介绍了汉语作为第二语言习得的研究现状以及对二语习得学科的贡献。此外，还介绍了大量的实证研究。针对汉语国际教育硕士这一读者群体，作者特别注意了视角和研究成果的选取以及专业性与普及性的平衡，对读者全面了解二语习得会有很大的帮助。

五是赵长征、刘立新主编的《中华文化与传播》。该书在把握中华文化总体风貌的基础上，重点介绍其中的一些核心内容，如历史、哲学、宗教、文学、艺术、生活习俗等，力求帮助读者构建起对于中华文化整体结构的基本认识。还专门设置了"历史上的中华文化对外传播"和"对外汉语教学中的对外文化传播"两章，以突出对外汉语教学专业的特色，帮助学生拓展视野、增强职业使命感，并具体指导学生的教学实践。

六是叶军主编的《国际汉语教学案例分析与点评》。该书收集了41个国际汉语教学案例。案例涉及教学内容、教学方法、资源与评估、教学管理、文化与跨文化交际五大方面；地域涵盖亚洲、欧洲、大洋洲、美洲、非洲的16个国家和地区；教学对象既有大学生，又有中小学生，甚至还有幼儿园学生和社会上的业余学习者；汉语水平从零起点到初级、中级、高级。

作为汉语国际教育兴起和快速发展以来，在学科建设和人才培养领域的第一套系列教材，该套教材力求体现以下特点：

一是力求理论联系实际。在介绍相关理论的同时，提供大量语言事实和真实案例，通过分析这些案例，加深学习者对基本内容的理解。其目的在于培养学习者面向多元学习需求和多元教学环境下的理论分析能力和解决实际问题的能力，培养学习者的教学反思习惯和自我职业发展能力。

二是突出实践性和可操作性。在教材中设计思考题、讨论题或问卷调查，加深学习者对相关问题的深入理解，引起学习者的进一步思考和研究。在技能与方法的培养上，注重第二语言教学不同理念的融通，力求反映汉语教学理念的发展和成果，提供多样化的教学方法和操作模式以供选择。教师可以在教学实践中根据特定的教学对象和教学环境探索独特的、有效的教学方法和途径。

三是注重学习者的个人体验。教材内容通过学习者的课堂集体学习讨论，以及微型教学、头脑风暴等各种教学手段和方法，实现思维碰撞，消化所学知识，从而形成学习者自己的教学技能。

四是教材配有课下阅读和思考资料，培养学习者发现问题的敏锐眼光和严密深入的分析能力。课后的大量参考阅读，启迪学习者独立思考，开拓其视野，使学习者对相关领域的研究成果和最新进展有全面的了解和把握，以培养批判性阅读能力和一定的学术眼光。

五是为适应来自不同专业方向的专业学位攻读者，注重基本知识和基本理论的系统全面的介绍，并对相关领域的研究成果进行概括。对不熟悉汉语作为外语教学的学习者，对语言教学原理、语言教学法以及第二语言习得的基本概念、基本范畴与基本研究方法略做介绍，并尽量结合有关领域的研究成果和科学试验，以增强学习者的知识底蕴，扩大学习者对教学技能理解的深度与广度。

来源文献：赵金铭总主编. 汉语国际教育硕士系列教材 [M]. 北京：外语教学与研究出版社，2015.

第四节 教学实践与方法

本节标题中所指的教学实践与方法，主要是指在孔子学院框架下，具有"宏观"性质的，与语言教学、文化传播、项目策划等相关的组织模式或实践活动，不局限于传统或一般意义上的教学实践与方法。

在文献检索和文本分析的过程中，一个不能回避的事实是，2015年基于孔子学院教学实践研究的文章，特别是学位论文不在少数，其体例主要集中于专题研究、案例分析、教学设计、课堂实验、研究报告。但就现有文本来看，距离学术意义和应用价值尚有落差。即使是在期刊上发表的关于孔子学院教学实践研究的文章，亦存在大而化之、小而不精的问题，不能做到言之有理，持之有据。在孔子学院建设和孔子学院研究的起步阶段，类似研究或分析在一定程度上起到不同孔子学院发展现状信息汇总或流通共享的作用，为相互借鉴和参照注入了积极因素，但相对于孔子学院教学质量和内涵提升，以及孔子学院的内生性发展要求，尚需开展一些更为系统、更为科学和更为深入的理论与实践相结合的研究与拓展工作。期待着有更多的学者给予教学实践与方法更多关注和理论探讨，对孔子学院的教学规划、教学安排、教学方法以及项目策划等提出具有针对性、指导性和操作性的观点与建议。

美国中文领航项目隶属于美国《国家安全教育计划》，依据1991年《国家安全教育法案》设立，由国防部下属的国防语言和国家安全教育办公室进行日常管理。

本着学习与借鉴的思路，李中山在《美国中文领航项目对国际汉语教学项目推广的启示》一文中分析介绍了中文领航项目的背景、目标、标准、体系，以及相关实践活动。作者指出，中文领航项目是当前美国中文教学项目中较为系统，定位较高的"国家级"项目，其教学目标、课程体系、教学模式、教学标准及考核方式等方面的内容与传统国际汉语教学项目相比具有鲜明的时代特色。作者认为，作为目前最为系统、级别最高的"国家级"项目，中文领航项目对日益蓬勃发展的国际汉语教学事业，也提供了许多可供借鉴的特点。参考中文领航项目的部分经验，在今后的国际汉语教学项目推广中，可以从以下几个角度进行尝试：

第一，设定更高级别的教学目标，对学生提出高要求，提升汉语作为外语教学的学习标准。领航项目的学生在大学4年左右的时间内，要达到美国外语教学委员会（ACTFL）优秀级的语言水平，同时兼顾自身专业的发展，成为兼具专业知识和语言知识的新一代复合型人才，教学目标清晰明确。若对学生缺乏严格要求，则会因为目标定位偏低，学生也无法保持高昂的学习热情。

第二，开展高强度的语言培训，注重依托内容的CBI式教学，定期进行标准化测试。中文领航项目采用小班教学，强化开展语言课程，除教师作为导师指导外，项目还出资招募母语为中文普通话的学生，对项目学生提供一对一同侪指导，制订个性化学习方案。项目定期安排学生参与多种类型的标准化测试。在语言学习之外，注重依托内容的教学，使学生将专业学习与中文学习相结合，学以致用。多数国际汉语教学项目可以做到小班教学和个性化指导，但定期的多类型标准化测试往往难以操作，原因之一是学生的学习周期偏短，没有充足的时间准备各种类型的考试，也因此无法准确判断自身的语言级别。此外，在未来的教学中，如果将中文教学与专业课程学习紧密结合，学生可以在自身专业之外，选修中文作为第二专业，课程教学贯彻内容教学为中心 CBI 的教学理念，让学生学以致用，就可以逐步摆脱国际汉语教学项目只提供语言教学服务的传统。

第三，推广沉浸式学习，在真实的语境中进行语言实践。中文领航项目注重课堂之外的听说实践；侧重中文文化意识的培养；在项目中心创建有成熟的学习团体，积极开展多种用中文进行的社会及文化活动；就国际汉语教学项目而言，沉浸式学习往往存在于国际汉语教学的中小学阶段，学生被鼓励大量使用汉语，学习中文之外的多种课程。如果在成人汉语教学中引入沉浸式的理念，即在课堂内外持续创建中文学习环境，构建学习社团，提供大量的听说实践机会，可以进一步推动语言学习。开展海外学习与实习：鼓励学生赴中国学习交流，推动学分互认工作。中文领航项目为学生提供多次海外学习机会，提供在中国进行的暑期强化沉浸项目。

第四，创建国际化的项目模式，培养所在国需要的国际化师资力量。中文领航项目立足于美国本土，旨在培养有助于美国国家安全和国家竞争力提升的关键的战略语言，符合美国的国家需要。国际汉语项目，要符合国别化的需求，对国际汉语教学提供可持续发展的动力，根本途径是实现国际汉语教育的"国际化"。

来源文献：李中山. 美国中文领航项目对国际汉语教学项目推广的启示 [J]. 教育科学文摘，2015（01）：21-23.

10多年来，搭乘孔子学院这个综合文化交流平台"出海"的文化与体育项目越来越多，其中音乐表达的形式与内容日趋丰富，无论是传统的还是当代的。借助孔子学院这个平台，中国音乐在所在国大学和社区中开展了不同程度的文化传播与交流活动。然而，一个不容回避的问题是，在音乐语境调研、媒介宣传、曲目主题设计以及与他文化互动等方面，海外孔子学院的音乐传播活动还有很长的路要走，与之相关的研究，也亟须超越对案例素材的一般性概括，需要结合具体的演出案例和跨文化传播理论给出科学理性的思考和建议。

康瑞军在《海外孔子学院音乐文化传播诸问题与对策》一文中以密歇根大学孔子学院中国音乐活动为例，总结分析了在海外进行音乐传播的几个特点：主题要明确、宣传力度强、渠道要宽，尤其是要善于按照既定的演出目的有意识地安排不同文化背景的表演者和音乐素材。无论是来自国内专业音乐院校和演出团体的知名艺术家和学者，还是长期活跃在美国各地的华裔的、西方的、世界的艺术家和学者，基于不同的音乐素养和文化背景参与中国音乐活动时自然会产生各不相同的诉求和体验。作者认为，参与这些活动的国内外艺术家、学者能够在演出实践之外，在演出活动的学术取向上达成共识，与该孔子学院院长林萃青教授是国际知名的音乐学家有着直接的关系。本案例重在提醒国内学者，在中国音乐文化海外传播领域的研究必须超越对案例素材的一般性概括，结合演出案例和学术理论给出更具针对性的建议。

在谈到如何引导和发挥好这些差异对中国音乐文化认知的正面效用，以及如何让这些错综复杂的文化互动产生既有意义又可持续的影响时，文章指出，假如把中国音乐（无论古今和体裁）看作是一个文化整体，那么从文化传播的空间来看，中国音乐可以划分为两种类型：一类是在本土的传播。这类传播首先体现为历史的、纵向的代际传承，其次体现为跨群体跨民族的区域传播。无论采取哪种方式，也无论中国音乐在代际传播和区域传播中产生多少种流派、变体和音响版本，有一点儿没有变，那就是传播者和受众都是共有同一民族文化语境和情感的个体，他们对音乐的内涵、演出的目的和意义，有着相似的认知。另一类则是跨国跨文化的海外传播。这类传播主要体现为受众对传播内容的陌生感、距离感甚至是排斥性。由于对中国音乐文化缺乏经验，这类传播活动的受众需要在参与音乐活动时与其日常艺术经验发生关联。他们对中国音乐的声音、概念、情节、内涵、趣味，主要是想象性的。[①]因此，在海外传播中国音乐文化时，如何承认并尊重这种陌生感和想象性，进而通过受众与传播者、受众之间的互动达成新的文化共识，这应当是所有海外音乐传播活动的举办者应当加以充分思考的。反过来说，海外中国音乐活动的现状和需求，也会对国内的中国音乐产生相应的作用，在某种程度上，也影响着中国传统音乐的当代化进程，以及中国当代音乐的多样化表现。

作者指出，在中国音乐海外传播过程中，我们既不能一味迎合受众的喜好而牺牲音乐活动的水准和内涵，也不能刻意制造"曲高和寡"的自我形象，从而忽视甚至无视受众的语境和需求。在中国音乐与世界音乐之间，中国音乐的实质和想象之间，只要通过精心的设计、务实的定位、平等的心态和力求精致的演出效果，完全有可能在传播者和受众的音乐文化理解与表达之间，建立起多层次的互动，从而产生可持续的传播与接受效果。

来源文献：康瑞军. 海外孔子学院音乐文化传播诸问题与对策——以美国密歇根大学孔子学院为例 [J]. 音乐探索，2015（04）：87-93.

在实施对外汉语教学过程中融入文化因素，客观上生成了民族文化软实力构建的一条路径，但在这条路径的铺设与应用中，还有许多问题亟待在汉语教学实践中予以突破和解决。

杨达在《基于中华民族软实力构建的对外汉语教学探析》中提出，尽管我国早已将文化因素导入对外汉语教学，但在具体的教学实践中，至今仍然面临中华民族文化有效传播的诸多困难，影响软实力的构建。作者认为，对外汉语文化教学的困境主要表现在以下四个方面：

一是文化教学目标遭遇困境。虽然文化因素被不断引入，也有学者呼吁对语言教学和文化教学的双重重视，但在具体的教学中，主要目标依然主要着

[①] 刘彦. 古琴在美国的生存状态一瞥 [J]. 南京艺术学院学报（音乐与表演版），2009（02）：50-57.

眼语言的工具性。若仅仅出于工具性的实用思考，不仅会削弱语言教学所应具备的人文关怀教学功能，而且无法满足人们的实际需要，更会在今天的国际背景中丧失以语言推广承载文化传播的战略意义。

二是文化教学表述遭遇困境。仅就面对涉及语言交际中文化影响的跨文化交际能力培养而言，人们无法较好地给跨文化交际能力下定义，无法较好确认其内涵，无法较好明晰其培养要求。由此带来的结果，便是相关的文化教学表述更多只能作为一个新观念停留于模糊的理论层面。

三是文化教学实践遭遇困境。由于文化教学目标和文化教学表述都未在教育领域形成统一认识，这便决定了在文化教学实践中，具体教授的文化内容、文化所占教学内容比例、文化教学处于语言教学的阶段、具体开设的文化课程类别及数量等内容均无法较好界定。

四是文化教学方法遭遇困境。主要表现在，教师单向输出讲习模式根深蒂固，以及过度追求教学形式而忽略挖掘教材内容等。

基于上述思考和分析，作者从中华民族软实力构建的视角，提出对外汉语教学中文化传播四个方面的建议：

第一，以对外汉语教学双重目标突破现有的单一目标。对外汉语教学的"语言传播"和"文化传播"并重的双重目标，强调对外汉语工作者既要注意语言本身的教授，更要着眼隐藏在语言教学背后的文化价值。

第二，以清晰的文化教学表述突破"文化霸权论"以及"文化威胁论"。对于"文化霸权论"的警惕主要存在于曾遭受过殖民的众多发展中国家，这也便决定了它们对于外来文化存在着一种本能的排斥。另一方面，面对"中国文化威胁论"，需要在以大国心态从容平和应对的同时，尽可能通过明晰文化教学表述来削弱西方世界对中国的疑虑，进而避免越开展对外汉语教学却越引起世界警惕中国的现象。

第三，以明晰的文化内容定位和新颖的教学手段应用促进对外汉语教学实践。类似于对外汉语教学中的词汇、汉字、语法等语言要素，文化要素也应该确立相应具体的内容定位。就内容选择而言，"首先应基于教育哲学视角，选定的课程资源要有利于实现教育的理想和办学的宗旨，反映社会的发展需要和进步方向；其次应基于学习理论的视角，让选定的课程资源与学生学习的内部条件相一致，符合学生身心发展的特点，满足学生的兴趣爱好和发展要求；最后应基于教学理论视角，让选定的课程资源与教师教育教学修养的显示水平相适应"[1]。就教学手段的创新而言，应该采用有利于强调文化感悟的体验式教学、有利于文化间平等交流的对话教学、有利于缩小不同文化间差异的对比教学等模式，让文化教学更为有趣的同时也更容易达到传播的目标。

第四，以"全球地方化"的理论逻辑指导对外汉语教学的文化传播战略。该理论认为"全球"与"地方"不断互动，"地方"并非一味被"全球"同化，二者处于彼此互补、相互合作、交叉渗透的状态。[2]中国在推行对外汉语教育时，亦应以更加自信的文化风貌在理解异质教育文化的基础上，通过吸收其他国家的相关成功经验，改革和塑造我们自己的对外教育体系，具体而言便是需要基于一种让别人能够接受的方式讲好别人愿意接受甚至认同的"中国好文化"。

来源文献：杨达.基于中华民族软实力构建的对外汉语教学探析[J].贵州民族研究，2015（04）：192-197.

"非物质文化遗产"是人类社会的宝贵财富。中国作为世界上拥有"非物质文化遗产"数量最多的国家，应该主动将"非遗"保护理念及其相关内容纳入汉语国际教育的课程建设。应该结合中国文化对外传播的实际情况，在汉语国际教育专业的课程设置、教学内容、教材编写等方面加入"非遗"保护理念，探讨"非遗"保护的有效途径，充实汉语国际教育专业的内涵建设，促进中国传统文化在世界范围内的传承与传播。

常峻等在《"非遗"保护理念在汉语国际教育中的传播与应用》中指出，在高校的人文教育中，包括汉语国际教育，应该正确理解和全面体现文化的三

---

[1] 施良方.课程理论：课程的基础原理与问题[M].北京：教育科学出版社，1996.
[2] 〔美〕罗兰·罗伯森.全球化：社会理论和全球文化[M].梁光严译.上海：上海人民出版社，2000.

种方式。① 其中，第一种"理想典范"是各民族文化的中心角色，也是最受重视的文化；而第三种文化，也就是民间生活文化或曰非物质文化，同样是人类知识和经验的凝结，在当今社会因为受到现代生活方式的冲击而处于某种程度的濒危状态。对这种文化，应依照它们在信仰、知识和艺术中的位置，对其加以分析、澄清和评价，而不能漠视其存在或否定其文化价值。作者认为，对于作为社会生活方式的非物质文化应该在汉语教学中加以重视，因为它代表着民众的生活、情感、艺术、知识和信仰，也代表着民族的本真精神。语言学习与文化传播从来都是密切相关的，现在的汉语国际教育也是如此。有研究者指出："从教学理念上来看，单纯的语言教育已经不能适应时代的需要，语言加文化式的博雅教育会成为对外汉语教学和汉语国际教育的主要观念。"② 中国设在各国的孔子学院，是汉语国际教育的重要实施途径，从名称上也能够强烈地感受到，它承担起了传播中国文化知识和价值观念的任务。

作者认为，非物质文化遗产承载着民众生活、艺术、智慧，理应成为汉语国际教育中的重要内容。将"非遗"保护理念融入汉语国际教育，有其显而易见的必要性。这些必要性体现于以下三个方面：一是"非遗"作为汉语国际教育对外传播的内容，有着重要的文化价值，体现中国的文化自信与自觉。二是"非遗"是最具亲和力和感召力的文化，可以对汉语国际教育起到很大促进作用。丰富多彩的岁时民俗、人生礼仪、饮食习惯、游艺娱乐、口头文学等，蕴含着具有丰富象征意义的民间文化符号，以及迥异于西方基督教传统的中华信仰体系，都有引人入胜的内涵和缤纷多姿的存在形式，是传播中国语言和文化的有力的加速器。三是用"非遗"保护理念在汉语国际传播中构筑一个世界文化平等交流的平台，在文化多样性互动交流中显现中国文化的魅力。

文章指出，孔子学院在全球的勃兴，构建了一个多维度的、宽广的传播汉语言和中国文化的路径。把"非遗"保护理念贯穿于汉语国际教育的各个环

---

① 英国学者马克·J. 史密斯在《文化——再造社会科学》中谈到"文化"的三种重要方式：1. 作为理想典范（ideal）的文化，是人们思考以及写下的最好的东西，是完美、普遍价值的体现；2. 作为"文献记录"的文化，记载了人类的思想、语言、制度、习俗和经验；3. 作为社会生活方式的文化，表达了社会群体的信仰和情感结构。
② 崔希亮. 对外汉语教学与汉语国际教育的发展与展望 [J]. 语言文字应用，2010（02）：2–11.

节，在课程设置、教学内容、教材编写和教学过程等方面将有着广泛的应用空间。如何使"非遗"在当代社会焕发生机，在世界上成为具有巨大影响力的文化，展现中国民众的价值观念、审美情趣和生活艺术，显示中国文化的多样性和丰富性，在汉语国际教育领域还有巨大的研究和实践空间。

来源文献：常峻、黄景春. "非遗"保护理念在汉语国际教育中的传播与应用 [J]. 浙江师范大学学报（社会科学版），2015（01）：51-55.

第五节　网络与现代教育技术

在今天的生活中，人们已经很难找到一个不受技术变革影响的个人或社会领域。在网络时代，科技的进步与文化的消费已经进入到一个崭新的历史阶段。基于网络平台和新媒体、自媒体技术支撑的语言与文化教学风生水起、日新月异。"孔子学院数字图书馆"上线，各类资源达到20万种。网络孔子学院累计在线开课教师891人，开课2.4万余节，学员用户28万人。海外孔子学院全媒体教学设施的应用，以及慕课、网络课堂的开设，都显现出技术介入教育的价值。

正如传播学者伊尼斯所讲："一种新媒介的长处，将导致一种新文明的产生。"[1]科学技术的发展日用而不知地改变着我们的生活，改变了文化认知方式、知识传播的方式，人们阅读接受的方式、社会交往的方式，当然也改变着教学的方式等。在技术介入和网络平台之下，行业的现代教育技术和孔子学院的教学也展现了自身特色，提升加快了孔子学院主体业务创新扩散的能力和水平。这些动态表征在本年度孔子学院研究文献得到了呈现和聚焦。文献作者的眼光是比较敏锐的，意识到信息化发展和现代教育技术与孔子学院建设结合的增值效应。伴随网络教学资源的开发，新兴教育教学手段在孔子学院课程建设和人才培养中的权重得到进一步突显和应用，对于提高教学效率和文化传播效果等

---

[1]〔加〕哈罗德·伊尼斯. 传播的偏向 [M]. 何道宽译. 北京：中国人民大学出版社，2003，p28.

提供了更多的选择和更好的平台。

随着国内外许多高校相继加入互联网环境下的视频公开课大平台以及MOOC（慕课）等教育的互联网式变革，新信息技术不仅引发了教育领域对未来的思考，也深深地触及了汉语教学领域的方方面面。

郑艳群在《新时期信息技术背景下汉语国际教育新思路》一文中谈到新信息技术发展对汉语教学产生的影响和冲击。作者从新技术视角，审视其对汉语国际教育的影响，展现其所引发的汉语课程结构变化，阐述了其在汉语教学目标和学习需求、教学形态和教学流程等方面产生的深刻影响。作者在文章中总结提出了新信息技术的发展对汉语教学已经或即将产生冲击的几个具体表现：

一是更能满足汉语学习的目标和需求。互联网环境下的教育变革适合汉语教学开展以交际为目的的教学，可以让学习者在社会化互动和交流中获得自我认同和社会认同。这种"学中用"和"用中学"的方式增强了社交感，也有利于知识的内化，而这些正是由语言和人的社会属性的本质所决定的。

二是促进汉语教学形态和流程的改变。在互联网式的教育变革中，一个明显的特点就是学生有更多的自主学习的机会，而不是以往学生主要在教师的指导下学习的形态。学生的学习更多的是通过学生之间的联合与合作、交流和讨论完成的形态。这些变化的共同特点是更重视知识的应用，力求通过丰富的、活跃的、适宜的和有效的方式开展教学，也更多地关注社会性内容和社会性互动。

三是引发汉语课程的结构性变革。常规的汉语教学都是围绕汉语知识和技能，按照设置的课程开展和进行的。在互联网环境下，无论是课程的设置，还是课程的开展和进行，都将发生变革。变革的动力和目的是更充分地利用互联网的优势，利用优质的资源，更高效地开展教学。另外，也更重视语言应用能力的培养，通过有效的方式，保持学习者的学习兴趣。课程结构的变化体现在"综合"和"细化"两个方面。应用原有的课程观念，从纵向来看，课程内部将打破"教师+学生+教学内容"的结构，介入互联网环境，包括多媒体化的、交互性的教学资源，以及在互联网平台上构建的教学活动组织和设计，形成"课堂+社区+资源"的结构；从横向来看，原有的听、说、读、写课程将很难独立继续下去，会更加趋向综合。

　　文章指出，由于互联网的介入，汉语教学将会产生外在和内在的变化。从外在来看，教学形式、组织和结构正在逐步发生变化；从内在来看，教学将满足多元化需求。文章认为，混合学习模式早已有之，只不过当下在互联网时代得以丰富和拓展，它包括循环模式、弹性模式、自混合模式和增强虚拟模式等，翻转课堂模式只是混合学习的循环模式中的一种。新时期由技术引发的教学形式的变化，不仅打破了原有的班级和年级的概念，还引发了学校格局的变化。

　　作者提出，汉语教学的外在变化表现为：以多元化学习方式为特征。在互联网平台上，学生可以自由选择学习内容、学习方式、学习时间、学习场所和学习空间。从表面上看是学习方式多元化，但在灵活选择的背后实际上是知识传授方式的变化。无论对于专业型汉语学习者，还是对于业余型汉语学习者，碎片化或碎片式学习都能为汉语学习带来不同方面的便利。人们对信息资源的利用已经发生了革命性的变化，过去只能从纸版书籍或专家学者那里获得的知识，如今却可以在互联网上查询到。互联网上点点滴滴的知识、文字和多媒体形式的资源琳琅满目，其结果便是当下人们问电脑的时候比问人的时候更多。

　　汉语教学的内在变化表现为：以适应个性化需求为特征。互联网下的教学模式与传统教学模式相比，不仅可以增加汉语学习者用汉语沟通和交流的机会，还可以通过不同的形式满足个性化需求，使学习者可以按照自己的学习需求选择学习内容和学习方式、不同的课程及其组合、群体或个别化学习方式，这对促进内化、促进语言应用、促进学习效率的提高，都是大有好处的。

　　新信息技术时代，有许多汉语教学应用研究有待拓展，作者指出四个研究重点：

　　一是网络汉语学习者和学习行为研究。面向多元化和个性化学习需求，在新信息技术环境下，需要研究学习者的特征以及不同学能的学习者的学习特点，也要研究他们的学习需求，进行学习过程分析等。

　　二是面向碎片化学习的汉语微技能研究。利用互联网、云计算和物联网的环境学习，学习行为有什么特点？这些行为对学习效果会产生什么影响？这

75

些也特别值得研究。

三是网络汉语学习中的教学指导策略。对怎样的学习者给予怎样的教学建议也是网络汉语教学要系统研究的。随着网络社交媒体在汉语交互活动中的运用，教学活动的监控也被提到议事日程上来。如何监控而不致使学生反复运用有偏误的语言继续交流产生副作用等问题，特别值得关注和研究。

四是建立各类在线汉语教学标准。主要包括在线汉语教师标准；在线汉语学习者标准；在线汉语教学服务标准；网络汉语平台服务标准；在线汉语教学评估标准，即对教师、学习者、教学内容进行评估，以促进在线教学的开展。

来源文献：郑艳群. 新时期信息技术背景下汉语国际教育新思路 [J]. 国际汉语教学研究, 2015（02）：26-33.

为了更好地了解中小学多媒体汉语教学现状，针对性地提供基于网络和现代教育技术的数字资源，胡秀梅等以芝加哥、旧金山和波特兰地区为例进行了调查，并发表文章《美国中小学中文多媒体教学现状调查》。

调查结果显示：大数据、云计算、移动网络正逐渐使用到中小学的中文教学中。一些学校利用移动终端和移动网络开展教学，利用云平台进行教学管理。教师利用网络查找和分享教学资源，学生则利用网络和软件学习以弥补中文环境的缺失。但新技术与教学的结合还在起步阶段，一些新的教学方式尚未进入到中小学的中文教学中，网络课程和网络教学更多地在课外使用。移动网络和云平台对教师教学的辅助功能还有待完善和开发。

调研组通过听课、与教师座谈与访谈、问卷调查等方式对三个地区的部分孔子课堂和一些将中文纳入教学体系的主流公立学校进行了调查。在此期间，作者观察和旁听了 10 个汉语课堂（6 个小学课堂，4 个中学课堂）；访谈了 30 位汉语教师，共涉及三地约 50 个中小学；共回收 61 份调查问卷。本次调研主要包括：关于 PPT 的使用情况；关于移动终端（IPAD／手机）和网络的使用情况；关于各类软件、云平台以及其他资源的使用情况。

结果分析显示，94.4% 的教师常常使用 PPT 辅助教学，普及性较好；

36.7%的教师在教学中使用了IPAD和手机；26.7%的教师使用过移动设备上的APP应用；44.4%的教师喜欢用视频辅助教学；30%的教师用歌曲或其他音频材料教学；43.3%的教师常常上网查找资料。这些数据大致呈现出美国中小学汉语教学中多媒体教学的现状和特点。

调查结果表明，在美国中小学中文教学中，多媒体和新技术使用的情况具有以下几个特点：

一是学校普遍配备多媒体设备，几乎所有教师都使用PPT辅助教学。几乎所有的教师都表示自己能够熟练并且愿意使用PPT或者PREZI演示软件进行课堂教学，这种基本的多媒体辅助教学法在课堂教学中广泛使用，且作用显著。

二是移动设备和平台开始用于教学，部分教师利用APP应用做练习或游戏活动。据调查，2012年开始，很多公立中小学都给教师和学生免费配置了教学用IPAD，鼓励教师利用IPAD进行教学，学校也允许教师和学生在课堂上适当使用IPAD和手机进行教学和练习，充分发挥新科技的作用。

三是在课堂教学中音频、视频类多媒体资源使用较多。调查显示，小学教师常常使用中国动画片以及与文化相关的视频。中学教师则使用一些中文电影和介绍中国文化的视频。教师们表示，这些资源大多没有英文字幕，学生的中文水平还不够高，特别是小学生，在教学中常常需要辅助解释，会影响教学进度。尽管如此，学生们还是很喜欢听歌看电影学中文，学生的听力水平也从中得到了提升。

四是教师使用网络查找备课资源，学生利用网络练习。调查显示，有43.3%的教师常常上网查找资料，You Tube网站和网络孔子学院是使用最多的两个网站。大部分教师通过网络搜寻和下载音频和视频资源，但由于网络资源往往与教学内容并不完全一致，筛选资源也需要太多时间，教师们更愿意使用与教材配套的多媒体资源。访谈中教师们也表示，由于教材本身并不完全适用于各自学校的教学，配套资源也就不一定很好用，所以迫切希望有更合适的配套多媒体教学资源。

五是使用云平台进行中文教学和管理。调查显示，为了充分利用网络云平台，一些学区主动为下属的学校购买或免费申请网页，鼓励学校和教师使用。

如波特兰的 WOODSTOCK 小学是较早并成功使用中英文双语沉浸式教学模式的学校，学校十分重视中文教学，专门建设了语言实验室（Language Lab），并鼓励教师利用网络和多媒体进行中文教学。该学校在学区的支持下，在谷歌的云平台上申请并建设了教学网络（http://classroom.google.com），允许所有教师利用该网络进行课堂教学和教学管理。

文章分析指出，尽管新的信息技术为教学变革提供了巨大的支持和潜力，但技术与教学的结合还在起步阶段，有些问题还需要进一步研究和探索。

第一，移动平台的功能可以进一步挖掘。移动网络和终端为随时随地的学习和交流提供了便利条件，"微信"平台的巨大覆盖面和极快的推广速度可以用于课后中文教学。IPAD 和手机交流对于年级稍高的小学生和中学生来说非常熟悉，因此教师可以将班级同学之间的日常交流变成学习的延伸。建立班级微信群组，利用直接的语音输入和语音留言练习发音和口语，利用手写输入方式练习汉字的识写。教师随时可以指导学生，学生之间的交流也是合作学习的实现。

第二，新的教学方式适当引入。一方面，基于"大云移"特点的"慕课、翻转课堂"等新的教学方式尚未进入到中小学的中文教学中，基于碎片化技术和理念的"微课"教学方式也还少有人尝试，但是新的教学方法需要教师付出比以往更多的时间和精力，对教师的计算机使用能力、学生的学习习惯和学习能力都有一定的要求，因此并不一定适合低龄学习者，中学教学也许更合适一些。另一方面，从调查看，网络课程和网络教学大多为学生课外学习所利用，而且使用者大部分是成人学习者，小学生相对较少。学校和教师可以建设自己的网络课程和网络教学，以配合课堂教学。

第三，教学资源平台需要开发和完善。对于教师来说，丰富的网络资源为教学提供了便利，备课、考试、作业管理以及自身提升都可以通过网络完成，但同时，资源不匹配、功能不完善等不足也存在。基于云计算的云平台对教师教学的辅助功能还有待完善和开发，建设一个面向全球中文教学、提供专业的中文教学资源的平台是十分迫切的需要，但同时也是一个艰巨的工程，需要教学研究与科技的深度融合，需要中文教学工作者的共同努力。

调查发现，以上问题很大程度上是由于教学对象的特殊性而产生的，中小学与大学教学对象的不同决定了教学方式的不同，需要结合中小学生的学习特征进一步分析研究新技术与语言教学如何有效结合，以及技术如何真正转换为工具和手段。

来源文献：胡秀梅、杨泉. 美国中小学中文多媒体教学现状调查——以芝加哥、旧金山和波特兰为例 [J]. 云南师范大学学报（对外汉语教学与研究版），2015（05）：12-16.

网络孔子学院是由孔子学院总部/国家汉办主办的官方汉语学习网站，自2008年上线以来，以"规模大、资源多、内容全"等优势受到广大语言学习者的青睐，成为国内优秀的大型汉语教学综合网站之一。但由于其仍处于网站发展的初级阶段，也存在着一些问题和需要完善之处。

陶婷婷在《"网络孔子学院"汉语教学网站考察研究》一文中，以一般网站评价标准为依据，重点参考 Kelli Boklaschuk & Kevin Caisse 标准、美国在线学习认证标准、牛炎标准这三个教学网站评价指标体系，针对汉语教学网站的特点，提炼和规划出了考察网络孔子学院的评价指标体系，对该网站进行了较为全面的考察分析。

分析结果认为，网络孔子学院的优势主要体现在以下六个方面：一是教授内容正确、科学，教学资源丰富且教学资料和视频课程全免费；二是设有专业化的考试系统和自评系统；三是主界面视觉效果美观大方、清新简洁；四是网站安全防护工作到位，安全系数高；五是链接充足、有价值，有效信息量大；六是对提高学习者汉语水平以及推广中华文化起到了积极促进作用。

作者同时指出，目前网络孔子学院仍存在六个方面的问题：一是没有提供相应的练习和辅导系统；二是互动交流方式单一，主要表现在交流形式以文字交流为主；三是板块设计不合理，主要表现在某些板块内容重复出现，某些板块内容分类杂乱无章；四是文化内容涉及广度与深度有限，文化资源更新速度太慢，文化推广活动太少；五是语言翻译不精准，多语种浏览界面存在问题；六是网站宣传和推广力度不够，知名度较低。

基于上述结论，作者对网络孔子学院的网站建设提出四点建议：

第一，丰富和完善网站内容。一是增设练习和辅导系统，实现答疑和反馈。练习测验和答疑辅导，这是对一个优秀语言教学网站必不可少的衡量标准。应配备相应的答疑库，学习者遇到问题和困难时可以自行搜索答疑库找到最适合的答案。二是提升文化内容的广度和深度，体现时代内涵，同时提高资源更新速度。在文化传播方面，作为汉语教学网站不仅要向外弘扬几千年传承下来的中华传统文化，更要在文化资源的广度和深度上下功夫，着重体现文化内容的时代内涵，做到与时俱进，贯通古今，找到古今文化相通的契合点，弘扬和宣传中国当代社会主流文化，体现时代意识。

第二，调整和优化网站设计。一是合理布局板块内容，加强逻辑性和条理性。应在板块设计过程中多多考虑板块内容的相关性和相异性，分析各板块的同级关系和类属关系，体现逻辑性和条理性，科学分类，合理布局。二是优化多语种浏览界面，确保翻译的准确度。网络孔子学院在除中文外的其他语种浏览界面中有一些多语言混用、翻译不精准的问题，给使用者造成了阅读上的障碍和困难。研究也发现该网站的多语种浏览界面基本是比对中文浏览界面来照搬硬套，没有根据不同国别学习者的学习习惯设计不同风格的浏览界面，希望网站在这一方面能做进一步改进。

第三，提供多样化的互动交流平台。网络孔子学院虽然设有专门的交流区板块，但是互动交流方式还比较单一，主要以文字形式通过评论、发帖、邮件联系、撰写博客等方式达到互动交流目的。因此网站应加强网络技术，开发不同形式、多样化的互动平台，以更大程度地实现师生、生生间的交流。一是利用 IRC 聊天室实现在线实时交谈；二是加强与社交网站等新媒体的融合。如 facebook、kakaotalk、linkedin 等社交平台的对接与融合，最大限度地实现资源共享与信息流动。

第四，加大网站宣传和推广力度。一是开展丰富多彩的文化体验活动。网站在站下举办和开展宣传活动也是吸引眼球、拓宽知名度的重要举措。二是借助海外孔子学院宣传和发展。孔子学院由于在地优势，接触海外汉语学习者的机会多，人群也比较庞大，可以为网络孔子学院提供大量的用户需求，从而扩大网站在海外的影响力，提升国际知名度。

来源文献：陶婷婷."网络孔子学院"汉语教学网站考察研究[D].重庆大学，2015.

慕课是一种大规模、开放式、网络化、信息化的教学模式，微视频教学资源的开发利用是慕课教学的核心技术。然而，如何在海量的数据中找到或发现有效的信息，则是一个必须面对的现实问题。

一个可能令关心慕课开发并试图创建教学模式的人们感兴趣的答案是，数据挖掘技术可以发现海量教育数据中潜在的规律和模式。这一技术应用于孔子学院慕课微视频教学能够丰富教学视频资源，创设逼真的语言环境，提升教学质量；满足不同地区学生的学习需要，实现个性化教学，提高学生自主学习能力；缓解教师匮乏现状，实现汉语教学资源的均衡共享。

雷莉在《数据挖掘技术在孔子学院慕课微视频教学中的应用与意义》中总结提出，利用数据挖掘技术来搜索、提取、分析、归纳、综合孔子学院慕课教学过程中产生的海量数据，集中抽取出潜在、有价值的知识、模型或规则，可以挖掘出各国不同阶层、不同群体对孔子学院教学内容的需求，从而构建一个更符合实际情况的孔子学院教育信息化服务系统。

文章指出，随着网络教育资源的日益丰富和信息技术在教育领域的广泛应用，特别是慕课教学模式在孔子学院的广泛开展，教育资源所产生的数据量呈几何增长。此外，孔子学院的受教育对象面向全世界，存在极大的文化、教育、地域差异，因此，孔子学院慕课教育必须充分考虑到个性化教育。数据挖掘技术引入到孔子学院慕课教育模式中，使得慕课教学系统不仅能充分考虑学习者的已有知识水平，还能根据学生的学习行为特征、文化地域差异、受教育程度等因素，更好地为学习者的个性化学习服务。数据挖掘技术能从海量数据中提取各种有效信息来提高慕课管理系统的效能和学习成效。通过挖掘学习者访问过的学习网站留下各种"痕迹"信息，"那些隐藏的规律、知识和模式都可以为人们所发现，这样一来，哪些访问路径受学习者偏好自然会显现出来。而发现学习者访问路径的趋势和规律，理解其学习行为，改进站点的结构，最终目的都是为学习者提供更具个性化的服务"[①]。

　　作者认为，利用各类数据挖掘技术，根据孔子学院慕课教学系统和各类网络教育资源系统的教育内容数据、结构数据、使用数据，以及受教育者课前学习内容，进行信息的分类提取和分析，可以建立一个围绕数据挖掘开发出来的个性化学习系统模型。

　　利用数据挖掘技术分析出各项数据间的相关性和关联性，必须通过挖掘教育资源的海量数据中两个或两个以上的数据项之间存在的潜在关联，描述不同项在同一事物中同时出现的规律，可以找出受教育者学前预习、练习、考试状况记录等信息，明确学生学习中的薄弱环节、不同知识点间的偏序关系，以及受教育者某些知识点掌握不足与授课教师之间的关联，并将挖掘信息反馈给受教育者和授课教师，从而使受教育者查漏补缺，实现个性化学习；教师也能适时调整知识点的难易度、讲解时间及精力分配，以及所采用的教学方式，从而提高教学效果。教师也可运用"因特网服务器日志的标准化工具（如 Access-Watch、Analog、Gwstat 与 WebStat），教育类数据分析的特定统计工具（如 Synergo、ColAT 等），通过挖掘受教育者的总停留时间、访问次数、课程数以及在哪些课程部分停留时间较长等信息"[②]，分析受教育者的学习习惯、兴趣爱好、文化教育等日常行为的常用方法，还能预测和分析学生的个性化学习特长和学习弱点，从而探索出一种提高孔子学院教学效率的新模型。

　　来源文献：雷莉. 数据挖掘技术在孔子学院慕课微视频教学中的应用与意义 [J]. 宜宾学院学报，2015（03）：106-112.

[①][②] 陈超. 基于数据挖掘的个性化学习模式研究 [J]. 电子设计工程，2013（12）：18-20、23.

| 第三章 |

发展研究

关于孔子学院的宗旨与使命,在《孔子学院章程》总则的第一条中讲得很清楚:孔子学院致力于适应世界各国(地区)人民对汉语学习的需要,增进世界各国(地区)人民对中国语言文化的了解,加强中国与世界各国教育文化交流合作,发展中国与外国的友好关系,促进世界多元文化发展,构建和谐世界。

话语不多,但目标宏伟,内涵丰富。怎样适应需要,如何增进了解,怎样加强交流合作,如何发展友好关系,怎样促进文化发展以及如何为构建和谐世界贡献力量等等,这都是一些具有重大社会价值和发展意义的命题与挑战。显然,这对于一个以语言与文化传播为主要内容的跨国非营利性教育机构来讲,绝对不是一件容易的事情!换句话说,如若实现上述宗旨或使命,孔子学院需要一个良好的内部机制,需要一个和谐的外部环境,需要一个强有力的支撑体系。当然,这种内部机制、外部环境与支撑体系的建设与完善需要一个过程。在这个建设与完善的过程中,不仅政府有责任,相关个体与组织有责任,专家学者们更应该主动思考、超前构想。

作为一个新兴的汉语教学和文化传播主体,孔子学院自身发展所带来的价值生成及其系统辐射作用正在逐渐释放出来。关注孔子学院必然关注其发展问题,关注其发展从本质上讲是对孔子学院价值的认可以及对其可持续问题的思考。价值实现是一种积极的意义建构过程,其起点是全球孔子学院的语言与文化实践。2015年全球孔子学院/孔子课堂数量的扩展、注册学员人数的递增、中外专兼职教师队伍的壮大、教材开发和推广力度的加强、品牌项目内涵的提升，以及以孔子新汉学计划为代表的多层级拓展性项目的推进和运行机制的完善等，都成为孔子学院年度发展的表征，为孔子学院发展研究提供了新的研究对象和丰厚的研究土壤。

10多年的努力和积累，孔子学院的社会身份已由"教育存在"逐渐扩展到一种综合性的"社会存在"。在此意义上，孔子学院实现了自身发展的超越与增值，成为一个复合型的"现实存在"。对这种发展价值的发现，以及由此带来的学术叙事与分析，构成了孔子学院发展研究的聚焦，具体的表现形式之一就是多学科与众学者的关注与介入。2015年度的孔子学院研究，带有了更多的交叉学科的色彩和属性。

第一节　总部年报与会议共识

每年的年底，在孔子学院总部的理事会上，都有这样一项重要工作：听取和审议总部年度工作报告，研究孔子学院建设的重大事项。2015年的理事会由国务院副总理、理事会主席刘延东主持。在2015年的工作报告中，许琳总干事对全年全球孔子学院建设发展实践进行了概括与凝练，其中包括框架、趋向、数字、典型、重点和目标等。作为孔子学院年度发展成效与要点的集成，该报告全面反映了一年来孔子学院工作的全貌。按照惯例，在随后举行的第十届孔子学院大会上，几百名中外大学校长以及上千名中外方院长汇聚一堂，就孔子学院年度或阶段发展问题以及各孔子学院的建设等问题畅所欲言、各抒己见。全球孔子学院的建设者、参与者在这个一年一度超大规模的国际教育合作平台上，交流互鉴，增进共识，共谋发展。与其说代表们的发言是在谈论孔子学院，毋宁说是孔子学院为论坛的参与者提供了深入探讨和进一步开展国际教育合作的话语空间。

2015年12月6日，孔子学院总部总干事、国家汉办主任许琳代表总部向孔子学院总部理事会做2015年工作汇报。

在谈到面上的工作时，许琳总结指出，2015年是孔子学院发展第二个10年的开局年，在中外双方的共同努力下，孔子学院工作取得了新进展。

第一，习近平主席出席英国孔子学院和孔子课堂年会开幕式。10月22日，习近平访问英国期间，出席英国孔子学院和孔子课堂年会开幕式并发表重要讲话。习近平指出，"孔子学院是世界认识中国的一个重要平台"，称赞"孔子学院和孔子课堂为世界各国民众学习汉语，了解中华文化发挥了积极作用，也为推进中国同世界各国人文交流、促进多元多彩的世界文明发展做出了重要贡献"。习近平再次表达了中国政府支持孔子学院的立场，在各国孔子学院产生了强烈反响，极大地鼓舞了士气。

第二，全面完成《孔子学院发展规划（2012—2020年）》前三年任务。数量方面，孔子学院和孔子课堂分别达到500所和1000个；学员总数190万人，超过了《规划》要求2015年达到150万人的指标；办学条件进一步改善；中外方投入比例为1∶1.4；中外专兼职教师达到43 551人。质量方面，各国孔子学院的汉语教学质量和水平不断提高，343所孔子学院的课程纳入所在大学学分或专业体系；初步建立了一支专职教师和管理人员队伍；中方提供的各级学校汉语教材达到54种语言对照版本，文化辅助读物也有大幅增加，鼓励各国孔子学院编写本土教材；积极开展"孔子新汉学计划"，招收中国文史哲学科博士研究生71国633人；着力建设网络孔子学院、示范孔子学院、院长学院；"汉语桥"世界大中学生中文比赛等品牌活动成效显著；参加各类汉语考试人数达到600万人。

第三，管理上了新台阶。各国大学普遍开展了对孔子学院的工作检查和财务审计，已有280多所孔子学院以校长名义向总部提交了专项报告，并对外详细公布了孔子学院的运行情况，广大师生和社会民众加深了对孔子学院的了解和认同。

第四，国别会议务实高效。英国、法国、德国、俄罗斯、西班牙、葡萄牙、意大利、日本、韩国、泰国、巴西及北欧、波罗的海等国家的167所孔子学院，自发组织召开国别联席会议，交流办学经验，研究解决共性问题，促进教学资源共享，建立互联互通机制，效果很好。下半年，400多所孔子学院同步举办了第二届"孔子学院日"，进一步增强了影响力。

在谈到理事会工作时，许琳说，一年来，刘延东副总理对孔子学院工作做出重要批示指示达59次，出席孔院活动8次，先后访问孟加拉国、印尼、美国、欧盟、英国等国孔院和课堂，与师生深入交流互动，召开欧洲部分汉学家座谈会，亲力亲为领导孔子学院工作。

各常务理事单位一如既往高度重视、大力支持孔子学院工作。教育部全面指导协调，财政部增加了预算，外交部及驻外使（领）馆加强领事服务和保护，热情关怀汉办派出人员的工作和生活，发展改革委把支持孔子学院建设纳入国民经济和社会发展规划，商务部要求中资企业支持孔子学院工作，文化部及其驻外使领馆文化处（组）积极指导支持孔子学院工作，新闻出版广电总局和中央电视台利用电视频道播出世界大、中学生"汉语桥"中文比赛实况，国际广播电台的广播孔子课堂发展到14所，注册学员2万人，国侨办组织各国5万名华裔青少年参加"中国寻根之旅"夏令营，实施华文教材本土化工程，加强华文教师培训，国新办资助国际出版机构编写出版汉语教材，外文局已出版近200种汉语教学图书，提供多语种文化读物及多媒体产品。

中外双方理事积极参与总部工作，分析孔子学院形势、研究今后5年发展规划、讨论孔子学院校友会章程等。

在谈到总部工作时，许琳总结概括了2015年度几项主要工作：

一是关于师资队伍建设。培训派出中方院长、教师及志愿者16 100人，比去年增加600人。在来华攻读汉语国际教育专业硕士毕业生中，已有43国366人返回自己的祖国从事汉语教学工作，充实了本土教师队伍。修订《国际汉语教师标准》，开考国际汉语教师证书，招收113国"孔子学院奖学金"生4300人，组织专家培训各国本土教师4万人和中外双方院长326人。

二是关于教材建设。大力推广《国际汉语教材编写指南》网络版和数字图书馆应用，目前注册用户已达168国6万人，支持81个国家编写本土教材，建立《中外文化差异案例库》，收录典型案例1万多个，用于中外院长和教师培训，向120国售赠教材图书73万册。

三是关于实施"孔子新汉学计划"。新招收37国112名博士生，比去年增加50%，资助34国200多位专家学者、"青年领袖"来华研修，支持20国180多人出席国际会议和出版学术专著等。

四是关于文化交流活动。邀请3万名各国教育官员、大中小学校长和师生访华，亲身体验中华文化；组织国内45个学生文艺团组，到260多所孔子学院所在社区巡演320场，观众达50多万人；组织"汉语桥"世界大、中学生中文比赛，10万名各国青少年参加预决赛；以"文化交流与世界和平"为主题，举办第二届总部"开放日"。

五是扎实推进网络孔子学院、院长学院和示范孔子学院建设。网络孔子学院用户达到200多国800万人，比去年增加2倍。其中，注册学员50万人，比去年增长1.7倍。刘延东为院长学院揭牌，厦门市政府按照省部共建原则，批准自筹资金在厦门大学开工建设。在财政部支持下，资助16所示范孔子学院装修新办学场地，购置教学设备。

六是关于孔子学院校友会的筹备工作。《章程》草案在理事会和大会讨论的基础上，今年又在总部理事座谈会和各地区及国别联席会上，广泛吸收各方意见，范围达700多人次。目前，已有40多所孔子学院自发成立了校友会、俱乐部等组织。大家一致认为，成立校友会的时机已经成熟。

七是关于2015年孔子学院大会的筹备情况。会议规模约为2300多人，各国代表参会热情高涨，来宾达1000多人。会议设立了18个论坛，主要议题是：研究讨论今后5年发展规划和明年工作计划，努力提高教学质量和水平，增强中方院校支撑能力，促进办学资源共享等。240多位中外校长和院长将在论坛上发言。

在谈到2016年工作重点时，许琳着重提出了五个方面的问题：一是认真制订2016—2020年孔子学院发展行动计划；二是着力加强中方合作院校的支撑能力建设；三是完成制订鼓励企业和社会组织支持孔子学院的政策措施；四是深入开展教师、教材、教学法改革；五是促进中外文化双向交流。

来源文献：许琳.2015年孔子学院总部工作汇报[J].孔子学院，2016（01）：10-17.

校长论坛是孔子学院大会上的一项重要安排。来自海内外的大学校长们共商共议孔子学院的建设与发展，不同层级不同视角的理念、思考与建议汇聚一堂。论坛上，代表们分别就中外大学校长对孔子学院的支持、孔子学院与大学汉语专业的关系，以及孔子学院经费筹措管理等问题进行了广泛的交流与探讨。

在孔子学院与大学汉语专业关系问题上，达成的共识主要有：

第一，孔子学院应推动大学建立汉语专业及学分课体系。在一些汉语教学起步较晚，教学资源比较匮乏的国家，孔子学院应创造性地推动大学设立汉语专业，在教学设施、师资、教材、课程设计、学术研究、文化交流等方面进行全方位支持。在一些欧洲国家，孔子学院已经推动开设了面向本科生的汉语选修课，使汉语继德语、西班牙语后，成为纳入大学学分课体系的第三门外语。

第二，孔子学院应与大学已有汉语专业有机融合，推动共同发展。孔子学院派遣教师到大学汉语专业任教，有力地支持了该专业发展。同时，大学应推动汉语纳入当地通用考试体系，促进了中小学汉语教学的发展。此外，孔院还为大学中文系提供了师资、教材、奖学金等多方位支持。作为回报，大学为孔院提供教学场地、设备、人员等后勤保障，为孔院与当地企业合作牵线搭桥，扩大孔院的影响。

第三，孔子学院应根据不同国家情况融合发展。在美国大学建立汉语专业，可采用以大学为主、孔子学院支持的模式，并联合中方合作院校为学生创造来华进修机会。在非洲国家，要主动帮助孔院教师融入教学体系，孔院教师应具备高级职称，这样有利于成为大学学术委员会的一员。在欧洲国家，尽管越来越多的学生将汉语当作第二语言，但目前仍然缺乏具备当地资格的教师。建议设立"师范专业"项目，投入更多资源开设汉语师范硕士、博士专业，培养更多本土师资；开发适用于当地课程标准的汉语课程，从而推动汉语教学整体发展。

在孔子学院运营中校长如何面对挑战，如何提升孔子学院学术地位等问题上，达成的共识主要有：

第一，校长应亲力亲为支持孔子学院的发展。大学校长应亲自负责孔院管理，要将孔院发展纳入学校总体规划。校长不仅要寻找资金来源，同时要积极参与孔子学院相关建设，鼓励学校相关人员参与，让每个人都知道，孔子学院是学校密不可分的一部分，调动大学已有的自身资源支持孔院建设。

第二，要逐步提高孔子学院在学校的地位。孔子学院在组织文化活动时，要朝着提供专业性、学术性的服务方向发展，以便于在学校赢得更高的地位。比如建立汉语教学本科、硕士专业，开展与中方合作院校的双学位合作等。在孔子学院的支持下，大学应就国际热点项目与中外研究所共同开展研究项目，充分体现孔院在大学国际交流中的地位。

第三，融入当地、融入社区是孔子学院发展的生命线。孔子学院是当地民众了解中国语言和文化的窗口，孔院应帮助大学和当地社区合作，更好地推动跨文化沟通与理解，实现多元化共荣愿景。

第四，孔子学院应该把人才培养和经济发展密切结合，实现可持续发展。当地大学在支持孔子学院融入方面做了大量工作，如，积极推荐了解中国语言和文化的毕业生在当地企业工作，帮助有经商需求的人士参与到孔院的建设中。同时，代表们也指出，孔子学院的人才培养应与当地需求相结合。例如，把孔子学院教学融入商学院教学中就是非常好的做法。

在孔子学院经费筹措与管理问题上，达成的共识主要有：

第一，推动汉语考试发展、拓展多元语言文化服务、增加费用收入是基础。应针对考生需求，不断优化课程设置，利用市场营销手段，吸引考生报名。学费收入是孔子学院的主要收入来源，应不断拓展与当地企业机构的语言培训服务，多元化筹措资金。如澳大利亚纽卡斯尔大学18%的经费是来自于课程收入，苏丹喀土穆大学2015年学生学费方面总收入达到3万美元。代表们建议对于一些对中文感兴趣的公司，可以与它们签署合同并提供相应的培训和文化服务，以便获取更多的资金来源。

第二，整合当地资源，积极寻求高校、商业及政府支持，推动资金筹措渠道的多元化及可持续发展是关键。如美国威廉玛丽大学教务长与校长办公室密切合作，大力支持孔子学院发展，用合作方式开展活动。此外，校长们还就校友会募集资金来源等问题进行了探讨。

第三，建立严格的财务制度及审核、汇报程序，强调财务管理的多方制衡是保障。财务审核制度应包括预决算制度、第三方审计制度以及定期评估制度。孔院财务账户应专门设置，专款专用，资金使用须严格按照规章制度进行，同时定期汇报。德国纽伦堡-爱尔兰根大学提出学校每两年会召开全会，税收会计师进行审计，并向理事会汇报。同时也会请第三方进行审计。

第四，增加沟通、建立互信，提高资金利用率及使用的灵活性。中国天津大学建议切实加强中外合作院校校级领导间的交流，增加孔子学院奖学金资助比例。澳大利亚墨尔本大学提出，要根据孔子学院的特色来制订经费管理模式，建议在严格遵守资金使用制度的基础上，建立战略基金，提高孔子学院经费使用灵活性。

来源文献：第十届孔子学院大会校长论坛[J].孔子学院，2016（01）：48-65.

相对于校长论坛，院长论坛或许更加具象，也更关注适宜自身发展的微观命题，其交流言说的要点或许马上就会成为其他孔子学院建设的借鉴与工作重点。论坛上，代表们分别就"国际汉语教师证书"考试与本土教师培训、建立中小学汉语教学课程体系、中小学沉浸式教学、网络教学发展等问题进行了广泛交流与探讨。

在"国际汉语教师证书"考试与本土教师培训问题上，院长们认为：

第一，"国际汉语教师证书"考试是时代发展的需要，有利于缓解各国合格汉语教师人数不足的现状，帮助教师提高教学水平。孔子学院应当积极推广证书考试，提高教师持证率。应推进提高"国际汉语教师证书"的含金量。如加强与当地中小学（汉语）教师证书项目的对接与合作，拓宽考生的就业门路与证书的适用范围；将证书考查标准与所在学校的汉语师范专业、汉语硕士专业等进行融合，推动证书的认可程度和发展。有必要根据国际汉语教师标准大力开展本土教师培训，建立培训体系，并尝试将其与《国际汉语教师证书》融合。建议降低证书考试难度，或设置考试级别，以减少本土教师的畏难情绪，增强考试积极性。

第二，各国汉语教学蓬勃发展，但面对"汉语热"，各地普遍缺乏高质量的本土汉语教师。各国正积极开展教师培训，创新培训模式。孔子学院应根据当地情况，定制个性化的培训内容，包括汉语知识及历史、文化、社会等方面的内容，帮助汉语教师适应各地多样性需求。孔子学院还可以与当地教育部等政府机构合作，建立常规化的本土教师培训。

在建立中小学课程体系问题上，院长们认为：

第一，建立中小学汉语教学课程体系，应与当地政府、教育部门紧密合作。在中小学建立汉语课程体系，一是必须得到当地政府的政策支持，将汉语纳入当地总体外语教学计划，二是应与相关国家机构合作制订标准、大纲。

第二，基于各国情况，因地制宜建立本土化汉语教学大纲。由于各国教育体制、外语教学标准各不相同，不能依靠统一的模式、经验建立大纲，应在仔细研究当地政策及外语教学标准的基础上，会同当地教育部门、本土教师共同合作制订教学大纲。此外，代表们希望加大《国际汉语教学通用课程大纲》的推广力度，可考虑在此基础上与国外合作建立国别、地区版本大纲。

第三，统筹考虑、系统实施体系建设工作。应遵循系统化原则，统筹考虑大纲建设、课程设置、师资配置及培训、教材选用、考试评估等一系列的相关工作。与会代表从当地实际出发，就如何循序渐进开展工作，逐步使汉语进入国外中小学教育体系进行了探讨和交流。

在中小学沉浸式教学问题上，院长们认为：

第一，中小学沉浸式教学在全球各孔子学院取得了不错的成绩。在加拿大，中小学沉浸式教学使当地汉语学生的人数不断增加，参加HSK/YCT考试的人数从2007年600人增加到2015年1400人，且通过率非常高。在美国，明尼苏达州的中小学沉浸式项目从幼儿园到三年级都是100%全汉语教学，五年级以上才加入英文，考试成绩显示参加中小学沉浸式项目的学生数学、英语阅读等成绩都优于同龄人。

第二，获得政府支持是中小学沉浸式教学成功至关重要的一步。比如美国戴维斯学区的沉浸式教学得到了州政府的立法保护，并获得州政府的资金支持。

第三，针对各国孔子学院沉浸式教学中遇到的问题和挑战，有代表认为，由于签证限制，中方派出的教师不能长期在美国工作，是沉浸式项目可持续发展的瓶颈。有代表认为，目前缺乏基于各学科内容的沉浸式教学大纲和理想教材。

第四，针对如何使汉语沉浸式教学可持续发展，代表们建议，高校应开设与汉语沉浸式相关的硕士专业，有关部门应提供针对汉语沉浸式的教师培训。

与会代表一致认为，汉语沉浸式教学可以有效培养学生的汉语水平，促进学生对中国文化的了解和喜爱，同时有助于提高数学、英文阅读等其他科目的成绩，有助于培养学生跨文化交际能力，是未来汉语教育的发展方向。汉语沉浸式教学是面向儿童用汉语进行各学科的教学，包括数学、自然科学、社会科学、艺术、体育等，在美国、加拿大幼儿园至小学阶段发展得较为成熟，学生人数众多，在意大利、韩国等也进行了成功的试点。

在网络教学发展问题上，院长们认为：

第一，"互联网+"对网络汉语教学有积极的影响。互联网可以在全球范围内促进汉语教学的发展，改进个性化的中文学习体验，在当地社区以及孔子学院的大家庭中间建立强大的纽带。总部网络孔子学院正在力求将全球500所孔子学院和1000所孔子课堂联结起来，目前已有800万个注册用户，有接近4000个在线教师提供在线课程，在线学生数量超过50万人。

第二，网络教学与传统教学相结合更具效果。南非德班理工大学介绍，在线课堂为学生提供了丰富的课程内容还有交互性的学习资源，这可以与他们在校的面对面的传统授课相结合，提高学习效果。

第三，呼吁更多优秀教案和培训。代表们对在线课程教学成绩如何评估、线上教材开发合作、网络孔子学院在线教师水平等若干问题表示关心，并希望在网络孔子学院看到更多的优秀在线教学案例，同时希望总部能为派出教师和志愿者提供更多的在线教学培训。

来源文献：第十届孔子学院大会院长论坛[J]. 孔子学院，2016（01）：66-83.

第二节 创新与可持续发展

"守成"与"创新"是事物发展中的要素，体现事物发展的基本规律和特点。人是理性的存在，需要追寻意义，更需要探究事物持续发展的动力系统。无论是创新还是可持续发展，都表达了一种诉求、一种愿景，也提出了一个有意义的问题。

要发展，特别是要实现可持续的健康发展、科学发展、人文发展、制度发展，这是孔子学院未来10年，甚至是更长一段时期需要面对的问题。伴随孔子学院平台价值的超越，这个问题要面对的形势可能更加复杂，比如全球孔子学院的运行风险评估和应对策略的制订，比如示范孔子学院的作用和孔子学院的品牌塑造，比如汉语国际教育总体面临的问题等。

品牌塑造是一个经典的命题，但对于孔子学院可持续发展而言，还需要探索有效的路径，在品牌目标和可持续发展的愿景之间，创新思维与创新路径的探索是必不可少的。很长时间以来，孔子学院品牌建设一方面是引人入胜的愿景和目标，另一方面也带有些许不知所措的焦虑。应该说，全球1000多所孔子学院和孔子课堂的语言与文化传播实践已经形成了不少优秀的、具备品牌内涵或潜质的公共产品，孔子学院的课程体系和活动组织也为广大受众提供了品牌体验的机会，而在社会学视野下的孔子学院社会网络，如果从品牌思维出发，她实质上是创建并激活了"产品—消费者"之间的品牌关系。这些已经形成的品牌要素在孔子学院后续建设中应该得到进一步的珍视和保障，在此基础上去不断凝练孔子学院的品牌核心价值，去思考探寻甚至是设计孔子学院的品牌附加值。

作为一个非营利性教育机构，孔子学院的宗旨是增进世界人民对中国语言和文化的了解，发展中国与外国的友好关系，促进世界多元文化发展，为构建和谐世界贡献力量。从这个意义上看，孔子学院不仅是中国话语体系建构软着陆的举措，更应该是向世界发出的"共享发展"和平信号。自身的发展逻辑和国际权力竞争的文化转向，提出了孔子学院转型发展的系列课题。

杨文艺在《全球竞争的文化转向与孔子学院的转型发展——孔子学院十周年回眸与展望》中指出，全球化影响和改变着人们的语言观和国家的语言政策，各国都在"全球—区域"权力结构的形成过程中借助语言文化的传播开展文化全球化进程中的抗衡或守成。语言与教育输出的诸如国家形象塑造、文化外交、公共外交等方面的功能决定了它与文化之间错综复杂的关系，自然也成为国家文化软实力提升的重要途径。作为全球竞争形势变迁的国家战略缩影，孔子学院适应了语言与教育的国际形势，对中国文化权利建设意义重大而深远。在"输出什么"方面从过去侧重语言与教育到今后倾向文化推介转型，在"目标受众"方面从注重精英群体到今后更加关注大众群体转型，在"怎样输出"方面从课堂教学为主到以大众传播为主转型。

作者认为，孔子学院转型发展势在必然，然而怎么转型？转向哪里？这些问题都将面临复杂的政治、文化、教育、外交、经济等因素的杂糅和复杂的国际竞争环境。作者主张应在坚持"全球视野，本土行动"原则的基础上，以"大文化"观重新梳理孔子学院在"做什么"与"怎么做"方面的顶层设计。

在输出内容方面，要关注语言教育基础上的"大文化"。作者指出，语言的工具属性决定了语言在跨文化传播中的基础性作用。鉴于此，二战后语言与教育输出受到西方国家的重视，并成为西方发达国家全球文化占位的有力工具。然而，就一国的全球文化竞争力建设而言，作为工具的语言又显然具有局限性。超越"语言工具观"导向的文化输出模式有着深刻的国际权力竞争转向的背景。在这一趋势下，世界各国语言观念和语言政策也正悄悄从单纯的语言学领域向社会学、政治学以及其他学科转变。这趋势与国际权力竞争互为因果、互为动因，催生了语言教育输出基础上的"大文化"输出模式的勃兴。

文化功能转向意味着要渐次释放孔子学院在"提供中国教育、文化、经济及社会等信息咨询"方面的"桥梁""纽带"作用，将其建成中国文化"走出去"的"综合文化交流平台"。鉴于此，全面实施、深化拓展《孔子学院章程》的"业务范围"，包括开展以现代传播技术为依托的、"面向社会各界人士"的、本土化的"大文化"输出，是孔子学院转型发展的国际教育课题，更是一个以孔子学院为核心的国家话语权建设的社会学、经济学和政治学课题。

在目标受众方面，要关注从精英到精英与大众的结合。办学路线转向"精英与大众"，意味着孔子学院在继续关注国外精英群体的同时，更加关注国外大众群体。关注精英群体是因为这个群体在一国观点、态度的形成中发挥着"意见领袖"的作用。与此同时，在关注"意见领袖"的基础上，更加关注国外普通民众，特别是青少年，将其作为汉学大众化时期的国外民众基础，因为他们是中国文化"融进去"的"草根"，是扩大中华文化影响力的民间基础，是网络外交时代中国文化国际运作能力的关键。

从渠道建设方面，要关注从小众化到大众化。在现实层面上，以打造"综合文化交流平台"为目标的大众化传播渠道建设,首先需要结合目标国网络建设的实际,综合考虑操作路径。其次要考虑如何与所在国网站合作,以实现现有文献资料数字化,并提供这些历史材料的永久性访问权。最后,大众传播的有效开展还需要关注国外大众的"期待视野",把握国外受众的接受心理,邀请国外专家参与节目制作和栏目策划。

面对转型发展给孔子学院建设提出的新课题,作者提出,无论是输出内容的"大文化"、目标受众的精英与大众的结合,还是渠道建设对大众传播的诉求,都因教育、文化、政治、外交、经济等多方面因素的缠绕而变得极其复杂。作者分别从"去中国化"到"再中国化"、从"研究中国"到"中国研究",以及从"走出去"到"融进去"提出了自己的看法。他认为,"去中国化"与"再中国化",是基于国际形势变化特别是当代中国国际地位变化引发的中国文化影响力变化的概念。前者指世界文化版图中中国影响力式微的现象,后者则是一种相反的文化运动。20世纪90年代以来,我国综合国力的累积效应,国际地位的稳步提升,是国际社会不得不面对的现实,一股"再中国化"的浪潮伴随着中国经济社会的全面发展逐渐兴起。以孔子学院为核心的文化战略的深入发展所推动的"再中国化"浪潮也初见端倪。

如果将"研究中国"与"中国研究"看作两种有关中国社会的知识生产模式,这两种模式因研究立场、主客定位、研究取向等的差异而易于导致对"中国性"建构的不同乃至截然对立。中国文化世界影响力建设应对"研究中国"保持警惕,同时,大力推进"中国研究",真正确立中国学术文化的自主性,避免读着"洋书"了解中国的情景。鉴于此,"中国研究"是以自我立场对自我的全新审视和把握,是一个话语自觉与自决的过程,也是一个自我确立的表征。从"研究中国"向"中国研究"的转向,意味着从被动言说到主动言说和话语输出的转型,这正是"中国研究"的精神主旨。在这种知识生产策略之下,政府规划和国内学者的努力不可或缺。

作者特别指出,"中国研究"还要正视一个庞大的海外军团及作为后备力量的青年学者,2013年"新孔子学院计划"的实施无疑是对国外"中国研究"的积极回应,它对中国声音的传播也终将在孔子学院未来发展中渐次深化。

文章认为，融进去是一个漫长的过程，西方教育与文化交流的历史表明，思想价值观传播的最大特点是潜移默化的、非显著性的，而它一旦确立起在异文化领域的地位，其影响又将是持久的、稳定的。"融进去"是一个漫长的过程，更是一个必然结果，它取决于国际权力竞争转型的实现和中国软实力输出的国家战略。21世纪以来，全球竞争的文化转向已呈不可逆转之势，孔子学院不仅是中国话语体系建构软着陆的举措，而且正在依靠自身文化的魅力和吸引力"融进去"，向世界发出的和平实现"权力转移"信号。

在当前全球化的话语脉络中，"中国"或"汉语"作为一个图像、一个指意符号的重要性多于作为一个民族国家的标签。自苏联解体后，中国成为西方"宏大叙事"的最大抗衡力量。但我们需要认识到，抗衡并非必然是一种有政治目的的对抗行为，也不一定是对另一种文化的简单否定或排除，它是一种含混的效应，是在支配性论述的确认规则中勾画出文化差异的符号。从"文化地理学"的意义上看，中国以孔子学院为核心的文化输出不能仅仅停留在语言教育的阶段，其转型发展必然需要重新审视自身的文化定位、延伸自我指涉的空间，在输出内容、目标受众、渠道建设等方面适应国际权力竞争转型的需要。同时，还要看到中国文化国际传播目标的实现是一个复杂的体系和动态的过程，孔子学院只是中国文化国际传播中的一个日益茁壮的品牌而非全部，推动中华文化走出去需要方方面面共同努力。为此，要坚持政府主导、市场运作、社会参与，统筹国际国内两种资源，用好语言教育、文化传播、文化贸易三种方式，着力建构全方位、多层次、宽领域的文化走出去格局。

来源文献：杨文艺.全球竞争的文化转向与孔子学院的转型发展——孔子学院十周年回眸与展望[J].中国高教研究，2015（04）：44-52.

正如上文所关注的"文化转向"与"转型发展"问题，随着软实力列入国家发展的战略目标，孔子学院的发展与国家软实力建设之间的关系亦成为学者们研究的热点问题。有观点认为，从职能设置与发展趋势来看，孔子学院不仅是汉语国际教育机构，更是国家推进对外文化战略的前沿阵地。

周璐铭在《孔子学院十年发展统计、成果分析与战略建议》一文中指出，随着我国综合实力的不断增强，中国在世界舞台上参与的事务更多，影响力不断增强，随之而来的是各国人民对中国的兴趣也在增加，而遍布全球的孔子学院恰好为世界人民了解中国打开了一扇窗。从这个意义上说，孔子学院除了进行汉语教学外，向所在国的普通百姓介绍中国、讲述中国，帮助他们建立一个对中国的良好印象是更加艰巨和重要的任务。

作者认为，孔子学院立足于当地的高校和教育机构，直接面对国外的师生和大众进行语言、文化、咨询等方面的服务，因此它对于中国软实力的建设、对中国文化是否有吸引力具有举足轻重的作用。作者通过对孔子学院十年发展的相关数据统计和成果分析，对孔子学院的战略意义予以阐述，分析了孔子学院的战略定位。文章提出：

在文化定位方面，孔子学院应承担更高层次的文化推介与研究工作。为了促进汉语和中国文化研究在世界范围内可持续发展，以孔子学院为依托，整合海外汉语言文化科研力量，建立若干个海外汉语研究基地是十分必要的。我们应该打开思路，不仅立足于从国内向国外输出教师与资源，还要直接扎根于海外，进行长线投资，吸收借鉴海外的研究成果，从而反哺国内教学研究，实现两个阵地的双线发展。

在职能定位方面，孔子学院应促进不同文明的对话与交流。孔子学院作为我国公共外交的重要平台，有责任也有条件促进本国文化与驻在国文化的相互沟通。

在战略定位方面，孔子学院应致力于构筑新时期的中华文化圈。在我国的外交总体布局中，大国是关键，周边是首要，发展中国家是基础。公共外交作为整体外交的一部分，应该积极配合我国的对外战略，为中国的和平发展发挥更多作用。而遍布海外的孔子学院也应该树立战略意识，以文化交流为手段，促进与大国建立合作共赢关系，柔化中国周边的复杂矛盾，巩固与发展中国家的传统友谊，促进国家文化软实力的提高。

在数据统计和成果分析的基础上，作者提出孔院发展战略的五点建议：

一是继续保持平稳高质量的发展。从文化本质来看，它的传播应该是一个循序渐进、润物无声的过程，语言与文化在一个地区的生根发芽需要有长期的积淀和酝酿过程，语言文化传播机构本身也需要经过长期探索才能进行高质量的教学。

二是借鉴其他国家语言文化海外教学经验。他山之石可以攻玉，借鉴其他国家语言文化教学的成功经验，与外国语言文化机构的专家进行相关研究成果的讨论，对孔子学院来说是一个非常有意义的课题。

三是逐步发展为海外汉学研究中心。加强孔子学院的科研建设，提高其学术水准，为一线教学提供可持续发展的动力。利用国家的主导力量和财政支持，将教育学、心理学、语言学、跨文化传播学等学科的相关研究专家汇聚起来，针对海外语言文化教学中存在的各种问题进行课题研究，为对外文化战略的推进输入更多的理论和方法支持。

四是加强投入以吸引更多汉语爱好者学习汉语。在现有工作的基础上，孔子学院还应加强对国外本土汉语教师的培训和提升，使他们教授汉语的职业生涯更加具有前途保障和职业吸引力；增设涵盖面更加广泛的奖学金制度、吸引更多的优秀学生来华深造，成为未来汉语传播的专家；举办更多的公益活动和教育支援活动，促使有孔子学院的地方成为当地的文化中心和学术交流中心。

五是注重语言教学和文化传播的有机结合。作者认为，语言教学与文化传播相脱节，是当前汉语教学中的一个普遍问题。语言教学的材料很多时候只注重实用性而忽略了文化内涵，而对于中国文化的传播基本上停留在传统的、固化的技艺方面，没有体现出中国文化与时俱进的时代感。语言机构传播文化的一个优势在于它能够避免白皮书式的宣讲，通过与外国人个体之间的面对面交流，消除心灵的隔阂。"国之交在于民相亲，民相亲在于心相通。"孔子学院不仅担负着有形的教学任务，同时也担负着无形的外交使命。

来源文献：周璐铭.孔子学院十年发展统计、成果分析与战略建议[J].西南交通大学学报（社会科学版），2015（01）：38-44.

汉语国际传播事业在过去的十余年中成绩显著。有学者认为，其发展状态的主要特征是"高速"，与改革开放以来的经济发展状态的主要特征相吻合，经济领域以"高速"为主要特征的发展状态被称为"旧常态"。这一概念是否也可以引入汉语国际传播领域，用来描述过去十几年汉语国际传播的"高速"发展状态呢？

吴应辉在《汉语国际传播事业新常态特征及发展思考》一文中认为，汉语国际传播事业不仅需要使用"旧常态"这一概念来概括此前的高速发展状态，更应该面向未来引入汉语国际传播事业发展"新常态"概念，以总括未来汉语国际传播事业的整体发展状态。作者在探讨汉语国际传播事业发展新常态特征的基础上，提出了关于汉语国际传播事业发展新常态的几点思考：

一是汉语国际传播需要加强顶层设计。目前我国的汉语传播事业存在目标模糊、多头共管、重眼前轻长远、重事业轻学术、重数量轻质量等问题。需要强化顶层设计，将事关长期可持续发展的若干重要问题，如近期计划、中长期及远景规划、体制机制、政策标准、传播途径、绩效考核、项目评估、传播网络、资源开发、师资培养、学术支撑等纳入顶层设计范畴，以便汉语国际传播事业各有机组成部分能在科学的顶层设计系统框架下有序运行，实现有限资源利用最大化，促进汉语教学效率和质量的不断提高，推动汉语国际传播事业的长期可持续发展。

二是汉语国际传播资源配置应充分体现"发展中国家优先战略"。当前汉语国际传播资源配置总体上体现了"发达国家优先战略"，对亚非拉发展中国家投入则相对较少。汉语国际传播的"发展中国家优先战略"与"发达国家优先战略"相比，投入产出效益更加明显。"发展中国家优先战略"如能实施，将对汉语在全球的传播与分布格局产生重大影响，对推动汉语成为一门全球性语言发挥举足轻重的作用。强调"发展中国家优先战略"，并非否定对发达国家的重视，而是强调在资源配置方面对发展中国家优先，对发达国家则应更多体现为学术相关的非经费类支持。

三是推进汉语国际传播事业应高度重视"华文教育"。汉语作为外语教学和华文教育同为汉语国际传播的重要组成部分。我国在大力支持汉语作为外语教学的同时，应高度认识华文教育在汉语国际传播中的根据地作用和辐射作用，纠正对华文教育重视不够的问题，大力支持发展海外华文教育。

四是汉语国际传播中的师资培养应具有层次性、国别性和超前性。国际汉语师资需求具有动态发展性、层次递进性、国别差异性和经济社会发展程度关联性等特点。处于不同经济社会发展层次的国家对国际汉语师资需求也往往有所差异，通常发达国家要求较高，发展中国家要求较低，因此，我们的国际汉语师资培养规格还应努力实现多元化。

五是应始终清醒认识汉语国际传播事业中中国的"有限责任"与世界各国的"主体责任"。汉语国际传播不仅是中国的需要，也是世界的需要。作为汉语母语国，中国应着力为世界有汉语教学需求的国家提供汉语教学的学术支持，如研发高质量教学资源，培养大批具有良好跨文化交流能力的专业化国际汉语师资及高水平专家，为世界各国汉语和中华文化传播提供国别化的咨询参考，为全球汉语教学提供方向性引导，等等。但有必要清醒地认识汉语国际传播事业中的中国角色和世界角色，即世界各国是发展本国汉语教学的主体，理所应当肩负起本国汉语教学的主体责任，如政策措施、经费筹措、资源建设等，而中国则是各国汉语教学的支持者或配角。孔子学院在不同国家汉语教学中发挥的作用有大小差异，但性质相同，均为辅助和补充。各国教育机构才是汉语教学长期可持续发展的根基和主流。孔子学院要与所在国家汉语教育机构形成互补发展，避免与其形成竞争关系。

六是汉语国际传播事业应寻求更多的学术支撑。汉语国际传播是一项学术含量很高的事业，应寻求更多汉语国际教育学科及其他相关学术支撑。扎实的学术研究成果、可持续的人才培养和形成一定规模的研究队伍将对汉语国际传播事业形成有力支撑。作者认为，缺乏强有力的学科和学术支撑的汉语国际传播难免会带有盲目性和主观性，有时甚至造成资源浪费，这对汉语国际传播事业的长期可持续发展十分不利，应该加大投入开展汉语国际教育学科建设，对汉语国际传播事业形成学术支撑，以达到科学传播、高效传播。

来源文献：吴应辉. 汉语国际传播事业新常态特征及发展思考 [J]. 语言文字应用，2015（04）：27-34.

随着汉语教育国际化的不断推进，汉语教育在组织制度、师资队伍、教材资源、实践活动和发展路径方面都取得了一定的进展，但同时也存在人才竞争不强、服务功能不全、组织机构过于单一、法律保障体系缺失和科学研究不足等问题。面对诸多孔子学院建设与发展过程中的问题，进一步增强具有针对性且深入的基础研究，是汉语教育走向国际化的必然选择。

吴坚在《汉语教育国际化发展的现状、问题及对策》一文中，对近几年汉语国际教育的发展做了五个方面的简要概括：

一是汉语教育组织制度不断完善，特别是《孔子学院章程》，以及《孔子学院中方资金管理办法》《国际汉语能力标准》《国际汉语教学通用大纲》《国家汉办/孔子学院总部外派汉语教师管理办法（试行）》《孔子学院专职教师队伍建设暂行办法》等规章制度的制定和颁布，有效地保障了孔子学院的健康发展。

二是汉语师资培养体系日趋立体化。就时间维度而言，我国派出孔子学院中方院长、教师、志愿者数量不断增加。就空间视阈而言，本土教师培养培训渠道将不断扩宽。在课程内容设置方面，基本兼顾了情意、知识和技能三大领域。特别是本土汉语教师的培养方式越来越多元化。

三是汉语教育教材资源日益成熟化。汉语教育教材资源是汉语教育国际化的重要保障。目前，各类教材编写成果9400余件，其中具有纲领性的教材——《国际汉语教学通用课程大纲》已完成修订，中英文版本正式出版。《国际汉语教材编写指南》也在网络平台上线。与此同时，还建成了"教学资源版权数据库"，"孔子学院数字图书馆"正式启动会员制运营模式。与国际合作，共同开发和研制具有针对性和实用性的本土教材工作成果显效。

四是汉语教育实践活动日显文化性。汉语教育实践活动文化是汉语教育教学的重要组成部分，体现了汉语国际教育从语言层面走向文化层面，并朝着语言和文化融合的多元趋势发展。

五是汉语教育发展路径越显多元化。目前，汉语教育国际化的实施机构和途径主要包括孔子学院（课堂）、跨境合作办学、汉语国际推广基地、各类的文化体验和文化之旅（如汉语夏令营、海外华裔寻根之旅等）。汉语教育实施计划的多元化不仅为全球不同国家语言和文化的融合搭建了良好的平台，也体现了汉语教育国际化水平和层次的不断提升。

在谈到当前汉语教育国际化存在的问题时，作者表示，汉语教育国际化的发展取得了可喜的成绩，呈现出多元立体动态的发展局面，但也存在一些问题。文章简要概括了五个方面的内容：

第一，汉语国际教育专业人才的竞争力不强。如在汉语教育国际人才培养过程中，面临着教学实践不够灵活、国际视野短缺以及跨文化交际平庸等挑战，从而阻碍了汉语教育国际化的进程。

第二，汉语教育的国际服务功能依旧不全。如孔子学院与合作主体的联系形成一种必要的互动，其中就包括了经济和效益的互动。孔子学院建立初期主要以注入资金的方式维持日常经营，而后期则要通过发展特色项目，形成品牌，自负盈亏。鉴于其经济功能尚未有效发挥，因此影响到汉语教育的国际服务功能。

第三，汉语国际教育的组织机构过于单一。如我国汉语教育国际化的组织实施机构主要是以孔子学院为主，而民间组织和社会力量较为单薄，组织机构过于单一，不利汉语教育国际化的全面开展。

第四，汉语教育国际化法律保障体系缺失。由于汉语教育国际化起步较晚，相关的制度保障机制相对滞后，法律保障体系也相对缺失。虽然借助孔子学院等组织机构，我国已建立相关的规章制度，但这种规章制度并未上升到法律层面，难以保证执行的有效性。此外，我国现有的教育法规政策与国际通行准则尚有差别，缺乏可操作性，使得汉语教育国际化活动失去政策依据和制度保障。因此，汉语教育国际化相关法律制度亟需既有前瞻性又能融合国际规则和国际惯例的汉语教育法律体系，进而加速汉语教育国际化的进程。

第五，汉语教育国际化的科学研究还不足。目前，汉语教育国际化多停留在活动和经验层面，系统性理论性的探讨过少，科学研究不足。学者多着眼于介绍孔子学院的办学特色、课程探讨、活动组织、态势研究等，而较少运用相关的理论方法来对汉语国际教育本身进行解析，涉及多领域、多层次的视角诸如跨文化、传播学、国际关系学等也比较浅层。还有对汉语国际教育的描述更多是一种定性描述，难以对其整体形成清晰印象，且缺少一定的比较视角。

基于上述分析，文章提出了关于汉语教育国际化的五个解决对策：

一是明确汉语国际教育机构的发展定位。作为汉语教育国际化发展的实体机构，往往同时也是实施汉语教育的组织载体，其发展定位主要涉及内容范围及运行管理模式等层面，应明晰其主要活动的内容、范围，以及运行和管理模式。例如，在汉语教育国际化过程中，相关机构需要在理论研究和实践方面进一步确立汉语教育的语言和文化的双重关系等。二是进一步优化汉语教育的国际人才培养方案。如由于汉语教育国际化本身的跨国性和文化性，孔子学院应注意培养学生文化自觉的意识，在具备国际视野同时，提升本地区和民族的文化使命感，从而使学生以自觉主动的心态去学习和欣赏中华语言和文化的魅力。三是积极拓展汉语教育国际化服务功能。如汉语教育国际化应汲取文化相对主义和新管理主义等理论思想，将主文化和客文化结合起来，提升学生的文化自觉服务意识，并积极开发周边社区经济服务，同时加强汉语的社会服务。四是完善汉语教育国际化的法律保障体系。建议我国政府尽快完善汉语教育国际化的相关法律保障体系，并与各类机构合作研制相应的配套方案，将宏观政策转变为操作性的具体程序，以保证汉语教育国际化的质量和管理效果。五是加强汉语教育国际化的基础性研究。如除了继续深入开展汉语教育实践活动外，还要加强汉语教育国际化的学术研究来推动汉语教育国际化实践的更深层次发展，进而提升汉语教育的形象，彰显大国文明风范。

文章最后总结指出，近年来，孔子学院借助一些学术活动不但扩大了影响，而且提高了在当地学界的地位。但尽管如此，我国汉语教育学术研究的国际化水平和层次仍然不高，更多地处于经验层面，而不是理论研究层面，其基础性研究明显不足。这样，在主动推进汉语教育国际化进程中，就不能很好地借鉴基础研究来充分利用本土和国际教育的各种优势条件。

来源文献：吴坚. 汉语教育国际化发展的现状、问题及对策 [J]. 华南师范大学学报（社会科学版），2015（06）：89-93.

孔子学院在发达国家和发展中国家具有很多共同之处，但是在创办的动因、功能与服务模式方面存在着较大的差异，正是这种差异化的多元发展，丰富、立体地体现了在教育与发展主题下国际合作所必需的经验多样性。

孔子学院分布全球，涉及的政治和文化背景十分多样，社会环境、经济条件与民众需求必然千差万别，了解和分析两者之间的异同，对复杂背景下的国际合作和教育发展具有积极的意义。在实证资料的基础上，田小红等在《发达国家与发展中国家孔子学院的功能与服务模式比较研究》一文中比较分析了发达国家与发展中国家孔子学院的功能和服务模式。

研究发现，不管是在发达国家还是发展中国家，各个孔子学院都在承担着汉语教学功能、学术交流的平台功能以及政府外交的桥梁功能等。在服务模式中，发展中国家主要以教学融入型为主，社区服务型和学术交流型为辅，而发达国家的服务模式则呈多样化的发展趋势。

在孔子学院功能方面，作者认为，对汉语和中国文化学习的需求是孔子学院创立和发展的最主要的动因，孔子学院发挥的是传播汉语和中国文化的功能。随着中国经济的崛起，与中国进行甚至扩大经贸往来成了几乎所有国家的共同兴趣与利益。这直接导致了世界各地学习汉语和中国文化的现实需要——无论是在澳大利亚、美国、加拿大、日本、瑞士、英国等发达国家和地区，还是在印度、阿根廷、菲律宾、埃及、南非、肯尼亚、坦桑尼亚和喀麦隆等发展中国家，均有同样的需求，这也与中国政府创办孔子学院的初衷与预期十分吻合。孔子学院在实际运行中也履行了这一职责，发挥了汉语教学和中国文化传播功能。与中国开展、巩固和加深教育合作是孔子学院创立和发展的另一个重要动因，孔子学院发挥的是大学之间合作的桥梁和平台功能。通过孔子学院的教育合作或帮助各国大学开设或强化它们的汉语教育系科或专业，这种情况在发展中国家表现突出。而在与发达国家合作的过程中，教育领域的合作也使中国的大学变得更为开放和具有全球视野，很明显的是，中外合作双方都能够从中获益并形成双赢的结局。再一个重要的国际动因是其他国家对中国的外交需求，孔子学院发挥的是外交桥梁功能。主办大学希望借助孔子学院这个平台来加深与中国的合作与交流，或者是利用孔子学院来进一步了解中国。

关于孔子学院的服务模式比较，作者提出可分为以下三类：第一种模式可称之为教学融入型，是指孔子学院以汉语教学和中国文化的传播作为主要服务内容，并把教学活动融入主办大学的正规课程体系中，单独或与其他院系合作开设课程。第二种模式可称之为社区服务型，也是较为主要的一个功能，体现在发达国家或者发展中国家汉语教学基础好的地区。这种社区服务型的孔子学院也大多提供汉语水平考试、汉语桥比赛、孔子新汉学计划、留学中国及奖学金项目等服务，是主办大学与中国配对大学之间交流的常规化平台，并成为面向本地服务、推广汉语和中国文化、促进了解中国的社区中心。第三种模式可称之为学术研究型，主要集中在发达国家。上述几种模式并非一成不变，以一种模式为主并不否认其他模式的共存。各地孔子学院根据各自的情形不断调整服务方式和重点，上述几种模式也有可能同时存在于同一所孔子学院。

作者认为，孔子学院在履行汉语教学和中国文化传播等职能的基础上，正在逐渐具有了公共外交的功能，起到了政府外交的作用并成为促进中国与孔子学院主办国之间理解和友谊的桥梁。同时，孔子学院是由主办机构（主要是大学）和国内的伙伴大学，采取董事会的方式共同进行决策和从事日常行政管理，这种方式也为双方大学的更广范围的学术交流搭建了平台，有助于加深大学的国际化。

文章指出，孔子学院服务模式的重要特色是中国性和本土化。孔子学院肩负传播汉语和中华文明的根本宗旨，世界各地的孔子学院也因此呈现一个非常基本的特征——中国性，体现在孔子学院的里里外外、方方面面。与中国性同样重要的一个基本特色则是本土化。在全球性的调研中观察到，不管是发达国家还是发展中国家的孔子学院大都已经完成本土化的过程，在办学模式、合作平台、招收学员、课程设置、汉语教材乃至工作场所和重心等方面，都结合了各地各校的实际情形开展，并因此赢得当地学员的认同、信任和欢迎。就办学特色而言，各地的孔子学院服务于当地也是多样式的。

作者提出，在未来很长一段时间里，发展中国家的大多数孔子学院还将继续集中于融入主办大学的正规课程体系中，聚焦于汉语选修课程、汉语师范专业课程等课程体系的建立与教学工作。与此同时，在有些地区，孔子学院的功能还是全方位的，如在东南亚、非洲的多数发展中国家，孔子学院在某些方面甚至扮演了一种准大使馆的作用。而在发达国家，孔子学院的发展将呈现更加多样化的趋势。一些发达国家的孔子学院已经主要定位在成为开展当代中国研究和从事中外学术比较研究的重要平台，一些孔子学院致力于为社区服务和为中小学师生提供了解中国的窗口等。发达国家孔子学院的发展将一方面更加紧密结合主办大学所在地的本土需求，另一方面取决于主办大学与中国配对大学之间的合作维度和汉办的支持，势必呈现更加多样化、特色化的发展趋势。

来源文献：田小红、李军. 发达国家与发展中国家孔子学院的功能与服务模式比较研究[J]. 江苏高教，2015（05）：31-34.

孔子学院的迅速发展，取得了令世界瞩目的成果，建构了一套全方位、多层次的汉语国际推广体系，积累了大量创新经验。这与国际社会对汉语的需求持续增大、国家"软实力"提升等因素驱动有关，还与孔子学院创新决策的不断产生、扩散与巩固密切相关。

周汶霏等在《孔子学院的创新扩散机制分析》一文中，以创新扩散理论为基础，以孔子学院的创新扩散经验为研究对象，界定并分析孔子学院创新的属性、构成和层次，以及形成创新决策、实现创新扩散可能需要的条件，从学理角度分析了孔子学院的创新扩散机制，给出相关建议与对策分析。

作者提出，孔子学院创新的层次主要包括两个方面：一是孔子学院的设立是为了在全球化时代传播汉语与中国文化、提升我国文化"软实力"、让世界更好地了解中国，对于一直以来从未有过大规模、系统化、有意识的语言与文化推广经验的中国而言，这本身就是一项创新。二是孔子学院的宗旨是增进世界人民对中国语言和文化的了解，发展中外友好关系，促进世界多元文化发展，为构建和谐世界贡献力量。这是创立孔子学院的时代需要，也决定了其创新性承载着促进汉语与中国文化国际传播、兼顾建设国家形象的特殊使命，是孔子学院创新的上位，这一层次的创新多是针对孔子学院总部、中外政府、有关机构等建设与管理人员等采用者。而采用者的多层次性决定了孔子学院的创新也可能是多层次的，有些创新可能只产生并扩散于某一层面，但更多的创新是具有多层性的，其扩散也非单层次、单向性，而是呈现多层次、立体化的发展模式。

文章指出，孔子学院创新的构成大致包括品牌的创新，知识、技能与素养教育的创新以及社会资源的创新。孔子学院的创新属性具备相对优势、兼容性、可观察性、可试用性和复杂性五个方面。其中，在相对优势方面，孔子学院创新是多层级的，其相对优势也具有多层性，如在组织结构方面，孔子学院创新的相对优势体现在设立模式、建设方式以及评估模式三个方面；在兼容性方面，孔子学院的创新决策与全球化时代我国的文化对外传播，以及汉语国际推广事业的执行者们的教育理念、价值观具有高度的兼容性；在可观察性方面，目前已积累了大量的孔子学院实践经验与案例，为观察孔院创新过程提供了支持；在可试用性方面，孔子学院创新的可试用性已经被验证，经过10年的发展，很多国家和地区对孔子学院的认知由最初的陌生甚至怀疑逐渐转变为认可和积极参与，孔子学院的创新模式已经被事实证明是可试用的；在复杂性方面，孔子学院目前已经成为我国文化软实力输出的一项旗舰工程，很多国家和地区在最初面对异文化输入时会表现出不同程度的质疑与抵制，而汉语一直以来又被认为是世界上最难学习的语言之一，这些因素在一定程度上阻碍了孔子学院创新扩散的发展。但另一方面，包括"汉语桥"等在内的各类文化交流活动的展开，以及大量国别化汉语教材的开发，对汉语国际教育师资的教育培训与评价体系的完善，对外汉语教学法的设计及网络孔子学院等数字教学平台的建设等，又在不同程度上降低了复杂性。

从依存的主体看，中外政府、孔子学院总部及中外大学等共同构成了孔子学院的依存主体，也是孔子学院上位创新与中位创新所依存的重要社会系统。孔子学院是具有"官方色彩"的语言与文化推广机构，政府在其发展规划、资金支持、政策制定方面均扮演着重要的角色。孔子学院总部设在中国，总部理事会具有统帅整个管理层的职能，孔子学院总部负责管理、协调与评价中外方大学与孔子学院的相关工作与事项。选择大学作为孔子学院的直接依存主体也是一种较为理想的选择：第一，大学与孔子学院都是非营利性质的教育机构，发展目标不是赚取利润，而是通过教育内容的传播创造社会价值、推动知识的创新与传播，本质上有趋同性；第二，大学发展的一个重要目的是服务社会，这与孔子学院的目标不谋而合，两者在发展目标上有一致性；第三，支撑大学的是知识资本，本质就是创新信息，因而大学对创新的扩散有着与生俱来的理解力、包容性与支持力。这些外在条件都在一定程度上保证了架设在大学中的孔子学院能够较为顺利地沟通上位、中位与下位创新，使三者相互印证、补充，实现协同发展。

作者指出，孔子学院的创新决策与扩散渠道均呈现多样化，涉及品牌与社会关系网络的创新决策往往偏重于借助大众传媒渠道与人际关系渠道进行扩散，而社会资源的创新决策则多通过全球性渠道与地方性渠道扩散。值得注意的是，随着网络孔子学院与孔子学院数字图书馆等网络平台的发展，创新扩散渠道将可能向媒介融合的方向发展。

文章最后总结指出，梳理孔子学院创新的层次、构成与属性，厘清创新扩散所需的条件，目的是为了更清楚地认识孔子学院创新扩散的机制，更好地推动孔子学院实现可持续发展。作者认为，对创新扩散的认知必须保持清醒，因为过度重视或者限制孔子学院的创新扩散，都可能为孔子学院的发展带来负面影响。因而，对孔子学院创新扩散机制这一命题的关注，不仅有助于厘清孔子学院的创新产生与扩散的过程，同时也提醒我们关注创新扩散之于孔子学院可持续发展的重要意义。作者认为，并非所有的创新都适合孔子学院的发展要求，创新必须具备某些性质、满足某些条件、遵循一定的传播规律才能得到有效扩散，真正实现其价值。如，要明确创新的属性与功能，充分了解采用者的决策心理，选择合理的扩散渠道，以及跟进创新效果的评价等。

来源文献：周汶霏、宁继鸣.孔子学院的创新扩散机制分析[J].中国软科学，2015（01）：77-87.

随着信息社会的到来以及大众传播媒介的普及，人们在不知不觉之中习惯了接受各种自身无法直接接触的感知世界的信息。在很多时候人们是通过媒体对新闻事件的报道，把握和解读世界，用新闻事件拼凑出对世界的认识的。然而，媒体却总是在根据自己的需求和利益来"构造现实"。

安然等在《孔子学院跨文化传播模式研究》中指出，大众媒体报道一个怎样的孔子学院，必然在很大程度上影响民众对孔子学院形象的认知和建构，甚至会影响到孔子学院未来的发展。如何保证受众在二次传播中能够传播一个正面的孔子学院并不断扩大传播规模，是未来孔子学院传播影响力提升研究中应予关注的内容。

作者认为，作为跨文化传播机构，孔子学院的跨文化传播模式从整体上看，可以总结为人际传播、大众传播以及自建媒体传播三种模式。换句话说，孔子学院应该通过直接的课堂教学、借助大众媒体和自建媒体传播等方式，努力传播中国文化，践行公共外交理念，真正成为国家软实力提升的重要手段。作者指出：孔子学院可以全方位的通过人际传播、大众传播和自建媒体传播，让中国文化通过多种渠道到达他国民众，并通过他国民众实现二次传播，从而获得持续扩大的影响力。文章对孔子学院跨文化传播模式中应当关注和实施的人际传播、大众传播与自建媒体传播模式做了简要分析。

模式一：人际传播。文化是一套符号和认知的系统，孔子学院将这套符号系统推广，让他国民众能够认识乃至认同中国文化，让双方能够实现理解，建立意义的共享，其主要途径便是人际传播。孔子学院通过面对面的传授，将汉字和中国文化相关内容传播给受众，在双方互动的过程中，实现受众对孔子学院授课内容的接触、认识和认可，建立起和谐的传播关系，从而在意义层面和关系层面达成传播目标，并随后进入再传播阶段，即二次传播，这样便阶段性地完成了孔子学院跨文化人际传播的基本流程。

模式二：大众传播。将孔子学院基于大众媒介的传播称为孔子学院的大众传播模式。在孔子学院的大众传播模式中，媒体将孔子学院的信息以新闻的形式传达给受众，受众则综合新闻报道情况，构建自己心目中的孔子学院形象。大众媒体报道一个怎样的孔子学院，影响着民众对孔子学院形象的认知和建构，影响着孔子学院未来的发展。在此模式中，媒体如果能够积极地解读孔子学院，那么正面看待孔子学院的群体将大大增加。孔子学院工作人员与媒体从业人员的沟通显得尤为重要，这关系着媒体能否呈现一个真实的孔子学院。

模式三：自建媒体传播。除了人际传播和大众传播，孔子学院还通过自建媒体传播中国文化，如通过自建网站对外传播孔子学院的办学宗旨、基本活动，通过举办"中国电影展""中文精品书展"等方式传播中国文化，这些都属于自建媒体传播。自建媒体有自己的优势，因为其主动权完全掌握在孔子学院手中，可以自主决定其传播形式、传播内容，有效辅助孔子学院的人际传播。

作者认为，在这三种传播模式中，人际传播是根本，保证了孔子学院的跨文化传播效果；自建媒体传播是辅助，帮助人际传播扩大了传播范围，在一定程度上提升了传播效果；大众传播是拓展，扩大传播规模的同时提升影响力。与大众传播模式和自建媒体传播模式相比，人际传播模式中，受众的人内传播与孔子学院工作人员和受众之间的人际传播以互动的形式实现对接，从而实现了孔子学院工作人员与受众在信息流动充分的情形下达成的意义共享和关系共建，保证了受众对孔子学院的准确理解，这是其他传播模式所不具有的优势。

文章最后指出，不管以何种方式传播，孔子学院都需要克服语言、价值观、思维方式等方面的障碍，将合适的传播内容通过适当的途径传达给受众，并尽可能地对受众的疑问做出及时的反馈，以实现受众对中国文化和孔子学院的认可，并做出行为上的二次传播，从而扩大孔子学院的影响力。

来源文献：安然、魏先鹏. 孔子学院跨文化传播模式研究 [J]. 对外传播，2015（01）：53-55.

有学者认为，孔子学院的"走出去"，实质上是一种跨越文化的跨国运营活动。由于社会文化环境的差异，海外孔子学院在跨国运营中必将会面临各种文化风险，而这种风险将会直接影响孔子学院的跨文化传播成效。

蒋继彪的文章《孔子学院跨国运营的文化风险探讨》，以跨文化传播理论为依据，分析了孔子学院在跨国运营过程中的文化风险。作者认为，不同文化体系的社会规范、观念体系、思维方式等因素的差异和排他性，是影响文化冲突的深层因素。海外孔子学院在运营中遇到的文化风险源于不同文化间的差异，存在着不同的表现形式，但这种文化风险是可以通过一定的措施进行防范的。

文章指出，孔子学院处于一个与国内完全不同的文化环境之中，这种文化差异性很有可能使得来自不同文化背景的人与人之间产生文化冲突，进而导致文化风险。孔子学院跨国运营的文化风险主要来自孔子学院在跨越不同国家、不同民族、不同政体的运营过程中，由于不同国家、不同民族、不同个体的文化差异而导致的文化冲突，使得孔子学院传播中华文化的初衷与实际传播效果出现的偏差。这种文化风险具有四个基本特征[①]：一是客观性。文化差异如同人类自身的存在一样，是不可改变的事实，影响着不同文化各自的存在、关系和行为方式。二是双效性。它是一把双刃剑，一方面可能会导致孔子学院运营目标受阻，另一方面可以成为一种积极因素，激发孔子学院办学活力。三是复杂性。文化差异是文化经验和知识储备累积的结果，除了社会规范、观念体系、思维方式等深层次的差异外，解读者自身的知识背景、社会地位等也是造成文化差异的重要因素。四是可控性。同其他风险一样，能够被识别并通过风险回避、风险转移和风险分散等针对性的措施进行控制。

作者在分析中指出，孔子学院跨国运营文化风险的根源在于不同文化之间的差异，具体表现为：

第一，权力距离差异。权力距离衡量的是不同文化中的人们盼望或接受权利不平等的权力分配的程度，体现了不同文化中社会各阶层之间的不平等状况。在不同文化的社会生活中，权力距离不仅表现在下级对上级的服从与依赖程度上，也表现在人际关系等诸多方面。如，在权力距离感较大的国家进行跨国运营时，就需要孔子学院的中方员工在平时的工作和跨文化交流中具有尊重意识、主动适应外方员工的特点。而在权力距离感较小的国家进行跨国运营时，由于人们等级观念较为薄弱，员工之间以及同管理者之间的关系则更为平等。

第二，回避不确定性差异。由于不同文化背景的组织或者个体对这种不确定性的回避截然不同，跨国运营的文化风险也各不相同。孔子学院的中方员工由于长期受到中国传统儒家文化的熏陶，对不确定性风险往往反应比较敏感，他们通常喜欢按照规章制度，按部就班地做事情。而孔子学院的外方员工尤其是来自欧美等发达国家的员工，对不确定性风险反应敏感程度明显低于中方员工，他们勇于提出不同的思想和观点，敢于采取冒险性的行动。

第三，个人主义—集体主义差异。作者引用霍夫斯泰德的话认为，个人主义与集体主义价值观是衡量个人与集体关系松散与紧密的主要尺度，也是厘定文化差异的重要依据。个人主义倾向越强，孔子学院中的个人、团队及组织

[①] 潘文年．中国出版业"走出去"研究 [D]．南京大学，2011．

的跨文化交际能力表现越是消极。而个人主义倾向越弱,孔子学院中的个人、团队、组织的跨文化交际能力表现越是呈现积极的局面。

除了要注意上述三个差异,作者还提到,民族性格的差异、民族思维模式的差异、民族行为模式的差异、宗教信仰的差异等也会导致文化风险产生。

文章总结了孔子学院跨国运营文化风险的四种主要表现形式,并同时提出四项规避风险的措施。这四种风险是:跨文化沟通风险,种族优越型风险,跨文化管理风险,跨文化国际合作风险。作者提出四项防范措施:一是树立正确的文化观念,孔子学院的员工应客观地看待文化差异,充分理解这种文化差异的必然性和合理性。要理解自己的文化和他人的文化,理解自己民族文化的内涵、模式、优缺点等,同时也要在文化移情的基础之上,摆脱自身本土文化的约束,以一种超然的态度来对待他人的文化。孔子学院的员工需要在文化共性认识的基础上,以求同存异为原则,通过协商、沟通交流,进而在孔子学院内部建立共同的、统一的价值观,达到强有力的文化认同。二是建立跨文化风险的防范机制,孔子学院主要采用中外高校合作办学的模式,合作双方大都以寻求自身利益最大化为目的。孔子学院属于涉外办学,处在不同国家的管理体制下,若想保证孔子学院健康持续发展,在不断健全孔子学院内部组织机构和治理结构、完善孔子学院的章程和各项规章制度等的同时,需要建立跨国运营文化风险的防范机制。三是重视跨国运营的文化培训,包括语言培训和跨文化敏感培训,帮助他们发现和学习文化差异,打破交往中的语言和文化交流障碍。四是加强孔子学院员工之间的交流,定期召开员工会议、组织集体活动等,为所有员工提供一个交流沟通的机会,最大限度地消除误解和偏见。孔子学院的高层管理人员应要有强烈的相互尊重和平等意识,在孔子学院重大事件决策讨论中,要充分尊重不同文化背景的员工意见的表达。

来源文献:蒋继彪.孔子学院跨国运营的文化风险探讨[J].高教论坛,2015(10):101-104.

关于孔子学院建设的"数量"与"质量"的关系问题,一直是人们谈论的热点之一,有很多文章对此进行分析和探讨。在新的历史和社会环境下,这个问题是否有新的考量与思路？

对此，符绍强在《推动孔子学院从"数量扩张型"向"内涵提升型"转变》中谈了自己的看法。作者认为，在当前形势下，新开办的孔子学院应该根据实际情况，切实了解外方主要诉求，同时优化现有孔子学院的功能定位，选择更能够因地制宜满足当地诉求的中方院校，使双方合作的基础更扎实、合作更有效。

文章指出，随着中国经济的崛起和国际地位的提升，世界各国各地对学习汉语、了解中国文化出现了巨大需求，除了一般的汉语教学和文化普及之外，还有些个性化的诉求，应因地制宜更好地满足当地设立孔子学院的诉求。要强化中外方合作院校责任，完善孔子学院的治理结构。

作者认为，目前孔子学院已经成为中外大学之间科学、技术、文化交流的重要桥梁和纽带，加速了中国大学的国际化进程，这也是中方院校在国内外声誉提高的一个重要指标。因此，国家应该出台相关政策，在制度设计上强化中方合作院校的责任和义务。作者强调指出，孔子学院能否可持续发展的一个很大挑战，就是中外方大学之间的合作是否和谐顺畅，这与中外方院长的业务水平、工作能力和管理模式直接相关。有些中方的孔子学院院长本身对所赴国家的语言文化了解有限，不善于沟通，有些外方院长对汉语及中国文化本身不感兴趣，甚至只是挂名而已。这些局限都会极大地影响双方合作的顺畅性和对等性，并最终影响该孔子学院的可持续发展。因此，要鼓励中方合作院校从战略高度出发，选拔推荐真正热爱孔子学院事业、具有国际视野、通晓国际规则的专家学者出任院长，国家应该尝试中方院长的职业化，除规范提高中方院长和任课教师的薪酬标准外，还应加强职业规划和业务培训，消除他们的后顾之忧，避免短期行为。

文章最后指出，推动孔子学院从"数量扩张型"向"内涵提升型"转变，最根本的问题是要继续加强和完善"顶层设计"，尽快建立一整套科学评估体系以及行业标准，积极开展与国际组织以及学术界的双向交流活动等。

来源文献：符绍强. 推动孔子学院从"数量扩张型"向"内涵提升型"转变 [J]. 中国党政干部论坛，2015（12）：92-93.

孔子学院发展至今，关于汉语国际教育的可持续发展问题一直是大家十分关注和关心的问题。这个问题不仅涉及政府和孔子学院总部，更需要多方面的智慧和建议，需要考虑多方面的因素，其中之一就是要考虑如何将汉语国际教育的领域建设、课程规划与21世纪全球变化及学习需求接轨。

靳洪刚认为，面对快速发展的现代化社会，汉语国际教育的目标应该更加关注和培养学习者在全球环境下的跨文化交际能力，帮助学习者发展在汉语言文化国家的专业交流能力。这一领域的可持续发展必须考虑到21世纪全球发展的需求。作者在《21世纪学习需求与汉语国际教育的可持续发展》一文中指出，21世纪的学习不能只靠单纯的专业学习，而是要发展全方位的通才能力。

文章指出，汉语国际教育属于21世纪的核心学科之一，即外语教育或国际语言学习。汉语国际教育有责任在进行语言教学的同时，考虑如何将21世纪的技能需求融入课程，协助培养合格的21世纪的全球化人才。这也就要求汉语国际教育与21世纪的国际需求接轨，认真考虑如何将21世纪的学习需求与汉语国际教育结合起来，进行汉语国际教育领域内的变革及部分转型。

鉴于此，作者提出五点建议：

第一，就教学标准的设立而言，汉语国际教育的教学标准应该与21世纪的需求接轨。汉语国际教育应该在现有教学标准的基础上，在提倡传播汉语言文化的同时，重视培养学习者灵活应对的通才能力，也就是：学习与创新技能，生活与职业技能，信息、媒体、科技应用技能。

第二，就能力评估而言，汉语国际教育应考虑在测试评估学习者语言文化能力的同时，设计使用各种不同任务来测量学习者的语言能力及语言使用能力。除了评估在三种沟通模式（理解诠释、人际交流、表达演说）和四个技能（听、说、读、写）基础上的交际沟通能力外，还要测量和评估学习者在四个方面的实际能力：语言、文化方面的创造性使用能力；批判性分析目标语言、文化、价值观念的能力；解决日常生活、工作问题的能力；完成任务的方法、能力及效率。此外，还要考虑学习者在解决问题、完成任务时与他人的合作能力。

第三，就课程设计及教学策划而言，汉语国际教育领域应组织专家召开各种研讨会深入、系统地设计21世纪汉语国际教育的教学大纲，并制作供教师参考的教学模板。比如，如何将21世纪学习需求中的跨学科主题、必备常识以及基本能力融入语言教学的教案、任务设计、课堂实施中。此外，还要组织专门讲座，帮助汉语国际教师及研究人员了解21世纪学习需求与汉语国际教育的关系，明确要求教师在教学中将汉语语言文化的学科学习与跨学科主题以及4C（创造力、批判性思维、沟通交流、与他人合作）的技能训练结合起来。

第四，就教材研发而言，汉语国际教育领域应鼓励研发者认真考虑如何在教材内容以及教材编排上将汉语言文化学习与跨学科主题、学习与创新技能结合起来。应从核心语言文化知识、必备常识及基本技能三方面来确定教材内容的实用性、全面性、得体度以及评估标准。

第五，就师资培训而言，汉语国际教育领域应组织专业人员针对这一课题进行专题研究和讨论。在此基础上，制订出一套系统的师资培训计划，其中包括以下培训主题：21世纪的学习需求对汉语国际教育提出的挑战；汉语国际教育课程设计的进一步改革；汉语国际教育的核心知识结构与专业要求；汉语国际教育与21世纪跨学科主题单元的设计与实施；课堂任务设计应涵盖的语言技能及学习生活技能。

来源文献：靳洪刚. 21世纪学习需求与汉语国际教育的可持续发展[J]. 国际汉语教育，2015（01）：73-82.

无论是商业品牌，还是教育文化品牌，其品牌构建过程都须遵循一些基本规律，具备基本的构成要素，比如有过硬的品牌产品，广为接受的品牌体验，良好的品牌关系，适宜的品牌核心价值，以及品牌附加值。正如前文所指出，全球1000多所孔子学院和孔子课堂的语言与文化传播实践业已形成不少优秀的、具备品牌内涵或潜质的公共产品，这些已经形成的品牌要素在孔子学院后续建设中应该得到进一步的珍视和保障，在此基础上去不断凝练孔子学院的品牌核心价值，去思考、探寻甚至是设计孔子学院的品牌附加值。

《孔子学院品牌塑造研究》一书的作者沈蓓蓓指出，文化品牌的社会功能是它与产品品牌最本质的不同，它对人们的思想意识、价值观念有着潜移默化的影响。孔子学院在开展好汉语教学的同时，积极组织丰富多彩的中华文化推广活动，如介绍中国的历史和国情、展示中国灿烂的文化艺术、传播和谐思想、使得世界各国对中国的了解和认同日益加深，这有利于扩大中国在国际舞台的话语权。同时孔子学院在语言文化外交中具有独特的作用，汉语教学有助于加大多元文化的交流与融合，促进各种文明之间相互理解与包容。如今世界各国软实力的竞争日益激烈，我们更应顺应时代需要，塑造好孔子学院这一中国走向世界的重要文化传播品牌，面对外国舆论的猜忌，不必讳言孔子学院是中国"软实力"，因为否认反而容易给人造成欲盖弥彰的联想。通过其品牌形象的塑造，孔子学院用更深入的沟通来向世界表明，孔子学院的价值就是要使中华文明能和世界上其他文明互相交流和理解。只有在质量上不断提升，树立起强势的品牌，才能实现孔子学院的长远发展，使得中国文化的软性影响力在全球化的今天持续增强，赢得汉语的国际地位，最终提升国家文化软实力。

《孔子学院品牌塑造研究》尝试为孔子学院品牌塑造搭建一个适合的框架。第一章在对孔子学院创办、命名、现状、困境进行梳理和分析的基础上，将其与其他国家成功的语言文化传播机构做比较，总结孔子学院进行品牌塑造的可行性与必要性。还包括对孔子学院相关人士的采访资料。第二章以品牌塑造理论溯源为依据，结合孔子学院品牌的特殊性对四个品牌战略要素进行阐释。第三章以凯勒的战略品牌管理流程为出发点，通过对孔子学院的全面分析，提出孔子学院的品牌战略管理过程，并分别从品牌定位和价值、品牌规划及建设、品牌绩效评估和诠释、品牌资产提升和维系四个方面进行论述，创建孔子学院的品牌资产。第四章主要分析孔子学院品牌塑造对国家形象产生的影响。第五章论述孔子学院品牌塑造与中国软实力提升之间的关系。

在孔子学院品牌定位和价值方面，作者认为孔子学院的品牌定位包括七个方面：市场定位为中国第一对外语言文化传播机构；品名定位为中国传统文化的精髓和代表；品质定位为权威的、官方的、高水准的汉语教学场所；效用定位为传播汉语和弘扬中华文化；消费者需求定位为满足全世界对汉语和中国感兴趣的文化爱好者的需要；目标消费者定位为海外华裔及想学习汉语、了解中国的外国人；品牌利益定位是为中外文化交流搭建更宽广、畅通的平台。孔子学院的品牌价值体现在传播"孔子"所代表的中国传统文化精髓、向世界展示现代中国、中外文化双向交流三个方面。

在该书中，作者通过对孔子学院的品牌盘查及品牌探索，描绘了孔子学院基于顾客的品牌金字塔，同时建议可通过国家提供的丰富资源、借助孔子形象、事件参与及其独有的沟通地位三个方面来起到提升孔子学院品牌认知及品牌显著度，强化孔子学院正面形象和在潜移默化中引起品牌共鸣的目的。

来源文献：沈蓓蓓.孔子学院品牌塑造研究[M].北京：中央民族大学出版社，2015.

第三节　立法与制度建设

一个国家的有效管理离不开法制，一个单位的目标实现和可持续发展离不开制度，这是一个人人皆知的常识。然而在实践中，人们会发现，无论是法制建设或曰制度建设，都似乎"永远在路上"。因此，也就有了这样的解释：制度建设是一个制定制度、执行制度并在实践中检验和完善制度的动态过程。

孔子学院是一个以教授汉语和传播中国文化为宗旨的非营利性教育机构。其目标是致力于为世界各国提供汉语言文化的教学资源和服务，最大限度地满足海外汉语学习者的需求，为携手发展多元文化、共同建设和谐世界做贡献。

从该机构的属性和目标看，其制度建设不仅要考虑符合制度建设的一般规律，还要考虑到孔子学院建设的合作模式，执行制度过程中的跨国性质，以及当前教学与人力资源主要由国内提供的现实等，其制度建设范畴既涉及国外也关涉国内，同时还要国内外联动。正是在这个意义上，孔子学院的制度建设可谓丰富、立体、全面且非常复杂！因此，孔子学院的制度建设也就不再仅仅是一个机构的范畴或问题，而是在某些领域已经涉及国家层面，以及国家与国家之间的问题。这样，对于孔子学院来讲，其制度建设也就上升到了立法的层级。

孔子学院的可持续发展离不开制度建设。从机制、制度到法律体系的建构，是一个漫长的探索过程，是一种深化，更是一种质变。在对发展诉求给予探索和践行的过程中，制度建设、制度化安排和规范化建设的优化升级，以及立法等问题的研究也应运而生。特别是中外合作建设过程中社会资本的引入机制以及孔子学院的竞争淘汰机制同样是事关孔子学院进一步发展的问题之一。社会资源和资本引入，事关孔子学院的基本结构。淘汰机制是前期质量评估问题的深化，评估需要标准、需要制度，自然也会产生优胜劣汰。那么，怎样的淘汰机制是有利于促进孔子学院整体发展的呢？提出这些问题不一定可以立竿见影地找到答案，提出有意义的问题本身就是价值，而分析问题、解决问题则可能需要一段时间，期待未来有更多的学者从事物发展规律和学术原理相结合的角度对此问题开展更加多元的研究，提出解决问题的思想和观点。

法律代表了国家意志、社会诉求和制度导向，孔子学院立法，是跨学科视角下提出的命题。与其他涉外教育机构相比较，孔子学院建设已经具备了较好的政策基础，但由于立法保障与制度规范的缺乏，在一定程度上制约了孔子学院发展的深层次问题。

程雁雷等在《孔子学院立法若干问题的思考》中提出，孔子学院立法具有现实的必要性和紧迫性，立法位阶可以是先制定行政法规，条件成熟时上升为法律。作者认为，加强孔子学院建设，规范孔子学院的设立与运行是立法的根本目标，依据宪法及现行的孔子学院立法政策，通过立法保障孔子学院的法律地位，才能建立起一种能够承载汉语国际教学任务、多元、开放、效率高、效果好、具有坚韧的生命力和长远发展潜力的孔子学院发展机制。

文章在对孔子学院法律规范的基本属性、孔子学院法律属性、基本地位分析的基础上，提出构建《孔子学院条例》（以下简称《条例》）的基本框架和主要内容。作者认为《条例》的基本框架应包括：总则、主体法、行为法、法律责任与救济。其中，总则部分包括：1.目的条款。《条例》的目的条款在孔子学院立法中维系着整个立法体系的协调统一，通过对孔子学院立法宗旨的科学表达，体现孔子学院立法的特点和价值追求。建议《条例》目的条款为：加强孔子学院建设，规范孔子学院的设立与运行，促进中外教育交流与合作，推动开展中外语言文化交流活动，保障孔子学院教师的合法权益。2.适用范围。《条例》主要调整孔子学院在设立与运行的过程中，各类国家机关、孔子学院总部与作为行政相对人一方的组织机构个人之间的法律关系，依据调整的法律关系及调整的主要手段，《条例》的主体属于行政法律部门，即关于孔子学院的设立与运行过程中国家公权力与社会公权力的授予、行使以及监督的法律规范,既需要依法确定行政机关的职权职责,又要注重保障孔子学院和公民、法人的合法权利。3. 基本原则。除了遵循职权法定、程序法定、公正公开、有效监督等原则,还需要有意识地增加对孔子学院的服务对象的权利保护,确立保障人权原则。保障的对象不仅包括孔子学院的教师,同时也包括孔子学院的学生,保障人权不仅体现了我国作为大国的一种国际责任,同时也是现代法治国家的基本要求,是获得国际认可的基本途径。4. 基本法律关系。《条例》调整的主要法律关系依据内外部关系可以分为两类:一类是具有外部效力的法律关系,包括国家行政机关与孔子学院之间的关系、国家行政机关及孔子学院与教师之间的关系;一类是具有内部效力的法律关系,包括孔子学院总部与孔子学院之间的关系、孔子学院内部的组织管理、资金管理与事务管理关系,以及孔子学院与学生之间的关系,等等。

在作者的设想中,主体法的内容主要涉及:非政府组织在孔子学院设立中的职权职责、孔子学院的法律地位、孔子学院的组织机构、孔子学院的人员构成等。立法的重点有二:一是明确孔子学院的国内法性质,保证其具有独立的法人地位,并明确海外孔子学院的设立标准与管理模式。二是解决孔子学院教师的相关法律问题。

行为法的主要内容是规范孔子学院运行过程中的法律问题,包括:以法治思路为孔子学院发展提供体制、机制、制度保障;稳定师资队伍、保障各方权利义务的平衡与实现;建立与之配套的教材、教学、考试、资格认证等制度;制定对孔子学院的奖励与扶持政策;孔子学院商标及教材等知识产权的保护问题;孔子学院设立与运行的关键环节的程序法控制,明确国家行政机关和孔子学院总部在此过程中可以采用的主要行为方式,以及建立完善的孔子学院财税保障体系,为孔子学院的可持续发展提供稳定的资金来源。

在法律责任与救济部分,作者认为《条例》中需要设置行政和民事两类法律责任。对于行政责任需要明确承担责任的主体、承担责任的主要情形和方式。对于民事责任部分,主要是对与民法相衔接的部分进行立法。权利救济是保障权利实现的必要途径,立法的过程中一般需要根据法律关系的性质提供相应的救济方式，立法重点为孔子学院及其汉语教师在海外国家的权益维护的法律适用和国家外交、民事法律支持问题；教师权益维护与纠纷的处理等。

基于上述思考与设想，文章最后总结指出，孔子学院立法应当具有前瞻性，孔子学院的设立与运行及其发展模式应与我国文化发展战略定位相适应，立法所体现的价值取向、具体法律制度安排要能够为世界主要国家所接受，并能够符合语言推广与文化交往的需要，符合国际交流和法治发展的基本要求。

来源文献：程雁雷、廖伟伟.孔子学院立法若干问题的思考[J].法学杂志，2015（02）：39-44.

有学者认为，以孔子学院为代表的、走出国门的中外合作办学蓬勃发展，已经成为目前我国中外合作办学的新模式。但面对需求与发展需要，现有中外合作办学的法律法规存在与发展情况不符、互相矛盾和法规欠缺的情况，有必要对现有相关法律法规进行补充、修订，对走出去中外合作办学进行立法规范。

黄晓琴在《海外办学对中外合作办学立法的质疑与补充——以孔子学院为例》一文中指出，经过20多年的发展，中外合作办学发展的局面发生了巨大变化，但目前国内中外合作办学活动主要依据还是2003年国务院颁发的《中华人民共和国中外合作办学条例》（简称《条例》）和教育部颁发的《中华人民共和国中外合作办学条例实施办法》（简称《实施办法》），以及上一级法律，1995年颁布的《教育法》。法律法规的建设明显滞后于目前的发展情况，出现了许多自相矛盾和欠缺不足的地方，导致新的走出国门的中外合作办学活动处境艰难，无法可依。

文章分析指出，目前走出去的中外合作办学活动，只有孔子学院有自己一套比较成熟的《孔子学院章程》（简称《章程》）、《孔子学院总部与[外方机构名]关于合作建设[外方机构名]孔子学院的协议》（简称《协议》）、《孔子学院中方资金管理办法》（简称《办法》）等较为详细的法律法规。作者认为，在海外办学的发展浪潮中，孔子学院的发展可以说是站在潮头，孔子学院的一些成功经验和发展中的问题，都可以为中外合作办学立法提供借鉴和帮助。

在对目前国内涉外办学现状分析的基础上，文章指出，孔子学院发展至今，取得了许多成功经验，但也由此发现了很多需要尽快解决的问题，孔子学院的海外办学实践对我国中外合作办学以及中国的教育国际化的发展，既能提供一些启示和帮助，也对中外合作办学的立法提出了更为细致和深入的要求。仅从海外办学的规模和模式上看，孔子学院的发展足以引起教育界对海外合作办学这一新型办学模式的关注。

  作者认为，孔子学院发展的成功首先得益于有一套较为完备和成熟的法规：《章程》《协议》《办法》等等，使得孔子学院在国务院《条例》和《实施办法》在对海外合作办学规定缺乏和不足的情况下，仍然能够有法可依地健康发展。但从长远来看，孔子学院不应该被认为是海外中外合作办学的特例而单独立法，而是应该作为众多中国走出去的海外办学之一，被包括在中外合作办学之内。当前孔子学院办学和立法的成功和存在问题之处也可以看作中外合作办学的试点和前期工作，为总结概括出更上位的中外合作办学法律法规服务。

  基于上述观点，作者总结提出孔子学院办学对我国中外合作办学立法的几点启示：一是孔子学院在办学主体方面非常清晰，可作为中外合作办学的立法借鉴。如《协议》中明确地表明了办学的中外双方主体，这是双方合作的基础，是合作双方展开后续合作的牢固基石。二是孔子学院的《章程》和《协议》保证了合作双方办学主体地位的平等性。从《章程》的相关内容规定以及签订书面协议开始，就已经明确了双方办学主体的平等地位，这是孔子学院能够健康发展的前提，孔子学院的做法和成功经验可供教育职能部门参考。三是孔子学院和其他国际学校在国外成功设立教育机构的事实，说明走出去是可行的并且是大有可为的。孔子学院利用国外大学的场地，成立各个大学的孔子学院，挂牌进行合作办学，用事实证明了这种做法的可行性，并且在不断地调整中一路前行。四是孔子学院除了《章程》《协议》以外，还有具体的《孔子学院中方资金管理办法》《孔子学院审批流程》《孔子学院院长指南》《孔子学院中方院长选派管理意见》《孔子学院教师任职条件》等等，保证了学院的正常运转。五是孔子学院对合作双方的权责、对孔子学院的评估机制、监督机制、孔子学院的退出机制、孔子学院办学中的争端解决等都做了相对充分和详细的规定，并且一直在努力探索和发现一条更完善的发展道路，这种在发展中不断调整前行的方法，使得孔子学院的发展更加成熟。六是孔子学院发展中也遇到了很多问题，需要更高层次法律的"松绑"。例如，在进行正规学历教育中如何与学位授予衔接，以及如何或是否应该明确中方合作院校的法人资格等问题。

  来源文献：黄晓琴. 海外办学对中外合作办学立法的质疑与补充——以孔子学院为例 [J]. 孔子学院发展研究，2015（01）：1-11.

  海外孔子学院的创建促使中国教育从被动"引进来"转向积极主动"走出去"，传播中华语言文化，成为中外文化交流的平台和桥梁，也是我国教育服务贸易出口的重要形式。但是，孔子学院在走出国门的过程中，还是经常会遭遇教育服务贸易壁垒以及诸多曲解和偏见，同时由于存在运行机制和法律不健全等问题，在办学过程中不可避免地产生各种争端和冲突。

  阮李全在《孔子学院境外办学纠纷及其应对策略》中指出，孔子学院遍布全球，所处的国际环境复杂多变、变幻莫测。孔子学院境外办学纠纷产生的根源是多方面的，也是特定的，一般不同于国内办学纠纷，有着非常复杂、微妙的历史文化传统和国际政治经济时代背景。必须探寻完善的纠纷预防与解决的应对机制和策略，化解冲突和争端，为海外孔子学院的健康顺利发展保驾护航。作者在对孔子学院境外办学纠纷产生的根源进行分析后，将其归纳为四个方面：第一，政治偏见、价值观差异。西方媒体习惯于"西方中心论"的思维方式，向来以一种居高临下的心态审视周围世界，把自己的价值观强加于他国，孔子学院在欧美曾多次遭到激烈"围剿"。政治偏见、价值观差异是导致孔子学院在海外办学纠纷的根本根源。第二，贸易壁垒、设置障碍。当前，国际教育服务贸易壁垒重重，尤其是发达国家对教育服务进口设置种种障碍，这是导致孔子学院境外办学纠纷的重要根源。第三，法律欠缺、难以获得。无论是国际还是国内，对跨境提供教育服务贸易行为都进行了贸易管制性立法。然而，教育服务贸易的国际和国内立法的欠缺以及东道国法律难以获得是孔子学院海外办学引发纠纷的重要根源。第四，自身缺陷、经验不足。孔子学院还处于起步阶段，自身缺陷与经验不足是引发海外孔子学院办学纠纷的直接原因。

  文章认为，孔子学院境外办学是在当前复杂多变的国际环境中进行的教育服务贸易出口。对于办学历史较短的孔子学院而言，在国际教育服务贸易的大潮中，必然会遇到这样或那样的困难、引发各种意想不到的纠纷。因此，积极主动地采取措施和对策，建立健全应对机制，有效预防和化解办学过程中出现的各种纠纷和突发事件，有利于避免或减少各种损害，减少或消除负面影响。如何避免和应对孔子学院境外办学可能出现的纠纷？作者提出四点策略构想：

一是提升国家形象宣传水平，消除政治偏见。国家形象的构建与提升是一个系统工程，需要中国政府和社会各界持久努力，采取积极的应对策略，通过国家形象的塑造与宣传，主动融入世界，加强沟通与交流、增进合作与了解，消除误解和偏见，为孔子学院境外顺利办学、传播中华语言文化创造良好的国际舆论环境，可以在宏观上预防和减少冲突和纷争的发生。

二是强化国际双边多边合作，消除贸易壁垒。要消除或避免教育服务贸易壁垒，必须加强国际合作，其中最重要的就是缔结双边或多边国际条约和协议。英、德、法等教育服务贸易发达国家的实践经验表明，双边或多边的国际条约、协议是有效避免教育服务贸易壁垒的重要途径，可为海外孔子学院的长久发展扫除障碍，避免或减少海外孔子学院办学纠纷的发生。

三是推进教育服务贸易立法，提供法律保障。高等教育国际化是大势所趋，教育服务贸易在国际贸易中日益活跃。各国纷纷制定有关法律和政策，指导和规范本国高等教育国际化的发展以及教育服务贸易事项。国家应加强教育服务贸易和孔子学院办学的相关立法，构建完善的教育国际化的法律法规体系，使孔子学院的办学行为有法可依。在高等教育国际化的大背景下，首先要制定一部专门的、统一的《教育服务贸易法》，为孔子学院立法提供上位法的立法依据。其次，为保证我国孔子学院的国际声誉，保证海外孔子学院的办学质量，国务院应适时制定出台《孔子学院办学条例》等行政法规，以具体规范保障孔子学院的设立和运行，明确孔子学院办学基本制度以及各方主体的权利义务。

四是加强孔子学院自身建设，完善办学制度。海外孔子学院的顺利发展必须加强自身建设，完善办学制度，提高办学质量，"打铁还需自身硬"，只有这样才能保障孔子学院的持续发展，积极防范和化解各种办学纠纷和突发事件。

孔子学院须明确其非政府组织的定位，淡化官方立场和政治色彩，强化孔子学院的"服务性"、突出孔子学院的民间色彩。积极探索利用社会力量和市场机制加快汉语国际推广的模式，鼓励民间合作，拓展中国商务、教育、旅游咨询等业务，使其成为具有一定盈利能力的服务性文化机构，以保证海外孔子学院的可持续发展。同时，建立健全海外孔子学院的内部组织机构和治理结构、完善的章程和各项规章制度，通过契约的方式建立起适合自身发展的管理制度，提升孔子学院的管理水平，保证孔子学院高效运作。

按照作者的判断，只有不断完善办学制度，才能增强海外孔子学院在国际教育服务贸易中的核心竞争力，提高办学条件，减少冲突纠纷。

来源文献：阮李全.孔子学院境外办学纠纷及其应对策略[J].社会科学家，2015（04）：116-120.

刘旭在《中国孔子学院历时发展研究》一文中，通过对孔子学院发展历程进行梳理和分析，将孔子学院的十年发展概括为开拓、全球战略布局和稳定发展三个阶段。

作者认为，孔子学院在10年的发展历程中为汉语言文化走出去做出了不可磨灭的贡献，为国家的公共外交和良好国际形象的塑造起到了非常积极的推动作用。但就一个跨国教育机构来说，10岁的年龄尚且年幼，在发展过程中暴露出了一些问题，需要在制度建设方面予以完善和解决：

一是要建立健全评估系统，对不合格的孔子学院实行淘汰机制。目前，全球已有近500所孔子学院，如果没有正常的淘汰机制，就会发生孔子学院不断扩大规模，而不合格的孔子学院占用着经费和资源，却完全起不到孔子学院的作用，甚至到最后不得不关闭，带来的误解和负面影响却挥散不去。因此，对于评估不达标的孔子学院，总部应制定一套完善的标准，如对于可以通过指导得到改善的，可以警告并加强指导，督促其尽快改善；通过指导仍得不到改善的，可以通过暂停办学、整顿合格后再开始运营；通过停办整顿仍得不到改善的，可以通过更换国内承办单位，重新开始合作；如果是外方不合作或态度消极的，可以经孔子学院总部派专家组核定后予以关闭。

每一所孔子学院都是我们无比珍贵的成果，只有健全严格的管理制度，才能使这些成果永葆青春，保持队伍的整体水平和良性发展。

二是要建立健全媒体应对机制。孔子学院建立发展虽然已有10多年的历程，但在对舆情监测和媒体宣传方面仍处于被动状态，主动宣传和迅速应对舆情的经验不足。中国是一个东方古国，有悠久的历史，也习惯于含蓄的情感和委婉的表达方式。但在信息交流异常顺畅和发达的当今国际社会，主动让对方了解无疑是消除误解、增强多元文化交流的首要方式。孔子学院是东方文化的象征和符号，同样要学会面对国际社会突如其来的质疑和责问，主动加强对国际社会的宣传和展示无疑是文化交流的重要方式。同时也要利用媒体或电子传媒系统，向世界说明、宣传孔子学院和中国文化，消解西方国家故意曲解、妖魔化中国的政治意图。

文章引用芝加哥大学孔子学院的案例指出，在海外，孔子学院取得的成果或正面报道是负面报道的很多倍，但并没有获得相应的关注，然而当美国芝加哥大学孔子学院关闭的消息一经传出，其关注度却非常高，引起了强烈反响。这个案例说明，建立健全媒体应对机制非常必要，争取国际社会的理解是多么的重要。

三是建立健全社会资本引入机制。目前，孔子学院存在着社会资本引入机制不健全的问题，没有把引入社会资本作为开拓经费来源的一个主要渠道。一方面是对引入社会资本这一问题考虑得尚不成熟，对于引入何种社会资本，引入的比例是多少，引入后与企业或社会团体的合作形式是什么、如何开展合作，引入后如何保证孔子学院的质量等问题都需要进一步的讨论、研究和论证。作者认为，虽然引入社会资本可能会使孔子学院的性质和功能发生改变，但若引入社会资本的方法得当，管理制度健全完善，那将是一个多赢的方案，是孔子学院淡化官方色彩和可持续发展的一剂强心针。

来源文献：刘旭.中国孔子学院历时发展研究[J].重庆大学学报（社会科学版），2015（06）：234-241.

第四节 政府责任与市场运作

无论是从国家公共产品的视角，还是从全球公共产品的视域，语言国际推广的背后都存在一个不可或缺的主体：政府。同样，任何一个国家的语言国际推广机构的产生、存在、发展与壮大，都离不开政府的推动与支持。换句话说，推动和支持语言国际推广机构的工作，是政府必须履行的责任。

然而，作为一个以语言与文化传播为主要内容的跨国教育机构来讲，由于语言的双重属性，即工具属性和文化属性，以及教育服务市场的准入等问题，该机构在运行过程中，必将会遇到所谓"意识形态"或"市场环境"等各种因素的干扰。因此，如何在"政府驱动"与"市场运作"方面取得平衡并得到社会理解，则不可避免地成为各个国家语言与文化推广机构不得不面临的问题。

因此，在汉语推广和孔子学院建设过程中，我们既要充分肯定所取得的巨大成绩，又要时刻保持清醒的头脑，注重汉语推广策略与手段，积极探索新的发展思路和孔子学院办学模式，消除他国的顾虑。强调政府在汉语推广中的主导作用的同时，要充分利用语言推广的全球公共产品属性，通过政府间协议、契约、选择性激励等手段促进国际合作，探索不同的融资与推广渠道，最大限度地发挥民族国家、社会团体为语言推广与融资的激励作用。[①]

在语言与文化传播问题上，几乎每一个国家都存在所谓"政府干预"的现象，美国也不例外。有学者指出，美国政府积极参与文化事务的事实与美国社会责备中国政府操控孔子学院的观点形成鲜明反差。在此背景下，对这些现象的理解或诠释，既需要对事件背后动因的全面了解，也需要进行基于事实的客观分析与判断。

杨光在《美国政府在文化外交中的角色探析及启示》一文中指出，近年来，中国在开展包括孔子学院在内的文化交流过程中，美国社会部分人士经常诟病中国政府开展文化活动的方式及内容，美国政府也不时采取诸如限制孔子学院教师签证等措施对中国的文化活动设置障碍。研究美国文化外交思想及文化力

[①] 宁继鸣、王海兰. 汉语国际推广的公共产品属性分析 [J]. 东岳论丛，2009（05）：176-180.

运作方式，深入了解美国社会价值取向及美国政府开展文化外交的方式，对我国如何更加有效地在美国等西方国家开展文化外交具有促进作用。

在谈到美国文化外交的思想及运作方式时，作者提出，美国文化外交的实质是"思想"外交，自由主义思想作为一种美国政治文化传统，对美国政府在文化外交中扮演何种角色产生了重要影响。而且，美国在20世纪30年代制定的文化外交原则决定了政府在教育文化项目中扮演幕后角色。

首先，为了降低政府卷入文化事务的程度，美国明确了非政府组织作为开展教育文化交流活动的主体。这一原则至今仍然影响着美国教育文化交流项目的运作。

其次，确立在教育文化交流项目中避免"宣传"的原则。美国文化外交设计者们非常清楚民众对政府干涉思想交流所持有的负面态度，因此，在人文交流项目中尽量避免"宣传活动"。

再次，确立双向交流的原则。第一次世界大战后，日渐盛行的文化国际主义主张以双向交流有效交换观念和信息，为彼此沟通打下坚实基础。基于此，不少知识分子投身政治，主张通过教育和文化改造人类的思维与感情，遏制国与国之间的冲突，用教育文化塑造民主和平世界成为他们的主要目的。

在美国政府扮演幕后角色的情况下，以各类学校、基金会和文化团体为代表的非政府组织被推到前台，由这些机构执行的以人员交流为主的教育文化项目成为实施文化外交的主要手段，富布赖特项目和国际访问者项目是这类项目的代表。

文章指出，20世纪30年代，罗斯福新政成为美国政府职能演变的分水岭，对美国政府在文化事务中扮演的角色产生了重大影响。在1933年开始的罗斯福新政时期，国会颁布一系列涉及政治、经济和社会的法案，这些法案使联邦政府责任迅速扩大，政府在社会事务中的角色得到强化。在这之后，在文化外交领域，为了应对法西斯德国开展文化攻势的时局，罗斯福政府突破政府不过多介入文化事务这一底线，开始从文化外交的幕后走向前台。特别是在"9·11"以后，美国政府采用政府与非政府组织相结合的方式应对伊斯兰世界对美国的敌对态度。在上述过程中，美国政府在确定文化外交目标、选择文化外交路径并最终形成文化外交策略等方面，均发挥着主导作用。

首先，美国政府和国会共同推动并颁布一系列法案，明确了文化外交服务于国家利益这一基本目标，构成了文化外交顶层设计的重要组成部分。

其次，美国政府确立了以教育文化项目与信息项目作为文化外交主要实施路径。

再次，美国新闻署（USIA）和国务院教育与文化事务局（CU）分别负责教育文化项目与信息项目，台前与幕后相应负责机构得以明确。

最后，在实施教育文化项目与信息项目的基础上，美国针对各国精英阶层和普通大众的文化外交受众细分策略逐渐成形。

与此同时，在教育文化项目瞄准各国精英阶层的同时，信息项目的受众则主要是面向社会公众。

进入网络时代后，虽然美国图书经费大幅缩减，但是每年仍然有一定数量关于美国历史、政治、文学以及艺术方面的图书提供给不同国家读者。教育文化项目与信息项目所形成的受众细分，为提升美国文化外交效果，发挥了积极作用。

在提及美国文化外交政策对我国如何更加有效地在美国等西方国家开展文化外交的启示时，作者同样以社会演变方式谈到，中国文化外交虽然可以追溯到张骞出使西域以及郑和下西洋，然而21世纪之前，政府层面的大规模文化外交案例却并不多见，中国的哲学思想、医药技术和建筑艺术，在过去更多是通过诸如马可·波罗、利玛窦以及来华传教士带往国外，国学大师季羡林也认为，历史上中国文化送出去可能更多是无意识的。[①] 因此，中国的文化外交实践经验应该说比较欠缺。进入21世纪，随着中国和平崛起，国家汉办在从2004年至今的短短十余年时间里，单在美国就建立了90余所孔子学院，通过汉语教学，推广中国文化，在中美人文交流方面发挥了重要作用。然而，孔子学院在运作过程中，也遭遇中美两国之间的文化冲突，2015年芝加哥大学孔子学院关闭，甚至出现美国大学教授协会部分学者联名抵制孔子学院的情况发

---

① 季羡林. 东学西渐丛书总序[A]. 王宁. 中国文化对欧洲的影响[M]. 石家庄：河北人民出版社，1999.

生。因此，了解并借鉴美国政府开展文化外交的原则、路径和策略，对我国更有效地实施文化外交战略，具有启示作用。

第一，政府的角色要有清晰的定位。美国社会受自由主义政治传统影响，对本国政府介入文化事务尚且持谨慎态度，对中国政府主办的孔子学院持抵触情绪，是非常自然的事情。在美国国情下，中国政府在文化外交实践中应该扮演怎样的角色来弱化美国社会对孔子学院的戒备心理，提升孔子学院传播中华文化的效率，这一点值得思考。不可否认，孔子学院是教育部国家汉办直接管理的文化交流机构，虽然由国内高校负责运作，但国内公立高校的政府属性，与美国文化外交关于"政府机构在教育文化交流中负责不超过百分之五活动"的原则相背离，这使美国社会普遍担心孔子学院是中国政府扩大政治影响的工具。[1]因此，依照美国社会的价值观，中国文化外交需要设计美国公众能够接受的文化外交管理模式，策略化地讲述中国故事。此外，也需要寻求多元化的文化传播途径，例如，可以充分利用美国政府既有的对华教育文化项目等传播途径，进行文化传播的逆向操作。

第二，文化外交要有清晰的目标对象。美国政府的教育文化项目与信息项目均有目标明确的受众群体，有针对性地服务于政府外交政策目标，中国文化外交在此方面尚有很多工作可以开展。在精英层面，美国政府国际访问者项目（IVLP）主要邀请目标国有可能成为领袖的社会精英，赴美进行为期三周的访问；汉弗莱项目（Humphrey Fellowship）以年轻有为且具领导潜质的目标国中层管理人员为主，赴美学习一年；富布赖特项目则主要资助学者开展为期半年至一年的学术交流。以上项目所培养的人员，对美国价值观和政治制度有深入了解，相当大一部分人员成为美国思想的接受者、美国政策的理解者。中国文化外交在语言教学层面虽然着力很多，但目标对象比较模糊，且语言学习者的目的动机不易把握，文化传播效果难以得到显现。

第三，注重文化外交内容建设。美国政府教育文化项目和信息项目注重介绍美国价值观和制度体系。中国开展文化外交过程中，目前最缺少的，就是

---

[1] 李开盛、戴长征. 孔子学院在美国的舆论环境评估 [J]. 世界经济与政治，2011（07）：76-93、157-158.

既懂外语，又对中国社会文化有深入研究的学者。当今世界，东西方均遇到社会发展瓶颈和经济发展障碍，西方发达国家尚待彻底走出美国金融危机和欧洲债务危机，他们期待从中国文明中得到启迪，而发展中国家也期待借鉴中国的发展模式。中国文化外交的任务就不能局限于单纯的语言教学，而应该向世界阐明成功的中国发展道路的文化基因。因此，培养一大批既懂外语又有深厚学术功底的学者，系统化介绍中国文化内蕴，已经是中国文化外交的当务之急。正如王义桅所主张的："讲好中国故事，需要我们讲清中国成功故事背后的制度根源与文化基因……阐明中国故事背后的价值诉求，是表达中国新的努力方向。"[①]

文章总结指出，正确理解美国政府在文化外交中扮演的角色及其自由主义思想基础，对我国高效开展文化外交事业具有借鉴意义。传统中华文化是中国开展文化外交的重要基石，中国文化外交在以厚重的东方古老文化作为极具吸引力的核心内容的同时，应该借鉴西方发达国家在文化外交方面的经验，在充分研究的基础上制定中国文化外交的顶层设计，在明确我国文化外交目标的同时，制订能够使中国文化有效传播的策略，使中国文化更有效地惠及全人类。

来源文献：杨光. 美国政府在文化外交中的角色探析及启示 [J]. 教学与研究，2015（12）：27-34.

作为公共外交手段，语言文化推广机构并非中国首创，这种基于人际传播的文化社区结构，由语言教学入手辅以交流活动，成为跨文化传播的重要媒介和公共外交的重要组成部分。然而，中国的语言文化推广机构仅用了10年时间，就完成了其他国家历经百年的建设规模，中国特色的爆发式成长，给国际社会带来的"压力"可以想见。

程晔在《中国语言文化推广机构的跨文化传播策略研究》一文中指出，中国语言文化推广机构的存废已不是问题的焦点，在新的外交格局下，其运营、传播方式正面临着严峻的挑战。他国百年来渐进式的发展规律，固然值得借鉴

[①] 王义桅. 表达中国 融通世界 [N]. 人民日报，2015-09-01.

学习，但在全球一体化的大趋势下，应遵从经济规律、传播规律、创新理念，在降低各国对中华文化接受阻力的同时,实现中华文化国际传播的"弯道超车"。事实上，世界各国的语言文化推广机构一直都面临着种种挑战。"由于各国语言文化推广机构不可避免地与各国政府存在千丝万缕的联系，其运营不可避免地面对社会各界、国内外对其独立性的质疑……一是国际国内社会对其运营和决策独立性的质疑，即如何淡化政府色彩和官方形象；二是在政府提供资金的背景下国内社会对公共资金使用的成本效益的质疑。"[1]

在论及中国语言文化推广机构的现状及政策背景时，作者认为，在当今全球化的背景下，全球"文化市场"内涵于科斯的"思想市场"。文化产品已成为多数国家民众重要的精神消费品，正进行着空前频繁而广阔的流通、交换与消费。中国的跨文化交流亦从"走出去"的外宣概念逐步向国际传播能力建设转型发展，由政府主导向鼓励走市场化道路转型，"市场"与"传播"是其中两条重要的主线。

文章指出，科斯论著中关于"市场规律"与"政府干预"的观点，对于中国跨文化交流同样具有重要的启示意义。科斯认为，"思想市场"的产品交流、交换亦应顺应市场规律。"在制定公共政策时，我们应该采用相同的方法（approach）来对待所有的市场。"[2] 作者提出，应该相信，真正为世界各国民众认可、需要和接受的中华"文化产品"，其主流一定是中国文化的精髓，让更多的文化资源参与到跨文化交流中来，直面全球"文化市场"竞争，这也是"文化自信"的体现。中华文化要获得其他民族、国家的认同，不能仅依靠单向传播，更要调动民众的需求，提供有吸引力的文化品牌。

在谈到"文化市场"同样需要合理的政府干预时，文章提到科斯的另一个观点："政府对于'商品市场'和'思想市场'的控制是同样必要的。""有关消费者无知的问题，它常被视为政府干预'商品市场'的正当理由。很难相信，

---

[1] 曹叠峰. 各国语言推广机构运营模式和决策机制的比较分析 [J]. 湖南师范大学社会科学学报，2014（01）：141-147.

[2] Coase, Ronald H.The Market for Goods and the Market for Ideas[J].*The American Economic Review*,1974, 64（2）：384-391.

普通大众在评价众多相互竞争的有关经济和社会政策的观点时，会比在不同食品中进行选择时的处境要好。"文化产品的"输出"与"准入"，与国家利益、主流价值观密切相关，作为具有悠久历史、多民族共生、不断创新的中华文化，更有其复杂性。"并不是说，所有市场上的公共政策都应该是一样的。每个市场的不同特征会使相同的因素在不同的市场发挥不同的作用，适当的社会安排就应随之变化。"因此应根据文化产品的价值、输出区域的特点等，佐以支持或限制措施。这非但不是谈之色变的禁区，相反是发展"文化市场"的需要。

最后，文章对完善跨文化传播的科学管理机制提出建议。作者认为，回顾科斯关于"思想市场"的两个核心观点，即"市场规律"与"政府干预"，结合中国跨文化交流从"走出去"向国际传播的阶段升级，中国语言文化传播机构应逐步实现从"重干预、轻规律"向"重规律、轻干预"转变。注重市场规律，一方面应鼓励、调动国内国有、民营、个人海量文化资源和生产者的积极参与，形成可供选择的文化资源库；另一方面应激发、收集海外民众的文化需求，实现资源与需求的有效链接、自主互动，更好地发挥国内、国际民间两方面的能动性和创造力。注重政府干预，应体现在制定科学的评价体系、管理机制上。一方面通过政策、资金等手段激励、助力中国文化产品在全球"文化市场"中的活跃"贸易"；另一方面发挥对文化"输出"和"准入"的闸口作用，以对人类文明发展负责的态度去粗取精。依据"需求规律"提供海外民众感兴趣的成熟产品，既可弱化官方色彩，也会降低海外民众对文化输出的抵触感，提高传播效率。同时，依据"价格规律"对中国文化产品按不同类别、等级给予不同比例的扶持，有利于保障中国主流价值观、经典文化要素的传播，减少国内舆论对政府资金投入的压力，保证传播效果。

来源文献： 程晔. 中国语言文化推广机构的跨文化传播策略研究[J]. 同济大学学报（社会科学版），2015（02）：85-89.

"守约·创新·共赢"，这是中国中信股份有限公司总经理助理、中信建设有限责任公司董事长洪波在第十届全球孔子学院大会发言的主题。

洪波认为，国家汉办为搭建孔子学院这一极具全球影响力的推广汉语教学、促进文化交流的平台,做出了巨大贡献。他们的努力和付出感染、鼓舞、激励着各类机构投身到这一伟大的事业中,这其中也包括诸多中信这样的企业。多年来,中信建设在积极践行国家"走出去"战略的同时,也没有忘记积极承担企业的社会责任。

洪波认为,中信建设得到了国家汉办和安哥拉政府的高度认可与支持,全资捐建安哥拉内图大学孔子学院,成为全球首家参与孔子学院建设的企业。她表示,内图大学孔子学院将建设成为安哥拉第一所孔子学院,学院内设有语言研究室、图书室及大型多功能厅等,是集教学、会议、活动为一体的多功能教学场所。今年底内图大学孔子学院即将正式建成并投入使用,为内图大学师生及所在国政府和人民提供一个学习中国语言文化、技术以及企业交流、科研合作的综合平台。

洪波坚信,随着内图大学孔子学院的建成,安哥拉将增加一大批了解中国文化、促进中安友谊的精英,中国在安企业也可以获得大量本地高端人才,帮助中国企业加快完成"属地化"进程。中信建设将一如既往加强与国家汉办的合作,不断探索企业参与孔子学院建设的商业模式,积极践行孔子学院办学宗旨,造福当地国人民,为当地国的经济发展多做贡献。

来源文献:洪波. 守约·创新·共赢[J]. 孔子学院,2016(01):34-35.

近几年,在孔子学院的建设与发展过程中,关于是否应该选择市场化运作,以及如何选择市场等问题,可以说是观点迭出,众说纷纭。

王琦《孔子学院市场化运作初探》一文的观点是,孔子学院的市场化运作是具有选择性和有限性的,其目的在于灵活、自主地适应各海外孔子学院的发展需求并降低总部的财政和管理压力。孔子学院的建设与发展应该坚持在承认政府调节与政府作用的基础上,海外孔子学院根据自身的条件与需求以及内外部环境,将市场化运作作为孔子学院整体运作方式的一个组成部分或补充。作者以新加坡南洋理工大学孔子学院为例分析认为,作为汉语与中华文化国际推广的跨国性非营利教育机构,孔子学院取得的成就以及可持续发展规划,使得越来越多的人士开始关注其运作方式的优化。市场经济的发展、国际交往推动需求的增长以及相关资源的有限，促使孔子学院开始尝试市场化运作模式。孔子学院市场化运作的选择、市场化运作程度和内容的确定、市场运作能力的加强应是未来研究与应用的趋势和重点。文章认为，孔子学院市场化运作不具有独立性，市场化运作要与基本运作相协调，作为整体运作的重要部分或辅助手段，为孔子学院的可持续发展提供筹资能力、管理能力、推广能力等支持。孔子学院的市场化也不具有完全性，不是所有的孔院都有条件或都有意愿选择市场化运作，选择市场化运作的孔院在具体实施程度、内容和方式上也有差异。孔子学院实行市场化运作需要满足社会环境、市场需求、运作能力三方面基本条件，以此确定是否可以实行市场化运作、市场化运作程度的高低以及市场化运作的主要内容。在坚持以市场为导向、利用市场资源以达到效用最优化的同时，重视总部的支持与引导作用。

孔子学院的市场化运作应在坚持语言与文化推广的宗旨、承认总部调节和支持作用的基础上，根据海外孔子学院内外部优劣势分析，针对所在地和自身特点进行市场化运作选择，并选择性实行战略规划、项目设置、营销推广和评估监督的具体内容和方式。孔子学院也应针对未来市场化运作发展趋势完善相关的章程规定，并加强多维监督和信息共享体系，以规避市场化运作可能带来的问题和风险。

孔子学院市场化运作包括分析调研、规划实施和评估监督三个基本环节，整个流程设计应包含以下基本内容：一是对外部环境和内部组织的双面分析；二是针对目标群体的细致调研；三是设置满足市场需求的专业项目；四是规划收支平衡的课程项目；五是建立有效的评估监督。

孔子学院实行市场化运作除以三个基本环节和五项基本内容为主要框架外，还须补充若干具体的实施方法，同时须考虑在循环过程中涉及其他有关体系。全球孔子学院是一个整体，每一个海外孔子学院是具有特性的分支。分支能够在整体的框架中和谐发展，但是实际的管理与运作过程是相对独立的。具备了市场化运作基本条件的海外孔子学院可以根据基础模式框架以及自身特点规划具有针对性的市场化运作方式，并决定在非营利性质和总部组织框架内的市场化程度和内容。成功的案例只能作为借鉴和参考，因为孔子学院的市场化运作不具有全面性和普适性，只有一部分符合条件的孔子学院才能运用不同的市场运作方式实现不完全市场化。

作者指出，针对孔子学院个体对市场化运作的选择，其面临的问题和风险也不同。如果孔子学院不选择市场化运作模式，总部在资金和资源支持上的压力会不断增加，不利于整体的可持续发展；如果孔子学院普遍选择市场化运作模式，总部的引导性和控制性就会下降，并且难以进行统一的监督与管理；孔子学院选择不同的市场化运作程度和市场化运作方式，所面临的问题和风险与市场化运作的范围和程度成正比，不同个体的市场化运作选择，面临的风险问题不具有一致性。

作者关注了孔子学院市场化运作面临的困难与挑战，认为过度市场化易导致非营利宗旨的偏离、孔子学院市场化运作需要承担投资风险、管理者和行政人员不具备相应的专业能力等问题。在如何应对市场化运作风险方面，作者提出了四点建议：一是孔子学院应坚持非营利组织的基本原则和宗旨；二是总部应当进一步加强和完善市场化运作条例的建设；三是进一步加强和完善职员和志愿者聘用及培训体系；四是构建多维度的共享信息监督体系。

来源文献：王琦. 孔子学院市场化运作初探——基于南洋理工大学孔子学院的分析[D]. 山东大学，2015.

第五节　海外孔子学院建设与发展案例

经过 10 多年的建设，孔子学院已经形成内涵与外延丰富的"立体式"发展格局。这种立体化的格局是一种网状聚合的支撑体系。这个支撑体系是以孔子学院总部为核心与枢纽、以全球孔子学院/课堂为终端与基础的一个国内外多方介入和多元共建的综合性文化交流平台。

如果说，孔子学院总部建设事关全局，那么，每一个海外孔子学院的建设与发展，每一个海外孔子学院的项目拓展与工作创新，都将关涉孔子学院事业的整体色彩与基础。实践证明，每一个孔子学院的建设与发展，每一个项目的拓展与创新，人力资源都是核心要素。换句话说，"终端与基础"是否富有生命力和创造力都是人才优势的体现。孔子学院吸引汇聚了各国教育、文化界的精英人才，管理与教学团队由中外方共同组成，外方院长与教师队伍中，有对中国有感情，愿为中国服务的海外华人；有对中国感兴趣，知华、亲华的外国人；还有对中国感兴趣，很想了解中国的外国人，其中，不乏曾驻中国的外交官员、著名汉学家等。外国"孔子"们本身有精彩故事，也善于讲中国故事，让外国人对中国文化多了一份了解和理解。[1] 中国自古有强烈的"日新"观念，"苟日新，日日新，又日新"，孔子学院的日新发展离不开中国文化的自新，离不开人才优势的发挥，离不开国内外资源的统筹，离不开每一个海外孔子学院的能量释放。

一所孔院，一种色彩。不同的人文地理环境赋予了每一所海外孔子学院独特的气质与先天禀赋。10多年来正是全球孔子学院的同心同德、群策群力才铸就了今天的景观。孔子学院的全面发展、整体推进，是每一个海外孔子学院智慧的展现及其探索与努力的综合呈现。

截至2014年底，中国在印尼建立了6所孔子学院。如果考虑到印尼经历过长期的华文封锁的历史，在印尼开展孔子学院工作一定会有特殊性与敏感性。

印尼阿拉扎大学孔子学院首任中方院长李启辉等在《印尼孔子学院现状与发展探析》中提到，2010年5月2日，美国《国际先驱论坛报》[2]在头版头条发表了一篇关于印尼公派汉语教师以及孔子学院工作的报道，发展中国家文化教育方面的情况刊载于该报的头条十分罕见。该报道认为随着中国经济实力的增强，中国在印尼的影响力可以跨越哪怕最高的屏障，印尼人正通过学习汉语来吸引中国的青睐。作者认为，西方主流媒体的嗅觉是敏锐的，印尼孔子学院的工作是重要的，至少可从以下三方面来分析原因：首先是人口因素。按照印尼国家统计局2009年统计数据，印尼人口达224 784 210，是世界第四人口大国。

---

[1] 刘汉俊、翁淮南. 孔子学院：中国文化"走出去"的成功范例——访国务院参事、国家汉办主任、孔子学院总部总干事许琳 [J]. 党建，2011（11）：52-55.
[2]《国际先驱论坛报》（*International Herald Tribune*）于2013年2月更名为《国际纽约时报》（*International New York Times*）。

全国约 87.2% 的人信奉伊斯兰教，是世界上穆斯林人口最多的国家。中国和印尼分别是全球人口最多与全球穆斯林人口最多的国家，两国人口总数占全球约23%，加强两国民众彼此的文化了解、互相学习对方的语言，其重要性不言而喻。其次是地缘政治与经贸因素。中国与周边国家，尤其是与东盟关系的重要性日益突显。印尼是东盟发起国之一，也是东盟人口最多、面积最大、综合国力最强、最具发言权的成员国。再次是侨务因素。印尼华人众多，各种统计数字介于 1000 万至 2000 万之间，稳居全球华侨华人人口数量第一。学习祖籍国语言文化是保持海外华侨华人民族性的根本保证，是维系与祖籍国联系的心灵纽带，是中华民族在海外的"希望工程""留根工程"。面对全球最大的华侨华人群体的需要，印尼孔子学院应责无旁贷地承担起这份职责。

在谈到如何有针对性地做好印尼地区孔子学院工作时，作者提出四点建议：

一是采取灵活的派出年限模式，保证基本队伍的稳定性。建立健全教学和管理人力资源体系是《孔子学院发展规划（2012—2020 年）》提出的主要任务。如果不能保持基本队伍的稳定性，不仅对孔子学院的健康科学发展产生影响，也是对国家前期投入的人员培训资源的浪费。虽然驻外人员的待遇在不断提高，但驻外人员还是要面对个人家庭、职级与职称晋升的压力，多数汉语教师志愿者回国后还要面临再就业的难题。作者认为，解决这一难题，调动多方力量联动协作是个关键，尤其是发挥中方合作院校的作用。人才资源始终是高校的一大优势，文化传承创新也是高校的一项主要职能。总部应该给予中方合作院校更多的自由度，支持高校结合自身实际情况，在保证派出人员基本素质达标的前提下，采取灵活的年限模式，各校各法，构建包括中方院长、公派教师和志愿者在内的人才梯队，保证驻外队伍的稳定性。中方合作院校应将孔子学院人才队伍建设纳入到全校干部与师资队伍建设和毕业生就业工作的总盘子中加以考虑，鼓励符合条件、热心于汉语国际推广事业的人才长期或终身从事孔子学院工作。高校在职称评聘、职务晋升以及再就业政策上向派出教师与志愿者倾斜，支持安排派出人员配偶随任等具体问题，解决驻外人员的后顾之忧。

二是改变中方合作院校从属地位，支持孔子学院项目与中方合作院校的对接。孔子学院合作协议的签署方，基本上是国外高校与孔子学院总部，这就在法律层面上确定了二者是主要的责任主体。而国内对口高校，是作为由总部授权与委托的单位参与具体的工作，容易产生从属的定位感，中方合作院校的主动性和创造性相当重要，这是支撑孔子学院蓬勃发展的重要保证。优秀的中方合作院校会将孔子学院建设纳入本校整体发展规划中予以考量，从制度层面上保障发展，从组织层面上保证工作落到实处，从学科建设层面上提供智力支持。国家汉办与各省教育主管部门应充分调动中方院校的合作积极性，按照责权利统一的原则，一方面强化对中方院校的考核，明确中方院校对办学成效优劣的责任，建立退出机制，必要时应更换中方合作院校；另一方面，要尽量下放决策的自主权，并且支持孔子学院的项目与中方合作院校的对接，让中方院校与孔子学院结成利益共同体。

三是加大师资"输血"力度。师资问题应从"输血"与"造血"两个方面努力。"输血"，就是加大公派汉语教师与汉语教师志愿者的派出力度，尤其是汉语教师志愿者。目前，印尼每年接收的志愿者人数约100名，远远低于各学校的申请人数。当前首要是建立总部与印尼教育主管部门的直接沟通，就扩大志愿者派出规模在政策层面上达成共识。另外，可以适当增加汉语教师海外志愿者的招募人数。总部规定，汉语教师海外志愿者主要从中国留学生、海外华侨中招募，印尼拥有大量高素质中青年华侨，许多国内派驻印尼的工作人员的随任家属也拥有较高学历与素质，加之这部分人员本身已具备在印尼的合法居留身份，这都为海外志愿者招募提供较丰富的人选资源。在公派汉语教师方面，可将印尼各地孔子学院作为一个区域内汉语师资派遣的综合调度平台，辐射学院所在城市及周边地区，改变原有的一个公派教师定点在一个学校的做法，让师资流动起来，让每一位教师根据自己专业所长在区域内多个学校任教，提高师资投入的合理性和效率。

四是加强与印尼政府部门的沟通，适时设立区域服务中心。良好的合作是建立在有效沟通的基础之上。印尼华文解禁也才过去16年，现有的政治氛围使得相关部门或官员即便有积极合作的愿望，一般也不会主动地与我方联系。这就需要总部加强与印尼政府部门，特别是教育主管部门的沟通，定期互访与联络，不可简单地依赖第三方进行意见交换。如果在印尼设立区域服务中心，不仅可以代表总部在一线与印尼相关部门直接进行有效沟通，而且将推动6所孔子学院资源整合，更好地形成合力，协同开展工作。

来源文献：李启辉、姜兴山.印尼孔子学院现状与发展探析[J].福建师范大学学报（哲学社会科学版），2015（03）：161-166.

非洲汉语文化传播是在孔子学院的框架下迅速发展起来的。截止到2014年12月，非洲已有32个国家设立了38所孔子学院和10个孔子课堂。这些孔子学院都是非洲各国高校与中国著名高校共同参与建设的，双方高校之间建立了良好的合作关系，在推动双方文化交流和汉语言文化的广泛传播方面起到了非常重要的作用。

李红秀在《非洲孔子学院建设与汉语文化传播》一文总结孔子学院在非洲地区汉语教学与文化传播的特点及其成就的基础上，坦诚地指出，目前非洲孔子学院的汉语文化传播还存在着不少问题，面临着诸多挑战。

第一，汉语文化渴求与传播环境不佳的矛盾。中国经济的快速发展和大量的中资机构进军非洲市场，促使越来越多的非洲人想要学习汉语，了解中国文化。然而，非洲各孔子学院几乎都面临着人民群众对汉语学习的极大渴求与文化传播环境不佳的矛盾。除埃及、肯尼亚、南非、埃塞俄比亚、尼日利亚、坦桑尼亚有2所以上的孔子学院或孔子课堂，其余26个非洲国家各自仅有1所孔子学院或孔子课堂。这些孔子学院绝大多数都建立在经济条件相对较好的首都。有条件学习汉语或接触中国文化的非洲学生，多数生活在首都或郊区，其他地区的学生根本无法接触到汉语文化。制约非洲孔子学院发展的重要因素是教学基础设施的严重不足。

第二，低层次文化传播与高水平文化人才需求的矛盾。由于非洲孔子学院创办时间短，多数还处于起步和摸索阶段，这就造成了汉语文化传播的两面性：一方面，大量的非洲人想要学习汉语文化，除在校学生外，还有本地大学教师、商人、工程师、业余歌手、家庭主妇等成年人，都加入到汉语学习的队伍中，学习者的年龄从几岁到六十多岁，跨度大；另一方面，大多数孔子学院的汉语文化传播还停留于初级阶段，想要培养高水平、高层次的汉语文化人才还面临诸多困难。目前,多数非洲孔子学院的汉语教学是采用初级班和中级班的培训模式,进行汉语学历教育的孔子学院还比较少。许多孔子学院的培训班开始人数众多,在两三个月之后,学习人数大幅度减少,能够坚持学习一年的学生少之又少。这就形成了学习汉语的人很多,而真正的汉语人才却很少的尴尬局面。与此同时,非洲许多大学希望借助孔子学院的平台,将非洲已有的"向东看"政策推向深入。然而,目前非洲孔子学院的汉语教学还停留于初级阶段,课程开设主要集中于汉语学习,几乎没有涉及其他领域的专业文化知识。

第三,语言文化差异与传播效果的矛盾。中非在地理位置上相距遥远,历史上相互交往很少,因此,中非在语言文化、风俗习惯、宗教信仰、生活观念、社交礼仪、思维方式等方面差异巨大,这些差异对汉语文化传播造成了比较大的影响。目前,非洲38所孔子学院的外方院长除了马达加斯加塔那那利佛大学孔子学院、贝宁阿波美卡拉维大学孔子学院、布隆迪大学孔子学院等几个外方院长是曾经留学中国的博士,汉语比较好,大部分外方院长不会汉语,不太了解中国,加之非洲人生活节奏慢,因此,一些中外方院长在合作中存在着许多矛盾。另一方面,非洲许多高校对中国汉办派遣的中方教师和志愿者并不十分满意。非洲各国过去是英法国家的殖民地,各国高校的教育体制也来源于英法国家的教育模式。因此,非洲高校对教师要求高,具有博士学位的人才有资格当教师。而汉办选派的教师很少有博士文凭,汉语志愿者刚从大学毕业,在各高校看来根本不具有教师资格。更为重要的是,非洲当地语言五花八门,不同国家的官方语言不同。而汉办派到非洲的教师和志愿者只会英语,会讲法语和阿拉伯语的教师微乎其微。因此,法语区和阿拉伯语区的孔子学院在汉语教学中就十分不便,不会英语的学生在上课时就会很困难,这必然带来汉语文化传播效果的现实障碍。

第四,中方文化传播诉求与非洲功利性接受的矛盾。在对非洲进行汉语文化传播方面,中方采用的是"走出去"和"引进来"双向传播策略。"走出去"就是在非洲各国建立孔子学院或孔子课堂,让当地人喜欢和接受汉语文化,提升汉语文化在非洲的亲和力和影响力。中非同属于发展中国家,中非友谊也源远流长,因此,中国政府本来希望在非洲能建立更多的孔子学院。然而,非洲许多国家经济落后，教学基础设施太差，许多外在因素制约了孔子学院的发展。"引进来"就是中国汉办通过国外校长访华之旅、"汉语桥"世界大中学生中文比赛、国际学生夏令营、孔子学院奖学金等项目，让非洲校长对中国文化有亲身体验和感受，让非洲学生有机会到中国留学和旅游，增进对汉语文化的感染力和亲和力。不过，非洲学生接受汉语文化有着很强的功利性和实用性的目的。总部设立孔子学院奖学金的目的，是要培养非洲紧缺的本土汉语师资，希望这些非洲汉语人才学成归国后，不仅要能够成为汉语教师，还要能成为汉语教师培训机构的专家，使他们成为汉语文化在非洲传播的使者。可实际情况是，许多非洲汉语人才回国后，要么在政府任职，要么在中资机构当翻译或从事商贸活动，当教师的很少，其主要原因是非洲各国教师工资不高，而中资机构的待遇比教师工资高得多。因此，中国培养的非洲汉语人才在从事汉语文化传播方面并不理想。

根据在非洲的工作经历及研究分析，文章作者提出非洲孔子学院建设与汉语文化传播的五点共性策略：

一是构建"一院多点"的汉语文化传播模式。从数量来看，非洲孔子学院数量整体偏少，绝大多数国家只建有一所孔子学院，无法满足当地人对汉语文化的渴求。非洲许多孔子学院采用"一院多点"的汉语文化传播模式，即一所孔子学院在校内外开办多个汉语文化教学点，以满足当地不同层次的汉语文化学习需求。

二是加强汉语文化传播高层次人才的培养。文化和语言是表与里的关系，文化是表，语言是里，文化是衣服，语言是血肉，只有深入到血肉之中，文化传播才能真正发挥重要作用。目前，非洲孔子学院的汉语文化传播主要采用业余培训和学分制选修的形式，课程少，学期短，教材单一，只停留在表层的文化传播，学习者难以培养对汉语的忠诚度和持久度。要改变这种局面，孔子学院必须加大高层次汉语文化人才资源培训力度，推动汉语学历教育部分。

三是推动汉语文化传播的本土化进程。从长远发展来看，非洲孔子学院必须加大本土化进程，从以中方教师为主逐渐过渡到以本土教师为主。首先，应该聘请曾留学中国的本土教师担任孔子学院外方院长。其次，聘请更多的曾留学中国的博士、硕士到孔子学院担任兼职或专职汉语教师。再次，大力发展汉语师范专业，形成小学—中学—大学完整的本土化汉语师资，使汉语文化传播进入当地的国民教育体系。最后，编写适合当地需要的汉语文化本土教材。教材的编写由本土教师和中方教师合作完成，这必将对汉语文化传播起到更好的推动作用。

四是重视语言文化传播的互动性。首先，中国汉办在加大选派教师和志愿者到非洲工作力度的同时，也应该要求他们学习当地的语言和文化。其次，中国政府要加大非洲学生来华留学项目。

五是建立多主体参与的汉语文化传播模式。非洲孔子学院应该建立多主体参与的文化传播模式，在以政府为主导的支持下，积极争取企业、国际组织、区域组织、非政府组织参与对孔子学院的发展建设，共同促进汉语文化在非洲的传播。

来源文献：李红秀.非洲孔子学院建设与汉语文化传播[J].中华文化论坛，2015（01）：111-117.

档案建设，无论是对于加强孔子学院的日常管理、工作评估，还是制度建设或分析研究等都具有非常重要的意义和作用。孔子课堂档案建设研究是完善孔子课堂内涵建设的有益尝试，也是孔子学院总部为实现对下设孔子课堂的规范有效管理而进行的探索与实践。

尹春梅在《中亚孔子课堂档案建设研究》一文中，以吉尔吉斯国立民族大学孔子学院为例，对中亚孔子课堂档案建设现状进行分析。作者指出，开展孔子课堂档案建设工作有助于教师围绕工作重心有目标有意识地开展日常各项工作，能为开展孔子课堂质量评估提供真实客观的依据，为孔子课堂的发展提供研究资料，以研促建，切实加强和不断优化孔子课堂的管理质量和内涵建设，实现孔子课堂建设的良性循环。

文章认为，孔子课堂档案建设是孔子课堂工作顺利交接的重要史料。中方教师离任对孔子课堂来说影响很大，甚至有些孔子课堂会出现新旧教师衔接断链的情况，孔子课堂的档案交接工作更显得重要，加强孔子课堂资产登记及各项档案建设能够保障工作顺利书面交接，也能够防止资产流失。

作者指出，档案建设工作的完善还有赖于孔子学院总部出台具体的档案管理规范，对孔子课堂的档案建设进行统一要求和部署。其中包括档案建设的原则、档案建设的具体规范、档案建设的实施保障。如，一是要加强档案建设的人员培训，二是要建立档案建设的监督机制，三是要对档案建设提供物质保障等。

来源文献：尹春梅.中亚孔子课堂档案建设研究——以吉尔吉斯国立民族大学孔子学院为例 [J].新疆教育学院学报，2015（03）：65-73.

有不少学者指出，孔子学院发展带来的一个重要变化就是，显著扩大了汉语教学与文化传播的影响空间和受众群体。作为一项国家战略举措，其成败与否取决于很多因素，其中有内因如经济发展水平、文化的吸引力等，也有外因如需求程度、教学环境等。

朱勇在《海外汉语学习的语境补偿问题》一文中指出，在汉语国际传播过程中，不仅要重视海外汉语学习环境的建设，也要加强这方面的专门研究。作者指出，在国外，课堂学习汉语的时间一般为每周四课时，学习时间非常少。即使课堂用语全部为汉语，汉语的输入量也是相当有限的。课堂学习的内容主要是通过输入方式获得的，由于时间关系，获得的主要是知识，这些知识要转化为技能必须要在课外复习、消化、吸入和提高。如果没有课外学习，学过的内容会忘记。即使没忘记，也无法活用内化为使用汉语的能力。

文章通过问卷调查分析，提出海外汉语学习语境补偿的三个建议：一是加强和完善课外学习内容；二是建立相对稳定的学习共同体，继而形成群体动力，激发和保持学习者的学习动机；三是有效利用海外孔子学院创设海外汉语学习环境。

在论及如何解决海外环境下汉语输入输出的不足，以及海外汉语学习的语境补偿时，作者认为，在全球汉语热的情况下，需要更宏观的考虑。应该充分考虑和利用遍布世界 100 多个国家的 1000 多所孔子学院（课堂），来创设各地的课外汉语学习环境，因为孔子学院所在地一般基础较好、学习者相对集中，也有汉语教师和志愿者的保证，这样既可以服务孔子学院的学员，也为其他各种汉语学习者提供用汉语交流和体验中华文化的机会。

文章从交际性语言环境、部分交际性语言环境和非交际性语言环境三个角度予以说明：第一，交际性语言环境，主要有汉语角和汉语剧社等。通过各种活动，可以将学过的词汇、语法以及语用知识放到实践中检验，增加输出的机会，这也是对课堂任务型教学法的一种延伸。这样的活动既能促进他们用汉语交流，也能帮助他们理解中国文化。第二，部分交际性语言环境，主要有电影日和太极拳兴趣班等。电影可以为学生引入原汁原味的中国文化，可以激发学生学习汉语的兴趣；利用中文电影，还可以促进学生对语音、词汇、语法等的伴随性习得，让他们不知不觉中复习课堂上学过的语言要素，身心愉悦的同时还可获得新的语言和文化知识。而太极拳在海外几乎所有的孔子学院都有涉及。第三，非交际性语言环境，如中国文化巡演和中文阅览室等。孔子学院应进一步充分利用现有的教材、读物建立各自的中文阅览室。这样既可以将汉办赠送的各种教材予以陈列，供教师备课参考，也可供学生补充阅读。

作者总结认为，一座城市的课外汉语环境形式需要综合考虑多种因素而定，同时也需要联合包括当地华人社团等在内的多方力量才能顺利进行。上述三种课外语言环境的划分不是绝对的，各个国家、各个城市可以根据自己的情况对活动形式进行选择，建立以孔子学院（课堂）为中心的汉语学习环境，并向周边辐射。汉语学习者数量多的，汉语热持续高涨的地方可以考虑给学习者提供更多的选择余地，让他们各取所需，成功融入某一学习共同体；汉语学习者不太多的地方，则可以采用最常见的汉语角形式。当然如果放在一个更广阔的空间来看，网络孔子学院平台可以帮助学习者建立更大的学习共同体，大家既可以网上交流，也可以网下面对面交流。

来源文献：朱勇. 海外汉语学习的语境补偿问题[J]. 对外汉语研究，2015（02）：154-164.

| 第四章 |

影响研究

十多年的建设实践表明,孔子学院的影响几乎是方方面面的。无论是在政治、经济、文化、教育等宏观层面的影响,还是对某些国家、地区、群体、个人的中观微观影响,都表征了孔子学院的社会存在与作用。也许,这种影响与辐射,就是人们常常说的"软实力"吧。

很长一段时间以来,人们对孔子学院的认知,特别是其影响和价值的认知,是通过媒体塑造和舆论反馈获得的。总体来讲,社会关于孔子学院影响的判断仍处于缺乏一个清晰框架和系列价值准则的状态,人们需要更多的理论诠释和理性判断。应该讲,对孔子学院教育功能、文化作用、社会价值予以深层次研究,既有助于对孔子学院基础性价值和发展性价值的认知,也有助于在一个更深的层面上关注和推动孔子学院的教学和发展。"古往今来,任何新兴事物都要经历实践与舆论的洗礼,这是社会发展的常态。同样,对孔子学院的认识,诸如疑虑、争议、诉求、赞誉等等,从未停止和间断过。10多年的发展历程凝结了国内外渐进式的认知路径,出现了不同取向的价值判断,呈现出不同向度的衡量标准。无论喧嚣、纷扰、褒扬、期冀,都是发展进程中真实的表述与成长的痕迹。孔子学院作为新兴事物,具有原创性、探索性和前瞻性,其建设没有前车之鉴,缺乏实践参考,在前进过程中遇到观念、体制和保障体系等诸多方面的问题或障碍是不可避免的。在不断打破惯性思维模式的路径依赖,不断突破既有判断和思想的制约,不断适应、调整和完善海外办学思路与实践的过程中，孔子学院在世界范围内初步建立起国际汉语教育的网络体系"[1]，也初步向世界呈现了其功能与价值。

总体而言，共识与正面的话语是主流。不同的声音代表了不同的理解与视角，对于孔子学院这样一个开放的置于世界各地的窗口而言，多元多彩本身就是其特征之一。或许多年以后，孔子学院回首往事，会怀揣一份也无风雨也无晴的恬淡。

第一节 主旨演讲与会议共识

全球孔子学院大会是世界汉语国际教育领域的年度盛会。在这个大会上，既有经验的交流、文化的对话，也有理念的互通、实践的探究。人们普遍关注大会的主旨演讲，因为这个主旨演讲代表了中国政府以及总部理事会对孔子学院的评价与支持、政策与导向；人们普遍关注会议共识，因为会议共识汇聚了中外方校长和院长们，关于孔子学院发展的思想与观点、建议与措施。

交流是信息共享的一种方式，是促进文化理解的有效途径。"共同经验范围"理念告诉我们，交流可以扩大共同经验的范畴和体量，这在跨文化交流中特别重要。无论是海外的孔子学院还是一年一度的孔子学院大会，都形成各自内涵相近形态各异的"共同经验范围"，这个共同经验范围为交流提供了平台，为理解创造了条件。平台，可以铸就规模、汇聚资源、助推发展、缔造价值。第十届孔子学院大会产生的共识与共鸣，是在交流与碰撞中产生的硕果，也是进一步加强文化理解、迈向新一年工作出发的起点。

2015年12月16日，国务院副总理、孔子学院总部理事会主席刘延东在第十届孔子学院大会开幕式上发表了题为《适应需求 融合发展 为促进世界文明多元多彩贡献力量》的主旨演讲。

刘延东在演讲中指出，今年是孔子学院新10年的开局之年，也是孔子学院大家庭深感振奋的一年。全球汉语热持续升温，俄罗斯、葡萄牙、南非、亚

---

[1] 马晓乐、宁继鸣. 孔子学院的文化功能与社会价值 [J]. 山东社会科学，2015（08）：173-178.

美尼亚等多国将汉语教学纳入国民教育体系，美国提出汉语学习者倍增的"百万强"计划，英国拨专款支持汉语教学，10多位国家元首或政府首脑出席孔子学院活动，这都体现了各国对孔子学院和汉语教学的日益重视。10月下旬，习近平主席出席英国孔子学院和课堂年会开幕式并发表重要讲话，高度评价孔子学院为推进中国同世界各国人文交流发挥的独特作用，殷切希望孔子学院为传播文化、沟通心灵、促进世界文明多样性做出新的更大贡献。这是对我们的巨大鼓舞，为全球孔子学院事业发展注入了新的动力。

回顾一年的工作，成绩可圈可点，亮点精彩纷呈，主要表现在：

一是孔子学院走进越来越多的国家和地区。今年有25所孔子学院和149个中小学孔子课堂加入了我们的大家庭。目前，孔子学院总数达500所、孔子课堂1000个，注册学员超过190万人，分布在134个国家，初步形成了多层次、多样化、广覆盖的布局，全面完成《孔子学院发展规划》2015年目标。

二是办学水平不断提升。示范孔子学院、网络孔子学院、院长学院"三院"建设取得新突破，带动教师、教材、教学法"三教"改革取得新进展。现有中外专兼职教师4.4万人，各国孔子学院编写本土教材1200多册，全球汉语考生达600万人，网络孔子学院注册用户800万人。新汉学计划资助300多名各国博士生和专家学者来华研修访问，提升了孔子学院的办学层次。

三是运行模式日益健全。运行3年以上的孔子学院开展了事业和财务审计，280多所以校长名义提交了专项报告。很多学校通过第三方审计，详细公布了有关数据信息，展示了孔子学院公开、透明的良好形象。如美国新罕布什尔州立大学、波特兰州立大学组成专门评估审计委员会，英国阿伯丁大学聘请毕马威会计师事务所做审计。结果都表明，孔子学院设置程序规范，财务支出透明，教师表现优异并鼓励学生自由讨论，效果之好，远远超出了评估方的预期。召开了北美、欧洲、大洋洲等地区联席会，以及英、法、德、俄等10多个国别联席会，交流了办学经验，促进了资源共享。

四是人文交流平台作用日益明显。孔子学院集语言教学、文化传播、学术研究为一体，内涵不断丰富，功能逐步拓展，在促进人与人的交流、心与心的沟通方面发挥着不可替代的作用。一年来，各国孔子学院共举办各类人文交流活动3.6万场，受众达1200万人。总部还派出了40多个文艺团组，赴260多所孔子学院巡回演出；组织10多个外国文艺团组来华演出，邀请3万名各国教育官员、校长和师生访华。丰富多彩的人文交流活动，为各国相互了解、合作共赢注入了正能量。

五是吸引力凝聚力不断增强。随着孔子学院影响力的扩大，越来越多的毕业学员和关心支持孔子学院发展的各界人士，成立孔子学院校友会的愿望日益强烈。很多院校自发成立校友会，仅今年就成立了40多家，注册会员达2.6万人。总部本着搭建平台、提供服务的目的，广泛征求各方意见的基础上，起草了"孔子学院校友会"的章程，并为校友会的成立做了大量筹备工作。校友会是各国学员自发的组织，自愿参加，自我服务的一个民间社会团体，是促进、联谊、交流、互助的一个平台。希望大家能够共同努力，积极探索，使校友会成为和谐友爱的校友之家。

刘延东表示，语言是了解一个国家最好的钥匙，孔子学院是世界认识中国的一个重要平台。面向未来，作为汉语教学的园地、文化交流的桥梁、深化友谊的纽带，孔子学院既要主动适应各国汉语学习者日益多样化个性化的需求，也要有效满足企业和社会组织对复合型实用性人才的需求，还要积极服务夯实国家关系民意基础的需求，可谓任重而道远。希望大家围绕本次大会主题，建言献策，凝聚共识，共同推动孔子学院朝着更高水平发展。今后的工作，应突出"特色、质量、创新、共建、品牌"5个关键词：

一是特色，根植本土、服务民众。适应需求首先要体现在符合不同国家的国情和不同受众的特点。制订和实施行动计划，最为关键的是要贴近生活方式、贴近语言习惯、贴近思维表达，改革教学内容方法，因地因校制宜，突出特色发展。

二是质量，提升能力、内涵发展。质量始终是孔子学院的生命线。现在孔子学院已处于由规模建设迈向内涵提升的关键阶段，总体态势是好的，但在师资力量、教材适用性、中方院校支撑能力等方面，还存在着一些短板。为此，我们要有针对性地采取措施，加以解决。

三是创新，规范透明、阳光运行。孔子学院能有今天的良好局面，是我们共同大胆探索、锐意创新的结果。我们创造了中外合作的办学模式，创立了各国共同参与决策的管理机制，这在世界上都是独一无二的。近年来，随着孔子学院的发展壮大，社会各界的关注度、认可度越来越高，同时也出现了一些不同的声音。对此，我们要客观认识，正确对待，以包容的胸怀听取各方意见，主动通过第三方评估和审计等方式，推进信息公开，努力增信释疑。要创新体制机制，建立健全各类规章制度，严格准入和退出机制，充分发挥理事会协商和决策作用，不断提升治理能力和治理水平，确保孔子学院持续健康发展。

四是共建，多方参与、形成合力。孔子学院属于中国，也属于世界，是各国人民共同的宝贵财富。实现孔子学院共建、共管、共有、共享，需要多方参与、合力支持。要进一步密切中外合作，充分发挥合作高校的主体作用，鼓励中外企业和社会组织通过捐资捐物等各种方式参与孔子学院建设，探索成立孔子学院基金或基金会，努力拓宽办学资金来源渠道。孔子学院自身也要挖掘潜能，主动服务各领域，务实合作，特别是在"一带一路"沿线国家和亚非拉发展中国家，注重将语言教学与职业技能培训紧密结合，助力当地青年就业。

五是品牌，打造人文交流精品项目。孔子学院始终坚持开门办学、开放发展，为促进中外人文交流、世界多样文明共同繁荣搭建了广阔平台。今后要继续打造好、利用好这一平台，深化中外高校在人才培养、学科建设、科学研究等多领域、全方位合作，为各国师生学习交流提供优质服务，提升跨文化交流能力。努力推动全球孔子学院和孔子课堂及其所在学校之间的互联互通，将孔子学院建设成为更富魅力的国际教育文化共同体。

在演讲结束时，刘延东指出，一定要继续坚持和贯彻孔子学院平等合作、互利共赢、兼收并蓄、开放包容的办学理念。站在新的历史起点上，携手并肩、再接再厉，推动孔子学院适应需求、融合发展，努力为传播文化、沟通心灵、促进多元多彩的世界文明发展做出新的更大的贡献！

来源文献：刘延东. 适应需求 融合发展 为促进世界文明多元多彩贡献力量——在第十届孔子学院大会开幕式上的主旨演讲[J]. 孔子学院，2016（01）：22-31.

校长论坛的议题是宽泛的，但每年都会有针对性的话题供代表们深入讨论，集思广益。在论坛上，校长们分别就孔子学院为企业服务、示范孔子学院经验，以及孔子学院与"一带一路"等问题进行了广泛的交流与探讨，并达成若干共识。

在孔子学院为企业服务的问题上，达成的共识主要有：（1）孔子学院可以为中外企业人才招聘提供有力支持。孔子学院在日常教学中应主动与当地企业讨论，如何改进课程教学，提高商业管理、基本法律、税务、海关政策、跨文化交流方面的能力，以满足企业用人需求。孔子学院是企业招募本土员工的一个重要来源，通过孔院招募的员工没有语言交流障碍，同时也对跨文化交际有着浓厚的兴趣。（2）孔子学院应为中外企业提供员工培训和交流平台。在合作初始，孔子学院首先要注重与公司 CEO 或主要管理层代表会谈，只有了解企业的深层次需求，才能提供跨文化的解决方案，确保公司高层支持孔子学院的特色服务。孔子学院在开设汉语课程的同时还应开展文化以及商务文化交流活动，帮助当地企业理解中国。（3）孔子学院有助于中外企业提升知名度和影响力。孔子学院在全球范围具有广泛影响力。中资企业通过孔院牵线搭桥可在当地提升企业美誉度。代表们提出，应该拓展中资企业支持孔子学院的方式，建议在教材中增加中国优秀企业的介绍，提升企业形象，建立渠道帮助来华留学生到中国企业实习和就业。（4）中外企业可为孔子学院提供多种类支持。企业可以为赴外志愿者赠送有中国特色的生活用品，既支持了志愿者在外的生活，也推广了中华文化。代表们建议，出版多语种中国烹饪教材，进一步推动中国烹饪在全世界的发展。此外，由世界知名企业提供启动资金建设孔子学院，孔子学院为其打造商务汉语核心课程的模式也值得借鉴。

在示范孔子学院经验交流问题上，达成的共识主要有：（1）在示范孔子学院的基本条件和功能方面，代表们一致建议，示范孔子学院要提供优质的场地和便利条件，不断改善办学设施。代表们认为，要确保高质量的中文教学水平，就必须培养优秀师资、改进教学并接受质量监督体系监管。除汉语教学外，示范孔子学院也必须与当地大学融合，在教授汉语的同时，传播中华文化，使学生具备宽广的眼界。（2）关于示范孔子学院的未来发展计划，代表们提出若干示范孔子学院的发展战略和思路,包括:加强教师和员工职业培训;确保每所下设孔子学院(课堂)都有高质量的汉语教学,提供优质教师培训,并利用高科技发展在线教学;制订汉语教学课程大纲,满足不同层次人群的汉语学习需求;促进教学和科研人员流动;在发展战略上要加强公关和媒体宣传,争取社会各界支持等。(3)关于示范孔子学院的引领作用,代表们表示,示范孔子学院相对一般孔子学院,要在所在国家或地区的汉语教学中发挥引领作用。具体体现在:提供充足的教学资源,举办有规模性的项目。加强与当地社区的合作,开展丰富多彩的活动。示范孔子学院未来要在新领域做出新的成就,例如推动两国人文交流,培养会讲汉语的领导人,以及支持"一带一路"等。

在孔子学院与"一带一路"问题上,达成的共识主要有:(1)"一带一路"为孔子学院发展带来机遇和挑战。"一带一路"将进一步突显孔子学院在文化和人员交流方面的桥梁作用,同时有效地促进了中外经贸合作。在这个大背景下,各国孔子学院要精诚合作,创造更好的关系。经贸发展离不开文化与语言。孔子学院是语言和文化交流的平台,可以创造与其他国家共赢的局面。有效沟通能使各方对"一带一路"有更深的了解,防止各国的发展策略出现冲突。尤其值得关注的是,"一带一路"地区的发展增加了对汉语口语和翻译毕业生的需求,各国将派遣大量留学生到中国学习,促进青年交流。大家认为实施"一带一路"倡议,真正受益方还在人民,孔子学院是促进各国有效沟通、融合不同国家学者的机制,有利于大家寻找共同利益。(2)关于孔子学院服务"一带一路"的实践和计划。代表们分享了各自孔子学院已开展的内容丰富、层次多样的相关文化及教学活动,就孔子学院如何更好地服务"一带一路"提出计划和倡议:要根据"一带一路"倡议和目标重新解读孔子学院的使命;要开设更多的语言和文化比较与融合课程;要加强"一带一路"相关翻译及研究工作,促进学生到政府、议会及企业实习,使孔子学院成为促进经济和社会发展的新平台。

来源文献:第十届孔子学院大会校长论坛[J].孔子学院,2016(01):48-65.

作为孔子学院日常工作的组织者和直接参与者,在论坛上,中外方院长分别就孔子学院之间资源共享、实施新汉学计划等问题进行了广泛的交流与探讨,并达成若干共识。

在孔子学院之间资源共享的问题上,院长们的观点主要包括如下方面:(1)关于资源共享的意义。与会代表非常赞同刘延东副总理关于"独行快,众行远"的看法,一致认为只有通过合作,孔子学院才能走得更远。应尽快实现孔子学院间的资源共享,树立孔子学院品牌,协同合作以更好地面对外部的压力和挑战。孔子学院须共同探讨资源共享的内容、途径、机制、技术支持等具体事宜,尽快建立共享平台。(2)关于资源共享的内容。代表们分享了各孔子学院资源共享的实例,包括孔子学院合作开发课程、教材、课件,联合举办文化活动,共同培训师资,建立远程汉语教育系统,以及合作开发中外方院长"应知应会"工作手册等。各孔子学院首先应了解自身资源,思考可以合作的内容,建立良好的沟通机制,选取特色、创新、有价值的资源进行分享,以降低成本、实现资源利用最大化。(3)关于资源共享的途径。院长们建议,应通过孔子学院年会、地区联席会等机会加强孔子学院间的沟通与交流,借助 Facebook、Twitter、微信等手机 APP 及二维码技术建立分享平台,也可以建立特色数据库、图书馆联盟等,加强区域合作。在资源共享项目中,应设立管理和协调机构,建立激励政策。孔子学院应根据各国国情、大学机构及自身定位的特点,在资源分享中明确责任分工,发挥特长协同合作。此外,各孔子学院还应注意版权等问题,避免因资源共享产生法律纠纷。

在实施新汉学计划的问题上,院长们认为:(1)要积极做好吸引新汉学计划学者到孔子学院任教的工作。建议尽快建立孔子学院与相关院系和周边其他学术机构的联系,提高学术声望与吸引力。吸引新汉学学者到孔子学院承担教学任务,不仅有利于提高孔子学院的学术实力与品牌形象,也可以为学者进一步搭建平台,拓展学术空间。(2)利用新汉学计划促进中国作品的翻译和中外词典编写。充分发挥本土汉学家的作用,建立灵活的项目操作方式,例如推行"丛书计划"等。由于词典编写工作繁杂、历时较长,应充分调动相关专业与孔子学院师生力量,完成高质量的作品,更好地服务本土。(3)进一步分享青年领袖访华子项目策划经验。建议孔子学院从实际出发，建立与当地支持者、赞助者的友好合作关系，并多与相关研究机构合作，深度发掘项目。在实施过程中，应注意项目成员的遴选和组织，充分实现资源利用与优势互补。

来源文献：第十届孔子学院大会院长论坛 [J]. 孔子学院, 2016（01）: 66–83.

第二节 教育国际化

按照学界普遍接受的观点，教育国际化是指通过与不同国家的教育机构或国际教育组织进行合作交流、合作研究、合作办学、合作培训以及开展国际理解教育或教育援助等途径，在理念与目标、课程与教学、评价与管理等方面实现融合并有所创新，从而提高国际化人才培养能力的教育发展过程。[①]

当前孔子学院开展的教育活动，无论是从理念层面，还是从实践层面，都是符合上述观点或定义的。促进教育合作和教育国际化发展是孔子学院的"初心"之一，这种基于互惠的教育合作范式不是个别的，而是普遍的；不是双边的，而是多边共同推进的；不是仅限于高等教育的，而是涵盖了整个基础教育的范畴或领域。基于这样一种契约与多边性质的合作，孔子学院将中国教育特别是高等教育置于一个开放和国际化的语境，其所创建的基于联动互惠和身份共有的模式具有原创性和范式传播意义，对于推动大学的国际化进程，促进教育理念与资源的互通与互鉴，特别是对人文社会学科等诸多领域的带动辐射和国际化拓展等具有重要的不可或缺的作用。

然而，与教育国际化的内涵与功能相比较，2015 年关于孔子学院与教育国际化研究的文章，尚存有较大的拓展空间，有待进一步挖掘。或许原因有很多，但本报告更愿意相信，这仅是恰逢学术研究中的"小年"而已。

在人类文化交流史以及中国大学国际化的历史上，孔子学院的国际教育合作规模均属空前。有学者撰文指出，孔子学院的创立和发展，从某种程度上

---

① 周满生. 教育国际化：概念、特征与趋势 [J]. 世界教育信息, 2013（13）: 12–16.

标志了中国高等教育真正走向国际化的历史新阶段——中国大学3.0。

李军等在《中国大学国际化的一个全球试验》一文中,以孔子学院十年之路的模式、经验与政策前瞻为主题,研究分析了孔子学院与中国教育国际化的关系。作者在文中,以一手实证数据揭示了孔子学院发展模式、经验和挑战、在发达国家与发展中国家间的运作差异,以及在中国大学3.0走向国际化乃至世界文明发展中的意义。

作者在研究中发现,外方大学申办和运作孔子学院的动因具有多重性,而这种多重性的一个基本特点是中外双方在此过程中是相互获益的。这些多重动因包括:对汉语和中国文化学习的需求,是孔子学院创立和发展最主要的动因;开展、巩固和加深与中国的教育合作是一个重要动因;其他国家对中国的外交需求,也是一个重要的国际动因。

在孔子学院的功能与服务模式方面,文章总结了四类模式:第一种模式可以称之为教学主导型,这是孔子学院最主要的功能,在发达国家和发展中国家均有体现。教学主导型的孔子学院在很大程度上渗入主办大学的汉语教学及其课程设置的诸多方面,成为主办大学的有机组成。第二种模式可以称之为社区服务型,也是较为主要的一个功能,体现在发达国家或者发展中国家汉语教学基础好的地区。第三种模式可以称之为学术研究型,主要集中在发达国家。第四种模式可以称之为融入型,在发达国家和发展中国家都有发展。在这种模式中,由于孔子学院已经融入大学课程的正式系统,变成学校的正规教学单位,因此在教学质量等方面就会有更为严格的常规检测和控制。

调查还发现,一些发展中国家的主办大学没有汉语系,汉语师资、教材、课程体系等都是一片空白,孔子学院在这方面发挥的作用是独一无二、不可替代的。在发达国家和发展中国家有汉语系的主办大学,希望借助孔子学院的力量和品牌,扩大汉语教学服务和增强机构在汉语教学方面的市场竞争力。但是,是否申办孔子学院与主办大学管理层对大学的未来发展规划有关。汉语学习需求不一定能够直接转化为大学申办孔子学院的直接行动,主办大学对中国持续崛起的预见、对与中国政府和大学关系的重视是做出决策的一些重要动因。在这种情况下,主办机构容纳的胸怀和持续的支持对孔子学院的设置和发展起到了至关重要的作用。

作者指出，上述四种模式并非是一成不变的，各地孔子学院根据各自的情形在不断调整服务方式和重点。但值得一提的是，除上述四种主要功能与服务模式外，本研究没有发现孔子学院有从事其他方面的尤其是推行中国政府的意识形态的活动。换言之，没有实际证据支持所谓的"特洛伊木马"现象发生。

在论及孔子学院面临的挑战时，文章谈到，十年来，孔子学院在世界各国的发展虽然极为迅速，但也并非一帆风顺。其中一个挑战来自中西方大学传统理念的差异，以及这种差异对中外方大学合作的可持续性影响；另一个重要的挑战来自孔子学院的可持续发展。这在孔子学院整体上和个体上都是至关生存的重大问题。这一挑战与中外方大学之间的合作是否通畅，以及中外方院长的工作能力和模式直接相关。在这一点上，中外方孔子学院的院长角色至关重要。有些中方的孔子学院院长本身对所赴国家的语言和文化了解和掌握有限，有些外方院长对中文及中国文化的了解和掌握也甚类似，甚至只是挂名而已。这些局限都会极大地影响双方合作的顺畅性和对等性，并最终影响该孔子学院的可持续发展。

与此相关的另一个挑战是如何融入当地、因地制宜。如在针对并适合各地政治、经济、文化、宗教等社会条件下，如何更好地选拔和使用教师与教材问题。另外，总部对中方院长和教师的支持方面，需要有更多战略性的平衡，尤其是对前往欠发达国家孔子学院工作的中方院长和教师，要考虑如何提供更多的支持和关爱。

还有一个挑战在于孔子学院如何更好地担当起国际社会文明使者的角色。传播中国文化和学习世界其他文明是孔子学院的双重任务，也是它可以大有作为的空间。如果说每一位外派中方人员都是一张中国名片的话，这些名片自身能体现出什么样的中国文化特点，他们又能学习到什么样的异国文化就至关重要。因此，派遣之前应当进一步加强对中方孔子学院院长和教师有关派赴国社会文化背景知识的学习培训，培养他们尊重所在国的文化习惯，并在派遣之后积极鼓励他们主动参与和融入异国他乡的社区生活。只有他们对各国本土文化的渗入式了解和学习，才能真正促进汉语及中国文化的对外传播，以及加深不同文明之间的深切理解。

文章指出，孔子学院在短期内迅猛发展对自我科学评估和研发提出了更高的要求。目前虽然已有来自第一线的实践者对孔子学院进行了多方位研究，但是在研究方法、领域、理论和视野等诸多方面多数局限于汉语教学或文化传播等技术性层面的泛论，难以为孔子学院的自身发展以及国际性的教育发展机构如联合国教科文组织提供理论和实践的双重服务，也不能提供具备国际水准的科学研究成果，几乎无法与国际学术界进行双向交流并对之产生影响。作者认为，对于孔子学院将来的可持续发展，建立一个高水平的政策研发中心已经是迫在眉睫的优先战略。

在谈到政策启示与前瞻问题时，该研究指出：全球性的刚性需求是孔子学院得以迅速发展的根本动力。也就是说，对汉语和中国文化的世界性需求是刚性的，真正的决定性因素在各国或地区的主办大学。发达国家重视把孔子学院建设成为与中国配对大学之间沟通、交换和合作的组织化平台，发展中国家则更倾向于把孔子学院看作是扩大该机构在本地、中国和全球影响的机会。研究表明，不管是对发达国家还是发展中国家的大学来说，孔子学院并非中国强加于他们或诱惑他们的东西。相反，它是各国大学基于各自院校发展、经过深思熟虑而做出的自主选择，是在主办大学的控制之下借用中国政府的力量促进该地汉语教学和中国文化学习，加强与中国大学之间交往的教育文化机构。

孔子学院十年的发展得益于各国大学之间的国际合作。作者指出，与英国文化委员会、德国歌德学院、法国法语联盟、西班牙塞万提斯学院以及日本基金等世界其他文化推广机构不同的是，孔子学院基于各国和地区主办大学的自主选择，以及他们与中方配对大学的制度性合作与努力。孔子学院不仅仅在全球传播汉语和中国文化，它也通过国际合作的方式加速了中国大学的国际化进程，是中国了解世界的一个制度化的宝贵平台。在这一国际合作的关系中，中外合作双方的平等性和互惠性是基本的原则和特征。

作者特别提出，仅就本研究的发现而言，孔子学院在世界各地的发展各具特点，并没有一个固定的模式、经验。虽然它们具有相当的共通性，但是在创办的动因、功能、服务模式、运作模式的合作中，乃至财政模式和主要挑战等方面存在着很大的差异。这种差异在发达国家和发展中国家的不同政治、经济和文化背景下得以放大化和显著化。正是这种差异化的多元发展才丰富、立体地体现了在教育与发展主题下国际合作所必需的经验多样性，为在各国复杂背景下的国际合作和教育发展，甚至对于联合国教科文组织、世界银行等国际机构的发展，都具有积极的借鉴意义。

作者认为，孔子学院的十年发展不仅仅局限于在全球推广汉语教学与中国文化，并通过国际合作的方式加速中国大学的国际化进程，还在于孔子学院是一个积极推动教育与人类多元发展、双向合作的中国模式。这一中国模式摒弃了冲突与对立的西方传统政治思维，积极有效地回应了全球化时代对不同文明之间交流、对话、共生和发展的挑战，真正体现了和平、合作和平等的新境界。

来源文献：李军、田小红.中国大学国际化的一个全球试验——孔子学院十年之路的模式、经验与政策前瞻[J].中国高教研究，2015（04）：37-43.

相关数据表明，国际教育已经成为世界服务贸易的一种新兴方式，但与西方教育发达的国家相比，我国的教育出口贸易依然相对滞后，在国际教育市场上发展既不平衡也无优势。然而，有学者实证研究指出，孔子学院作为汉语言文化推广和传播机构，已经成为推动我国教育出口贸易发展的重要力量。

苗莉青等在《孔子学院对我国高等教育出口的影响》一文中讲，随着我国经济的发展和社会进步，教育服务在我国服务贸易中占据着越来越重要的地位，有着巨大的出口潜力，如何使教育服务成为我国新的出口增长点是我国政府与高校共同面临的问题。鉴于此，该文以主要国家面板数据实证研究为例，从实证的角度分析了孔子学院在不同国家对我国教育出口的影响，并从文化认同度和法律制度差异的角度考虑其影响程度。

文章指出，孔子学院是我国教育的天然广告牌，其与所在国人民建立了广泛而融洽的关系，并且展现了我国高等教育的各个方面，促进国外消费者对我国高等教育有更具体、深入的了解。作者认为，孔子学院的广泛建立和良好发展，能够吸引更多外国潜在的留学生来华留学，是传播我国教育社会声誉的重要途径，作者将孔子学院在所选取国家中的数量作为代表我国教育影响力的变量进行研究，并提出了两点假设：假设1，孔子学院对我国教育出口有正向的影响；

假设2，文化距离、双边贸易量、双边投资量以及不同的法律体系，均有助于促进孔子学院对我国教育出口的正向影响。

该研究在其他学者相关研究的基础上，将孔子学院作为高等教育出口的关键影响因素——开展市场营销、宣传我国高等教育的作用引入，设立为模型变量。运用引力模型，从需求要素、供给要素、促使要素和阻碍要素四个方面构建影响我国高等教育出口的要素模型。按照文章的设计，该研究的因变量是2003—2012年18个国家来华留学生人数，18个国家的GNI数据来源于世界银行网站。

结论表明，作为推广汉语和传播我国文化与国学的全球品牌和平台，孔子学院为我国带来了声誉和软实力的提升，同时对吸引更多国外学生来华留学起到了积极的促进作用，对我国教育出口做出了一定的贡献。该文运用引力模型，通过随机效应模型分析得到的研究结果是，无论在什么条件下，贸易伙伴国孔子学院的数量对我国教育的出口都有显著的正向作用，即孔子学院在教育进口国的数量越多，该国来华留学生人数就越多。在研究文化认同度的影响中，考虑与贸易伙伴间的文化距离、双边贸易量、双边外国直接投资和法律体系四个因素，发现在英美法系的国家中，孔子学院对来华留学生人数的促进作用更大，与我国双边贸易量越多的国家，孔子学院对促进来华留学生人数提升的作用也越大，而文化距离和双边外国直接投资对孔子学院增加来华留学生人数的作用并不明显。

文章最后指出，作为向世界展示我国教育的渠道和窗口，政府和高校不仅要高度重视，还应该通过不断探索和改进，更好地发挥孔子学院对我国高等教育的宣传和营销作用。

来源文献：苗莉青、陈聪. 孔子学院对我国高等教育出口的影响——基于主要国家面板数据的实证研究[J]. 国际商务（对外经济贸易大学学报），2015（06）：27-35.

国际理解教育作为联合国提出的一个教育理念，渊源已久。作为承载着人类美好梦想与愿景的教育顶层设计思想，其初衷是大有裨益的，但解决其"落地"问题却走了很长的一段路程。作为教育国际化的一个重要内容，孔子学院的教育实践为国际理解教育在全球范围内的推进做出了实质性的贡献。

周汶霏的博士论文《孔子学院：国际理解教育的实践研究》，从国际理解教育的视角对孔子学院开展了较为系统的研究。该文章将研究视野立足于全球化时代背景，提出国际理解教育过往的实践经历已经证明，因其具有超越国家与民族的宏大教育目标、关照全人类的共同命运、涉及的领域广泛且体系复杂，一直以来都难以真正被贯彻实践，即便曾经作为专门的课程出现在学校与教室，也大多是昙花一现，现在所见更多的是对这一理念的碎片化的实践，这很难真正彰显国际理解教育所蕴含的价值。

作为国际理解教育在当代的一次系统、长期和稳定的实践活动，孔子学院突破了以往的国际理解教育实践遇到的瓶颈，并在十年之间获得迅速发展。对国际理解教育而言，孔子学院是其在语言与文化领域的实践探路者；对孔子学院而言，国际理解教育是一座灯塔，指引着孔子学院以及像孔子学院一样的教育组织、教育群体向着寻求多元文化相互理解与宽容、人类社会和平与发展的方向迈进。

作者以国际理解教育为基本理论依据，在参考对话理论、文化间性理论、跨国教育组织与全球传播理论等理论基础上，运用历时研究、案例研究等方法，对孔子学院的国际理解教育实践进行研究分析，探讨了全球化的时代背景下，孔子学院实践国际理解教育的条件与机制问题。此问题包括如下要点：新的时代背景下，国际理解教育的学术与社会意义发生了怎样的变化？孔子学院实践国际理解教育的基础与路径是什么？孔子学院实践国际理解教育的机制与具体表现是什么？孔子学院实践国际理解教育的优势、挑战与未来可能的发展方向是什么？等等。为解决这一问题，作者梳理了国际理解教育自产生以来的发展脉络，以及有关国际理解教育的国内、国外理论研究成果，分析了在新的时代背景下国际理解教育的学术与社会意义发生的新转变，并对国际理解教育的内涵、概念维度与当代意义进行了重新界定，指出当代的国际理解教育是一种可实践的教育理念，具有兼容唯一性与多元性的跨文化教育理念、强调理解与宽容的价值、关注主观能动性与个体差异性、关注教育公平的实现等当代意义。

在回顾了孔子学院十年以来的发展历程，以及国内外关于孔子学院的研究现状基础上，该研究分析了孔子学院实践国际理解教育的基础，认为历史与传统因素、自身因素、教育机制因素等构成了实践的前置性基础；理念因素、合作因素、权力因素与技术因素等构成了实践的可行性基础，认为两者共同构成了孔子学院实践国际理解教育的基础条件，决定了孔子学院实践国际理解教育的现实可能性。作者还指出，孔子学院实践需要来自政府、教育、社会网络、文化理解等因素的参与，即通过依靠政府引导、依托教育实践、倚重社会网络、寻求文化理解、强调人格魅力等路径，才能够真正促成这一实践。

该研究从组织特点、教育理念及教育实践形式三个角度剖析孔子学院实践国际理解教育的主要机制。在组织特点上，孔子学院采取中外合作办学的模式，孔子学院与社会网络之间的模式是政治、文化与认知全面嵌入模式，孔子学院在人才建设储备模式与社会资源配置方面都体现出国际化的组织发展倾向，同时也满足了孔子学院作为一种教育公共服务体系所承载的社会公共服务要求；在教育理念上，孔子学院崇尚的价值认同、实现自我与他者之间的理解与对话及关注功利之外的教育使命，实现了与国际理解教育在理念上的呼应；在实践形式上，孔子学院以语言技能教育实践、文化素养教育实践、师资培养教育实践与研究型人才培养实践四种方式作为其国际理解教育的主要教育实践方式。

作者通过案例分析，进一步说明孔子学院实践国际理解教育的特征与机制问题。以孔子学院发展规划的"四个坚持"为切入点，分别从具体教学、运营模式、合作方式和政策规划四个角度选取孔子学院实践案例作为分析对象，探讨孔子学院对国际理解教育的具体实践过程。

在谈到孔子学院实践国际理解教育的优势、挑战和展望时，作者认为，孔子学院是在全球化背景下对国际理解教育的一次真正实践，是为教育与传统文化发展在新世纪的变革探路。首先，人类文明无论在物质还是精神方面都取得了巨大进步，但也面临着许多突出的难题，单凭科学技术的力量并不足以解决这些难题，人文领域积淀的重要哲学思想、人文精神、教育理念与道德传统等，都能为此提供助力，但要发挥这种助力的能量，需要诉诸已有文化成果，并与时俱进，发挥优势效应，而孔子学院的实践正是试图实现这种题中之意。

其次，从中国文化在全球环境中的生存与发展来看，实现文化的传承创新发展是必由之路。习近平指出，正确对待不同国家和民族的文明，正确对待传统文化和现实文化，应该注重坚持四条原则：一是维护世界文明多样性；二是尊重各国各民族文明；三是正确进行文明学习借鉴；四是科学对待文化传统。在继承中发展，在发展中继承，坚持有鉴别的对待、有扬弃的继承，努力实现传统文化的创造性转化、创新性发展，而孔子学院的语言与文化教育实践，正是实现了对传统文化的创造性转化与发展，并诉诸教育路径，扩大传播效果。再次，从世界多元文化共存与发展的格局看，孔子学院的国际理解教育实践为营造良好的全球语言文化生态、促进世界和平与和谐、多元文化共存与共荣提供了一次宝贵的"落地机会"。此外，相对于基于一般意义上的学校课程设置的国际理解教育，基于语言与文化传播的孔子学院国际理解教育实践更为接近实现理解的本质路径，但如何推动这种实践进程，实现可持续发展，仍须不断探索。

孔子学院的国际理解教育实践具有自身的优势，同时也面临着一定的挑战，对优势的发扬、对挑战的应对以及对未来的展望构成了孔子学院实现可持续发展的必要条件。

来源文献：周汶霏．孔子学院：国际理解教育的实践研究 [D]．山东大学，2015．

第三节 交流与文化理解

文化的差异是一种"天然的存在"，仿佛地理环境因地域而异一样，文化差异恰恰体现了文化的多元与特色，如何在理解和尊重差异的同时，交流特色，传承特色，探究多语言与多元文化的共享与共存，在尊重社会发展规律和参照传播效果的基础上加强互动、增进理解，正是人类社会存在的价值与意义所在。[1]但在实际生活中，文化间的相互理解不是想象中的那样水到渠成，它是历史、政治、经济、社会环境，以及个体或组织价值取向等多种因素共同作用的结果。

---

[1] 宁继鸣．语言与文化传播研究（2013）[M]．济南：山东大学出版社，2013, pp1-2．

全球化背景下，不同国家或地区的民众往来日趋频繁，国家或地区间的贸易与经济互动日趋常规化，但文化层面的相互理解与认同却远远不尽如人意，表现出一定的滞后性。我们经常在想，究竟怎样才能相对准确地理解对方的言行举止或价值取向？对方又是怎样看待和理解我们？由于中国近代时期的积贫积弱，以及当前某些强势国家在新闻报道与传播领域的霸权，世界许多地方依然对中华文化缺乏了解，存在误读，形成太多刻板印象。而当今国际社会多元文化的博弈与竞合，也在某种程度上加深了对外文化交流的难度。在中外人文交流的进程中，实现文化理解层面的对话需要漫漫求索、孜孜以求的精神，而在理解的基础上进行价值与意义的判断，进而达到相互间的文化认同，则可能需要践履更长的历史里程。

今天，遍布世界100多个国家和地区的500多所孔子学院、1000多所孔子课堂，正在肩负着使命，走在这条促进文化交流，增进文化理解的道路上。

在第十届孔子学院大会上，加拿大卡尔顿大学校长萝珊·伦特，就文化交流促进世界共同发展问题表达了自己的观点。她引用了加拿大著名作家诺斯罗普·弗莱（Northrop Frye）说过的一段话："我们今天的工作就是要面对这个世界，认识这个世界，然后构建一个让世界更加美好的远景目标。"她认为，孔子学院做的就是这项工作，而且从无懈怠，在世界各地搭起沟通的桥梁，让年轻人获得必需的教育，去实现那个让世界更加美好的目标。

伦特表示，世界各地的孔子学院正在帮助人们学习语言和文化，如果没有语言和文化，我们的生活将会索然无味，我们就无法描述美好的事物，我们无法表达自己的感受，无法通过交流来化解分歧，也无法去理解对方。如果我们不能相互理解，就无法分享那份美好，我们就会成为井底之蛙，我们的眼界会非常之狭窄。伦特认为，学习外语可以拓展学生的视野，增强两个国家文化的交流。语言显示出我们对世界的认知。哈维尔·佩雷斯·德奎利亚尔在联合国教科文组织关于文化的报告中写道："有朝一日当我们把来自不同国家语言和文化的科学家汇聚一堂时，那便是开启科学发现未来之日，那一天外空旅行将变得更有可能，而纳米颗粒也变得更易识别。"

在今天，全球所有国家都希望促进经济增长和经济发展，语言就是交流的最基本的要素。买东西或许不需要会外语，但是你若想有效推销自己的商品，就必须学会使用买家的语言。所以说，语言在文化交流中扮演着非常重要的角色，要解决世界上所面临的卫生、环境和资源枯竭等问题，我们必须要与不同语言和文化背景的人一起合作，跨越那些限制经济发展的思想和地域的障碍。

伦特认为，孔子学院对于实现这一目标至关重要。为实现这一目标，孔子学院必须具备以下几个特点：第一，必须设立在主办大学学术教学体系当中，包括融入教师的学者团队，并且全面参与教学质量评估和定期考核。第二，在教学中倡导使用新技术，实行虚拟的交流能让更多的学生参与到合作学习中，同时也能够减少旅行开支。互动技术提供了良好的教学效果，不仅让年轻学子更愉快地学习，也促使他们相互学习，并在各自大学校园中组成国际性的学习群体。第三，走出大学，服务社会。卡尔顿大学孔子学院正是如此。我们和商界合作来促进贸易；我们和文艺界合作来推动文化交流；我们和广大公众合作以提高对语言学习和文化交流的关注和意识。这些重要的措施可以为我们奠定基础，使得我们能够进一步扩展和创新，可以开展更深入的合作研究项目，搭建思想交流的国际性平台。

伦特提出，示范孔子学院和其他孔子学院一起在世界各地提供着语言培训，也有助于更多中国科学家加入到大合作当中。创新需要从新的角度解决问题。每家孔子学院都有值得借鉴的地方，每家孔子学院也会找到新的方法来鼓励学习、追求卓越。

来源文献：萝珊·伦特.文化交流促进世界共同发展[J].孔子学院，2016（01）：38-39.

孔子学院在海外的发展战略，被很多专家或政要称之为中国文化走出去的成功范例。但作为一个新生事物，孔子学院在发展过程中也面临着诸多困难和亟待解决的各种问题，其中具有国际视野的文化传播人才严重匮乏是当前亟待解决的若干问题之一。

夏建辉在《关于中华文化"走出去"的思考》中指出，当前，孔子学院已成为中华文化走出去的品牌，成为中外教育文化交流与合作的典范，但长时间面临的优秀国际传播人才匮乏等问题，依然未得到改善和解决。作为一名在孔子学院总部工作的管理者，作者在文章中谈到，孔子学院肩负汉语国际推广和中华文化传播的使命，但我们大多数工作人员并不是从事文化研究的专家学者，而是更像一批国际专业"营销员"，组建了120多个国家1300多个网点的"国际连锁超市网络"，"推销"优秀的中国传统和当代文化。深入研究中华文化，进行中外文化比较，说清楚中华文化的神髓和精义，不是我们的强项。但在判断对外文化传播的方式是否有效和效果好坏等方面，我们积累了不少经验。

有不少人指责"孔子学院无孔子"，认为孔子学院只搞汉语教学，不介绍中华文化。作者认为，这是一种缺乏耐心、急于求成的心态。实际上，孔子学院在传播中华文化方面做了大量工作，成绩也是很显著的：现在各国汉学家大部分都任职或任教于孔子学院；每年有数百名中外学者在孔子学院新汉学计划或文化巡讲计划的支持下，往来中外研究和介绍中国文化，一批年轻汉学家迅速成长；各孔子学院都常年不间断开展中国文化传播体验和交流活动。

文章指出，孔子学院教学的起点低，学生基础薄弱。大多数孔子学院学生的汉语水平都处于入门的阶段，而普通外国民众更是毫无汉语基础可言。加之外国人的思维方式、文化传统、价值观念等等，都与中国人大不一样。所以，面对汉语基础薄弱和文化背景迥异的外国民众，不可能上来就讲"四书五经"，就讲"孔孟老庄"。更重要的是，现在国内没有多少专家既在中华文化方面有很深的造诣，又了解外国人的思维方式和价值观念，同时还精通外语，能够用外语讲授中华文化，能够通过一两次讲座就把儒家思想精髓和中国传统价值观的美好境界直观地描绘清楚，迅速调动受众的兴趣。就是说，推动中华文化走向世界，我们尚面临一大困境，那就是缺乏一支质量合格、数量足够的中华文化国际传播人才。而这，并不是短时间内就能解决了的问题。

作者认为，目前我们还没有能够把浩瀚传统经典里蕴涵的优秀价值观提炼成当代社会急需的道德准则和修身治世法门，以生动活泼的方式让大众特别是青少年信服并乐于奉行。甚至有外国人说："当下中国无孔子。"他们的逻辑是，如果你说不清楚，自己也不奉行，怎么可能让我相信它是好东西？这一现象，也是中华文化走出去面临的一大困境。所以，中华优秀传统文化的国际传播任重道远，而国内传承和普及的程度和水平，是国际传播的基础和先决条件。国内做好了，国外才能水涨船高。

针对当前社会普遍存在的以笼统的说教为主，线性直观讲故事的能力欠缺，本位主义和教条主义严重，强调讲文化必须原汁原味等现象，作者以儒家文化传播为例，谈了自己的几点想法：推动中华文化走向世界，一定要做到跳出孔子说孔子，要系统梳理和线性表达相结合，要做到中西比较、洋为中用，要做到宏观着眼、微观入手。

一是要跳出孔子说孔子（思想）。作为孔子的后世子孙，我们天生对孔子和儒家思想亲近、崇敬和向往，其学说典籍再难，我们也会努力坚持学习和修炼。但对于外国人来说，孔子不是他们的老祖宗，不会没来由地去崇拜。孔子之后的两千多年的历史和现实生活，可以找到很多突出体现儒家核心价值观的人物和事件，不也是展示和传播儒家思想的生动素材吗？所以，我们可以从多个角度，用其他的"表"，去及孔子这个"里"，而不要只就孔子说孔子。

二是要系统梳理和线性表达相结合。中国人好议论，西方人善叙事。东西方的思维和表达方式存在天然的差异。中华思想文明是早熟的超前发展的高级文明，是人类难以企及的超越现实的理想境界，飘在云端，难以近前一睹真容。中国普通民众都不易理解，外国人就更觉得抽象莫名了。所以，我们现在需要为他们搭建接引的阶梯。首先把云端的意象具化，把孔子倡导的个人、家庭、社会的理想状态，人与人的和谐、人与社会的大同、人与自然天人合一的美妙境界用具体的标准来表述，再为如何达到每一项标准描绘清晰的路径，用生动的故事加以说明和佐证。建立这种化繁为简、脉络清晰的逻辑关系并不容易，需要在吃透的基础上再创造。

三是要中西比较，洋为中用。已有学者将儒家思想与西方宗教的教义进行比较研究，发现许多相通之处。从共同点入手，可以破除成见，是有效传播的重要手段。西方大量传世的建筑、壁画、雕塑、油画精品，包括我国的敦煌石窟等，都是宗教故事题材，用艺术震撼人心，起到了最直接最持久的传播效果，相较而言，文字的效果就间接一些了。经典传承不能单靠典籍，比如庄老的很多意境和王阳明等的修炼故事，均适合艺术加工，甚至可以用油画的形式来呈现，是否可收到意想不到的效果？

四是要宏观着眼，微观入手。任何文化传播产品，设计阶段都应有整体思考，明确所指，用横或纵的线贯串为有机整体，也就是线性表达。教化过程应从线条的末端开始，尤其当今数字和通信技术带来信息爆炸，人类进入碎片化学习时代，大部头的系统专著很少有人问津，需要用精心策划的众多短小而主题鲜明的"大家小书"，传递一个系统明确的思想。基于以上认识，我们尝试组织中外专家，翻译多语种的《论语》《孟子》等典籍，作为孔子学院的教学根本，再分门别类，用该语种文化讲故事的方式编写通俗易懂的"传教本"，和符合当地学习习惯的分等级的课堂应用"教学本"，同时开发多种形式的数字化资源。希望通过这种尝试，创新文化传播方式，真正推动中华优秀传统文化走向世界，使之成为全人类共有的宝贵精神财富。

来源文献：夏建辉. 关于中华文化"走出去"的思考 [J]. 孔学堂，2015（02）：8-10.

在"跨文化论坛 2014：海外汉学与比较文学研究新方向"论坛上，张西平呼吁，为了中国文化走出去战略，国家投入了巨大的资金，而中国有关部门对中国文化走出去的运作方法却非常陌生。有鉴于此，学者们要有所担当。乐黛云的发言"文化自觉与社会和谐"从两个全球化的对立谈到单边的美国文化给世界带来的混乱，认为中国"和而不同"的文化传统可能解决如此的文化困局。然而，把别人的文化当作自己的文化问题，应当是当前中国文化最迫切需要解决的问题。我们的文化自觉需要重视中国文化生命的根和种子，并为之创造好的环境和条件，同时关注西方对文化自觉怎么看。

美国乔治梅森大学孔子学院院长张宽结合自己的亲身经历与思考，以"中国文化如何走出去：孔子学院与海外中国文化传播"为题，以十分生动的教材对话和视频演示，分析并指出目前汉办编写的某些教材中，仍存在程式化了的东方形象和中西不平等关系，而这种内卷化的殖民话语，是中国编著者较少自我意识到的，其后果是顺应了西方对东方进行殖民扩张的需要。樊宝英通过对近年来深得欧美人心的美国当代汉学家比尔·波特的著述和翻译进行个案分析，以"中国传统文化域外传播方式思考"为题,举例呼应了采取何种传播方式才更有利于外国人接受中国传统文化的问题。

来源文献:陈戎女、秦晓星."跨文化论坛2014:海外汉学与比较文学研究新方向"综述 [J].中国比较文学,2015(01):212-213.

李夏德(Richard Trapple)是一位"中国通",其研究领域主要是中国古典和现代文学、翻译和术语,以及中西方跨文化。自2006年起,李夏德开始担任维也纳大学孔子学院院长,2012年获奥地利政府授予的"奥地利国家大十字勋章",2013年因对中奥关系做出的巨大贡献,荣获"约翰·拉贝勋章"。在接受记者采访的过程中,李夏德较为详细地介绍和阐述了自己在孔子学院建设实践中获得的经验、认识与思考。

李夏德认为,维也纳大学孔子学院自成立以来成绩斐然,主要归因于中方院长和外方院长的和谐关系,这是非常重要的。另外就是工作有创造性。目前孔子学院有十个工作人员,工作气氛十分愉快,不但中外机构之间合作,人与人之间也合作,中外方工作人员之间亦形成良好的交流机制。除了汉办和中方合作院校的活动,也搞一些创新性的活动。比如举办在奥华人音乐家的音乐会,画家、书法家的作品展,目的是让在中国和在奥地利的艺术家都可以通过孔子学院平台得到更好的交流与合作机会。

李夏德介绍说,维也纳是一个联合国城市,这是个非常有利的条件。因为几乎所有的国家都在维也纳设有大使馆。联合国的机构也是所有国家都有代表。孔子学院因地制宜,为外交官和国际机构的工作人员提供"一对一"汉语课程,几乎每年都要和联合国机构共同举办活动。国际化对于孔子学院来说已经成为一个特色,维也纳孔子学院不但是语言、文化的桥梁,也是和平的桥梁。李夏德还介绍了在大学里给青年学子介绍中国的相关课程安排与内容。他自己就在汉学系教授语言学和文学史。汉学系的课程入门就是语言。如果学生学不到汉语,那么就不是汉学。第一、二学期学习汉语,第二年可以到中国学习一个学期,另外就是在前两个学期必须学习历史、政治制度、经济、法律知识。李夏德认为,既然汉学系的重点是当代中国,那就不能只是在书上和课堂上了解。虽然也有很多客座教授来做报告，也有学术讨论会，但最重要的是，要让学生尽快自己到中国去，待上一个或两个学期。

李夏德认为，除了关注现在中国的情况，也不能忽视研究传统，要重视研究现在这些东西的来源。如果不了解包括鸦片战争、"文化大革命"等事件在内的19、20世纪的中国历史，就无法深刻理解21世纪的中国。所以他认为对于"传统中国"和"现代中国"的研究应并行，因为我们生活在21世纪，要面向未来，在大学讨论更多的是当代。而孔子学院扮演的角色就是将两者结合起来，通过展览等形式，同时介绍传统和当代中国的文化。

在回答如何看待孔子学院在世界与中国的文明交往中所扮演的角色问题时，李夏德认为，孔子学院的任务一方面是教授汉语，另一方面是介绍中国文化。维也纳是文化中心，侧重介绍中国的文化，传统和当代并重。他也尽量告诉民众学习汉语不是那么难，如果学生说我们以后不做汉学家，那就不能坚持学好几年的汉语，他会说，没关系，学一个学期，短时间的也可以，可以初步了解汉语和欧洲的语言有什么不同，这样的解释可能就有一些人觉得有兴趣会继续学下去。目前在国外学汉语的人还不是特别多，但通过报纸等媒介了解中国的人要多得多。孔子学院是一个桥梁、一个平台，即使不能够面面俱到地介绍中国，可以让他们与中国的专家学者、艺术家相识，获得中国的第一手资料。中国有很多代表团，他们到奥地利维也纳，也到孔子学院来，双方可以开展更多的交流，所以说，孔子学院不是"单行路"，是双向交流对话的平台。

李夏德参与孔子学院项目已有10年了，作者询问，在这个过程中，他最初办学的愿望都实现了吗？或者，孔子学院的发展有没有超出其预期？李夏德说，他参加"中国梦"的国际讨论会时被问及对"中国梦"有什么看法，他表示，不但是他，就是中国人做梦也梦不到现在的中国。维也纳孔子学院在10年前开始做第一场活动，李夏德做梦也想不到目前已经超过了250场活动。从他一个人，到两个人，到现在十个人，他们发明了一些新的东西，并受到欢迎。40年前在中国读书，李夏德根本想不到以后会这么频繁地来中国，不但在孔子学院做了院长，还担任了总部的考官和顾问。

来源文献：张丽丽. 四十载中国缘分——专访奥地利维也纳大学孔子学院

院长李夏德 [J]. 孔子学院，2015（05）：28-37.

  作为一个致力于当地民众学习汉语、感知中国的大课堂，关于中华优秀传统文化如何在海内外传播的问题，一直是孔子学院的一项重要内容。有学者指出，中华优秀传统文化是精神宝藏，曾经铸就了辉煌的过去，造福于自身民族，今天我们应该更加关注其实践价值，并非仅仅是文化理论和概念。

  钟英华在《孔子学院在中外文化交融中的作用》中再次重申了实践价值的重要性。文章认为，注重文化传承，更重要的是注重传播；注重文化发展，更重要的是注重在世界文化环境中的解读和认同，让世界真实地感受中华文化的呼吸和脉搏，感知活生生的文化实践，更具说服力。如今这种文化的实践依然充满强劲的活力，遍及社会生活各个角落，应充分挖掘为世界补足滋养。世界听不懂那些脱离实践、空洞无形的文化理论和纯粹的概念逻辑。

  随着时代的发展，中外文化的分享、交融和碰撞不可避免。让世界由不认识到认识，由不理解到理解，不明白到明白，这本身就需要一个过程。如何在当今纷繁复杂的形势下讲清楚中华文化的先进性，让中国的声音和态度得到世界的关注和认同，这是亟须思考和再实践的问题。作为在海外建立的合作办学机构，孔子学院必须思考：语言文化怎样才能让世界了解和接受？怎样才能让自己的语言成为世界听得懂、可接受的语言？怎样才能把自身文化放在世界文化之中展现价值？怎样才能让文化交融切实有效？把我们的文化放在世界之中，从世界再回眸、发掘和丰富自身的优秀文化特质，是让优秀的中华文化在世界文化之林得以再升华和再发展的新视角和新机遇。站在世界的角度来看，我们的语言走出去的历史很短，外国人对中华文化价值的理解还浮于表面，很多是曲解的、变味的。历史告诫我们，主动、从容、自信地分享才是出路，要用对方可接受的方式进行有效沟通。

  作者认为，孔子学院架起了中外文化分享、交融、互鉴的桥梁，在中外语言文化交融中成长，在世界各国生根开花。之所以赢得人心，日益成为中外公共交往中成功者的范例，这是因为孔子学院从开始就是于"交往之中学交往""交融之中学交融""碰撞之中发现共同点"。文章指出，孔子学院日益成为各国人民学习汉语、感知中国文化、互学互鉴的大课堂。我们不必担心中国文化的融合能力，担心融合会消失自我。中华文化几千年的传承发展证明，这是一种具有超强接纳力和融合力的基因文化。走出去接受世界公众认知，自身的文化魅力反而彰显，更何况交融可以使公众的认知基础更加牢固。

来源文献：钟英华. 孔子学院在中外文化交融中的作用 [J]. 天津师范大学学报（社会科学版），2015（02）：73-76.

第四节 观点与综合评价

全球化赋予语言与文化传播鲜明的时代特色，赋予它新的社会责任与历史使命。以语言国际推广为主要目标的跨国教育机构，通常都会承载着国家意志，因此，在一个开放的环境里，当一个国家的文化传播方式以及文化传播内容能够得到国际社会的广泛认可与认同时，该国的文化竞争力和国际影响力自然就会增强。

孔子学院是语言与文化传播的中国实践，也是全球化背景下中国的标识符号之一。作为一个足迹几乎遍布全世界的超大型跨国教育机构，孔子学院是以语言教学与文化传播为主要方式和内容存在的。这种传播方式以及传播内容等，是否做到了促进不同文化间的交流与合作以及不同文化间的沟通与理解，除了工作事实与自我评价，更多的还是体现在来自不同人群的各种评价、观点与分析之中。当这些评价、观点和分析从不同的方向汇聚融合在一起时，一个更加真实的孔子学院一定会呈现在世界公众面前。

美国布鲁金斯学会联席主席、巴理克黄金公司董事长约翰·桑顿以"世界形势与孔子学院的关键作用"为题，从世界形势的高度阐述了孔子学院的作用。约翰·桑顿认为，今天，我们正在经历着自第二次世界大战结束后70年来最复杂的时期，甚至可以说是自19世纪第一次工业革命以来最复杂的时期，而且其复杂程度与日俱增。经济发展使得世界上数亿人口摆脱了贫困。然而与此同时，全球化进程不仅加剧了一些现有问题，还引发了我们先辈没有面对过的新问题。现有问题包括种族冲突、宗教矛盾、大规模杀伤性武器扩散等。新型挑战则包括气候变化、恐怖主义在世界范围内的蔓延等。不仅如此,世界上大多数人每天每分钟都能通过移动设备了解、看到、感受到变化。如何正确解读这个复杂的新世界,如何在这个世界中卓有成效、睿智行事,是我们作为个体、领导者、社会都要应对的挑战。

在审视和分析世界形势的过程中,桑顿说,近年来世界唯一的亮点一直是东亚,尽管如大家所知,作为本地区经济火车头的中国也开始出现经济放缓的趋势,但那是有道理的,因为中国政府采取了一系列措施平衡中国的经济结构,使其长期发展更具可持续性。桑顿认为,过去二十年来,最重要的发展就是中国的崛起,它一直而且正在继续重新划定该地区的经济、政治与外交格局。通过贸易往来,中国的发展一直是亚洲其他国家繁荣的动力源。中国已经成为亚洲几乎每一个国家的最大贸易伙伴。截至2006年,美国曾是世界127个国家的最大贸易伙伴,而中国是70个国家的最大贸易伙伴。但是,到2011年,中美两国反转了过来:中国现在是124个国家的最大贸易伙伴,而美国是76个国家的最大贸易伙伴。

在强调孔子学院建设者与参与者的关键作用时,桑顿特别谈到了习近平在中央外事工作会议上发表的重要讲话。桑顿说,习主席的讲话确定了中国外交政策的基本原则与目标,这是一个所有关心国际事务的人都应该仔细研读的重要讲话。习主席的一些重要观点有必要引述如下:

中国与世界其他国家的关系正在发生深刻变化,与国际社会的互动已变得空前紧密,对世界的依靠、对国际事务的参与不断加深,世界对中国的依靠和对中国的影响也不断加深。

我们要倡导建立以合作共赢为核心的新型国际关系,提出和贯彻主持正义的政策,追求利益共享,倡导共同、综合、合作、可持续的新安全观。

关于亚洲,要抓好周边外交工作,将中国周边地区打造成命运共同体,在周边外交事务中,继续秉持亲诚惠容的原则,加强与周边邻国的友谊,深化伙伴关系,培育友善、安全、繁荣的周边环境,推动与周边国家的互利合作和互联互通。

上述关于当前世界形势的简要分析说明了大家工作的宏观环境。大家工作的另一个重要因素就是诸位所在各国对中国的看法。由于中国外交的努力以及彼此分享的繁荣进步,对中国的整体态度,特别是在发展中国家,还是积极的。然而,当中国这样体量的国家以如此速度崛起,难免会令许多人焦虑不安。

桑顿介绍说,皮尤研究基金会是一个受尊敬的非党派组织,于7月份发布了全球各国对中国态度的调查结果。一些结果也许对大家有所裨益:一,在不同地域的43个受普查国家中,近49%的国家对中国印象良好,而32%的国家对中国持负面看法;二,相对于老年人,年轻人对中国的印象更加积极,这是个好趋势;三,对中国最积极的评价来自发展中地区,比如非洲、巴基斯坦、孟加拉国、拉丁美洲地区等;四,亚洲对中国的评价整体比较积极,但日本、越南、菲律宾除外;五,整体来看,大多数发达国家(如美国、德国、法国、意大利、西班牙等)对中国有负面评价。在美国,2011年数据显示,一半的受访者对中国的评价比较积极,但今年这一比例已降至35%。

这就是各位开展工作的大环境。桑顿认为,中国的崛起既被看作是光明的前景,也引起了人们的警觉。这就使得人文外交与交流,特别是教育的交流,在维护和平、促进繁荣的过程中发挥着越来越核心的作用。中国正力争让其他国家更好地理解自己,同时也在努力促进共同繁荣。在这一进程中,孔子学院的建设者和参与者位居最前线。此外,不平等现象日益扩大,精英阶层利用现有体制从中渔利,加之社会媒体推波助澜,都使得许多社会更加脆弱。孔子学院正是在这样的环境下开展自己的工作,努力邀请人们来感受、学习中国文化、历史、文学和语言。在全世界,你们正在教授我们的年轻一代,他们是我们最重要的一个群体,每天你们都和他们在一起,他们最能够充分地代表着社会的希望、稳定和繁荣,当然他们也具有引发恐惧、不安和贫困的潜能。帮助这个年轻人群体不断成长,让他们能将心比心地看待不同的文化,没有什么比这更高尚的事业了。系统地学习自我文化以外的一种其他文化,能够陶冶性情,对生活的方方面面均有裨益。

现在,也许最重要的是,孔子学院的工作是在具体环境中展开的,无论宏观环境或微观环境,你们正在产生影响,这种影响每一次都会被学生感受到。这一点我们都知道,目睹过,也都体验过。作为美国康涅狄格州莱克维尔地区

Hotchkiss 中学校董事会主席和清华大学教授，桑顿还曾任耶鲁大学校长顾问达 10 年之久，他见证、参与并深刻体验过伟大教育所能产生的那种不可抗拒乃至左右人生的影响。所以，桑顿忠告大家，也恳请大家：回国时要带着重新焕发出来的精力、更大的激情、更深刻的目标感，在 21 世纪让人类未来发生根本的变化。要吸收更多学生，激励更多的领导者，向他们提出更多要求，促使他们做得比我们更好。世界的未来全依赖于此。

来源文献：约翰·桑顿. 世界形势与孔子学院的关键作用 [J]. 孔子学院，2015（01）：70-77.

"软实力"一词是美国学者约瑟夫·奈（Joseph S. Nye）在冷战时期提出的一种新型权力理论，旨在挖掘美国胜利新筹码并促使美国主动发展这一新型权力。2014 年 5 月 14 日，刘佳、常绍舜前往哈佛大学与约瑟夫·奈教授进行了面对面的深度对话与访谈。

在访谈中，约瑟夫·奈表达了他对中国文化软实力以及孔子学院的思考。奈十分相信自己对中国软实力理论发展动向的掌握，而他本人也对孔子学院进行了调查研究。奈认为，中国将文化强国定位为战略目标，将软实力发展定义为发展方式，是中国对当今世界新型转型特点的自觉体认，也是对中国复兴客观规律的准确把握。对于中国的理论创新——"文化软实力"概念的提出，他也给予了肯定，认为中国已经开始自主摸索发展道路，并寻找到了"中国文化"这一着力点。在未来战略中，中国需要进一步将中国文化发扬光大，将中国元素逐渐注入世界文化当中，进而拓展中国文化的影响范围。他认为"中国一直有着十分具有吸引力的传统文化，而且当今的传统文化又进入了全球流行文化的转型，当今中国需要将这些流行文化元素进一步扩大"。

采访者指出，约瑟夫·奈对孔子学院的发展给予很高的评价，认为孔子学院为中国文化的世界传播提供了广阔的平台和绝佳的战略发展机遇。近几年中国文化软实力有所上升也得益于孔子学院的扩大，他建议孔子学院进一步开拓发展空间，在世界各地更多地开展中国文化传播活动。他也提醒到，孔子学院并不是解决中国文化软实力前进问题的"灵丹妙药"，中国还需要实施全方位的战略予以配合，以求产生更为广泛和深入的影响。

文章作者与约瑟夫·奈探讨了中国软实力发展的优势与劣势。奈提出了他的个人看法，认为中国软实力具有很大的发展潜力，其中最大的优势就是中国灿烂的文化资源。他说："我认为中国最大的优势的确还是文化，中国有着十分灿烂的文化，因为这个宝贵资源，中国成功地与美国以及世界上其他国家进行了对话与沟通。"中国在未来发展中需要将中国文化资源进行进一步开发，加快中国传统文化现代化步伐，这样才能够使"中国文化"这一战略优势得到充分的发挥，为中国软实力提供更为强劲的发展动力。关于中国软实力的发展劣势，约瑟夫·奈认为主要存在于两个方面：第一，民间力量的缺乏。在他看来，软实力的基本要素是民间力量，也就是普通人的个人影响力。尤其是在信息时代，信息冗余程度极高，人们需要从中筛选可信度高的内容。而在民众看来，显然普通中国人的可信度要高于其他渠道，因此如果民间力量得不到开发，中国软实力很难被真正"接纳"。第二，民族情结的突显。他认为由于客观战争历史，中国一直存在着民族情结和信任危机。这使得中国对日本等国家充满怀疑甚至是敌意，以至于中国很难以"真诚"的态度与这些国家开展交流合作。这样的结果将会加重中国在这些国家的软实力危机。在奈看来，中国在"走出去"时应该摒弃民族主义，去努力寻找双方合作的良好契机。

通过对约瑟夫·奈的深度访谈，文章作者认为，我们应该对文化软实力的基本要素——主体、内容、对象进行重新思考。

关于发展主体的思考。作者认为，根据约瑟夫·奈的思想，中国软实力战略的不利因素主要是民间力量开发的滞后，而软实力的生产主体则应该是民间力量。因此，如果想要突破中国文化软实力的发展局限，民间文化软实力的开发应是首要任务。当前中国文化软实力发展主体主要依靠汉办派出的汉语教师，这些教师有着相似的教育背景并于离国前接受同样的辅导，并且还传授着相类似的教材。也就是说这些教师所输出的是一种基本相同的中国文化，是一种集体软实力。尽管汉语教师集体软实力效果显著，但问题也十分明显：第一，随着中国文化推广进程的加快，汉语教师不足现象已经越发严峻，世界很多地方由于汉语教师不足而无法进行教学。第二，集体软实力虽然有影响迅速、易于统一调配等优点，但也有难以深入、无法灵活实施影响等缺点。第三，集体软实力只能体现中国丰富文化软实力的某个层面，而中国文化还有更多的层面有待于展现与发挥。所以，中国文化软实力不应仅依靠某一个群体来实现，而要注重挖掘个体软实力。

与汉语教师培训不同，个体软实力是每一个人所展现的独特软实力。如果每一个人的独特软实力都得以开发，那么中国会向世界展现更多层面的文化内容，民间文化软实力便更能够得到有效的发挥。那么，应该如何开发个人软实力呢？从中国域外发展战略来讲可以从以下几个方面入手：第一，利用海外"汉办"为海外个体提供依托与沟通机构，提升海外华人的归属感。第二，提供民族教育以及民族文化宣传，增强海外华人民族荣誉感。第三，为海外中国人提供定期教育与语言帮助，促使海外中国人融入对象国文化，为进一步的文化交流奠定基础。第四，加强中国文化传统美德教育，提升中国人的海外形象。个体软实力的开发尽管是一项艰难的工作，然而根据约瑟夫·奈的意见以及各国实践都证明，个体软实力是总体软实力的基础。正如鼓励美国"市民外交"计划的雪莉·穆勒（Sherry Mueller）所说，"'市民外交'就是美国每一个人都有权利，甚至是有义务为塑造国家形象，进行外交沟通，正如一些人所说的那样我们哪怕'一次就只握一只手'"[①]。

关于发展内容的思考。作者认为，根据对约瑟夫·奈的访谈可知，中国文化软实力有巨大潜力。然而如何开发与发挥这种巨大潜力却是当前的难题。约瑟夫·奈的民间文化思想以及全球流行文化的思想可以提供一些启示。关于民间文化的进一步挖掘。根据约瑟夫·奈的软实力理论，文化软实力主要产生于民间，并且民间文化也更具有可信度与吸引力，因此更适合作为海外文化传播的内容。同时在约瑟夫·奈看来，中国对民间文化软实力的开发还远远不够，这影响了中国文化软实力的发展进程。可以考虑从两个方面入手：一是区域文化软实力的开发。当前中国文化战略一直以"儒家"文化为主要内容，致使国外对中国文化的了解单纯地停留在"孔子"身上而不知中国还有其他形式的文

---

① William P. Kiehl. *America's Dialogue with the World* [M]. Washington D.C.: School of Media and Public Affairs, 2006, p59.

化。实际上拥有悠久历史的中国还有着丰富的区域文化,不同民族、不同聚居区都有着自己的人文景观与民俗文化,而这些都是文化软实力发展的良好内容与依托。二是民间文化组织影响力的发挥。如果反思中国文化软实力政策就会发现,政府层面的宣传力度比较强大,但民间文化影响力却十分薄弱。这需要做好两项工作:第一,更多地鼓励民间文化组织走出国门,为世界带来实在的中国元素。第二,支持鼓励海外华人文化组织以及学生文化组织,利用其语言及海外生活优势实施更深入更具有渗透力的中国影响。关于全球流行文化的开发与扩大。约瑟夫·奈认为引领流行文化已经是一国发挥文化吸引力的重要因素。实际上,利用这一点成功的国家有很多。相比之下,中国民间丰富的流行文化往往被止于国门以内,没有得到良好的扩散空间。为了改变这一局面,可以借鉴他国经验,利用政策以及资金支持文化产业发展,并以此为渠道扩大中国流行文化的全球影响力。

关于发展对象的思考。作者指出,孔子学院在海外的建立让中国文化得以在对象国直接输出,然而传播过程中却没有注意避免"发力国中心论",这体现在对不同的国家、不同的文化都采取同一种发展策略,即以汉语学习为主要形式,以宣传儒家文化价值观为最高目标。根据约瑟夫·奈的新思想,中国未来战略中应该将重点转移到"受力国"方面,这就要求根据不同实地情况设计有差异性的策略。在内容方面,对世界不同地区来说,中国文化具有吸引力的方面并不相同。有些国家认为中国儒家文化历史悠久值得吸纳,有些国家会对中国艺术文化更为关注。根据美国皮尤研究中心的调查,非洲和拉丁美洲对中国创新科技文化更欣赏,而对中国音乐、影视等艺术形式兴趣度不高。[①]

在顺序方面,除了内容需要有差别以外,战略实施顺序也要根据不同的国家有所区别。这是由于不同国家对中国的好感程度和合作态度存在着很大差别。这种差别决定了我国的文化软实力战略不能同时开展,对于好感度高的国家受阻可能性小,因此可以降低投入并率先发展;对于好感度中等的国家需要加大投入并逐步深入;而对于像日本等好感度低的国家则需要仔细观察寻找突

---

① Pew Research Global Attitudes Project. Attitudes of China[EB/OL]. http://www.pewglobal.org/2013/07/18/chapter-3-attitudes-toward-china/, 2013-06-18.

破，这样才能保证文化软实力发展发挥影响的效率与效果。

来源文献：刘佳、常绍舜."软实力"理论的创新及其对中国发展的思考——基于对"软实力"之父约瑟夫·奈访谈的研究[J].辽宁大学学报（哲学社会科学版），2015（01）：148-154.

长期以来，零和博弈曾经是文化软实力角逐的传统思维，然而，当我们站在"命运共同体"的高度时则会发现，超越零和博弈走向正和博弈，才是文化软实力发展的大势所趋。

王瑞在《文化软实力大棋局：超越零和博弈走向正和博弈》一文中以零和博弈思维的局限性，分析了海外个别孔子学院被关闭的现象。作者指出，大国之间的博弈是利益的争夺、智慧的较量、力量的角逐。在波诡云谲的国际舞台，文化软实力的较量日益成为大国之间博弈的重要方面。但事实表明，长期以来，国家间的博弈秉持零和博弈思维，这种思维也贯穿在文化软实力的较量之中。这种零和博弈的弊端主要在于，容易造成所有博弈方文化软实力的耗散，并销蚀所有博弈方文化软实力生长的根基。

作者在分析零和博弈思维下文化软实力角逐的表现时指出，国家间的交往，总是以各自的利益为出发点和轴心，这就容易产生矛盾和冲突，当各国面对这种矛盾和冲突进行策略和行为选择时，就形成了国家间的博弈。以往国家间的博弈通常以零和博弈思维为主，也就是某一个或几个博弈方的得益必定源于其他博弈方的损失，结果是博弈各方的收益和损失相加总和为零，博弈各方是竞争而非相互合作关系。这种零和博弈思维体现在国际交往中，表现为当面临利益的矛盾和冲突时，主权国家往往将彼此的利益视为根本对立、不可调和的，甚至不惜损人利己。这种零和博弈思维也同样被运用到文化软实力的较量，主要表现为：

一是阻止别国文化崛起，挤压别国文化软实力的发展空间，甚至阻止别国发展文化软实力。在零和博弈思维下，西方某些发达国家为了保持自身文化软实力的绝对优势，常常利用各种手段阻止别国文化的崛起，遏制别国文化软实力的发展。①例如,在国际上,西方一些政治势力抹黑孔子学院,压制中华文化的影响力。据国家汉办统计,截至2014年底,共有475所孔子学院和851个孔子课堂分布在全球五大洲的126个国家和地区。孔子学院受到了当地民众的普遍欢迎和喜爱,为满足各国人民不断高涨的汉语学习需求,促进中外文化交流做出了重要贡献。然而,孔子学院的蓬勃发展所彰显的中国日益提升的文化软实力却是西方所不愿看到的。为此,西方一些政治势力抹黑和攻击孔子学院,称其是中国政府宣传意识形态的工具、干涉海外合作学校的学术自由等,致使法国、美国、瑞典等国陆续出现关闭孔子学院的现象。显然其目的在于遏制中国文化软实力的发展。

二是对别国进行价值渗透与文化同化,以此获得压倒性的文化软实力竞争优势。在零和博弈思维下,西方某些发达国家一方面试图消解别国的文化影响力,阻止别国文化软实力的发展,另一方面又积极进行对外文化扩张与价值渗透,实施文化同化战略。

在分析零和博弈思维的文化软实力角逐弊端尽显的基础上,作者从文化存在的多元性和文化发展的相关性视角出发,认为文化软实力的正和博弈是可以实现的。文章引用约瑟夫·奈的观点:"软实力不一定是零和博弈,一国软实力的增长不一定会造成另一国软实力的丧失。"②文化软实力也可能是正和博弈,即所有博弈方的利益都有所增加,或者至少是一方或几方的利益增加,其余博弈方的利益也不受损,因而整体利益有所增加。原因有以下两点:

一是文化存在的多元性使得正和博弈成为可能。首先,从文化存在的历史和现实及其发展规律来看,人类文化始终具有多元性。随着全球化时代的到来,世界范围内的多元文化态势愈加突显,各民族文化相互交流、交融。文化交流交融不是文化同化同一,而是在各自民族文化特色和独立性基础之上的交流交融。其次,无孔不入的文化渗透,对别国既可能产生一种文化吸引,也可能引起别国本土文化自保的本能反应。最后,文化同化违背了人们对文化的接

---

① 周小平. 美国对华文化冷战的九大绝招 [EB/OL]. http://guancha.gmw.cn/2014-07/14/content_11961243.htm,2014-07-14.
② 〔美〕约瑟夫·奈. 权力大未来 [M]. 王吉美译. 北京:中信出版社,2012,pp127-128.

受规律。一般说来，人们对外来文化的接受，并非全盘吸纳，而总是根据自己原有的文化习惯和现实需求来理解、吸收和改造外来文化，实现本土文化与外来文化的融合。

二是文化发展的相关性使得正和博弈成为可能。首先，文化的吸引是相互的。每一种文化都有着独特的魅力，当不同民族的文化相遇时，就会彼此吸引，这就为双方文化软实力的提升奠定了基础。其次，不同文化在相互吸引的基础上，会经历一个相互渗透、相互融合、相互促进、共同发展的过程。文化的共同发展，无疑会提高彼此的文化软实力。当然，由于各民族文化的发展程度不同，文化软实力的提升程度也会存在差异，但结局都是正和博弈。

来源文献：王瑞.文化软实力大棋局：超越零和博弈走向正和博弈[J].理论与现代化，2015（06）：121-125.

有研究分析表明，美国人在看待孔子学院的问题上颇具矛盾性。他们一方面支持大学寻求与中国合作，但同时也将孔子学院视为一种对学术自由的威胁。而在中国国内，则将孔子学院视为软化国际形象、促进中国语言和文化传播的一种方式。D. Wang 和 B. Adamson 在《战争与和平：中美两国对孔子学院的认识》一文中指出，建设致力于文化交流的孔子学院可以看作是实现中美两国不同文化传统之间相互理解与和谐发展的积极步骤。然而，实际情况却表明，对于孔子学院的发展，一些中美利益相关者并不总是支持各自政府采取的官方路线。

作者举例，2012 年的一个事件暴露出美国孔子学院的紧张局势。当年 5 月 24 日，美国国务院发出工作签证政策的修订，宣称持有"教授"和"研究学者"类别的 J-1 签证的孔子学院中国教师去教授中小学课程违反签证规定。如果法案通过，孔子学院的 51 名中国语文教师必须在 6 月 30 日前返回中国，另行申请合适的签证。此外，孔子学院也必须获得美国国务院继续接受外国学者和教师的认证。这引起了媒体风暴，使中国和美国之间的关系紧张。许多中国媒体把这项美国指令形容为"对孔子学院的突然发难"。《人民日报海外版》头版评论批评该指令是"不负责任的荒谬单边行动"。中国官方媒体认为这是"美国麦卡锡主义"复苏并阻挠中国施展软实力。而美国国务院在第二天则发表声明称此举是行政错误,并保证不会有中国教师被迫离开美国,对孔子学院不需要进行资格审查。这一事件说明在中美关系的改善中,孔子学院在一定程度上成为冲突的潜在来源。

文章在对政治家和学者报道分析的基础上,总结了中美双方对孔子学院的观点。其中,中国方面关于孔子学院的主要观点表现为:一是展现中国软实力,提升国家与国际地位;二是增强中国语言的自豪感。

作者认为,分析美国对孔子学院的观点,需要与美国近代历史语境结合,主要表现为三个方面:一是与中国合作的机会,二是对中国软实力和意识形态的担忧,三是创造新的通用语。首先,与中国合作的机会。2006年5月,美国高校董事会与国家汉办签署协议,保证两国在学校、大学层面上各种活动的合作,建立和推动汉语项目。董事会主席 Gaston Caperton 就该协议对汉语学习措施进行了评论,"学习中国文化和汉语……是促进两国之间国际交流和理解的一个好方法"[①]。这个观点显示了直接而积极的态度(如"优秀"和"促进"),还说明了美国期望有机会与中国合作(如"国际交流和理解")。中美之间这种密切合作与联系的影响扩大了,孔子学院影响深入到美国社会不同层面。马里兰大学、芝加哥大学、哥伦比亚大学以及斯坦福大学等都在美国领先开设了孔子学院。每所孔子学院都有一个合作的中国大学,如斯坦福大学的合作学校是北京大学。

二是对中国的软实力和意识形态的担忧。对孔子学院的广泛关注聚焦于其争议性的角色和意识形态的认同。人们对孔子学院的全球传播有一种担忧,害怕孔子学院会不可避免地带来中国的政治宣传和专制,因为中国政府可能试图通过孔子学院来施加强制性影响。当孔子学院被视为中国政府意识形态的延伸,在美国的孔子学院就不可避免地遭遇疑虑和阻力,一些大学,如康奈尔大学,则拒绝接受孔子学院作为教育计划的一部分。美国的反应体现出美国"世界政治中霸权地位、西方的价值观体系与中国思想不合"的紧张状态。同样的

---

① College Board. Tens of Thousands of US Students Learn Chinese Language and Culture through the College Board's Chinese Guest Teacher Program[EB/OL]. http://press.collegeboard.org/releases/2011/tens-thousands-us-studentslearn-chinese-language-and-culture-through-college-boards-chinese.

解释，这个观点也表示出孔子学院与西方教育体系不匹配的其他原因。

三是创造新的通用语。Zhao 和 Huang 指出："期望全球孔子学院履行的职能是提供对外汉语教学课程资源的基础，包括人力和物资，最重要的是为汉语教师提供更利于实践和同行支持的网络。"[①]通过孔子学院和汉语的全球传播，中国正挑战英语的全球主导地位，逐步创造重要话语权。在最早详细报道全球汉语作为第二语言的学习热潮的文章中，《时代》杂志指出，越来越多的日本、韩国和美国"商界领袖和学生正在学习地球上最难的语言"。[②]该杂志还援引英国语言学家 David Graddol 的话："如果你想获得成功，学习普通话。" Graddol 指出："在许多亚洲国家、欧洲国家和美国，普通话已经成为一种新的必备语言。"文章认为学习汉语正在成为一种使外国不顾风险的潮流。但是，即使是汉语的热情支持者也未预测它将取代英语，在不久的将来成为世界上最常用的语言。

作者指出，建立在美国大学校园内的孔子学院所具有的模棱两可的属性，以及孔子学院可以被看作是在美国的经济停滞时期代表中国崛起的力量，可能是导致该机构在这两个国家挑起敏感情绪的原因。

作者认为，孔子学院面临两大挑战。在美国传播尽管有一些阻力，但学习汉语仍然是热潮。这种受欢迎程度很大程度上是由于其巨大的商业潜力，而不是对中国文化的热情。如果中国因为任何原因而失去其经济或政治实力，学习中文的愿望可能会显著下降。孔子学院的另一个挑战是缺乏抚慰主办方国家的、宣传中国和平崛起概念的、全面而连贯的战略。中国官员和孔子学院领导人需要学习在困难的情况下，如何应对国际合作伙伴，并寻求解决方案，实际行动要大于意识形态。然而，目前孔子学院以其独特的运作模式和潜在的全球影响，在中国和美国之间仍处于不明确的状态。正如 Paradise（2009）所指出："只有时间会告诉人们，孔子学院是否有助于中国获得更多同情和理解，并迎

---

① Zhao, H. & Huang, J. China's Policy of Chinese as a Foreign Language and the Use of Overseas Confucius Institutes[J]. *Educational Research for Policy and Practice*, 2010, 9（2）: 127—142.

② Time. Get Ahead, Learn Mandarin[EB/OL]. http：//content.time.com/time/world/article/ 0,8599,2047305,00.html.

来更加友善的观点。"[1]孔子学院确实是一个进展中的工作,这个过程将花费中国和孔子学院所在国很长一段时间来找出最佳的运营方法。

文章最后指出,围绕孔子学院的复杂状态和论战可以为学者们提供丰富的研究材料。然而,孔子学院未来的研究不会停留在批评主义和怀疑主义,将会专注于探索孔子学院在全球教育市场中的新角色。Yang 指出,大多数理论家借用软实力的概念分析孔子学院,但未能将软实力概念与中国全球参与、高等教育国际化及其对中国国家战略、外交政策、民族认同和语言政策的影响联系在一起。[2]随着中国作为经济力量而重新崛起,中国正在通过建立合理的国家权力、改变全球形象来寻求国际社会的认同。短期来看,中国的软实力政策可能是临时性的、无功的。但从长远来看,如果中国希望看到孔子学院实现其他国际文化机构所取得的成就,与其他文化机构的比较研究是必要的。

此外,作者针对孔子学院从模糊的文化机构、国际研究中心到汉语教师教育中心的作用提出建议,认为清晰的定位会使孔子学院项目更具实践性。在中国追求国际化的道路上,中美之间的相互作用需要重点关注。这样的策略会减少紧张局势,从而变得更加持续稳定。

来源文献:Wang, D. & B. Adamson. War and Peace: Perceptions of Confucius Institutes in China and USA[J]. *Asia-Pacific Education Researcher*, 2015, 24(01): 225-234. 薛梦晨译.

陈曦在《孔子学院研究进展:国内外视角的反差及其政策启示》一文中表示,通过梳理关于孔子学院的相关文献发现,国内外的研究视角和倾向存在巨大反差:国内研究更多集中在对孔子学院实际操作层面,如孔子学院的教学、教材、师资队伍、传播效果等,以及孔子学院与其他类似的国际语言机构之比

---

[1] Paradise, J. F. China and International Harmony: The Role of Confucius Institutes in Bolstering Beijing's Soft Power[J]. *Asian Survey*, 2009, 49(4): 647-669.
[2] Yang, R. Soft Power and Higher Education: An Examination of China's Confucius Institutes[J]. *Globalisation Societies and Education*, 2010, 8(2): 235-245.

较，其目的是更好地从实际操作层面来提高孔子学院的运营与管理。而国外的研究则多从文化软实力、中国的崛起、外交政策、教育援助以及经济全球化的角度来研究孔子学院。国内的研究大多数倾向于数据和案例的客观实证性分析，国外的研究大多数带有意识形态的倾向。

在分析国内学术界孔子学院研究现状时，作者总结分析了五个方面的内容：一是关于孔子学院与其他类似组织的比较研究。该类文献内容关注介绍世界主要国际语言推广机构与政府的关系，阐述各自的宗旨和目标、运行模式、管理模式、资金来源、工作内容等，在此基础上，将孔子学院与其他国际语言推广机构进行比较。二是关于孔子学院的教学研究。此类文献最多，主要是对世界各地的孔子学院教学进行多层次研究，内容主要集中在教育方式、教学方法、课程与教材使用、教师队伍建设，以及国际交流与合作等方面。三是关于孔子学院的文化传播研究。文献从文化传播的角度关注孔子学院。其中包括文化传播方式、传播效果、文化外交、中国形象的提升、孔子学院的声誉，以及相关政策制度保障等。四是关于孔子学院对我国高校国际化影响的研究。该研究反映出，孔子学院对我国高校国际化进程的影响已成为当前学界关注的一个重要议题。五是关于孔子学院长期建设发展的研究。此类文献集中讨论孔子学院的长期发展，包括讨论孔子学院的管理平台、发展状况、制度建设、资助体系等。从定位、运营机制、设置评估、课程设置、教师教材、网络孔院、质量评估、本土化等多个方面谈如何实现孔子学院的可持续建设与发展。

在谈到国外学术界孔子学院研究现状时，作者从三个方面进行了简要总结：

一是从文化软实力与中国崛起的角度研究孔子学院。文章指出，绝大多数外文文献都不会否认孔子学院是中国文化软实力的一种表现与提升。部分作者对文化软实力一词做出比较中性的评价，但也有部分作者认为孔子学院所代表的中国文化软实力是一种文化入侵与文化侵略。其中，Gil《中国孔子学院：世界政治中的语言及软实力》与Falk《孔子学院与中国的崛起》两篇文章中均提出，孔子学院是连接中国崛起和民族文化的一个独特的机构。[1] Falk 在对德国孔子学院进行案例研究时认为，文化外交是公共外交的一部分，孔子学院可视为一种文化外交方式。Don Starr 认为 2004 年第一个孔子学院的建立，标志着中国政治的自信，中国经过一个世纪的半殖民地地位和 50 年第三世界地位，终于跻身进入了世界一流"俱乐部"。[2]

二是从外交政策与教育援助的角度研究孔子学院。有不少外文文献认为，孔子学院把外方合作院校作为当地利益共享者是公共外交的重要概念与策略。Falk 主要以澳大利亚的孔子学院为案例进行研究，指出孔子学院是一种具有中国特色的文化外交。[3] 还有文献认为中国对非援助已经从原来的简单修路、工程等转为一种新型的援助——教育援助。通过中国对非支援几个阶段的总结与分析，得出建立孔子学院是中国教育援助的一种新手段。Kenneth 指出，中国的孔子学院与其他语言机构不同，孔子学院有两个院长，中方院长与外方院长，孔子学院已经成为嵌入式的机构，是一种新型外交关系的体现。

三是从经济全球化的角度研究孔子学院。由于孔子学院在全球的布局开展得非常迅速，诸多外文文献认为这是中国经济、教育甚至是语言全球化的表现。Hsi 等指出，尽管孔子学院的主要功能是推广中国语言和文化及在全球建立教育组织，但已经具有寻求跨国公司利润的特性。Lien 则采用模型分析孔子学院对中国对外贸易和外国直接投资的影响，结果发现，孔子学院导致中国出口和对外直接投资流量显著增加，但在发达国家的影响不大。Donald 等指出，孔子学院将成功诱导更多东道国学习中文，尽管孔子学院的建立会导致当地中文学校入学人数的下降。还有些学者指出，中国的经济力量正在改变全球对普通话的

---

[1] Gil J A. China's Confucius Institute Project：Language and Soft Power in World Politics. *Global Studies Journal*[J]. 2009（1）：59-72.
Hartig F. Confucius Institutes and the Rise of China[J]. *Journal of Chinese Political Science*，2011，17（1）：53-76.

[2] Starr D. Chinese Language Education in Europe：the Confucius Institutes[J]. *European Journal of Education*，2009，44（1）：65-82.

[3] Hartig F. Cultural Diplomacy with Chinese Characteristics：The Case of Confucius Institute in Australia[J]. *Communication Politics & Culture*，2012，45（2）：256-276.

态度，中国的对外汉语已经成为一个研究对象并形成了一个教育市场，因此引发了对中国对外汉语政策的讨论，但其也认为汉语不太可能取代英语成为世界上使用最广泛的语言，而在可预见的未来，汉语是未来世界的一个重要的元素。

通过文献梳理，作者总结指出，从态度方面来看，国内学者的态度比较客观，认为孔子学院作为汉语的传播机构，是中国向外界传递各类资讯的最主要方式，扩大汉语的传播范围、传播方式和传播途径，提高汉语在国际交流中的地位，是使中国走向世界的重要组成部分。而国外研究者的态度则有不同的倾向：对孔子学院推行汉语教学这方面基本保持中性的态度；对孔子学院作为一种外交手段与外交工具比较反感；对孔子学院作为提升中国文化软实力的工具更夸大其词了，认为是一种文化入侵。这种研究视角和态度倾向的巨大反差，折射出国外学术界对孔子学院带有较为强烈的意识形态倾向。

文章最后谈到，尽管国家汉办一直强调孔子学院在语言及文化项目方面的意义，事实上有不少文献发现，孔子学院有助于促进经济发展。因此，在对中国语言文化需求高的国家中，孔子学院应当更加市场化。

来源文献：陈曦. 孔子学院研究进展：国内外视角的反差及其政策启示[J]. 广西社会科学，2015（06）：198-202.

以"软实力"概念为基础的文化外交政策是未来中国在拉美公共外交政策的新方向。中国政府坚持和平崛起的理念并通过孔子学院的汉语和汉文化教育，力求在拉美地区塑造一个全新的国家形象。但是，中国在创建和强化自身的国际形象方面，仍有很长的路要走。

墨西哥学院亚非研究中心中国当代史教授罗默·科奈赫在《从文化外交看中国对拉美国家的影响》一文中指出，中国对拉美开展的"文化外交"，是中国公共外交政策近15年来一个最大的转变，也是中国公共外交政策的新主题之一。作者试图通过中国孔子学院的建设、拉美华人群体的作用以及中国在拉美地区的文化活动三个方面，勾勒出中国"软实力"对拉美的影响。

文章指出，建设孔子学院是中国政府一项重要的文化工程。孔子学院一般下设在国外的大学和研究院之类的教育机构内部，向外国人推广汉语和传播中国文化，属于非营利性社会公益机构。学院由中国教育部下属的国家汉语国际推广领导小组办公室管理。在中国政府的行政机构中，"汉办"拥有很大的自决权，它与中国外交部、中国多所大学以及一些教育机构都有合作。孔子学院类似于英国文化协会、歌德学院、塞万提斯学院和法兰西学院，但区别在于，孔子学院是把实体设立在外国官方教育机构的内部，拉美的孔子学院则更多设立在大学校园内部。

2004年，第一批孔子学院先后在乌兹别克斯坦的塔什干和韩国的首尔成立。之后，孔子学院在全球范围内（特别是在美国）迅速推广开来。2006年初，中国汉办和墨西哥华夏中国文化学院合作建立了拉美地区第一所孔子学院——墨西哥城孔子学院。外方合作机构墨西哥华夏中国文化学院，在此之前就一直致力于当地华人子女和国外中文爱好者的中文教育工作。院长周玲燕表示，墨西哥境内共有5所孔子学院，均旨在推广汉语教学和传播中国文化，其中的4所孔子学院都是国内高校与墨西哥高校合作，教学对象以大学生为主，而墨西哥城孔子学院是一所不依托任何大学独立开展教学工作的孔子学院，授课对象以墨西哥的中小学生为主。以墨西哥为起点，之后，孔子学院几乎开遍了整个伊比利亚美洲地区。[①] 其中，哥伦比亚的麦德林孔子学院，是由中国一家公立大学与麦德林市政府合办的孔子学院；此外，在巴塞罗那孔子学院和马德里孔子学院的合作机构里均出现了"亚洲之家"的身影。值得注意的一点是，在讲西班牙语的国家中，智利的孔子学院数量相对较多，而委内瑞拉则没有孔子学院。这与拉美各国对教育的重视程度有关。

最新报告显示，截至2013年底，中国已经在全世界120个国家（地区）建立了440所孔子学院和646个孔子课堂，其中美洲大陆有144所（绝大多数在美国，其次是在加拿大）。汉办的"孔子学院2013年度发展报告"显示：2013年全球孔子学院支出总计为5.69亿美元，比2012年增加了43.7%。其中，外方现金总支出为2.91亿美元，用于人员经费及教学场地、水电消耗等；中方支出2.78亿美元，主要用于派出中方人员的工资和各国孔子学院开展文化

---

① 中国定义的伊比利亚美洲地区还包括那些以英语为母语的美洲地区国家，但是不包括美国和加拿大。

交流活动。中外方投入比例大致保持1∶1。报告第42页《总部对各国孔子学院支出表》中显示,中方支出总额的精确数字为2.78 371亿美元。[①]

孔子学院外方合作机构都是当地公立大学或是政府机构,其对孔子学院的投入来自国家公共财政支出,因此当地民众有权对政府在孔子学院的投资进行监督。但是截至目前,拉美地区尚未发布过任何官方文件,来向公众说明各公立大学在孔子学院上的资金投入、汉语教师能力选拔和教材选定等问题。相反,在美国和欧洲,当地政府不仅对孔子学院的各项支出向公众公开,甚至还允许社会各界对资金使用的合理性进行研究和讨论。

为了适应各国国情,孔子学院也会因地制宜,教学工作的开展具有针对性。例如秘鲁天主教大学孔子学院,开设了商务普通话课程,授课对象是面向中国的外贸公司员工。2011年,该孔子学院还与秘鲁外交部签订了一份课程协议,教授秘鲁各级外交官汉语。此外,2012年9月5日,阿根廷的布宜诺斯艾利斯大学孔子学院和阿根廷众议院签署了一份合作协议,从2012至2015年,众议院的议员和工作人员定期到该孔子学院进行汉语培训。

从伊比利亚美洲第一所孔子学院成立至今,近10年的时间里,这项工作的开展平稳而迅速,汉语及中国文化成功地在各国大学校园和公立机构中普及开来。毫无疑问,孔子学院在推动汉语教育和跨国学术交流方面起到了关键的作用。孔子学院的教学方式、教材、文化内容均由中国汉办统一制订,而外方合作机构则保证学院在当地的教学活动顺利开展。

2014年7月,中国—拉美和加勒比国家领导人会晤在巴西利亚举行,会晤后发表的联合声明第十条明确表示支持中国的文化外交政策:我们高度重视加强双方在社会人文领域的联系。为此,我们决心促进旅游,通过增加大学交流项目、奖学金和学术对话等方式深化教育领域合作。我们欢迎中国在拉美和加勒比地区开办和增设孔子学院和孔子课堂。[②]

[①] 数据来源:http://www.hanban.org/report/pdf/2013.pdf.
[②] 2014年7月17日,中国与拉美及加勒比地区领导人在巴西利亚举行会晤并发表联合声明:参加的国家和地区包括中国、巴西、拉美和加勒比国家共同体(CELAC)成员国哥斯达黎加、古巴、厄瓜多尔、安提瓜和巴布达,以及阿根廷、玻利维亚、智利、哥伦比亚、圭亚那、墨西哥、巴拉圭、秘鲁、苏里南、乌拉圭、委内瑞拉的国家元首和政府首脑或特别代表。

在分析孔子学院在拉美的建设与发展时，作者特别谈到了华人群体的作用。他认为，在拉美地区，华人群体不仅继承了中国珍贵的历史文化遗产，而且比任何群体都更能代表中国的强大。数十年来，他们从备受欺压到如今的扬眉吐气，都和中国的发展紧密相连，也正因为如此，他们也非常乐意为中国文化在当地的推广贡献力量。对此，作者援引中国现代国际关系研究院拉美研究所助理研究员曹廷的论述加以说明："海外华侨华人变成了中国和他们居住国之间的桥梁和纽带，拉美地区的华侨华人、华人组织及华人社团不仅推动了当地孔子学院的建立，还积极地参与当地的教育和文化活动，一部分华人还担任了孔子学院的院长。例如，秘鲁华裔邓如朋为秘鲁天主教大学孔子学院的建立和发展做出了很大的贡献，同时，他本人也担任该孔子学院院长。此外，据中国官方统计数据显示，将近10%的秘鲁人有着中国血统，但他们中绝大多数既不会说汉语也不了解中国传统文化，但因血缘关系，他们对去孔子学院学习汉语有着天然的兴趣。同时，五所建立在秘鲁国内的孔子学院均得到了当地华侨华人的大力支持和拥护。据统计，在巴西大约有30万的中国移民，他们活跃在巴西国内的各个领域。此外，巴西利亚大学孔子学院的建立，当地的华人发挥了极其重要的作用。初期，由于合作双方缺乏相互了解，合作进度极其缓慢。在得悉这一情况后，巴西华人协会的副主席齐仕忠先生，多次亲赴巴西利亚大学给学校师生细心讲解中国传统文化以及深度剖析合作建立孔子学院的优势。2010年的一份调查报告中提到，在智利，仅有一万多的中国移民，但是他们对祖籍国存有很深的爱国主义情怀，因此他们中的绝大多数都非常熟悉中国的传统文化，积极参与当地孔子学院组织的各种活动。很显然，智利华人的存在成为中国文化在当地传播不可或缺的力量，不仅如此，他们的存在还凝聚和团结了所有在智利的中国人。上述例子均说明，拉美的华人华侨是推动拉美孔子学院发展以及中国对拉美文化外交战略的重要力量。"[1]

来源文献：罗默·科奈赫，蓝博. 从文化外交看中国对拉美国家的影响 [J].

---

[1] Cao Ting. La experiencia de la diplomacia cultural de China en América Latina desde el punto de vista de los Institutos Confucio. en Rodriguez, Isabel（Ed.）*La Diplomacia Publica De China En América Latina：Lecciones Para Chile，Santiago de Chile*[M]：RIL Editores，2013，pp168-169.

江苏师范大学学报（哲学社会科学版），2015（06）：14-20.

《中国公共外交：孔子学院的崛起》是英国 ROUTLEDGE 出版社新外交研究系列丛书之一。该书的作者 Falk Hartig 长期关注孔子学院研究，将孔子学院视为中国大外交背景下进行公共外交的一个路径。

作者认为，《中国公共外交：孔子学院的崛起》这本书是对孔子学院的第一次全面分析。该书研究界定了公共外交的概念，并将其作为分析孔子学院的一个理论框架。应用这个框架，作者对欧洲和大洋洲的孔子学院进行了案例研究，详细描述了孔子学院的结构与组织、活动与受众以及问题、挑战和潜力。该书除了指出孔子学院是中国魅力攻势最突出和最具争议性的工具，还解释了孔子学院的结构配置，以及中国对公共外交的认识和方法。该研究表明，相较于该领域的其他国际组织，孔子学院通常在教育和文化交流领域由中外合作伙伴共同参与。从这个独特的设置可以发现，在公共外交的背景下，中国愿意积极开展中外合作。

在该书中，作者总结认为，通过利用全世界对中国语言和文化的热爱，中国政府已经找到感兴趣，且有合作意向的国际伙伴共同资助孔子学院，进而在一定程度上为中国的国际化进程提供资金支持。

来源文献：Falk Hartig. *Chinese Public Diplomacy: The Rise of the Confucius Institute*[M]. Routledge, 2015，王彦伟译.

第五节　理论与学术探讨[①]

理论探究、学术追问，对孔子学院研究来讲是一种增量思维，对跨学科

[①] 本书设置"理论与学术探讨"这一章节，具有导向意义。可能会有人提问：本报告涉猎的基础文献难道不是"理论研究"或"学术探讨"吗？这个问题提得很有道理也很有针对性。在本报告的撰写设计中，作者将一些主题相对集中、边界相对清晰的文章纳入相应章节择要叙述，但确有一些综合性、跨学科的研究成果目前不好归类。同时，孔子学院又是一个具有开拓和跨国性质的综合文化交流平台，对其功能与价值的探讨尚待挖掘，期待在针对性和应用性研究的基础上，有更多"上位"的思考。

研究而言，是一种创新和尝试，而对孔子学院建设与发展来讲，则是在一个更高层面上的再现与再出发。当孔子学院被置于多个学科范畴时，可以触发更多的学理阐释，获得更多有关孔子学院影响与价值阐释的结论，从而释放出更多综合研究的效应。

《全球文化竞争背景下的汉语国际传播研究》是教育部人文社会科学重点研究基地关于汉语国际传播的理论、实证和调查研究的一项重大项目成果。该书内容既包括欧美国家语言和汉语在其他国家传播史的研究，也包括汉语国际传播的现状研究；既包括汉语国际传播的理论研究，也包括汉语国际传播现状调查的实证研究；既包括汉语国际传播的事业研究，也包括汉语国际传播的产业研究；既包括汉语国际传播的战略研究，也包括汉语国际传播的对策研究。这些研究不仅为汉语国际传播未来发展提供历史借鉴，也为国家汉语国际传播战略和政策的制定提供重要的参考依据。

该书作者王建勤等在上述研究的基础上，总结得出以下五个基本结论：

第一，欧美国家的语言传播史表明，语言传播的机遇总是青睐国力强盛的国家，国家强盛才能造就强国的语言。虽然欧美国家殖民时期的语言传播方式是不可复制的，但是国家的军事、经济和政治的崛起和实力是语言传播的重要动因之一。此外，语言传播最有效的方式是语言教育，任何一种外语一旦进入国家主流教育系统，这种外语的地位将迅速得到提升，并迅速传播开来，而且将会影响几代人。

第二，国家军事和经济实力固然是语言传播的重要因素，但是，汉语在东北亚传播的历史辉煌和衰败告诉我们，一个强国的文化对语言传播的影响力是最为久远的。国际文化影响力不仅是影响民族发展的重要因素，而且是影响语言传播的重要因素。汉语在东南亚传播的历史表明，汉语在东南亚各国的命运和地位与华人华侨祖籍国的兴衰强弱紧密相联，海外华人华侨是汉语和中华文化的忠实传播者。

第三，本课题的调查研究结果表明，欧美和东南亚华裔汉语学习者面临的最大挑战是语言转用。因此，母语的保持和文化认同是东南亚汉语传播的永恒主题。华裔学习者的母语保持应该重视家庭作用和父母态度的影响，华语教育应贯穿文化传承教育，为海外华族"留根"。此外，华语教育应鼓励华裔学习者"双向认同"，使华裔学习者成为"附加式"双语者。

第四，殖民时期，老牌帝国主义通过坚船利炮强行传播自己的语言，第二次世界大战后，英美国家靠"钱"来传播自己的语言，在新世纪，则要靠"标准"来传播自己的语言。汉语国际传播必须在标准的竞争中提高学术竞争力，让汉语真正走向世界。

第五，汉语国际传播必须加强制度设计和安排，处理好政府、企业和非营利组织三者之间的合作与竞争关系，加快汉语国际教育产业的发展。此外，汉语国际传播应借助国家经济的快速发展，进一步拉动世界各国汉语学习需求，整合民间力量，实现资源配置方式的多元化，促进汉语国际传播的健康发展。

来源文献：王建勤等.全球文化竞争背景下的汉语国际传播研究[M].北京：商务印书馆，2015.

作为中外人文交流和国际教育合作的新兴价值主体，孔子学院表现出独特的文化功能，推动了文化资源到文化资本的转变。通过物化资本、体化资本和机构资本等方式，孔子学院促进了文化资本的累加，生成了基础性社会价值和发展性社会价值。

马晓乐等在《孔子学院的文化功能与社会价值》一文中，对孔子学院的文化功能和社会价值进行分析研究。文章指出，经过10年的历程，孔子学院建立了一种既符合国际惯例又具有自身特色的语言与文化传播方式，逐渐获得了发展的独立性、范畴的完整性、群体的稳定性、机制的合理性以及成效的持续性，初步建立起了国际汉语教育的网络体系，将语言推广和推动中华文化"走出去"的国家战略转换成可培植的实体，搭建起在全球范围内配置汉语言文化资源与要素的平台。

作者认为，无论从哲学意义上还是在社会发展层面，孔子学院都是一个现实存在。这种"存在"带来了国内外的广泛关注，也引发了学者们的价值关怀。作为一个具有社会属性的价值主体，孔子学院是社会需求激发推动的产物，孔子学院的"被需要"是其价值主体的特征之一，其中，国际社会的需求是孔子学院产生发展的一个重要逻辑起点。孔子学院将中国教育特别是高等教育置于开放和国际化发展的语境，在语言和文化传播活动的带动下，国内外大学突破语言、文化、艺术等领域的合作，在国际政治、经济学、社会学、哲学等人文社科领域，甚至生命科学、环境科学等领域同时开展学术交流与协作。

　　孔子学院在建设中强调并突出合作模式，主张在海外需求和自愿的基础上达成契约和共识。合作意味着共同体的诞生，意味着同生共体的发展环境，意味着联动互惠的行为准则。孔子学院实质上使契约双方共同建构了一种集体身份，这一身份是中外大学交往理性的产物，孔子学院的物理空间和所有资源形式是这一集体身份可兹附着与培育的实体。合作实体的存在不同于意向性、框架性或者是一次性的国际合作，它是植入合建双方肌体之中的客观现实，纳入到大学发展的制度化安排之中。作者强调指出，一个不可忽视的事实是，孔子学院所构建的这种基于互惠的合作范式不是个别的，而是普遍的；不是双边的，而是多边共同推进的。经过十年的发展，孔子学院在全球建立了广泛的国际教育合作的网络，这个庞大的教育网络对社会资源的聚合、分配与利用不是个体能够望其项背的。匈牙利学者卡尔·波兰尼曾将社会资源的配置方式分为三种类型：权力授予类型、市场交换类型以及社会关系网络类型。社会关系网络类型的资源配置方式将人们之间亲密的和特定的关系视为一种社会资源，借助社会关系机制，作用于不同群体成员间的资源分配。[①] 从这个意义上讲，遍布全球的孔子学院所形成的教育网络本身就是一种社会资源，不仅其自身具有辐射价值，而且对相关社会资源具有开发、聚合和优化配置的作用。对这种互惠合作范式的认识和价值评估，既要看到本体价值也要看到辐射价值，既要关注当前的显性价值，更应注重其潜在的隐性价值。

　　文章提出，孔子学院所开创的基于自利和他利的互惠型国际教育合作方式是其社会价值的重要体现，以教育的形式存在是孔子学院发展的基础性价值。近10年的积累，孔子学院在"教育存在"健康持续发展的基础上，其社会价值的外延不断得到延伸，诸如"公共外交"等与国家民族形象及其内涵有关的

[①] 宁继鸣、孔梓.社会资源的聚集与扩散——关于孔子学院社会功能的分析[J].理论学刊，2012(12)：76—80.

内容等都成为新生的社会关注。在此意义上，孔子学院实现了自身价值超越与增值，成为一个复合型的"现实存在"，形成了孔子学院的发展性社会价值。发展性社会价值既是孔子学院基础价值的衍生，也是孔子学院作为综合文化交流平台作用的体现。

文章作者认为，在开放的环境下，任何国家的发展都离不开国际社会，一个良好的对本国有利的外部环境，对每个国家来讲都是十分重要的。孔子学院所开创的这种基于语言与文化传播的国家形象塑造方式，一方面表明了中国对外文化交流的积极态度，一方面也是对国家文化安全保护的一种有效准备。在各种资源，特别是文化版图寸土相争的国际环境下，孔子学院以一种和平温和的方式，以多语言交流和中外人文交流为主线，赢得了更多的话语权和主动权，开辟了我国公共外交、人文外交的新渠道。孔子学院作为一支新生力量，正在努力跻身于以英语、西班牙语、法语等为主体的国际语言体系，加速国际话语体系的重构与秩序的重建，在世界文化版图上使中国语言文化资源占有了更大的份额和比重，直接影响到全球化背景下世界话语体系和文化版图的重构。

来源文献：马晓乐、宁继鸣. 孔子学院的文化功能与社会价值[J]. 山东社会科学，2015（08）：173-178.

汉语国际推广的主要任务有两个：一是汉语教学，一是传播中华文化。但在实践中，文化的融入以及如何进行文化传播一直是大家关心和关注的大问题：宣传什么样的文化理念？融入什么样的文化内容？采取什么样的传播方式？展示什么样的文化产品？对这些问题的研究和实践将直接影响汉语国际推广的广度和深度，进而影响中华文化对外传播的进程和效度。

宋海燕在《汉语国际推广战略下的文化认同与中华文化传播》一文中指出，中华文化传播应以赢得文化认同为基本目标和制订传播策略的基础，即致力于培养受众对中华文化肯定的价值判断，注重在观念、内容、方式、产品等方面培育多方位多层次的受众认同。

文章指出，从认知发展历程来看，某个体或群体在面对他文化之初一般会是陌生的感觉，对他文化的认知起点也是陌生的。然后可能会因为某种原因主动或被动地接触到他文化，这种接触是文化传播得以发生的基础。这里的接触是一种广义的概念，不同渠道不同场合的听说、看见、体验等都是一种接触。接触之后，受众在自己以往文化情感的立场上可能对他文化表现出三种不同的情感态度：一是歧视或偏见，二是中立，三是认同。基于上述三种接触他文化之后的不同态度，受众会相应发展出三种不同的行为方向：歧视或者对他文化持有偏见的，会主动疏远甚至是排斥该种他文化；持中立态度的一般表现为冷眼旁观或敬而远之，不有意排斥也不主动接近；而持认同态度的则会愿意接近甚至是亲近他文化，愿意融入他文化的社群之中。

在谈到传播中华文化应以文化认同为基本目标时，作者认为，文化传播起始于接触，但绝不能止步于接触。接触之后，应该致力于激起受众积极的情感态度和行为方向。在对待他文化的三种不同的情感态度中，认同应是文化传播的基本目标。文化传播的意义在于消除文化歧视或偏见，激发文化认同，进而产生对传播主体文化的接近和融合。文化传播的成效与受众认同度成正比。认同度越高，越愿意接近接受该种文化；反之，认同度低，文化传播就难以取得成效。强调文化认同为基本目标，指的是把认同作为制订文化传播策略的基础和着眼点，通过有针对性的推广传播，去赢得受众的自觉自愿的认同。汉语国际推广中传播中华文化的基本目标应该是赢得文化认同。确立这一共识的意义在于，消除文化传播的想当然意识和盲目性，真正以文化传播受众为中心，研究受众的文化情感背景，根据受众需求确立传播策略，增强针对性和适应性，避免出现文化误读和文化错位。

在分析如何在汉语国际推广中培育中华文化认同的具体策略时，作者提出四个基本认同：

一是文化传播观念的认同。作者指出，文化观念属于心态文化层，主要体现为人们的心理及社会意识形态，是文化的核心和根本。受众对他文化文化观念的认知态度直接决定着其对他文化一系列内容的认知态度。如孔子学院成立以来，有的国家把孔子学院视为宗教组织而心存戒惧，有的国家认为中国要通过孔子学院进行文化渗透和文化侵略，这些看法源于对中国文化传播观念的误读，也直接影响着对中华文化的接受和认同。过去在文化传播中存在着一种误区，往往先强调自身文化是不同的，是异于对方的，以为这样才能激发并增强受众的兴趣，而事实上，一味强调异的方面反而可能更易激起对方的排斥和抵触。现在，越来越多的学者关注到求同的重要性，注重寻找中华文化中的"共同价值"和具有"共同价值"意义的因素。在中华文化传播的宏观层面，应注意突出交流尊重的传播目的与"和而不同"的传播观念，突出中华文化价值体系中的共同价值成分，培育受众对中华文化传播观念的认同。同时，应时时处处以交流尊重"和而不同"的理念为指导，避免在实践中表现出文化强迫、文化渗透、文化同化等倾向。只有促使受众建立起对中华文化传播观念的稳定的认同，中华文化的传播才能得以有效开展。

二是文化传播内容的认同。中华文化在思想、政治、商业、科技、医药、农耕、英雄、姓氏、崇祖、神龙、宗教、汉字、诗文、书画、曲艺、武术、饮食等方面都有着丰富的内容，在传播中选择哪些内容，或者先安排哪些内容，都要以能激发受众对该文化内容的认同为前提，受众感兴趣的、愿意了解的，就主选首选，反之，则不选。确定能够获得受众认同的文化内容，要建立在调查研究的基础上，不能单凭推测臆断，否则就可能因文化错位而难以达到预定目的。因此，要充分研究中华文化传播对象国的文化传统、语言文化政策、民族或个体的文化喜好、对中华文化的接触历史及既有认识，在此基础上，确立文化认同点，进而有的放矢地开展文化传播。

三是文化传播方式的认同。要建立受众对文化传播方式的认同，有两个方向可以努力。一方面是借用现代流行的先进传播技术。韩国和日本在这方面有很多值得借鉴的经验，如韩国通过电影电视，将自己国家的风景、服饰、语言、生活习惯等文化现象展示给国外受众，在本国之外掀起了一股股"韩流"；日本发达的动漫产业在本民族文化传播中起着举足轻重的作用。另一方面是把中华文化的主题内容和受众自身的文化习俗偏好及现代文化理念巧妙融合。在这方面，汉语国际推广在实践中已经注意到了受众对文化传播方式认同的重要性，如改变以往常用的静态展览的方式，适应受众喜欢参与的特点，以"互动、体验"的核心理念组织展示中华文化等。

四是文化传播产品的认同。一种文化在世界范围内获得认同的文化产品越多，该种文化的对外传播就越容易。如美国借助现代科技打造的拯救世界关注人类未来的电影大片就是成功的文化产品，在世界范围内备受欢迎，也吸引着受众对美国文化的仿效与追随。

在汉语国际推广的实践中，已经产生了不少获得较高国际认同度的文化产品，但与中华文化丰富多样的资源现实及日益壮大的汉语国际推广事业的需求相比，仅仅具有较高认同度的中华文化产品还远远不够。未来应在充分调研的基础上，以汉语学习和中华文化传播为目的，力争开发受众认同的文化传播精品，比如多媒体体验资源、体验式的网络游戏、绘本故事、APP 等。

来源文献：宋海燕.汉语国际推广战略下的文化认同与中华文化传播[J].中州学刊，2015（11）：168-171.

从社会学的视角对孔子学院开展研究是一种理论层面的尝试，将社会资本原理应用于孔子学院研究可以在一个新的学科视域下呈现孔子学院的结构、功能和价值。孔子学院社会资本的核心是信任，是一种社会整合机制，包括制度信任、过程信任和特征信任三种类型。

孔梓在其博士论文《孔子学院社会资本研究》一文中指出，孔子学院的社会资本是在信任的基础上建立起来的一系列社会关系的集合，这些关系有助于推动孔子学院行动的实现。孔子学院社会网络是孔子学院社会资本的基础，包含孔子学院社会关系、嵌入社会网络的资源和构建社会网络的制度规范，分别涉及孔子学院社会资本的结构类要素、资源类要素和制度类要素，这三种要素共同构成了孔子学院社会资本的基础要素。孔子学院的基本单位是关系资本，是孔子学院与内部或外部的行为主体在信任基础上建立起来的社会关系。根据社会资本产生基础的不同，孔子学院社会资本类型可以划分为内部社会资本和外部社会资本。

孔子学院社会资本既有社会资本的一般特征，即以社会网络的形式存在，需要被开发，具生产性，需要被维护；又有其自身具有的特征，即异质多元性，行业属性，动态开放性。

文章指出，孔子学院社会资本的提出，一方面强调孔子学院不是孤立的行动个体，而是与其他领域的各个方面发生种种联系的社会网络上的节点；另一方面也是为了增强孔子学院社会网络中的信任，使孔子学院社会网络能够稳定存在并且更好地持续发挥作用。从总体上看孔子学院社会网络的存在对于降低文化摩擦，消解文化冲突，建立一种弥合文化间隔阂，进而将一种自然状态下的失衡状态调整到新的均衡状态的平台或机制奠定了一个良好的基础。孔子学院社会网络这种促进不同文化之间关系的建立、推动多元文化生态趋于均衡的功能，增强了彼此之间的信任，而这正是社会资本的核心。

关于孔子学院社会资本的积累，该研究指出：孔子学院社会资本是伴随着机构的发展而产生并不断积累起来的。孔子学院社会资本的积累是在社会网络基础上，经过制度约束、互惠合作和预期协调三条主要路径生成信任之后实现的。其中，通过制度约束积累社会资本的路径主要包括：第一，出台政策、法规、公告，签署协议。国内外政府出台与孔子学院相关的政策，包括语言政策、外交政策、教育政策、文化政策等；国内外政府发布与孔子学院相关的正式公告，以及颁布与孔子学院相关的法规等。除了国家和政府层面政策法规之外，组织机构层面具有法律效力的合作协议也会影响孔子学院社会资本的积累。第二，制定管理制度。孔子学院总部和分支机构制定的一系列的运作规范和管理制度，包括年度计划申报制度、预决算及财务管理制度、审核制度、监督制度、评估奖励制度、理事会制度、会议制度、监督巡视制度等。第三，提供制度性安排。安排领导人出访期间视察和访问孔子学院，公开发表有利于孔子学院建设和发展的正式讲话或者书面文件等，或者出席孔子学院活动等。

在互惠合作过程中积累社会资本的路径主要包括：第一，资源建设过程中的互惠合作，包括保障孔子学院持续获取建设资源，加强对孔子学院各类资源质量的把关控制，确保孔子学院资源来源渠道多元化。第二，组织管理过程中的互惠合作，包括邀请国外组织/个体参与孔子学院管理，减少国内政府和总部对孔子学院管理上的过多介入。第三，项目运作过程中的互惠合作，加强运作过程中的市场化程度，包括开展市场调研分析，按照市场化的理念进行运作和管理，加强市场的监督，在孔子学院运作过程中引入市场竞争模式等。

关于预期协调积累社会资本的路径主要包括：第一，增加社会对中国的预期。借助中国经济发展、国际地位提升的有利形势，不断提高国际社会对中国的兴趣和认同，孔子学院作为当前在海外了解中国最重要的平台也能够因此获得更多关注。第二，增加社会对中外方承办机构的预期。孔子学院依靠中外方承办机构的学术水平和社会影响，提升社会对孔子学院的信任。第三，增加社会对孔子学院相关人士的预期。孔子学院依靠在学院任职或任教的权威个体的影响力，提升社会对孔子学院的信任。

关于孔子学院社会资本的功能及其实现，作者指出：孔子学院社会资本建构了一种新型的社会结构，它的存在使得原本没有联系的不同主体之间建立起社会关系，并形成新的社会规范；推动了新的社会阶层出现，培育了一群熟悉国际规则的国际人；加速了多元文化之间的往来和交流，使得社会互动更加频繁。孔子学院社会资本的功能主要包括社会支持功能、社会导控功能和社会理解功能。这些功能是在孔子学院履行其基本职能过程中实现的。作者特别指出，孔子学院社会资本的功能具有两面性，积极功能主要有社会支持功能、社会导控功能和社会认同功能；消极功能主要是社会依赖功能和社会排斥功能。

作者认为，作为一个以汉语教学和中华文化传播为主题的国际非营利组织，孔子学院的基本职能是资源配置。它将稀缺分散的海内外教学和文化资源嵌入到社会网络之中，再将有限的教学和文化资源，按照不同国家和地区的需要有针对性地进行合理配置。随着孔子学院履行其基本职能，机构也在资源的整合和扩散过程中不断积累社会资本。

来源文献：孔梓. 孔子学院社会资本研究 [D]. 山东大学，2015.

| 第五章 |

舆情研究

"舆情是指在一定的社会空间内,围绕中介性社会事项的发生、发展和变化,作为主体的民众对作为客体的国家管理者产生和持有的社会政治态度。"[1] 作为一个当前被普遍关注的领域,舆情研究既是基于现实的需要,也是基于发展的诉求。

随着社会发展,特别是信息与网络技术的高度渗透,舆情以及关于舆情的研究都发生了巨大的变化。本报告关于舆情研究的内容,主要是基于文本事实:一是关于孔子学院报道与评价的报纸文献;二是学界基于孔子学院报道与评论的研究文献。

按照孔子学院的办学宗旨,孔子学院在满足各国汉语教学和文化需求的同时,还在了解当代中国、促进文化交流、改善投资环境等方面发挥了积极作用。但由于某些主客观原因,人们对孔子学院及其功能的认知,在很大程度上仍停留在局部或表象层面。开展孔子学院的舆情分析与研究,有助于了解孔子学院建设与发展过程中的外部环境,特别是各国民众所持的态度与看法,以及社会各界的理解与认同程度。

近年来,学界关注孔子学院的研究文献逐渐增多,学者们通过新闻报道分析、外媒话语分析等方式,探究媒体镜像下孔子学院的特征与态势,以及社会宏观语境对孔子学院的态度、认识与反馈。

---

[1] 王来华. 舆情研究概论——理论、方法和现实热点 [M]. 天津:天津社会科学院出版社,2003,p33.

第一节　中国媒体报道与评论

2015年，中国媒体的报道内容主要集中在如下方面：国家领导人参加孔子学院的重大活动；孔子学院在连通中国与世界中的作用；孔子学院在促进经贸、外交、教育等方面的功能；"一带一路"框架下的孔子学院；孔子学院与国家文化软实力建设，以及孔子学院的规模建设与质量提升、国别孔子学院的发展现状、社会或民众对孔子学院的理解与评价等。[①]

2015年3月27日，以关注重大理论和实践问题，瞩目热点、难点、焦点和前沿问题为主旨的《中国社会科学报》开辟3个整版，用特别策划专栏的形式，以"孔子学院：属于中国，也属于世界"为题对孔子学院进行了全方位的报道。专栏共刊发11篇文章。作者包括承建孔子学院的中外方高校负责人、中外方院长，以及孔子学院奖学金的留学生，力图全面反映来自孔子学院不同利益群体的诉求与思考。

南开大学党委书记、天津市社会科学界联合会主席薛进文以"孔子学院连通中国与世界人民的梦想"为题谈了自己的体会和看法。文章说，孔子学院是在我国深化改革开放的宏阔背景下应运而生的，它把握了经济文化发展与国际交流合作的大局，是应势而动、顺势而为的必然选择。可以说，从诞生那天起，孔子学院就承载着传承弘扬中华文明、推动提升国家文化软实力的重要使命。

薛进文指出，真正意义上的全球化，并非西方主导的"一体化"，而是基于相互尊重和理解、具有巨大包容性的交流与融合。语言作为交流的工具和文化的载体，是不同文明、不同国家之间对话、碰撞、交融的首要媒介。因此，语言推广就成为全球化时代世界多元文化共生共享的战略选择。这为汉语走向世界和作为汉语国际推广机构的孔子学院的诞生、发展，提供了丰厚的时代土壤。同时，"孔子"这个中国传统文化的符号，被创造性地作为汉语文化传播的标识，也充分表明中国在全球化时代紧紧抓住了中华民族的独特文化基因，以高度的文化自觉和文化自信，致力于打造自己的语言文化品牌，并不断提升

[①] 中国媒体的文献来源为中国重要报纸全文数据库（CNKI）和 Summon 数据库。

其认同度和凝聚力。

改革开放以来，中国经济实力不断增强，政治影响日益扩大，国际地位大幅提高，中国发展道路广受关注。目前国外学习汉语的人数已超过5000万人，有近40个国家和地区将汉语教学纳入本国国民教育体系。对一种语言的学习和对一国文化的了解，变成全世界大量增长的需求，本身就彰显了这个国家的综合国力、世界形象和国际地位，也体现出对这个国家未来发展前景的乐观和信心。从这个意义上讲，大力开展汉语国际推广，顺应了世界各国人民对中国的高度关注和对汉语的热切需求，孔子学院在海外蓬勃发展也就成为客观必然。

作者认为，中华文化的世界影响力还不够，与美国好莱坞电影、日本漫画、韩国电视剧等相比，中国能够走向世界的文化产品还不多。面对西方文化和西方价值观念的强势传播渗透，中国要旗帜鲜明地发出自己的声音，要坚守中华文化的生命禀赋和生存耐性，就必须大力实行文化走出去战略。孔子学院所具有的对外汉语教学、文化传播等功能，决定了它能够把中华文化以喜闻乐见、具有广泛参与性的方式推广开来，把跨越时空、超越国度、富有永恒魅力、具有当代价值的中华文化精神传承下去，把立足本国又面向世界的中华文化创新成果传播出去，向国际社会展示中华文化的独特魅力，树立一个更加亲和、充满希望的大国形象。

与法语联盟、歌德学院、英国文化委员会等历史悠久的国外语言推广机构相比，孔子学院成立较晚，只有十年时间。但后起而勃发，在学习借鉴、兼收并蓄的过程中，孔子学院从功能定位、运营模式、合作机制等方面进行了积极的探索实践，形成了先进的办学理念和有特色的管理方式，堪称中外文化教育合作的样板和典范。尤其是共建、共有、共管、共享机制，可谓世界高等教育一大创举。在孔子学院总部和中国国家汉办的指导下，中外院校紧密配合、勠力协同，既充分调动合作双方的积极性、主动性，又密切与当地政府和社区的联系，有利于孔子学院因地制宜、扎根本土、办出特色，为之实现长远发展奠定了坚实基础。

作者谈到，令中外合作院校尤感振奋的是，孔子学院在自身发展蒸蒸日上的同时，也激发了双方全面对接、良性互动的活力，产生了精诚合作、互利共赢的放大效应。在以南开大学为例,分析了与外方院校合作建设孔子学院的体会与成果之后,作者指出,孔子学院确实为中外院校更广泛、更紧密的战略协同搭建了平台、提供了契机,而学校之间学科学术上的交流融汇又进一步推动了孔子学院的发展。这种良性互动对于整体提升高等教育国际化水平,无疑颇有裨益。

文章最后说,在语言推广和文化传播的历史长河中,孔子学院属于年轻的新事物,人们对它的认知认同还需经过一个逐步提高和逐渐加强的过程。尤其当前,孔子学院发展仍面临不少挑战,师资队伍、教材教法等环节还存在急需突破的瓶颈。相信参与孔子学院建设发展的各方都会高度重视,共同探索切实有效的解决办法。

来源文献:薛进文.孔子学院连通中国与世界人民的梦想[N].中国社会科学报,2015-3-27.

英国格拉斯哥大学孔子学院的首任外方院长、该校社会政治学学院苏格兰中国研究中心主任杜珍撰文《英国孔子学院社会影响力逐步提升》,她说,作为英国格拉斯哥大学孔子学院的第一任外方院长,我亲身经历了格拉斯哥大学孔子学院从起步到发展的过程,见证了孔子学院社会影响力的逐渐扩大。

作者指出,从建立之初,格拉斯哥大学孔子学院就根据中国国家汉办的办学宗旨确定了明确目标:促进对当代中国的了解。具体目标是增加苏格兰地区学习汉语的人数,为公众组织广泛的文化活动,与当地中小学校、文化团体和企业合作,与中国建立更多联系与交流。

根据这个目标,格拉斯哥大学孔子学院在五个方面大力推广汉语教学及中国文化,并取得了显著成就:第一,积极开展汉语教学活动。孔子学院面对公众的需求开设不同等级的汉语课程,量身定做商务汉语课程,并根据个人需求开设一对一的汉语辅导课程。第二,积极开展各种文化活动。围绕中国传统节日开展文化讲座和文化体验,如在每年的春节、中秋节、端午节等都会举办活动,吸引许多民众参加。此外,孔子学院每年都赞助格拉斯哥电影节、摄影展和书展等,效果也十分显著。第三,致力于支持苏格兰中小学进行汉语教学,鼓励苏格兰中小学生学习汉语，了解中国，帮助中小学制订有关当代中国的课程并帮助培训汉语教师。第四，致力于促进学术交流，组织和当代中国相关的经济、政治、社会、文化和艺术方面的讲座和会议，支持并促进格拉斯哥大学与中国大学之间的学术交流。第五，促进与中国的商业合作。为中小企业提供讲座和信息交流活动，量身定做有关中国商业文化的讲座，推动互访活动。

杜珍认为，孔子学院作为一个跨文化交流机构，在沟通与交流的过程中，出现各种误会和矛盾，都是正常的，最重要的是要真正理解"对外文化交流"意味着什么。在经历了初创阶段之后，我们的孔子学院正在探索如何进一步拓展深层次的合作模式，让文化交流更为深入和有效。

来源文献：杜珍. 英国孔子学院社会影响力逐步提升 [N]. 李莉译. 中国社会科学报, 2015-3-27.

"外方院长眼中的孔子学院"板块以"集锦"的方式，刊登外方院长们关于孔子学院的体会与愿望。

巴西圣保罗大学孔子学院院长 Schmidt Luis Antonio Paulino 认为："孔子学院向世界更好地展示了中国，不仅是中国公共外交的一个重要机构，也是中国重要的全球教育项目之一。孔子学院的成功，不仅表明中国人民希望与全世界人民建立更加紧密的联系，发展更深远的友谊和合作，同时也实现了一个非常重要的目标，即全世界更加需要了解中国的语言、文化、历史和现状，这是世界人民的必然需要。"巴西南大河州联邦大学孔子学院院长 Rita Terezinha 则表示："我们希望成为一个当地的中国语言文化中心，我们是巴西跟中国商贸往来的一个大省，大家都对中国有着浓厚的兴趣，愿意学习中国的语言和文化。"

"塞浦路斯跟中国这几年的关系很好，孔子学院是促进这种关系的一个纽带。塞浦路斯大学非常期待与中国的大学研究机构建立起新的关系。塞浦路斯本地的商人以及当地的华人都希望学习中文,让他们的孩子有上中文课的机会，孔子学院前景光明。"塞浦路斯大学孔子学院院长 Elena Avgoustidou Kyriacou 对今后孔子学院的发展充满了希望。

提起孔子学院，新西兰奥克兰大学孔子学院院长姚载瑜非常自信，"我们不但与当地政府紧密合作，还与当地的企业和社会团体广泛联系，这样我们才能够互相促进。我们已经与87所学校建立了合作关系，汉办的志愿者分布在这87所学校教学，与当地的学校一起促进汉语教学"。

当谈到孔子学院的教学时，瑞士日内瓦大学孔子学院院长 Xavier Magnenat 说："我们是一个非常重视教学的孔子学院。除了传统的汉语课程之外，我们还传授中国文化，组织各种研讨会，采用的是比较教育的教学方式。"对汉语教学，美国圣克劳德州立大学孔子学院院长 Kathryn Johnson 非常有信心："我们做了很多沉浸式的中文教学，从幼儿园开始，只用中文来教学，不用英文，所以刚开始时孩子们可能一点儿都听不懂，但等他们到六七年级的时候，中文就说得非常流利，没有美国口音，好像中文是母语一样。"坦桑尼亚达累斯萨拉姆大学孔子学院院长 Henry R.T.Muzale 说："达累斯萨拉姆大学孔子学院为本科生提供汉语教学，不仅在大学的主校区，同时也在其他的一些位于郊区的学院进行汉语教学。我们正在申请更多的教师职位，相信我们的孔子学院能够快速地成长和发展。"

在谈到孔子学院在当地的影响与贡献时，俄罗斯下诺夫哥罗德国立语言大学孔子学院院长 Soris Zhigalev 说："我们的孔子学院成立于2011年，它对整个地区都产生了重要影响，赢得当地政府与民众的尊敬和支持。现在我们的学生已经超过250人，学院学生不仅包括大学生，也包括在职人员如管理者、商人和技术工人，他们学习中文的目标就是，在现在和未来与中国的合作伙伴进行沟通。"美国特洛伊大学校长、孔子学院理事会主席 Jack Hawkins 则指出："基于理解的互相欣赏，是未来促进国际合作、互相发展的关键。大学的交往会促进两国关系更好地发展。据我了解，去年有30万中国人到美国学习，而美国到中国的人数还不足30万。我们应该把这种不平衡的局面纠正过来，建立起基于互相理解的合作伙伴关系，作为特洛伊大学来讲，十年树木，百年树人，我们希望做更加长远的规划。"

澳大利亚昆士兰科技大学副校长 Scott Sheppand 说："我们的孔子学院拥有高透明度的管理体系，合作法律文书也会对公众公示。在制度和管理体制方面，孔子学院的系统制度非常复杂。我们不仅有相关的参考标准，而且还有专家组、州教育厅及教育官员，以及学校师生等各个层级的审议程序。"

"过去 5 年，利物浦的中国留学生数量增长很快，我们跟中国留学生有很好的互动。未来几年，我们会促进利物浦和上海一些姊妹院校之间的互动，增进彼此的沟通和理解。"显然，英国利物浦大学孔子学院院长 John Tasker 已经做好了今后几年的工作计划和安排。

来源文献：外方院长眼中的孔子学院 [N]. 中国社会科学报，2015-3-27.

美国乔治梅森大学孔子学院中方院长王丽虹谈到，与其他国家语言文化推广机构相比，孔子学院有其独特优势和特色。

作者指出，首先，孔子学院在组织结构上不是单一所属某国或某个机构，而是国外大学、国家汉办/孔子学院总部和中国大学三方合作的办学实体，由中外方共同选举产生的理事会管理。孔子学院的日常工作从教学到管理都要在协商和合作中完成，是实实在在的国际合作组织，处处体现跨文化的合作精神。从这一点上看，孔子学院更具有时代性和国际性。其次，孔子学院总部既有统一的章程，又鼓励各地孔院因地制宜、灵活自主地开展适合所在国家和区域的文化活动。除常规的以语言教学和文化活动为主的孔子学院，还建立了一些特色孔子学院，如中医孔子学院，以及即将建设的以推广茶文化为特色的孔子学院，以满足当地的特殊需求，提供深层次的文化传播和交流。文中，作者援引了美国学者荣达·扎哈娜（Rhonda Zaharna）从公共文化外交的角度分析孔子学院关系结构的研究结果。根据扎哈娜的研究和观察，孔子学院有别于其他语言文化推广机构的地方在于，孔子学院形成了一个多层次的合作关系网络。其在北京的总部发挥着强有力的纽带作用，每年不仅召开区域的会议，还召集世界孔子学院齐聚一堂，共商孔院发展大计。这些机制有力地创造了多层次的合作机会，如中外方院校通过孔院平台开展多学科的学术交流和互访，促进中外高等教育合作及大学国际化的进程，很多较成熟的孔子学院都在向综合文化交流平台的方向发展，探索世界跨文化教育的多元新模式。

作者认为，孔子学院走过了一个辉煌的十年，其未来的发展更需要领导者的创新和智慧。孔子学院的建立标志着从对外汉语教学进入汉语国际推广时代。在孔子学院的带动和影响下，全球学习汉语的人数快速攀升。汉语国际教育应在世界语言教育框架内吸收当今跨文化外语教育的前沿思想、概念和理念，以培养具有文化沟通和交际能力的世界公民为目标，将国际汉语教育提升至一个新的高度和阶段。

文章指出，随着汉语国际教育与推广事业的不断发展和逐步深入，建设和拥有一支高素质、高水平、高质量的汉语国际教育师资队伍将是持续的热点问题和重点问题。作为学术机构立足于国外大学中的孔子学院，必须不断加强其学术内涵建设，更新和完善师资培养体系，尤其在教学教法和教师的职业身份方面需要新的方法和新的理念，要重新认识"国际汉语教师"的角色和内涵。

在推广策略上，坚持以需求为导向，走"合作交流、融合发展"之路。既然孔子学院是一个跨文化的组织和机构，就要倡导文化间的相互学习和相互借鉴。孔子学院的健康发展要遵循文化交流和创新的原则，不断加强自身的内涵建设，同时要欣赏、吸收、借鉴国外优秀文化成果，充分利用国外资源，真正实现多元文化的交流、理解和交融。

学习一门语言不仅是满足信息交流的需要，更是获得一种不同的看待世界的方式和视角。孔子学院在推动中华文化走向世界的过程中也在欣赏和感知其他文化的魅力，有意识地兼容并蓄其他文化的优秀成果，在文化交融与碰撞中不断完善、推陈出新，激发中华文化的创造力，展现其鲜活的生命力。孔子学院的未来发展绝不仅限于提升中国的国家软实力，也必将在维护世界文明的多样性和世界和平方面做出贡献。

来源文献：王丽虹.孔子学院具有独特优势 [N].中国社会科学报，2015-3-27.

文化多样性是交流、革新和创作的源泉，对人类来讲就像生物多样性对维持生态平衡那样必不可少。从这个意义上讲，文化多样性是人类的共同遗产，应当从当代人和子孙后代的利益考虑予以承认和肯定。[1] 推进汉语教学是

---

[1] 联合国教科文组织.世界文化多样性宣言.2001 年 11 月.

促进世界多元化的有机部分，也是促进各国共同发展的重要途径。孔子学院成立 10 余年来，为所在大学和社区提供了一种多元文化生态平衡，搭建了不同国家和文化的沟通桥梁，用实际行动践行着《世界文化多样性宣言》。

2015 年 6 月 24 日，《人民日报》发表张朋辉的文章《不同国家和文化的沟通桥梁》，重点介绍了 6 月 21 日在美国夏威夷州檀香山市举行的北美、大洋洲孔子学院联席会议。议题包括：孔子学院与大学的使命，孔子学院的经济效益、成效评估、可持续发展，孔院融入大学和社区，以及建立孔子学院校友会等。

在联席会上，夏威夷州前州长尼尔·阿伯克龙比指出，语言交流是促进相互理解、团结协作的基础，孔子学院的工作很有意义。相关资料显示，很多美国大学以建设孔子学院为契机，加大同中国高等院校的合作力度。科罗拉多州立大学副教务长告诉记者，该校以孔子学院为桥梁，在水资源和环境可持续研究方面与中国的多所大学建立了合作关系。美国德州大学圣安东尼奥分校经济学家连大祥的研究表明，孔子学院在推动中国对所在州的出口和对外直接投资方面有显著影响，也间接推动了与中国关系的全面发展。

国家汉办主任许琳在接受记者采访时表示，美国大学申请孔子学院的势头不减，数量仍在增加，很多美方院长建议在华盛顿设立一个地方孔子学院中心，以利于协调和便利美国孔子学院与中国的教学与文化方面的交流。美国孔子学院正在向规范化、专业化方向发展，更加注重孔子学院的可持续发展。

各家孔子学院因地制宜，探索出了融入大学、服务社区的独特路子。夏威夷大学把孔子学院的汉语教学纳入整个外语教学的课程体系中，使孔子学院更好地为教学服务。乔治·华盛顿大学孔子学院针对公务员、国际机构工作人员学习汉语需求多的特点，专门开展公务用语培训，有针对性地设计灵活的上课时间、开展一对一服务等教学方式，受到学员欢迎。加拿大卡尔顿大学校长罗莎娜·兰特认为，学习汉语本身已超越了校园，成为不同国家和文化的沟通桥梁。

马里兰大学教授、美国工程院院长克莱顿·牟德告诉记者，孔子学院的汉语教学项目与大学所在的汉学系等中国交流和学位教育项目是互补关系而非竞争关系。马里兰大学在美国建立了第一个孔子学院，且运行良好，其重要原因就是保持开放心态，有效统合资源，发挥各自优势，这些对汉语教学和中国文化传播起到了放大作用。

　　来源文献：张朋辉. 不同国家和文化的沟通桥梁 [N]. 人民日报，2015-6-25.

　　2015年11月10日，《中国企业报》发表记者江雪的文章《孔子学院11年：中国送给世界的文化名片》。

　　在提到如何呼应"一带一路"大战略时，记者援引了美国国家工程院院长、孔子学院总部理事牟德的观点："孔子学院帮助各国了解占世界人口20%的中国，对建设健康、繁荣、安全和高度互联的世界，有着重要的意义。孔子学院采用贴近各国实际、多元化服务的方式，发展快速，为所在大学和社区提供了一种文化平衡，其魅力是无可比拟的。"

　　文章指出，从商业模式上讲，随着海外孔子学院的遍地开花，已初步形成了中外高校合作、中外政府合作、外国企业与中方合作等多种建院模式。孔子学院向世界介绍中国，同时也是世界了解中国发展背后的文化和历史背景的需要。在专业校长们的眼中，"这是一项伟大的事业，值得理直气壮、满怀信心地去做。中国打造核心竞争力，必须将汉语教学作为孔子学院的永久性根基"。公开数据显示，11年时间，全球133个国家已经设立了493所孔子学院和998个孔子课堂，已经令世界参与国看到，孔子学院"并非要改变别国的文化或价值观，而是希望使他国民众通过学习汉语感知中华文化传统"的事实。

　　在采访中外方校长/院长之后，作者在文章中引用了被采访者说的一段话："孔子学院不仅在为中国做贡献，而且也为全世界、全人类做出重要贡献。"

　　来源文献：江雪. 孔子学院11年：11年，133个国家和地区、493所，这是中国送给世界的文化名片 [N]. 中国企业报，2015-11-10.

　　在不同文化的碰撞和接触中，一方面，会出现不同文化之间的相互摩擦或冲突；另一方面，也使不同民族间的文化相互交流和借鉴。世界文化正是在多种文化的碰撞、交流和交融中，相互汲取营养，焕发出新的生命力。

　　2015年12月11日，*Shanghai Daily*发表了一篇题为《消除误解，孔子学院与全球学员共享中国文化》的文章。作者指出，随着汉语在全球的普及，孔子学院正在稳固建立全球形象。在 2015 年 12 月举行的第十届孔子学院大会上，来自孔子学院所在国家的教育者，讨论了如何扩大孔子学院的全球影响力以及怎样规范发展的问题。

这些教育者集中关心的问题是孔子学院的公众形象。尽管孔子学院设立的初衷是让全世界了解中国，但是人们对孔子学院的态度往往是复杂的。很多人欢迎孔子学院，但是也有人质疑这是一种宣传手段。这种质疑，很大程度上与一两所孔子学院关闭事件有关系。这些负面的宣传找到了进入公共话语甚至是政策圈的路径，引起了海内外的一些关注。除了可能的意识形态偏见，还有一些人在担心孔子学院的快速扩张会不会引起办学质量的问题。相关数据显示，在今年的前 11 个月，新建了 25 所孔子学院。

对于孔子学院的运行者而言，有很多问题需要回答。例如：孔子学院是否进行了调整以适合当地的情况？是否仅仅输出了中国的教学方式？是否应进行调整以适应西方以个性教学和自由为特色的课堂？目前看来，西方对孔子学院还存在一些误会，他们认为孔子学院是中国政府的宣传工具。根据周末会议发言专家的评论，可以得出这样的结论：这些偏见仅仅是获得孔子学院多元收益的障碍。

南佛罗里达州大学的副教务长 Roger Brindley 说，对于孔子学院关停事件，不需要过度解读，否则这种狭隘的想法会愈演愈烈。该大学也有一所孔子学院，根据师生的反馈来看，孔子学院毫无疑问是非常重要的。但是如果想获得更大的成功，孔子学院需要继续融入当地、融入社区。

Brindley 说，这个项目必须有超越学校的社区宣传。他回忆起 2008 年，超过 2900 名佛罗里达学生在学习汉语。3 年以后，政府宣布学习汉语的学生增长了 271%。尽管有人不相信这些变化。但孔子学院在校内外组织的中秋和春节庆祝活动，参加人数超过了 7000。此外，孔子学院正在与佛罗里达的终身教育机构进行合作，在学院式的社区课堂中提供了中国语言和文化课程，在那里，你可以看到 70 岁的老人和 7 岁的孩子坐在同一个教室里。

来源文献：Ni Tao. Against Mistrust, Confucius Institutes Share Chinese Culture with Students around Globe[N]. *Shanghai Daily*, 2015-12-11. 薛梦晨译.

中国有很多哲学思想，当中国在全球努力推广自己的语言和文化时，为什么选择教授孔子的学说？这是新华社驻华盛顿记者根据美国民众的疑惑，向乔治梅森大学孔子学院美方院长高青多次提出的问题。

2015年9月17日，新华社刊登了该记者最近一次对高青的访谈。在题为《孔子学院对中美关系非常重要》的文章中，高青表示，现实情况是，目前美国民众对孔子学院乃至对中国的了解都非常少。但从长久来看，孔子学院很可能已经成为一条有效渠道，将中国和中国文化带给美国民众，而且会继续为他们介绍中国和中国民众。

高青说，目前，没有人会低估良好中美关系的重要性。公众关于彼此国家的理解对良好的双边关系非常重要。这就是孔子学院的目的所在：向美国民众介绍中国和中国文化。

2004年，美国本土第一所孔子学院在马里兰大学成立。从那以后，孔子学院在美国的发展速度让很多民众吃惊：目前已有约100所美国大学成立了孔子学院，全美有约360个孔子课堂开设关于中国语言和文化的课程。

高青表示，孔子学院的快速发展是一个必然现象，该项目对于中美两国是个双赢的局面。"当今世界上，中国在全球经济、政治和文化等领域发挥了重要作用。因此，希望在事业上获得成功的人，必须了解一些关于中国和中国文化的知识。"

他说，2011年，乔治梅森大学孔子学院开始提供汉语语言学习的学位，在这之前，当地仅有12名学生参加该校的中文学习班，但现在有360多个学生正在全日制攻读汉语语言学学士学位。"首批毕业生将于今年毕业，他们大部分人已经找到了满意的工作，包括美国国务院的工作。可以肯定的是，对一个大国的语言和文化有所了解甚至精通，在人的职业生涯中会起到重要的助推作用。"

高青表示，尽管在孔子学院建立之前，乔治梅森大学已经有了自己的汉语学习班，但在这之后，双方相互合作，孔子学院从中辅助，并且提供师资培训和文化课程。"美国孔子学院项目的一个非常明显的特征是，学院会根据当地的情况进行调整。对已经开设汉语学习项目的大学来说，孔子学院会着眼于师资培训和文化教学。"例如，在美国就有专门教授京剧以及专门教授中国传统音乐的孔子学院。

在采访中，高青谈到，对教育工作者来说，教育全球化是个趋势。在这种情况下，教授中国语言和文化是至关重要的。美国大学认为孔子学院是非常重要的教育资源。

来源文献：Interview: Confucius Institutes Vital for China-U.S. Relations[N]. *Xinhua News Agency*, 2015-9-17. 侯金萍译.

2015年10月23日，*China Daily* 报道了习近平主席出席全英孔子学院年会的活动。报道指出，习近平高度评价了孔子学院的角色，他在讲话中说，孔子学院在帮助世界了解中国的过程中做出了很大的贡献。语言是了解一个国家的钥匙，孔子学院和孔子课堂是世界了解中国的一个重要平台。

陪同习近平的约克公爵安德鲁王子表示，他们很乐意支持孔子学院和孔子课堂发展，因为"中国是一个非常非常重要的国家"。专家也认为，在英孔子学院发挥了重要作用，不仅是教授汉语，还促进了中西的文化理解。

一个典型的例子就是英国利兹大学商务孔子学院，该学院不仅提供标准的语言和文化课程，还通过项目和网络把英国企业介绍给中国合作伙伴。该孔子学院的创立者彼得·巴克利是利兹国际商学院教授，他的中方合作伙伴是北京大学国际商学院。

汉语学习的日益流行，与英国政府希望在英国教育体系中加重汉语分量的计划不谋而合。在2013年中国之行后，英国时任首相布莱尔呼吁学生从法语和德语学习转向汉语学习。汉语学习的趋势在商业和教育行业领导者群体中也在拓展。"对于英国人民来说，加强与中国的合作与友谊，到了一个前所未有的高度，不管是在低碳能源方面的合作，还是在文化领域的共享与交流，都需要双方通过合作，增进互信。"

来源文献：W. Jiao & C. Liu. Xi Hails Role of Confucius Institutes[N]. *China Daily*, 2015-10-23. 王彦伟译.

作为世界第二大经济体和第一大贸易国，中国正在主动发出参与全球治理的信号，多渠道、全方位参与全球治理的体系架构正在形成。在这个框架中，就包括了国际社会广泛关注和积极参与的"一带一路"建设。很多学者指出，在实现"五通"①的过程中，当须伴随"语言互通"。也就是说，"一带一路"给孔子学院提供了更多的需求和机遇，如何为"一带一路"搭建语言和文化沟通的桥梁，则成为孔子学院必须承担的责任和义务。

在这个意义上看，孔子学院不仅是中外合作的平台，也是所在国家与其他国家合作的平台，可以为更广泛的区域合作和区域命运共同体搭建语言与文化沟通的平台。

2015年12月24日，《人民日报》发表了一篇题为《孔子学院，把课堂搬到世界》的综合报道。

报道指出，世界正在对汉语、对中国产生浓厚兴趣，孔子学院正在发挥着日益重要的作用。然而，面对新的形势和新的挑战，孔子学院将如何在世界各地落地生根，如何实现转型发展，以及如何向更高层次提升等等，这些都是亟待回答的问题。

植根当地，体现特色，着眼于汉语教学的本土化。这是许多孔子学院建设者与参与者的答案之一。他们说，对各地的孔子学院来讲，实现可持续发展，不仅需要国家汉办的"输血"，更需要通过扩大奖励规模、完善汉语教师证书考试制度、设立汉语师范专业、聘用优秀来华留学生等方式大力培养具有"造血"功能的本土教师。

在谈到孔子学院如何搭建平台，系紧纽带，为经济发展造就人才时，文章介绍了匈牙利卡罗利大学研究生亚历克斯·本杰明的经历。本杰明说，他来孔子学院学习的目的是想去中国工作，"我希望学好中文，参加更多中国式的社交活动，为以后去中国企业工作积累优势"。在传统认知中，孔子学院是教授中文、传播中国文化的教学机构。但现在，很多孔子学院不仅仅教汉语、武

---

① 2013年9月，中国国家主席习近平在出访中亚期间，提出共建"丝绸之路经济带"的战略构想，强调通过政策沟通、道路联通、贸易畅通、货币流通、民心相通的合作模式，以点带面，从线到片，逐步形成区域大合作。

术、书法，也培训商务、旅游、贸易人才。随着中国对外开放程度的提高，孔子学院将成为联结中国与世界经济发展的纽带。

"在'一带一路'的背景下，应当重新认识孔子学院的使命。"海南师范大学党委书记李红梅说："作为海上丝绸之路的战略支点，我们希望借助国家重大战略部署的东风，利用地缘优势，在传统语言文化的基础上，拓展与东南亚国家的商业合作，提供翻译、旅游等服务。"今年5月，波兰奥波莱工业大学与重庆交通大学共建了"新丝绸之路研究中心"，这是中东欧第一所与中国高校围绕"一带一路"开展实质性合作的高校。下一步，该校孔子学院将联合波兰的20多所理工类大学，与中国的理工类高校，以及企业和政府代表，就"渝新欧"国际铁路联运大通道、城市轨道交通、机器人、交通枢纽建设等双方关注的领域，落实一系列项目。

此外，在"一带一路"沿线以及亚非拉发展中国家，伴随着中资企业的进入，在为企业培训职业技术人才领域，孔子学院也大有可为。喀麦隆雅温得第二大学孔子学院将语言教学与职业技能培训相结合，汉语专业的学生不仅能申请到更多的奖学金，而且更有机会被推荐到中资企业工作，这对于当地青年无疑具有巨大的吸引力。

如今的孔子学院已处在由规模扩张转向层次提升的阶段，为此，必须进一步深化内涵，提高学术研究水平，开展更深入的国际合作研究项目，使孔子学院真正做到集语言教学、文化传播、学术研究为一体，进而建立起融通中外的话语体系，促进国际性问题的共同解决，而实施好"孔子新汉学计划"正是其中的关键一环。

目前，"孔子新汉学计划"已资助300多名各国博士生和专家学者来华研究访问。今后，孔子学院还要继续扩大招收外国青年来华攻读人文社科类博士学位，为中外联合培养博士生授予双学位，还将继续开展"理解中国""青年领袖"等访问研修项目，支持孔子学院及其所在大学翻译出版中华文化书籍，重点扶持一批研究型孔子学院，深入开展中华文化研究，着力培养新一代汉学家。

当今时代，人类共住"地球村"，在参与全球性问题解决、融通中外话语体系方面，孔子学院还需要走得更远。正如加拿大卡尔顿大学校长罗珊·伦特所说的,单打独斗已不再是今天解决问题的方法,我们需要全球的科学家团队、企业家组合。他们将带着各自的语言、思想、习惯和文化经历,共同参与科学研究,解决全球重大问题,改善我们的生活,拉近世界各国之间的距离。而要做到这点,他们必须能够沟通交流,必须理解对方的文化语境,孔子学院的意义正在这里。

来源文献:丁雅诵.孔子学院,把课堂搬到世界[N].人民日报,2015-12-24.

2015年2月17日,王义桅在《人民日报海外版》发表《"一带一路"助孔子学院高飞》。他指出,"一带一路"战略的提出是全方位对外开放的必然逻辑,也是文明复兴的必然趋势,还是包容性全球化的必然要求,标志着中国从参与全球化到参与塑造全球化的态势转变。

国之交在于民相亲,民相亲在于心相通。"一带一路"作为强化中国与世界关系的新抓手,需要长期经营、精心策划、妥善运筹,其中"民心相通"尤为关键。"一带一路"的基础是以基础设施为代表的互联互通,都是长远工程,如果缺乏沿线国家支持和民众认可,不可能建成,建成了也无法维护、运行。

孔子学院不是为"一带一路"而生,但客观上为沿线国家的民心相通做了铺垫。在新的时代背景下,孔子学院与"一带一路"可以携手同行,相辅相成:孔子学院是文明复兴的时代体现,也是中国魅力的生动写照。古丝绸之路播下的中国与沿线国家友谊的种子,经孔子学院浇灌后生根发芽,再经过"一带一路"建设开花结果。"一带一路"强调共商、共建、共享理念,与孔子学院一脉相承。弘扬和平合作、开放包容、互学互鉴、互利共赢的丝路精神,也因此为孔子学院未来发展提供了新的动力。

孔子学院成立10周年,创新了人类文化、语言交流传播史,得益于中国改革开放30余年来所取得的伟大成就。"一带一路"伟大倡议,是中国提供给国际社会的公共产品,正在将中国机遇变成世界机遇,将中国梦与世界梦相融通。"一带一路"拓展和深化了中国与有关国家的合作与友谊,极大地提升了中国制造、中国创造、中国规划的能力与信誉,提升了中国威望。我们完全可以预期,"一带一路"建设将为孔子学院再次腾飞插上一双翅膀。

古老的丝绸之路将沿途各国变成了好邻居、好朋友、好伙伴。"亲望亲好、邻望邻好",中国坚持与邻为善、以邻为伴,坚持睦邻、安邻、富邻,积极践行"亲、诚、惠、容"理念。这些都在孔子学院和"一带一路"建设中得到了具体体现。孔子学院在世界上的分布尤以两条丝绸之路沿线国家最为密集,其再次腾飞也有赖于把中国的发展与沿途各国的发展对接起来,把中国梦与沿途各国人民过上美好生活的梦想对接起来,让周边国家从中国的发展中获得裨益和助力,也使中国从周边国家的共同发展中获益。传播丝路文化、讲好丝路故事、阐明丝路精神,正在成为沿线国家孔子学院的新使命。

来源文献:王义桅."一带一路"助孔子学院高飞[N].人民日报海外版,2015-2-17.

2015年12月22日,《经济日报》以"'丝绸之路经济带'引发'汉语热'"为题,报道了在乌兹别克斯坦塔什干孔子学院举办的第12届"乌兹别克斯坦汉学暨丝绸之路文化学术研讨会"。研讨会上,乌兹别克斯坦塔什干孔子学院乌方院长、知名汉学专家诺西罗娃在演讲中指出,"丝绸之路经济带"引发的"汉语热",给孔子学院带来了新的发展机遇。

诺西罗娃说,中国和中亚是近邻、好朋友。古老的丝绸之路将中国与中亚国家联系起来。中亚地处东西方文明交汇的十字路口,乌兹别克斯坦自古就是丝绸之路沿线的重要国家。丝绸之路在中亚的许多重镇,比如撒马尔罕、布哈拉、希瓦等就位于乌兹别克斯坦境内。"丝绸之路经济带"构想提出后,在包括乌兹别克斯坦在内的中亚国家引起强烈反响,也给孔子学院带来了新的发展机遇。

诺西罗娃介绍说,塔什干孔子学院是中亚地区第一所孔子学院,自2004年以来,先后有3000多名学生在孔子学院学习。目前塔什干孔子学院已成为塔什干甚至乌兹别克斯坦较有影响的中国语言和文化传播中心。

诺西罗娃指出,2013年中国提出的"一带一路"构想,对孔子学院的发展有很大的促进作用。在"丝绸之路经济带"构想的推动下,乌兹别克斯坦和中国的贸易得到快速发展,2014年中乌贸易额已达到40亿美元。中国来乌兹别克斯坦投资的企业越来越多,使得当地汉语学习不断升温,来孔子学院学习汉语的学生不断增多。

诺西罗娃特别指出,目前在乌兹别克斯坦,儿童学习汉语的热情很高。为了满足这一需求,塔什干孔子学院适时开办了幼儿班,而且从去年的2个幼儿班增加到今年的4个班。

来源文献:李垂发."丝绸之路经济带"引发"汉语热"[N].经济日报,2015-12-22.

2015年9月21日,《国际商报》以"中非经贸发展助推汉语热"为题发表文章称,据津巴布韦媒体THEHERALD报道,为满足中非不断增长的贸易需求,津巴布韦和肯尼亚教育部门有计划在小学和初中课程中引入汉语教学。

面对某些质疑的声音,曾于2007年主导将孔子学院引入津巴布韦大学的津巴布韦大学艺术学院院长马氏瑞呼吁,应该去除那些虚伪的爱国主义热情,因为它遮蔽了人们对中国在国际事务中的影响力的正确认识。马氏瑞指出:"任何说这是新殖民主义的人都没有认识到世界正在发生的巨大变化。作为一个国家,我们必须保持竞争力。""中文不仅拥有庞大的使用人群,而且是世界第二大经济体也是增长最快经济体的官方语言。具有讽刺意味的是大多数的孔子学院坐落于欧洲、亚洲和美国。"马氏瑞表示,值得注意的是,全世界共有500所孔子学院,非洲仅有48所。规模最大的中国城坐落于美国旧金山。美国和欧洲的很多国家已经有相关政策,确保他们的孩子在幼儿园时期就接受中文教学。

他介绍道,津巴布韦大学成立孔子学院是响应政府的"向东看"政策,自那以来,该孔子学院已经两度荣获非洲最佳孔子学院称号。在政府还未颁布引入汉语教学的政策之前,津巴布韦大学孔子学院已经在哈拉雷的小学、中学和中文俱乐部中引入汉语教学。目前已有300名学生从学院毕业,其中7名学生赴中国继续深造。学院目前拥有一名博士生讲师,其余的讲师拥有硕士学位。马氏瑞认为,津巴布韦在汉语能力建设和普通话精准度方面领先于非洲其他国家。

文章指出，学习中文好处多，世界五分之一的人口说汉语，这使它成为世界上最广泛使用的第一语言。除了中国大陆和中国台湾，普通话在印度尼西亚、泰国、马来西亚、新加坡、文莱、菲律宾和蒙古国的华人社区广泛使用。中国是美国最大的贸易伙伴之一，这也是很多在中国长期投资的企业鼓励他们的员工学习中文的原因所在。非洲政府决定引入汉语教学是因为他们意识到学习普通话，为人们开启了学习中国政治、经济、历史和考古等重要领域的大门。

分析人士指出，学习中文将跨越文化鸿沟，促进交流沟通，为更有效的沟通搭建一个全方位的知识平台。旅居马来西亚的津巴布韦学者曾格尼博士指出，跨国公司倾向于雇佣能说不止一种语言的员工。他表示，由于中国拥有巨大的市场，企业领导层希望员工能够说汉语并且能够在汉语环境中成功运作。"当会说中文使得人们在竞争一个重要岗位时更具竞争力的时候，未来，中文将在国际事务中发挥重要作用。"曾格尼博士说道。

来源文献：曲晓丽．中非经贸发展助推汉语热 [N]．国际商报，2015-9-21．

文化的传承与传播，其基础是历史的积淀，它对社会发展的价值重在指导和实践。这种意义和价值的产生，来自于社会各个阶层的接触与体验。

遍布在世界版图上的孔子学院，为中国与世界的双向交流提供了广阔的空间与渠道。其特有的传播与建设形式，开创了文化外交的一种"中国模式"。也正是由于其广泛的社会基础与民众需求，人们对孔子学院的发展愿景、功能定位、办学质量，以及传播内容与策略等都怀有更高的期许。讲好中国故事，任重而道远。

2015年11月20日，来自30多个国家和地区的200余位专家学者汇聚上海，参加第六届世界中国学论坛，在"中国改革，世界机遇"的主题下，共论全球化背景下中国改革进程。《解放日报》以"交流互鉴，推动文明进步与和平发展"为题，择要刊登了部分学者的演讲内容和观点。

吉林大学张景全在"向世界讲好中国故事"圆桌论坛上，以"一个国家的讲述力：孔子学院与中国故事"为题发表了自己的看法。

张景全指出，近年来，孔子学院在推广中华文化、提升我国文化软实力上发挥了非常重要和有效的作用。但对于如何讲好中国故事，孔子学院依然任重道远，无论是组织形式还是讲述方式和内容，都有进一步改进和完善的空间。

作者建议：一是讲述主体要多元化。在孔子学院的跨文化交流活动中，可以考虑将主体由官方向官民共同讲述中国故事转变，这样就能克服扩张速度过快引发的弊端，同时可以避免国外某些不必要的猜忌。二是讲述方式可以更灵活。以孔子学院为载体推广中国文化，其实是一种直接讲述，有遭到反感甚至排斥的可能性。应该采取多元化的讲述方式，积极构建与各种文化的历史联系，以恰当的方式和选题展开，不仅要把中国的文化和历史向世界讲述，同时要把所在国的故事向中国与世界讲述。比如，飞虎队、抗战时期的中国战场，都是很好的选题。另外，我们也可以讲丝绸之路，不仅仅讲述丝绸之路的中国故事，而且也讲中国与"一带一路"共同的故事。三是讲述内容可以进一步拓展。讲述的时候要注重内容的宽泛与狭隘，自信与他信，以及讲述内容的消极与积极。比如，在中美关系当中，我们现在听到更多是大国的悲剧，是玻璃天花板，这些都是消极的内容；其实中美之间有很多积极内容，如中美共同进化、新型大国关系等，这些都是积极的内容，应该被更多讲述。

最后，作者认为，在外宣工作中要淡化文化是软权力的一部分的说法。文章说，文化其实不应该是权力，或者说不应该是软权力的一部分，我们提倡在文化外交中获得软权力是正确的观念，但不能直接把文化当成权力。

来源文献：交流互鉴，推动文明进步与和平发展[N].解放日报，2015-11-23.

2015年4月8日，《中国社会科学报》发表了英国卡迪夫大学孔子学院中方院长李丹的文章《孔子学院突显文化公共外交价值》。

李丹指出，孔子学院诞生十年来，已成为中国开展文化公共外交活动的重要平台和标志品牌。文章认为，孔子学院产生于中国经济和国际地位迅速提升的大背景下，呼应了中国崛起之际世界各国渴望了解中国的客观需求，契合了中国现时期改善国际舆论、优化中国形象的外交重点，体现了文化公共外交促进文明对话交融的价值和精髓。

文章首先将孔子学院与其他文化外交类型进行了对比。作者认为,孔子学院零距离与学生学者、普通公众打交道,深入文化公共外交前沿腹地,更加接近文化公共外交的本质。国家层面的文化交流如国家文化年、文化周、文化日气势恢宏,相比之下,孔子学院可谓静水深流的典型。

然后,作者又将孔子学院与其他公共外交形态相比。作者分析指出,孔子学院属于文化外交、教育外交、语言外交、高校外交之列,最大程度地体现了中国的软实力之所在。目前,中国公共外交比较明显的五种基本形式有:媒体公共外交、商务公共外交、华侨公共外交、精英公共外交以及高校公共外交。

孔子学院与媒体公共外交相比,优势在于直接面对面地讲授、双向沟通,更真实可信、可亲,更有利于消除媒体单向宣传带来的逆反心理;与商务公共外交相比,它进行的是与利润无关的文化活动;与华侨公共外交相比,它从事的是专业性、系统性强的专门性教育、教学、文化活动,是一项长期面向海外受众的教育事业;与精英公共外交相比,它立足于和学生、普通民众打交道,受众面广,影响效果更佳;与一般高校公共外交相比,孔子学院不是简单地等着外国学生上门接受教育,而是直接在国外办学,深入到公共外交的前沿。

此外,与其他涉外对外工作人员相比,孔子学院的主力是高校教师,其高学历、高层次、学术性对提升文化交流层次水准、增强中华语言文化的吸引力、提升公共外交可信度大有裨益。

最后,作者总结谈到,孔子学院是中国崛起的产物,它的产生和发展契合了中国外交现时期的发展需求。目前,孔子学院还处于量的扩张阶段,但质量和内涵还未夯实,这是下一步的工作重点和难点。整体上,用未来的眼光看,它的优势是明显的。

来源文献:李丹. 孔子学院突显文化公共外交价值 [N]. 中国社会科学报,2015-4-8.

2015 年 8 月 19 日,《光明日报》刊登了对南太平洋大学孔子学院中方院长李登贵的专访《中国语言文化远播重洋》。

南太平洋大学是斐济及整个地区的最高学府,许多太平洋岛国的政府总理、部长都毕业于此。在美丽的校园内，李登贵向记者介绍，斐济是最早同中华人民共和国建交的太平洋岛国，近年来两国的政治经济交流日益密切，需要与中国打交道的事越来越多，当地政府和民众都迫切希望能更多地了解中国，这是孔子学院落户斐济的重要原因。

南太大学孔子学院无论是筹备阶段还是教学过程中，都得到斐济教育当局和南太大学校方的大力支持，这也反映出当地人对中国的认可，对中国文化的认同。李登贵特别提到，斐济总统奈拉蒂考、总理姆拜尼马拉马曾多次出席孔子学院的主题活动，拉贾赫·钱德拉校长对于孔子学院的建设十分重视和关心，他也是孔子学院的学生。每逢斐济传统节日，校长夫人都会亲手制作传统糕点赠送给孔子学院的教师们。

与世界上多数大学不同的是，除了斐济，南太大学还在汤加、萨摩亚等11个南太平洋岛国设有校区，是一所名副其实的区域性大学。李登贵说，这也是孔子学院在此落户的一个原因。这里云集了本地区最优秀的青年才俊，代表着地区发展的未来。借助南太大学分布于12个岛国的分校区，孔子学院可以很好地在整个南太平洋地区推广中文教育和中国文化。迄今，瓦努阿图、库克群岛等国家也设立了孔子课堂，今后将会有更多的岛国开设中文教学点。

李登贵的工作目标主要有两个：一是将汉语教学纳入学校课程体系。他向记者介绍说，目前中文课已经通过了校学术委员会的审核，并已正式成为苏瓦校区的全校公共选修课，被纳入学校的学分体系。此外，孔子学院正在大力推动将中文课由学分课程转变为辅修专业。孔子学院考虑未来还要设立中文师范专业，这样不但会解决部分学生毕业后的就业问题，也能实现中文教育在当地的可持续发展。二是向斐济全社会推广汉语教育和中国文化。李登贵希望，在不久的将来，任何在当地生活工作的人只要想学中文，就可以来报名。因为在此之前"整个南太地区都没有正规的中文教育，孔子学院的到来对当地想要培训中文的人来说就是雪中送炭"。

李登贵告诉记者，2012年开设的社会班，发展非常顺利。班上的学员可以用"高大上"来形容，一部分是斐济政府官员、企业高管和专家学者，另一部分则是来自外国驻斐济使馆的外交人员、中资企业的外方员工。除了语言教学，孔子学院还经常组织文娱活动，更加直观地向当地民众介绍中国文化。

来源文献：李佳彬. 中国语言文化远播重洋——访南太平洋大学孔子学院中方院长李登贵[N]. 光明日报，2015-8-19.

十年前，孔子学院还不为人所知，十年后，孔子学院遍布全球，已然成为中国的文化名片。这段感慨或评价来自于南开大学李英姿的一篇文章。

2015年6月15日，李英姿在《中国社会科学报》以"十年乘桴浮于海：孔子学院的跨文化交流"为题讲述了她对孔子学院的理解与看法。文章指出，伴随着中国经济的不断发展，一些西方主流国家对日益强大的中国感到恐慌，"中国威胁论"等甚嚣尘上。为应对这些负面论调，采取恰当的文化传播策略既能充分实现中国语言文化在海外传播的潜在价值，又能潜移默化地消除可能的疑虑或者诋毁。如今已经在全世界开办了几百所的孔子学院，就是讲好中国故事、推动"中国文化走出去"战略的成功范例。

作者认为，以孔子学院为平台，世界各地的汉语教师践行着民间使者的重要使命。除了正常汉语教学，他们积极开展与各国普通公民的交往活动，以自己的一言一行影响外国人对中国、对中国人的认识，不仅树立良好的中国人形象，也向外国公众介绍真实的中国，展示当代中国积极向上、繁荣发展的新形象。国外媒体关于中国和中国人的报道往往片面、有失偏颇，而普通中国人的所作所为则有效地纠正了负面报道，知华、友华、亲华的国外民间人士也越来越多。

孔子学院为世界人民打开了一扇了解中国的窗户，也让中国人民更加了解世界。语言文化的传播也是对文化自身的重新审视，只有文化自觉，才能文化自信，才能更从容地向世界说明中国。据统计，十年来，全国各级各类学校共选派了5万多名教师和志愿者。一些教师身处欠发达地区，物质匮乏，他们依然克服种种困难，怀着对汉语国际传播事业的热爱和使命感，坚守着自己的梦想。他们中的很多人不仅给所在国带去了汉语热，更因为踏实工作、任劳任怨，赢得了当地政府与民众的尊重和喜爱，一些院长、教师、志愿者因此获颁劳动奖章、友谊勋章等，这是对汉语教师们职业精神、奉献精神的肯定，也是孔子学院的荣誉和国家的荣誉。孔子学院能有今天的发展，离不开千千万万筚路蓝缕、薪火相传的汉语国际教师们的付出。同时，汉语教师也大大开阔了眼界，锻炼和提升了自己的能力。这些汉语教师回国后把自己的所见所闻所感通过各种形式传达出来，也让更多国人对异国、异文化有了更多了解。这不能不说是孔子学院的另一大重要收获。

作者提出，语言是人类沟通交流的重要工具，文化是联系人们心灵的纽带，是增进各国人民了解和友谊的桥梁。党的十八大强调，加强国际传播能力和对外话语体系建设，推动中华文化走向世界。孔子学院的出现顺应了当今和平与发展的世界大潮，孔子学院不仅是语言机构，更是文化传播与交流的平台、窗口。以孔子学院为媒介，中国官方与民间通过多种多样的途径和渠道促进不同文化之间的交流，消除偏见和分歧，增进人民之间的理解和信任。

来源文献：李英姿. 十年乘桴浮于海：孔子学院的跨文化交流[N]. 中国社会科学报，2015-6-15.

2015年3月，中国外文局对外传播研究中心等单位发布了《中国国家形象全球调查报告2014》（简称《报告》）。

该报告是在2014年11月至12月，由中国外文局对外传播研究中心等单位组织开展的第三次中国国家形象全球调查基础上形成的。报告对中国国家与领导人形象、中国文化与科技形象、中国政治与经济形象、中国外交与军事形象、APEC北京峰会的评价以及海外民众了解中国的渠道进行了调查分析。

调查共覆盖代表不同区域和经济发展水平的9个国家，包括英国、美国、澳大利亚、日本、中国、南非、印度、巴西和俄罗斯。《报告》显示，中国形象不断上升，领导人形象成为亮点；发展中国家民众对中国发展的认可度更高；海外青年群体对中国评价更为积极；中国形象的中外认知差异持续存在；中外关系影响海外民众对中国的评价。值得一提的是，被调查的海外8个国家民众了解海外中国文化中心和孔子学院的有960人（占全部受访者的24%），其中有57%的受访者对这两大机构在该国的设立表示认可。

中国外文局对外传播研究中心副主任于运全表示，结合当前我国软实力实际并比照其他国家的情况，海外中国文化中心和孔子学院24%的认知度并不低，而57%则体现了较高的美誉度。另一方面，报告同时提出，对外文化传播与交流存在的软肋亟须改进，如，如何最大限度地依托民间力量开展公众外交，发挥其在有效推进文化走出去方面的作用等。

此外，《报告》还指出，中国传统文化是海外民众最期望通过中国媒体了解的内容之一。

来源文献：许亚群. 海外中国文化中心和孔子学院美誉度高[N]. 中国文化报，2015-3-24.

2015年1月16日，《北京日报》刊登李如意的一篇文章《和而不同才是文化交流大原则》。作者指出，近来关于瑞典斯德哥尔摩大学将停办孔子学院一事，被媒体炒得沸沸扬扬。对此事件，斯德哥尔摩大学校长表示，此举与政治无关。孔子学院总部则回应称，目前仍有70多个国家200多所大学正积极申办孔子学院，有个别学校停办或退出是正常现象。

文章认为，作为推广汉语和促进中外文化交流的学术机构，孔子学院本身就是通过双方友好协商建立的。《孔子学院章程》明文规定，各国大学具有开办或退出的自由。再说，斯德哥尔摩大学自身中文师资很强，根据实际情况选择停办，实属正常。尊重自主权，不强迫灌输，更不强迫合作，这些年来，孔子学院"走出去"一直遵循这个原则。从最初的寥寥几所到现在遍地开花，孔子学院的成功靠的是自身教育水平的影响力，靠的是中华文化的感召力，靠的是和而不同、相互尊重、平等互利的亲和力。

随着中国国际地位日益提升，中国元素在国际舞台上也日益活跃，推广汉语学习、宣扬中华文化的机会将越来越多，步伐会越来越快，孔子学院的发展不过是其中的一个窗口。在这一过程中，常常会有神经过敏之人，动不动揪住一些风吹草动不放，含沙射影往政治上拉扯，甚至连一个语言文化推广机构正常设点及调整都不放过，内心狭隘可见一斑。其实，这种"不同则不和"的思维已然过时，以此为政策取向，终究无助于国际交往和自身发展。

作者说，文化就像一条绵延不断的河流，源头来自远古，又由许多支流汇合而成。世界文明大家庭，离不开中华文化的参与。即便有噪声杂音，我们走向世界的脚步也不会放缓。只要把握沟通融合主旋律，秉持"和而不同"的理念不变，坚持互联互通、共同繁荣的追求不变，我们一定能讲好中国故事，传播好中国声音。

来源文献：李如意. 和而不同才是文化交流大原则 [N]. 北京日报，2015-1-16.

2015年12月7日，《文汇报》在题为"孔子学院由规模扩张迈向质量提升"的文章中谈到，在第十届孔子学院大会上，来自世界各地的代表以及孔子学院所在大学的校长们普遍认为，世界各地的孔子学院不仅正在帮助人们学习语言和文化，还为学术界进一步开展更深入的合作研究搭建了思想交流的国际性平台。

"孔子学院在人们传统的认知中，是传播中国文化、教授中文的教学机构。但是现在，遍布世界的孔子学院在推动全球科学家交流以及全球企业家交流方面所起到的作用也至关重要。"加拿大卡尔顿大学校长萝珊·伦特在论坛上说。在他们学校，孔子学院并不是一个单独的教学机构，而是已经被纳入学校的教学评估体系和学术评价体系中。

在不少地方，孔子学院走出大学服务社会，与商界合作促进贸易，推动文艺界的中外合作与交流，并且提高了公众对语言学习和文化交流的关注。萝珊·伦特表示，卡尔顿大学就建立了"国际孵化"项目，鼓励孔子学院的学生和其他学生一起成立国际型公司，大学向所有创业公司提供辅导，并向最有前途的公司提供创业一揽子方案。"孔子学院也为推动全世界科学家们的合作起到了不小作用。"萝珊·伦特说，现在全世界都面临着相同的难题，包括环境、能源和安全问题等，这些问题的解决需要不同语言的人共同合作，而孔子学院显然"是一个让世界更亲近，让科学家、工程师团队更密切合作的一个重要支持平台"。

有学者指出，孔子学院在师资力量、教材适用性、中方院校支撑能力等方面还存在需要完善之处。各国的孔子学院正在根据总部提出的今后5年孔子学院发展行动计划草案，酝酿各自的行动计划，其中，逐步实现本土化成为"题中要义"。

据孔子学院总部有关负责人透露，今后，要进一步提升孔子学院学术研究水平，实施好"孔子新汉学计划"，为中外联合培养博士生授予"双学位"，着力培养新一代汉学家，探索建立融通中外的话语体系。该负责人也表示，未来孔子学院将着眼于培养各国本土师资，支持各国大学设立汉语师范专业，实行教师上岗制度，聘用优秀来华留学生担任本土教师。

来源文献：钱钰. 孔子学院由规模扩张迈向质量提升 [N]. 文汇报，2015-12-7.

2015年4月16日，《社会科学报》发表了北京大学中国特色社会主义理论体系研究中心副主任郭建宁的文章《文化建设不能"失语"和"他者化"》。

郭建宁指出，三十多年的改革开放，中国的经济奇迹成为吸引世人眼球的亮点，但相对经济硬实力而言，文化软实力似乎没有相应跟上。提升文化软实力，增加文化话语权，从全球的思想文化激荡来看，就是我们的文化具有自主性和调适力，文化认同感增加。中国文化只有走出去，才能更好地保存和发展自己。中国文化只有在与世界各种文化的交流激荡中，保持个性并增强话语权，这样的文化才不仅是民族的，而且是世界的。

走出去就是和西方文化正面地交流、对话、碰撞，在这个过程中提升影响力和话语权。这需要在两个方面创新：第一是表现形式的创新，要努力争取用西方人比较容易理解和接受的表现方式，讲好中国故事，阐释好中国特色。我们需要培养一批既了解中国，也了解世界；既能用汉语，也能用英语或者其他语言流畅表达的高端人才。第二是表现内容的创新，这要实现三个转换：一是从语言到文化的转换，海外的孔子学院主要还是讲汉语，我们要从语言到文化，讲中国文化；二是从传统文化到现代文化的转换，现在的孔子学院、中国文化走出去、中国文化年，讲的内容主要还是传统文化，要讲今天新的创造、新的辉煌，既要讲我们的传统文化，还要讲我们的现代文化；三是从文化到思想的转换，要介绍中国的思想成果和学术贡献，讲中国的学术理论、学术思想、学术话语。这样的转换将使中华文化的整体实力和竞争力大大加强，在世界有更大的影响力。

来源文献：郭建宁. 文化建设不能"失语"和"他者化"[N]. 社会科学报，2015-4-16.

第二节　海外媒体报道与评论

海外媒体关于孔子学院的评述和舆论，视角不同也较多元。在2015年的报道与评论中，相对集中的问题包括：关于孔子学院的存在、定位与影响的评价；孔子学院对中国软实力和经济建设的评论，以及基于地区或个案孔子学院的观点与报道。①

本报告第四章分析了孔子学院对教育国际化特别是对中国大学国际化的作用。这种作用是双向的。本土化建设是孔子学院可持续发展的基础和动力。对于外方合作机构而言，意义还在于通过孔子学院的设立，对教育国际化进行自我创新和完善，继而实现国际教育的本土化。

2015年12月2日，*Africa News Service*发表了一篇题为《中国的孔子学院并不完美，但是对非洲非常有用》的文章。

文章作者Falk Hartig谈到，在南非举办的中非合作论坛上，教育问题被提上日程，这对于展现中国的全球孔子学院以及孔子课堂的作用和目的，是一个非常重要的机会。孔子学院给外国人提供了更多了解中国的机会。同时，至少间接地成为抵抗外国媒体有关中国负面形象报道的一种方式。一些批评人士描述孔子学院仅仅是一种外宣的途径，Falk Hartig认为并非如此。但确实有一些问题需要澄清：

孔子学院由中外大学合作建设，还有一个第三方是中国国家汉办，这是个隶属于中国教育部的汉语国际教育推广机构。正是这种合作结构，使得外方大学与中国政府之间产生了密切关系，使得孔子学院被批评者认为干涉了学术

---

① 海外媒体报道的来源为《参考消息》、参考消息网和Summon数据库。

自由，成为中国共产党的宣传工具。

但 Falk Hartig 相信，批评家把孔子学院类比成为冷战时期的宣传工具，显然过分了。这样的辩论固然是重要的，但是他们忽略了对孔子学院的其他关注，例如孔子学院目前仍面临着师资短缺、教学材料不足和可持续发展的问题。当孔子学院来到非洲的时候，对于创造新的机会来讲是非常重要的。

在非洲，除了在大学里面，孔子学院成为人们想要了解中国语言或中国人的第一个也是唯一的方式。许多欧洲和北美大学的汉学或中国研究有着悠久的历史，但在非洲确实不是这样。

因此，非洲的孔子学院可以发挥更大的作用，中国和非洲都知道这一点。第五届中非合作论坛—北京行动计划（2013—2015）说："双方将继续促进非洲孔子学院和孔子课堂的建立和发展。中国将加强师资队伍建设，在人才培养、教学材料和设备方面提供积极支持。"这是孔子学院正式出现在外交文本中。这证明孔子学院已经成为中国更广泛的外交关系政策的一部分。

独立性和依赖性可能是一个问题。非洲的孔子学院与其他地区的孔子学院不同。由于没有建立起学术合作和语言教学的基础设施，如果中国国家汉办决定关闭孔子学院，那将是一个很麻烦的问题。反之，如果孔子学院继续保持下去，与中国的联系就会继续。中国不仅仅是非洲最大的贸易伙伴和投资者，而且给民众提供了越来越多的机会。

总而言之，Falk Hartig 相信孔子学院是很有价值的。

来源文献：Falk Hartig. China's Confucius Institutes aren't Perfect but Have Much to Offer Africa[N]. *Africa News Service*, 2015-12-2. 王彦伟译.

据英国广播公司网站10月9日报道，英国北爱尔兰地方政府议会议员、北爱尔兰议会跨党派中国事务委员会主席德萝蕾丝·凯丽女士表示，奥斯特大学孔子学院在北爱尔兰融入当地社会，开展促进英中文化、贸易等多层次的交流，受到了当地民众的普遍欢迎，在英国的孔子学院中独树一帜。

凯丽女士曾担任北爱尔兰克雷加封市的市长。她表示，北爱尔兰孔子学院对北爱尔兰全面发展以及与中国的联系至关重要。"虽然北爱尔兰和中国历史上的关系可以上溯百年，可是因为孔子学院在过去 3 年中的努力，北爱尔兰对中国才有了更全面和更深入的了解。通过去年成立的北爱尔兰议会中国事务跨党派小组和孔子学院等机构，北爱尔兰正在和中国全面发展各个领域的关系。""北爱尔兰孔子学院为北爱尔兰年轻人学习中国语言文化、为北爱尔兰和中国年轻人相互访问、加深了解提供了很好的机会。每年我们都有约 100 名儿童到中国去短期访问学习。这种民间交流为双方发展各领域、各层次的密切关系奠定了良好基础。"

报道称，凯丽女士对北爱尔兰孔子学院的欢迎态度在北爱尔兰并非少数。北爱尔兰地方政府企业、贸易和投资事务部长乔纳森·贝尔先生也是北爱尔兰孔子学院的积极支持者之一。说起孔子学院在北爱尔兰传播中国语言文化，贝尔先生表示："因为祖上同中国的渊源，我个人对中国一直有着特殊的感情。家庭和个人联系促进了文化的交流，相互了解使我们更加宽容。""孔子学院给北爱尔兰的年轻人提供了学习汉语和中国文化的课堂，汉语和中国文化教育从北爱尔兰的大学扩展到中小学，让年轻人认识到中国文化的博大精深。中国即将成为世界第一大经济体。孔子学院也是向中国介绍北爱尔兰、发展北爱尔兰和中国经贸商业关系的一个渠道。这也是我的职责所在。"

作为曾在北爱尔兰地方议会从事过行政工作，现为北爱尔兰奥斯特大学孔子学院执行院长的刘艳博士，是最早协助北爱尔兰设立孔子学院的人士之一。她坦言，北爱尔兰孔子学院发展到今天也不是一帆风顺，遇到过各方面的分歧、困难和阻碍，包括资金、人才、课题等等。"有些批评出于政治目的，完全没有道理。"她强调说，北爱尔兰孔子学院的目的就是为了传播中华文化，加强英中两国的文化交流和合作。在过去 3 年里，在英中双方官方的支持下，北爱尔兰孔子学院结合了英中两国文化特点和北爱尔兰办学需求，既有中国方面提供的师资力量，又有结合英国和北爱尔兰当地文化编写的专门学习教材，尊重北爱尔兰当地的多元文化，深受北爱尔兰民众的欢迎。

来源文献：英媒：孔子学院走红北爱 民众学汉语全英最热情 [EB/OL].
http://www.cankaoxiaoxi.com/china/20151009/960143.shtml,2015-10-9.

2015年8月12日，*Targeted News Service(TNS)* 以"西弗吉尼亚大学开设孔子学院在全州推动中国语言、文化与商务"为题，分析报道了西弗吉尼亚大学（WVU）设立孔子学院的消息和作用。

文章指出，考虑到中国的经济机会的增长，西弗吉尼亚大学设立了孔子学院，孔子学院的日常工作主要由该大学的商学院承担，提供了解关于中国语言、文化和商务进修学习的机会。

报道说，西弗吉尼亚大学孔子学院的建立，主要是为了满足学校国际化发展和与中国建立合作伙伴关系的需求。学校需要建构一种国际视野，这正是孔子学院能够发挥的角色。

"孔子学院的主要任务是促进西弗吉尼亚人民和中国人民之间的相互了解。我们现在就是要计划一个培训项目，是当地教师在高中和大学开展'汉语作为第二语言教学'。对于在西弗吉尼亚的教师和学生而言，这是一个巨大的机会。"

"全球化的快速发展，需要我们进一步地相互了解，加深友谊，并加强国家之间和人民之间的交流和对话。"天津财经大学校长李维安说："这已经是现代的一种趋势。在这种背景下，设立西弗吉尼亚商业孔子学院是进一步相互了解的一个重要步骤，可以促进和加强两个国家的友谊和文化交流与传播。"

西弗吉尼亚大学金融学教授、孔子学院负责人 Victor Chow 指出："学院还将开发商务汉语课程，促进西弗吉尼亚和中国之间的贸易。我们将组织为期两周的西弗吉尼亚教师到中国学习项目。这些教师将会在中国亲身体验中国语言和文化，然后把他们的经历和感受带回到西弗吉尼亚，并传授给学生。我们认为这将成为他们教学中的亮点。"

西弗吉尼亚大学负责国际学生事务和全球服务的副校长 David Stewart 认为，西弗吉尼亚大学商业孔子学院是一个非营利性的公共机构，它将作为西弗吉尼亚一个集中的资源点，提供中国语言教学和中国商业教育。

来源文献：WVU Opens Confucius Institute to Promote Chinese Language, Culture and Business in State[N]. *Targeted News Service (TNS)*, 2015-8-12. 王彦伟译.

围绕格里·兰斯德尔校长与中国国家汉办签署合同的问题，最近引起了该校教师与学生的一致好评和关注，但同时也存在着一些疑惑。人们在关心，促使签署合同的原因与过程是什么？

2015年9月23日，*University Wire* 刊登了一篇关于《西肯塔基大学谈与孔子学院合作过程》的文章。

在谈到申办示范孔子学院时，兰斯德尔校长说，汉办是中国教育部负责管理孔子学院的部门，在孔子学院十周年之际决定资助10个示范孔子学院。两个在美国，八个在其他国家。

兰斯德尔说，汉办为想要申请示范孔子学院的机构制订了一个申请程序，西肯塔基大学孔子学院决定申请。孔子学院的常务董事马丁（Terrill Martin）介绍讲，竞争的过程类似于申请资助。最终只有少数申请人被选定。马丁说他也不清楚有多少机构申请，但他知道，肯塔基大学也在申请拨款。他说，资金申请书包括两部分内容：一是孔子学院的历史、愿景、成就；二是孔子学院语言项目的整体计划。

兰斯德尔校长说，关于这项工作的交涉花费了超过一年时间，西肯塔基大学孔子学院意识到这是非常有利的，因为这意味着进入了更严格的谈判。"我们不需要承担额外的其他事情，"他说，自2010计划开始以来，西肯塔基大学孔子学院已由11名中国教师发展到了43个，从最初的4个学区增长到目前的23个。"我认为，很难找到另一个孔子学院像我们进步这么大。"

来源文献：Henderson Andrew, Wright Samantha. Ransdell Offers Insight into Confucius Institute Process[N]. *University Wire*, 2015-9-23. 薛梦晨译.

人民网刊发了对西肯塔基大学校长格里·兰斯德尔的专访"一位美国大学校长：我为什么支持孔子学院"。西肯孔子学院的快速发展，与校长兰斯德尔的支持密不可分。

为什么如此支持孔子学院？兰斯德尔表示，"理解中国，是学生们国际化经历中必不可缺的部分"。孔子学院可以帮助学校达成国际化的目标，让学生们和公众近距离感受中国，让"中国"成为一个触手可及的存在。

在采访中，国际化是这位美国大学校长多次提及的一个词。用他自己的话来说："我希望学生们可以自信地成长，理解他们作为世界公民的重要性。"

兰斯德尔说，10年前，西肯塔基大学决定将国际化引进学校，当"我们了解了孔子学院的情况后，就决定要办一所，我们联系了汉办，申请成立孔子学院。此后，我们非常积极地推动孔子学院成为学校国际化策略中的重要部分"。

除了孔子学院之外，西肯塔基大学还成立了中文旗舰学院和中文系，三管齐下。

问及孔子学院如何帮助西肯塔基大学达成"国际化"的目标，兰斯德尔回答说："孔子学院带给我们机会，也让我们有能力去组织教学和活动。"他表示，没有汉办的财政支持，西肯塔基大学根本没能力雇47位教师去公立学校教中文。更重要的是，汉办赋予大学和孔子学院自治权，在合作中非常尊重当地大学的文化、学校体制和校园环境。

兰斯德尔认为，随着经济的崛起，中国在国际社会中的地位愈发显著，世界非常渴望了解这个发展中的国家，美国也需要了解中国经济对世界产生的影响。未来中文将成为一门世界语言，认识中国、理解中国，是学生们的国际化经历中必不可缺的部分。然而，对于大部分美国学生来说，中国仍然是一个遥远而神秘的国度。虽然学校每年都派学生到中国交流，但并非每个学生都有这个机会。兰斯德尔说："如果学生不能去国外学习，我们就把世界带到他们面前。我们制造机会，让他们体验国际化。"

理解中国，是世界发展的需要，也是个体发展的需要。这种认知，正在西肯塔基大学和当地社区获得越来越多的认同。鲍林格林的克洛弗波特学区（Cloverport）是西肯孔院派设汉语教师的学区之一。该学区教育局长查尔斯·普罗菲特（Charles Proffit）表示，他很高兴听到家长们向他反馈孩子们又学到了新的中国知识。他认为，学好汉语和中国文化，孩子们就比其他人多了竞争优势，以后可以在中国找到好的机会。肯塔基州教育厅世界语言顾问阿方索·托雷斯·努涅斯（Alfonso de Torres Nunez）介绍说，在肯塔基州，学生们通常学习至少5门外国语言，除了西班牙语，汉语是学生们要学习的第二大外语。

兰斯德尔认为，在旧金山和纽约，华人历史悠久，中国文化的影响力很强。

但在这里,一切都是新的,新的文化、新的理念、新的知识。他强调:"这才是孔子学院的价值所在。因为中国历史文化在这里并不普及,孔子学院才会有更好的发展。"

来源文献:陈星星、韩莎莎. 一位美国大学校长:我为什么支持孔子学院[EB/OL]. http://world.people.com.cn/n/2015/1130/c1002-27873239.html,2015-11-30.

2015年11月23日,*The Spectrum*报道了南犹他大学获得孔子学院资助的事情。报道称,由于这一项新的校园项目实施,南犹他大学的学生将有更多机会学习中国语言、文化、文学和历史。

据悉,在该州唯一获得该项资助的就是南犹他大学。校方负责人声称,这是一项巨大的荣誉,因为随着中国的发展,中国与美国的关系越来越重要了。孔子学院的负责人说,我觉得参与这项工作很重要,因为有强大需求,需要加深不同文化的理解,尤其是对中国文化的理解。孔子学院不仅传授汉语和中国文化,更重要的是,它试图展示整个社会发展的方方面面。

当学校逐渐走向国际化,在校人数越来越多的时候,孔子学院项目得到关注。学校此前申请过孔子学院,但并不顺利。然而,由于国际合作的日益加强、海外学习项目增多,以及学生们希望有更多的学习机会,学校决定再次申请孔子学院。经过北京方面的面试,申请被批准。

报道指出,中国在政治和经济等方面扮演的全球角色越来越重要。有了孔子学院,校园可以更加多样化,学生可以从中获益。通过孔子学院,学生们可以学习高级汉语课程。此外,学校还准备开设一个中国研究专业,同时他们还计划到当地的小学去教授汉语普通话。

来源文献:Osinski Nichole. SUU Awarded Confucius Institute Grant[N]. *The Spectrum*, 2015-11-23. 王彦伟译.

孔子学院和中国软实力建设的关系是备受中外关注的客观事实。对于这个问题,存在很多解读。外国媒体和民众的解读,将孔子学院置于中国快速发展和影响力不断提升的国际环境中,既观察到孔子学院提升软实力的优势,也注意到文化交流与传播的困境。

2015年8月5日,《参考消息》转载了美国《国家利益》刊登的一篇文章。文章的作者马颖在题为"了解中国的孔子学院"的文章中称,尽管存在"尴尬的政治暗喻和文化不协调",但孔子学院能够促进有价值的文化交流。

文章介绍说,在乔治·华盛顿大学举办的这场研讨会主要关注中医。研讨会上,几位中国的名医在用中文讲座。听众多为华裔,年龄各异,还有几个正在学中文的美国人。

一位来自中国、受人尊敬的嘉宾主讲人称呼女性听众为"女同志"。这让文章作者差点儿把茶喷出来。因为在美国,"同志"是个具有其他含义的词。当然,这位来访的主讲人是在回答一个关于女性健康的问题时,无意中使用了这一称谓称呼现场的女性。

孔子学院总部总干事许琳在接受一家中国报纸采访时说过:"中国文化要想走出去,最大的困难来自于我们自己,来自于我们的不知不觉。"确实,围绕中国政府想通过孔子学院实现政治目的产生的争议掩盖了以下事实:在宏大的文化交流实验中,最大的差异植根于文化中,而且,在不同文化彼此接触时,这些差异往往会以让人猝不及防并且无法预料的方式出现。

文章的作者认为,不管政治在中国软实力扩张过程中扮演了何种角色,事实证明,她第一次去孔子学院组织的活动的经历是有教育意义的,尽管其中充满很多文化不协调现象。

来源文献: 美媒:孔子学院能促进中国与世界各国有价值交流[EB/OL]. http://www.cankaoxiaoxi.com/china/20150810/898763.shtml,2015-8-10.

根据《参考消息》的报道,英媒称,20年前美国学者提出"软实力"概念,尽管其定义以及如何衡量是个争议性的问题,但20年来软实力这个词被广泛应用在各种公共讨论中。

中国经过30多年的改革开放和经济高速发展,现在已经成为世界第二大经济体,综合国力显著提升,但中国认为自身的软实力远远落后于经济实力和政治影响力。因此当局一再提出，要加强中国的软实力、文化影响力和国际话语权。

据英国广播公司网站1月28日报道，提升中国的国际形象是习近平倡议的"中国梦"的主要内容。去年12月他在澳门考察期间又提及"文化自信"，这是习近平提出"道路""理论"和"制度"自信后的第四个自信。

在扩大对外文化影响力方面，中国在世界各地推行建立"孔子学院"，加强对外汉语教学和传播文化影响，这被认为是当局采取措施提升国家软实力的努力。

报道称，反对者认为，孔子学院背后的汉办是有官方背景的机构，孔子学院的兴建会破坏西方的学术自由。但也有学者认为，孔子学院有助于加强中国理念，加强中国和世界的沟通，这并非是一件坏事。英国诺丁汉大学教授姚树洁说，随着经济的强大，中国的文化、外交也要强大。他说，对外输出文化影响，西方一直在做这样的事情，并非中国独有。

在与其他国家相比之后，报道称，中国对外宣传并没有像"今日俄罗斯"那样引起西方国家的反弹，也没有遭遇类似孔子学院的争议。这似乎也说明中国投入巨资的外宣并没有对西方媒体长期主宰的叙事和话语体系形成多大挑战。

30年前，中国放弃同西方对抗的意识形态后开始了经济改革和对外开放，换句话说，当时为融入西方主宰的国际秩序并取得巨大发展成就的条件就是，放弃对立意识形态和放松了建立自己的话语体系。这在某种程度上造成了在信息和宣传攻势以及话语权争夺中的被动。

但自习近平担任中国最高领导人以来，中国开始改变韬光养晦和不出头的消极姿态。除了强调道路自信、理论自信、制度自信以及文化自信，习近平还多次强调要提升中国软实力，讲好中国故事，做好对外宣传。可以预见，中国提升软实力和对外宣传的努力势必同西方政治价值及其话语体系形成更多碰撞。

来源文献：中国加强外宣争话语权 英媒：与西方碰撞不会少[N].参考消息，2015-1-30.

据俄罗斯《导报》1月29日报道，中国国家通讯社新华社1月20日公布了中共中央和国务院的一项指令，要求加强中国特色新型智库建设。指令要求这些智库应坚定遵循马克思主义，承认中国共产党的领导地位，为中华民族的复兴服务。政府责成它们充当软实力的重要载体，在海外开展工作，吸引外国专家合作。

邓小平以及之后的几任领导奉行韬光养晦的外交战略。如今，中国在国际舞台上更为活跃，希望跻身于精神领袖的行列，让国际社会习惯这一点：中国不仅能输出商品，还能输出思想。

文章引用皮尤研究中心的数据指出，2008年，20个国家的41%的受访者相信，中国将取代美国成为全球超级大国，不信的人占32%。到了2014年，这两个数字分别为50%和32%。

中共认为，智库要有影响力：在为国家利益服务的同时，要增强中国的国际影响力和国际话语权，并表示中国应重点建设50至100个具有全球声望的专业化高端智库。

孔子学院是中国软实力的传播者之一。这是世界上规模最大的教育项目之一，类似于英国文化协会、德国的歌德学院和俄罗斯世界基金会。美国学者称其为中国政治影响力的工具。2013年，中国拨款2.78亿美元用于扶持孔子学院，是2006年的6倍。

来源文献：中国打造新型智库 积蓄全球思想影响力 [N]. 参考消息，2015-2-1.

2015年3月10日，《参考消息》以"纪录片《超级中国》受欢迎，韩观众渴望了解中国"为题介绍到，韩国KBS电视台在今年1月推出新年特别企划纪录片《超级中国》。这部纪录片在韩国引起强烈反响，反映了韩国民众对了解中国的渴望。这部纪录片力图做到在"全球化语境下"对中国的深度解读。制作团队走访了美国、阿根廷、斯里兰卡、肯尼亚等五大洲的20多个国家，提供从海外看中国的不同视角。

这部系列片中的第五集是关于"软实力"的内容，其中特别讲述了中国通过建立孔子学院，以及推动电影业进军好莱坞等强化文化的战略。

该片播出之后收视率创下历史纪录，最高收视率一度超过了10%，而一般纪录片在韩国的收视率仅为5%左右。韩国KBS企划制作局制片人，也是《超级中国》制片人之一的朴晋范说，现在韩国人对中国的看法呈两极化：一类是认为中国国力强，将来是超级大国，会给韩国带来威胁；还有一类韩国人看不起中国，觉得中国是贫穷的共产主义国家。节目组希望改变这些片面看法，引导韩国人客观公正地看待中国的崛起。

来源文献：彭茜.《超级中国》受欢迎 韩观众渴望了解中国[N].参考消息，2015-3-10.

美国皮尤研究中心所做的最新调查发现，世界各地民众对中国的评价日益积极，多数人认为中国最终将取代美国成为世界超级大国。据美国《华尔街日报》网站6月24日报道，今年早些时候，该中心对40个国家的4.5万多名成人展开了一项民意调查，让世界各地民众对美国和中国进行评价。

2014年，49%的受访国家民众对中国评价积极；而在今年早些时候，皮尤研究中心的调查显示，这一比例升至54%，其中35个国家曾在2014年受访。

报道称，中国已将自己塑造成一个实践民族伟大复兴的国家，希望发挥更大的文化和经济影响力——比如成立孔子学院和设立亚洲基础设施投资银行。从全球角度而言，这一设想似乎很具说服力。除日本、越南、菲律宾和巴西外，其他受访国家的多数民众认为中国将最终或已经取代美国，成为世界超级大国。这一观点在中国尤为突出，67%的受访者表示相信中国已成为世界一流大国，或有朝一日将是。

报道称，一个令人鼓舞的发现是，中美两国年轻人比老一辈人对彼此国家的看法少些偏见。

来源文献：调查称近七成受访中国人认为中国是世界一流大国[EB/OL]. http://www.cankaoxiaoxi.com/china/20150625/829147.shtml. 2015-6-25.

孔子学院的发展，既源于内在需求的强力推动，也有赖于一个良好的外部环境。这种发展环境，不仅是指孔子学院自身生存和发展的舆论环境和需求环境，也包括世界其他语言文化传播机构的竞争与合作环境。

据英国广播公司网站10月25日报道，在中国国家主席习近平结束对英国访问的第二天，全球首家以出版为特色的孔子学院24日在英国牛津布鲁克斯大学揭牌成立，这进一步夯实了英国在孔子学院领域内欧洲龙头老大的地位。

牛津孔院英方负责人之一、牛津布鲁克斯大学副校长保罗·因曼指出，这是首个中国出版机构与国外大学直接合作的学院。他介绍说，牛津布鲁克斯大学地处英国老牌学术出版商圈，出版专业是该校强项，与中国的外研社合作创办以出版为特色的孔子学院已酝酿多年，这是自然的选择。他说："我们不像是一般性的孔院，而是专注于出版和新媒体。新的孔子学院联合出版机构和大学，并没有得到中国政府的直接资助，这是与众不同的。"

从2004年诞生至今，孔子学院正在逐渐改变仅以传播中国文化和汉语教学为主的模式，出现了不少"特色孔院"，比如清华大学和伦敦政治经济学院合办的"商务孔院"、由伦敦南岸大学承办的"中医孔院"等，牛津孔院则是以"出版"为核心。因曼说，牛津孔院将会考虑商业运营，争取三年内探索出自负盈亏、持续发展的道路。

习近平在访英期间讲话时也指出，英国的孔子学院和孔子课堂数量欧洲第一。他还出席了全英孔子学院和孔子课堂年会开幕式，这也是他首次出席此类会议。那么，岛国英国需要这么多的孔院吗？

对此，外研社社长蔡剑峰说："英国29所孔子学院越来越各具特色，更多元化。中英两国都有深厚的文化底蕴，还有很多潜力可挖。"针对外界认为孔子学院是中国软实力传播机构的看法，蔡剑峰认为，国与国的交流是渐进的，从经济和物质转向文化层面，是一个很自然的过程。作为文化企业，在经济层面考虑之上，更看重的是产品是否受欢迎。

此外，对孔子学院的质疑之声还包括是否会影响到西方院校的学术自由。对此，因曼说，任何一个大学都关心学术自由。他坦言，美国、加拿大的某些大学终止孔院合作，"当然没问题，那是他们的选择。但全球大学的趋势是与此相反的，越来越多的大学希望合办孔子学院。归根结底，如果彼此信任，自然就能合作"。

来源文献：英媒：首家"出版孔子学院"落户牛津 [N]. 参考消息，2015-10-26.

据新加坡《联合早报》1月6日报道，目前，日本当局已经敲定在英国伦敦、美国纽约以及巴西圣保罗开设"日本屋"，之后会渐渐推展，在各地开枝散叶。据报道，亚洲也是设立日本屋的重点区，除了东南亚主要城市外，中国大陆城市和香港也在考虑之中。

新报称，中国在世界各地设立孔子学院，日本也计划在世界各城市设立"日本屋"，以便有效利用日本的文化和技术实力加强对外传播力度。日本政府准备拨出500亿日元首期资金，来推动这一新外交策略。日本一向是通过"国际交流基金"等机构展开日本的宣传攻势，目前，日本当局已经在灵活运用各种的社交网络进行宣传，日本屋的设立反映日本将要下更多资本在宣传攻势上。日本NHK透露，日本当局已在英国取得建设日本屋的地段，此外，日本外交当局也已获得一笔资金，要将日本一些文化和历史书籍翻译成英文。

文章说，日前《读卖新闻》在报道日本当局的这个外交宣传新策略时指出，日本当局的最大动机是用来对抗不利于日本的历史主张。

来源文献：新报：对抗孔子学院 日拟在世界各地设"日本屋" [EB/OL]. http://www.cankaoxiaoxi.com/world/20150106/619464.shtml. 2015-01-06.

据美国《华尔街日报》网站1月26日报道，在日本政府的新预算中，有一个小项目格外显眼：向纽约哥伦比亚大学提供500万美元赠款，资助一个研究日本政治和对外政策的教授职位。

日本政府官员称，他们向教育机构示好的部分原因是为了对抗对手的动作。对哥伦比亚大学的捐赠是在担心该校日本相关课程的教学人员减少的背景下做出的。

报道指出，作为40多年来东京对美国大学的首例捐赠，这笔钱将成为安倍晋三首相加强日本海外形象新努力的一部分。此举的背景是，中国和韩国都投入了大量政府资金用于在美国学术机构建立立足点，以及中国孔子学院资助计划迅猛发展。首尔最近也增加了拨给世宗研究所的预算，以便让其增设在夏威夷大学和艾奥瓦大学的项目。神户大学政治学教授木村宽（音）说："日本担心自己会输掉与韩国和中国的信息战，因此我们必须迎头赶上。"

日本发动这一攻势的背景是，东亚即将迎来年内纪念二战结束70周年的充满情绪化的时段，以及东京与北京和首尔围绕日本战争历史的裂痕几乎没有显示愈合的迹象。

软实力举措对日本来说并不新鲜，1973年，东京曾向包括哥伦比亚、哈佛和密歇根大学等10所美国名牌大学各捐款100万美元以资助日本问题研究。

今年，安倍政府把用于"战略公关"的预算拨款额在一年前的基础上增加了两倍。在增拨的500亿日元（约合4.23亿美元）中，约有6500万美元规定专用于培养对日本友好的学者专家。对哥伦比亚大学的500万美元赠款属于日本政府本财政年度（将于3月底结束）的补充预算。东京还计划增加日语教学计划、派日本年轻人到美国留学和工作及设法增强对有关日本的全球舆论的影响。

政府机构日本国际交流基金为文化和学术交流计划提供支持。基金执行副总裁田口永二（音）说："我们对学术自由始终给予最高的尊重并将继续这么做。"田口表示，只要是用于与日本相关的项目，基金的使用是不受任何限制的。

来源文献：日本对美国校园软实力攻势遭挫 美各界批评依旧[N].参考消息，2016-1-28.

参考消息网9月21日报道外媒称，俄罗斯检察机构撤销了把孔子学院定为"外国代理人"的指控，这个判决使得这家传播中国软实力的机构能在俄罗斯继续活动。

根据美国之音电台网站9月19日报道，在与中国相邻的俄罗斯边境城市布拉戈维申斯克，当地法院9月17日开庭审理了有关要求孔子学院停止活动的诉讼。在法庭上，布拉戈维申斯克的检察官撤销了针对孔子学院的所有指控。孔子学院摆脱了在俄罗斯遇到的麻烦，这也使这个曾经受到各方关注的案件画上了句号。

报道称，当地检察官曾在今年7月份，针对附属于布拉戈维申斯克国立师范大学的孔子学院提出多项指控，包括其有关活动违反俄罗斯法律等，其中一项指控要求把孔子学院定为"外国代理人"。这一称呼在俄语中包括为外国情报机构服务的意思。

中俄都声称目前两国关系的密切程度前所未有，但俄罗斯检察官把孔子学院告上法庭让许多人感到意外和不解。研究中国问题的俄罗斯专家格涅兹洛夫说，当局为了巩固政权，对外国和外来势力充满敌意，俄罗斯社会也充斥着排外情绪，中国和西方在这一气氛下被一视同仁。格涅兹基洛夫说，这起事件说明虽然两国关系在外界看来不断升温，但现实却是两国社会对对方欠缺了解，彼此相距十分遥远。

来源文献：参考消息网. 俄媒：俄检方撤销对孔子学院"外国代理人"指控[EB/OL]. http://www.cankaoxiaoxi.com/china/20150921/945511.shtml. 2015-9-21.

关于该事件，参考消息网曾在7月29日刊登消息，据外媒称，俄罗斯远东城市布拉戈维申斯克检察院要求认定布拉戈维申斯克国立师范大学的孔子学院为外国代理人。检察院认为，该孔子学院的工作违反了俄罗斯法律，要求孔子学院停止活动。

布拉戈维申斯克国立师范大学则完全否认孔子学院违反法律。孔子学院院长、布拉戈维申斯克国立师范大学国际教育与合作部负责人尼古拉·库哈连科说，孔子学院是作为学校一部分成立的。他强调，"孔子学院不具备独立法人资格，它直接听从校长指挥。这写在布拉戈维申斯克国立师范大学和黑河大学的协议中，根据该协议才成立了孔子学院"。

布拉戈维申斯克国立师范大学也不同意将孔子学院算入"外国代理人"。库哈连科称，"我们被指责宣传中国文化。但我们不参与政治活动。孔子学院从事的是教育，研究中国文化和艺术，支持进行科研活动。这对边疆地区来说非常重要"。

报道说，俄独联体事务、国外同胞和国际人文合作署领导柳博芙·格列博娃表示，孔子学院在俄从事的工作"与我国类似机构在他国的工作一致"。

中国驻俄大使馆新闻和公共外交处参赞苟永海说:"不夸张地说,孔子学院是俄中文化合作最重要的工具。越来越多的俄罗斯高校表达出与孔子学院合作的意愿。"他表示,美国和欧洲国家没出现过这种企图阻碍孔子学院工作的现象。苟永海说:"我认为这是个意外事件,不是俄罗斯政府的官方立场。我希望这一暂时性问题能得到解决。"

来源文献:参考消息网.俄远东一大学反对检方要求停办孔子学院决定[EB/OL]. http://world.cankaoxiaoxi.com/bd/20150729/868651.shtml.2015-7-29.

2015年4月8日,英国《金融时报》(中文版)以"中国企业需'组合拳'式走出去"为题,呼吁在中国企业走出去的过程中,要看到"一带一路"是一种新的开放模式,要学会用全球资源生产,在全球网罗人才。

文章作者,中国与全球化智库副主任、原亚洲开发银行首席经济学家张敏指出,企业走出去"一带一路",我们不能只在中国人自己中间挑人,要在全世界利用好两个资源两种市场,要利用国际市场、全球市场来配置资源,要用全球资源来生产。为什么人才方面不能利用全球人才呢?美国之所以能够开创今天的美国,是它在全球网罗人才,你只有全球性地网罗人才,才有可能当老大或者说当好老二,所以,要有度量,要有大的人才观。

张敏提议,利用大规模公开在线远程教育搞好孔子学院。他说,近两年我去看了好几所孔子学院,发现我们的孔子学院现在还没有充分利用好。实际上现在在孔子学院学习的这批学生,他们肯定在想,我把中文学好未来会有更多的机会,但是机会在哪里,他们不知道。我们能不能考虑孔子学院现在就可以开始为中国公司培养员工,就按照这个模式来开始设计,或者说在每个孔子学院或者一些中国公司多的国家孔子学院专门办经济班、管理班,按照中国公司的方式或者对中国的了解来进行培养。

关于培养教师,作者认为,如果仅靠现在传统的方式派个教师去,我们也没有那么多教师,成本也太高。目前一直在推动的大规模公开在线课程远程教育方式,完全可以用在孔子学院的教学上,孔子学院的设备都非常好,我们在国内把课拍好,通过远程来上课。甚至找各个公司来上课,中海油专门上一堂如何在中海油里工作，上10次课，告诉你中海油有哪些机会，我们在哪里投资，我们需要什么样的人才，你得具备什么条件才能进来；中石化也可以，民营企业也可以，这样我们就可以开出更多的课来。

来源文献：中国企业需"组合拳"式走出去[EB/OL]. http://www.ftchinese.com/story/001061776?full=y. 2015-4-28.

第三节　媒体报道的话语分析

孔子学院的快速发展及其产生的社会影响，引起了海内外媒体的普遍关注与聚焦。作为社会舆论的信息采集与认知扩散聚集地，媒体报道既是孔子学院公众身份的建构方式，也是社会了解和接受孔子学院的一个重要途径。在众多媒体的报道中，既有客观理性的分析，也有各种疑惑与挑战。与此同时，学者们则采用不同的视角或范式，不同的理论与方法，从问题或形象建构等出发，探究孔子学院在媒体镜像下的特征与态势，以及在社会宏观语境下关于孔子学院的态度、认知与反馈。

在考察分析国外媒体对孔子学院报道的基础上，叶英指出，事实上，通过考察国外（尤其是美国）媒体对孔子学院的报道，可以发现在外媒的报道中，对孔子学院的肯定多于批评，从总体上看，西方社会对孔子学院的肯定和欢迎超过对它的质疑和戒惧。

叶英在《从外媒报道看孔子学院的海外形象》一文中指出，随着孔子学院在世界各地陆续开办，对它的一些异议也不时传来，或质疑其存在的目的，或戒惧它威胁西方学术自由和言论自由。这些异议使国内一些人对孔子学院的海外形象产生误解。文章指出，海外媒体在说到孔子学院时，往往会提及中国的软实力；说到中国的软实力，则常常会提及孔子学院。如论及孔子学院对美国高校的影响时，有作者就顺理成章地把孔子学院的迅速发展与胡锦涛关于提高国家文化软实力的讲话联系起来；而在中国建筑师王澍获得普利兹克奖的报道中，作者也从中国人获奖联想到了中国的软实力，进而又从中国的软实力谈及了孔子学院。此类例子不胜枚举。简而言之，在涉及孔子学院的报道中，软实力是出现频率最高的话题。在某些西方人眼中，孔子学院是中国增强软实力的一个重要举措。

作者分析说，以推广本国语言文化来提升国家软实力的做法并非中国的首创，几乎所有国家的语言文化推广机构都在竞相施展其国家或地区的文化软实力。于此可见，以推广本国语言文化的方式来提升国家软实力的做法既不鲜见，也无可指责，而外媒也不曾以此为由来指责或批评孔子学院。

中国的崛起令世界瞩目，世界对中国的兴趣引发了民众学习中文的热潮。作者认为，孔子学院的兴起只是对中文热的一种顺应，而外媒同样不曾以此为由来指责或批评孔子学院。如《华尔街日报》指出，随着中国对世界影响力的增强，对其官方语言的兴趣也在增强。中文知识不仅在政治或经济界有优势，能说流利的普通话也日益成为商界和外交界的必备技能。《华盛顿邮报》认为，美国许多学校开设中文课就是因为校方和学生家长都认识到了中国在经济和文化上的重要性，认识到要适应21世纪的新形势，让下一代在全球化的劳动大军中有竞争力，就必须重视中文学习，会说中文已成了一门重要的技能。

此外，文章还谈到，从外媒的报道中可以看出，孔子学院之所以受欢迎，除了缘于不断高涨的中文热的需求，还有一个原因，那就是一些国家外语教育经费的相对短缺。在市场急需中文人才，而教育经费又缩减的形势下，中方资助的孔子学院无疑起到了缓解这一矛盾的作用。

在关于孔子学院的迅猛发展引发了一些人的顾虑问题上，作者指出，这些顾虑主要集中在两个方面：一是担心它威胁西方的学术自由；二是担心它成为中国政府的政治宣传工具。例如，关于学术自由，就有人认为，中方如此慷慨地资助建立孔子学院，必定有附带条件，等等。但作者在文中特别指出，很多说法往往只是某种推测，或者仅是一种担心而已。例如：宾夕法尼亚大学教授沃尔德森说，该校中亚研究所的教师之所以反对建孔子学院，是因为担心遇到自我审查的风险。哥伦比亚大学的教师大卫·布兰纳也担心，"建有孔子学院的大学会因为依赖中国政府的经费而屈服于中国政府的压力，从而压制对中国的不利言论"。作者说，需要指出的是，反对孔子学院的人大多没有关于孔子学院的亲身经历。比如：沃尔德森所在的宾夕法尼亚大学至今没有孔子学院；

布兰纳所在的哥伦比亚大学 2013 年 9 月才成立孔子学院，而他的上述言论发表于 2010 年；声称中方资助办孔子学院必定带有附加条件的德雷尔在迈阿密大学任教，而该校也没有孔子学院。声称孔子学院缺乏独立性、中国政府会利用它来干预西方学术自由的马丁·戴维森是不列颠委员会的行政主管，他也从未接触过孔子学院。更需要指出的是，这些反对之声往往出现在一个学校考虑是否申办孔子学院之际，即广泛征求意见之时。

文章作者分析指出，事实上，海外大多数媒体都能持较为公允的立场。在外媒的报道中，的确有担心学术自由受到威胁的议论，但这些议论往往被同一篇报道中的正面肯定的声音所抵消。在众多报道中，持异议者仅占少数，总体上，对孔子学院正面的声音总是高过负面的声音，并且负面的声音常常缺乏依据。

作者谈到，在外媒的报道中，经常会看到关于孔子学院是政府政治宣传工具的说法，相关报道有的是一带而过，有的则是振振有词。在此类报道中，也有不少人能够理性地谈论"政治宣传工具"这个话题。比如，到过印第安纳大学孔子学院、也参观过孔子学院总部的德博拉·法洛斯对记者说："我听到人们议论你提到的那个担心。我听到人们热情洋溢地赞美他们社区的孔子学院项目。他们非常感谢这种资助，感谢那些来自中国的中文教师，感谢他们带到这个城镇的文化项目。至于说'共产主义议程'和政治宣传，我认为人们应该对这些课程的内容以及孩子们上的所有课程的内容都有批判意识——不管是理科课程，还是历史、宗教或外语课程，而不仅仅针对中文课程。"[①] 言下之意，任何课程皆有政治宣传的可能，至于具体有没有，家长应该正确评判，学校也应该培养学生的批判意识。马里兰大学帕克分校国际项目主管索尔·索斯诺斯克说，他和他的同事尽量避免触碰到孔子学院项目中美双方参与者的文化敏感处。不过，他也指出，"当你触及此类问题时，你就该料到有争议"。他说："你应该对整个世界都敏感，不管是中国人或是

---

① Melissa Powers.Eight Questions: Deborah Fallows, *Dreaming in Chinese*[EB/OL].http://blogs.wsj.com/chinarealtime/2011/06/29/eight-questions-deborah-fallows-dreaming-in-chinese/.

美国人，学生应该看到我们不是用同样的眼睛看世界。"[1]他的这番言论与法洛斯的话异曲同工——虽然前者强调批判意识，后者主张包容与开放，但两者都认为不应当另眼看待来自中国的人和事。此外，他的话也让我们看到，有敏感之处的也不仅是中国，美国亦然。

在调查中，作者还发现，国内一些人对外媒的报道断章取义，比如网络上流传的一个说法是：孔子学院每年耗费国家几十亿美元。[2]文章作者特别指出，其本人在外媒的相关报道中，的确两度看到关于几十亿美元这个数据，且都是出自约瑟夫·奈，一次是在其给《纽约时报》撰写的文章中，一次是在《纽约时报》对其的访谈中。据他说，中国正投入几十亿美元开发国家软实力资源，发起魅力攻势，该魅力攻势既包括孔子学院，也包括北京奥运会、上海世博会、海南博鳌亚洲论坛、新的国际电视频道、亮相于纽约时代广场的中国国家形象宣传片，以及一些对外援助等。换言之，这几十亿美元并不是都花在了孔子学院上，也不是每年国家都花几十亿美元来进行魅力攻势。作者认为，对此夸大其词的说法，应该予以澄清。

文章最后总结到，在国外媒体眼里，孔子学院首先是中国提升国家软实力的重要举措；其次，它顺应了日益高涨的"中文热"；其三，对那些受教育经费困扰的国外学校而言，它提供了语言资源，满足了外语教育需求。诚然，海外媒体对孔子学院的看法存有一定的质疑和戒惧，但这些质疑和戒惧在海外报道中所占比例甚小，且大多缺乏足够的依据，总体而言，孔子学院的海外形象是正面的、受欢迎的。

来源文献：叶英.从外媒报道看孔子学院的海外形象[J].四川大学学报（哲学社会科学版），2015（03）：48-57.

不同的国家和民族，因其文化背景、社会制度、经济基础的不同，思维方式和价值观念存在很大的差异，这也对所在国的孔子学院产生了不同程度的

---

[1] Peter Monaghan. Open Doors, Closed Minds? [EB/OL]. http://chronicle.com/article/Open-Doors-Closed-Minds-/16550.

[2] 杨佩昌.美国人为何对孔子学院产生恐惧？[EB/OL]. http://blog.ifeng.com/article/17995895.html.

影响。这种差异和影响，因国、因地而异。资料表明，这种差异显著地体现在一些动态性强、影响力大的媒体舆论中。

基于新闻报道与孔子学院的相关程度，赵明玉在《批评话语分析视角下关于孔子学院新闻报道的研究》一文中，筛选确定了20篇发表在美国和南非主流媒体上的、与孔子学院相关的新闻报道为样本进行了研究和分析。其中，美国10篇，南非10篇，样本时间跨度为2006年至2014年。结果显示，在其研究中，美国媒体主要呈负面态度，南非媒体主要呈正面态度，两国媒体的态度与政治、经济、文化等社会因素密切相关。

文章分析指出，在对所有态度资源定量分析之后，统计结果显示，在美国媒体中，正面评价占39.1%，负面评价占60.9%。正面评价的主要内容为美国人学习汉语的热情。此外，积极的态度还源于学习汉语可带来就业、商业机会或经贸利益。媒体的积极评价很多和经济利益相关。负面评价的内容主要是，评价孔子学院是中国政府的宣传工具和文化前哨，以及评价孔子学院忽视学术自由等。在语料中，也提到了一些美国教师对孔子学院跨文化教学质量的关注，如对教学效果不满意等。

数据同时表明，在南非主流媒体中，正面评价占82.6%，负面评价占17.4%。在正面评价的内容中，不仅有学习汉语的热情、学习汉语带来的经济好处，还有对中国文化的兴趣以及孔子学院在技术科研合作等多方面发挥的积极作用。消极评价主要是关于当地孔子学院师资不足、教材短缺等问题。

在对语料的社会实践层面分析时，作者发现，美国媒体主要呈负面态度，而南非主流媒体主要呈正面态度。在积极评价的内容中，与南非媒体报道不同的是，美国媒体的积极评价资源主要围绕在汉语学习方面，而对文化学习的提及却不多，这其中的原因与美国的文化历史有关系。文章说，美国人对自己的文化价值观过度自信，认为美国文化是世界上最优秀的。而这种文化优越感典型的体现便是对他国文化的轻视，不愿意认同他国文化。而在南非，类似美国的文化优越感不明显，而且南非是个多民族、多语言的国家，在国家的发展历史中，南非的民众渐已接受了多种文化兼容并蓄的现实，在心态上更容易包容外来文化。当异国文化前来友好交流时，他们表示欢迎。并且中国文化的"和为贵""和而不同"思想对于遭受过种族冲突斗争之苦的南非来说尤为宝贵，具有学习价值。另外，南非也希望能和中国合作，进一步提升其科技、教育文化等方面的水平。所以，在南非媒体报道中我们可以看到南非媒体对架起科技、教育文化合作桥梁的孔子学院给予积极的评价。

关于语料中的负面评价，文章指出，主要来自于美国媒体。美国媒体认为孔子学院忽视学术自由，是中国政府的宣传工具和文化前哨。作者认为，这些其实都是美国媒体对孔子学院不符合事实的评价，是对孔子学院存有偏见。而美国媒体对孔子学院的偏见主要源于美国人对中国政府的偏见。孔子学院是个教授汉语和传播中国文化、促进中外文化交流的教育机构，但美国媒体不是从教育文化的角度而是从政治的角度来评价孔子学院。从语料中可以看到，在介绍孔子学院时，媒体总要强调一下孔子学院是由中国政府出资主办的，如"backed by the Chinese government""heavily funded and supported by the Chinese government"。美国媒体认为由中国政府出资主办的孔子学院必然受到中国政府的控制。

作者指出，由于中美的政治体制和意识形态不同，美国对中国政府存有根深蒂固的偏见，这在很大程度上导致了他们对孔子学院的负面看法。另外，美国媒体对孔子学院的负面评价也说明美国对中国的崛起充满了警惕和担忧。孔子学院的迅速发展增强了中国文化在世界上的影响力，这一点让美国感到担忧，担心中国文化在世界上的影响力会超过美国文化，所以在媒体上以负面报道来破坏孔子学院形象，把以携手发展多元文化、构建和谐世界为宗旨的孔子学院说成是文化前哨、文化入侵的手段，不断地制造"中国威胁论"，意图遏制中国的崛起。而南非与中国自1998年建交以来，两国关系发展顺利并不断地巩固加强，双方友好合作，携手共进，所以作为南非政府喉舌的主流媒体对孔子学院的评价也是积极肯定的。

来源文献：赵明玉. 批评话语分析视角下关于孔子学院新闻报道的研究[J]. 蚌埠学院学报，2015（05）：39-44.

如前文所述，在不同的国家和地区，社会和民众对孔子学院态度都会有一个接受和接纳的过程。作为世界最发达的国家，美国不仅是建立孔子学院最多的国家，也是"重大事件"与媒体舆论最"丰富"的地方。对发生在美国的重要事件进行案例研究，一方面可以究其本质，避免舆论误导；另一方面可以还原并剖析舆论形成过程，进行针对性的政策与对策研究。

安然等在《美国芝加哥大学停办孔子学院新闻话语分析》中指出，中国在全球建立了400多所孔子学院，发展极其迅速，但因各国文化背景、接纳程度不同，孔子学院也遭受到了一些质疑。作为一个中国在世界范围布局的汉语教学机构，孔子学院是中国与世界交流的纽带之一，孔子学院在与所在国的文化、政策，所承办院校治学方针等方面必然有一个沟通、协商、磨合和调整的过程。作为一个"外来物"，所在国对于孔子学院从陌生到熟悉的过程也需要一段从理解到接受的时间。因此，孔子学院目前所遭受的指责和质疑实际上是其发展道路上本该出现的一个阶段。

文章作者运用批评话语分析理论对美国芝加哥大学停办孔子学院的新闻话语进行分析，发现美国对此事件的新闻报道有以下几个显著特征：第一，新闻图式以交代事情背景为主，但指向意义明显。从新闻报道的标题可以看出，孔子学院被定性为"具有官方色彩的政府资助项目""宣传工具"，并与中国软实力有关。芝加哥关闭孔子学院则被描述为"对于孔子学院的反弹和冲突"。"反弹"和"冲突"，喻意不稳定、不一致，暗含芝加哥大学关闭孔子学院这一行为背后的矛盾与冲突。第二，多引述他人言语和例证，较为客观，但叙述角度单一。据统计，8篇新闻中引用他人言语为21处。芝加哥大学相关事件及人士的话语空间较大，达到15处。相关报道对于芝加哥大学关闭孔子学院事件的前后背景都做了详细交代。但新闻较少对中方相关人士进行访问或是引用中方话语，提供给中方的话语空间很小，由此造成双方话语体系不对等的局面。第三，措辞意义对比鲜明。新闻在描述孔子学院、中方与芝加哥大学时所用的词汇明显不同。文本显示，有关孔子学院一方基本上都是使用"控制（control）""武力（arm）"之类的消极或者暗含威胁的词汇，给读者塑造出一个主动的、由中国操控的、与西方核心价值观——学术自由对立的孔子学院霸道、死板的形象。而形成鲜明对比的则是关于芝加哥大学及美方的描述，则采用"自由""核心价值观"等,塑造出追求民主、自由、学术独立的正义、崇高形象。第四,政治联想思维突出。从前文分析可以得知,美国新闻报道相关事件时,无论是标题、事件背景,还是引述他人话语、所运用的不同修辞,归结为一点,即浓厚的政治意识贯穿其中。不仅在描述孔子学院时写到"与政府过于紧密",而且在阐述孔子学院为何"影响"学术自由时,也提到了其他政治性话题。将孔子学院事件与其他中国国内政治问题联系在一起,使得孔子学院背后的"政治隐喻性"更加明显,体现了西方新闻话语中浓厚的意识形态色彩。

文章指出,跨文化传播的基本目标是彼此的理解和减少冲突,基本原则是包容和换位思考。美国基于孔子学院总部建议中方外派人员在汉语教学课堂上不讨论政治性敏感的话题,就认定孔子学院对学术自由构成威胁,其实只是从自身文化角度出发的一种想象性思维。孔子学院总部对外派人员的相关建议是否影响到了其学术自由,这个话语权更多的应该是在孔子学院外派教师即中方教师一方,而不仅仅是新闻中"美国教师"的发声。

作者分析认为,美国有关芝加哥孔子学院的新闻报道较为严谨,多引用他人话语来接近事实真相。但同时其评价性标题和大量对比性措辞则体现了针对孔子学院强烈的指责性和浓厚的批判意识,将孔子学院描述成受中国政府控制的宣传工具,而芝加哥大学等教育机构则是追求核心价值观之学术自由、独立的崇高美好形象,芝加哥大学关闭孔子学院行为也被隐喻有"反抗"意义。另外,其报道也只采用单方面叙述角度,话语空间偏颇一方,使得整个新闻话语缺乏客观性,新闻报道带有一定的意识形态。

文章最后总结指出,外界对于孔子学院的揣测、质疑是跨文化传播过程中必然要面临的问题,在快速、统一管理模式推广的背后是各个国家不同的文化环境与政治制度,孔子学院在一些国家步履艰难,甚至出现某些冲突或不被理解的现象,是十分正常的,应以平和的心态看待。在全球多元纷呈的时代,孔子学院的可持续发展取决于孔子学院总部对多元文化教育理念的透彻理解,以及各孔子学院运行中的跨文化交流能力的全方位具备。

来源文献:安然、许萌萌.美国芝加哥大学停办孔子学院新闻话语分析[J].对外传播,2015(02):43-45.

官方话语与民间话语共同建构了多元对话、开放包容的话语空间。官民不同的色彩，从不同的视角发出对孔子学院建设与发展的不同声音。民间话语是官方话语的社会现实基础，官方话语为民间话语提供了客观的舆论导向。对孔子学院官方话语的分析与研究，有助于把握孔子学院舆情的相关背景、来源与概貌。

孔子学院的定位和宗旨已获得中外一致认可，但中外双方对孔子学院在国家发展中的地位及其作为语言文化品牌的意义仍存在着认知差异。王祖嫘在《孔子学院官方话语中的中外认知异同探析》一文中，以孔子学院大会开幕式演讲话语为例，分析了中外双方主体对孔子学院的认知异同。在作者的统计中，中外讲演稿中包含"孔子学院"的语句共有 399 条。其中，中方 258 条，外方 141 条。

关于孔子学院的性质，文章的对比分析表明，"交流平台"是中外双方的核心共识。在双方"关系过程"涉及的范围（指主语所属的范围）中，最多的是"平台、纽带、桥梁、窗口"等，可见，孔子学院作为文化交流平台，受到中外双方的一致认可。但中外双方对孔子学院性质的表述则存在一些差异。中方表述带有一定本位主义倾向，如"中心""大家庭"等，其中"家庭"的隐喻并不一定符合外方对合作关系的理解。从中方文本用词可以看出，中方对孔子学院的评价及愿景具有鲜明的感情色彩，而外方的表述倾向于他观角度，感情色彩并不强烈。比较发现，在对孔子学院事务的认知方面，中方最关注孔子学院自身建设和快速发展，占比达 31.1%；而外方对两者的关注处于较低水平，分别占比 13.5% 和 1.6%。外方在关注前者的同时，更加重视汉语教学效果和文化交流活动。

在对中外词表的分析中，"教师、教学、教材"和"语言、文化"等词汇均居于前列，表明了孔子学院作为传播文化媒介的作用。其中，语言和文化受到双方的共同强调。对于教师、教学和教材，双方认识有所不同：中方最关注教师，同时对其他两者也十分重视，这与中方提出的"三教"概念十分吻合；而外方提及最多的是教学，教师次之，教材最末。外方倾向于将汉语教学视为一个整体，教师和教材居于教学的下位，教材又位于教师之后。关于孔子学院的传播对象，核心是"人民、人"等词，这表明孔子学院是民间交流的平台，主要传播对象是民众；外方话语中排名靠前的是"大学、学生"等词语，这体现了文化传播接受的对象；此外，外方使用"社区"一词多于中方，说明外方将海外社区看作是一个重要的传播单位。

在谈到如何加强和完善中外双方合作机制时，文章分析认为，中外合作是孔子学院的体制保障。尽管中外双方是合作关系，但仍然表现出鲜明的主体和客体间的特征。外方的客体身份在一定程度上削减了其合作办学的积极性，他们虽然接受孔子学院的宗旨和理念，但在孔子学院建设中尚未建立起利益共同体意识。中方的办学态度是积极的，话语较为强势；外方的态度则相对被动，话语较为保守。

中外双方在合作关系上也存在着一种认知博弈：部分外方大学一方面认同是孔子学院的合作伙伴，但却又常常无意识地将孔子学院排斥在其大学机体之外。从中外双方对孔子学院事务的关注点来看，中方主要关注点在于孔子学院的"增速"和"自身建设"；而外方对二者的关注度较低，仅关注于孔子学院的具体事务。文章建议，实现孔子学院的稳固发展，中方应进一步扎实推进孔子学院的内涵建设，找准双方合作的利益共同点，同时还要进一步调动外方的办学积极性。

研究表明，中外双方对孔子学院传播内容的认知较为一致。在传播对象方面，双方均认同民间交流是其主要任务，但外方更加重视社区文化传播，强调各类文化活动的重要性。中方应充分地认识到社区文化传播的价值，对外方社区文化交流需求予以高度的重视。

文章特别指出，孔子学院的国际化定位受到了中外双方的一致认可。相比世界其他语言传播机构，孔子学院不仅是语言文化输出机构，更是世界文化交流的平台，其"多元互动"的传播理念得到了中外双方的广泛赞同。但中外双方对孔子学院地位和作用的理解仍然存在某些认知差异。中方关于孔子学院的自我认知和整体评价比外方更加积极乐观。中方将孔子学院看作是国家发展战略的一部分，定位为一项"软实力"事业，并给予了事业性投入。相比之下，外方主要是肯定了孔子学院的公共外交价值，未把其建设同国家发展联系起来。

由于国情、制度、文化的差异，外方对这种"国家事业"型的孔子学院建设模式不甚理解。此外，中方一直努力将孔子学院打造成中国语言文化走出去的品牌，但外方对孔子学院的认知尚未达到品牌的高度，这从侧面说明"孔子学院"要成为一个语言文化品牌，还有很长的路要走。

来源文献：王祖嫘.孔子学院官方话语中的中外认知异同探析——以孔子学院大会开幕式演讲话语为例[J].民族教育研究，2015（03）：54-60.

| 附录 1 |

世界主要语言与文化传播机构发展概况

从当前语言国际推广现状看，美、英、法、西、德、俄、日、韩等发达国家构成了语言推广的主要群体，这些国家通过向海外派遣和培养本土教师、开发与推广教材以及建立语言推广机构等方式为当地的语言需求者提供最直接、最便利的服务。[①] 基于历史和国情，这些国家中的语言与文化传播机构无论是在传播理念、传播政策，还是在传播机制、传播策略，以及传播实践等方面，都积累了丰富的理论基础和实践经验。

孔子学院在学习与借鉴的基础上，实现了多方面的创新和多领域的发展。短短的十年间，孔子学院基本实现地区分布与规模的扩张，进入全面质量提升阶段。作为一个国际性组织，孔子学院的建设与发展，以及孔子学院的综合性研究，需要国际化的视野，需要社会视角的参照，也需要行业的比较与借鉴。

为了方便读者，本报告选择了法语联盟、英国文化委员会、歌德学院、日本国际交流基金会、塞万提斯学院予以择要介绍。相关内容主要包括：机构介绍、年度工作，以及该国政要或机构主要负责人在 2015 年前后关于该机构的讲话与评价摘要。

该部分内容主要来源于相关机构的年度报告，力求资料与数据的可靠与时效。

---

① 宁继鸣. 语言国际推广：全球公共产品和国家公共产品的二重性 [J]. 文史哲，2008（03）：125-130.

一、法语联盟

（一）机构介绍

法语联盟成立于1883年，由当时法国社会的名流精英发起并创立，原名为"殖民地及外国法语推广国家协会"，旨在通过教育办学的方式传播和发扬法兰西文化、推进殖民进程。该协会自创立起就得到法国政府以及各界知名人士的大力支持。

法语联盟的宗旨是，在全世界传播法语，扩大法国思想和法国精神的影响，团结生活在海外的法国人和热爱法国的外国友人，使他们继续保持或发扬对法语及法国思想的热爱。作为非营利性机构，法语联盟在各地法律规范下扎根当地独立发展，法国政府对其亦给予支持。尽管办学宗旨一致，但各地法盟的办学形式和运作模式多种多样，可以适应不同的国家和制度，具有较强的适应性和生命力。

根据法国法律，相对于协会组织而言，公益性基金会组织在资金筹措方面有着更大的自由度，能更方便地吸收机构或个人的赞助，特别是来自政府的财政支持。因此，在原巴黎法语联盟协会国际部的基础上，法语联盟基金会于2007年成立。法语联盟基金会是全球法语联盟的总部和核心，也是法语联盟品牌的所有者，负责法语联盟整个系统的管理和协调，并为各地的法语联盟提供评估、培训和咨询等支持服务。它履行着将法语和法国文化发扬光大的历史使命并致力于三大目标任务：一是促进世界范围内的法语教学和使用，增强法国软实力和影响力；二是彰显法语区文化、促进不同文化间的交流；三是支持推广各种形式的文化多样性。

自创建至今，法语联盟在世界130多个国家和地区成立了800多家分支机构，是目前全球规模最大的语言教学和文化推广网络之一。在中国，各地的法语联盟与当地大学建立合作关系，目前在北京、上海、香港等地建立了16所自主经营的分支机构，为公众提供高质量的教学服务与高品质的文化活动。[①]

[①] 法语联盟驻华总代表处网站. http://www.afchine.org/.

（二）年度工作[①]

2015年，法语联盟学员总数为56万，其中47.3万名学员参加法语课程，2万名学员参加企业或机构课程，6.7万名学员参加教学辅助类课程。法语联盟拥有员工1.25万人，其中包括7900名教师。2015年销售课程学时数累计3060万。17万考生在法语联盟参加各类考试。2015年的总收入（包括自身收入和政府补贴）为2.19亿欧元。脸书好友数量280万，推特订阅量20.8万，网站每月独立访客345万。

1. 学员分布

2015年，共有56万名学员在法盟学习（包括参加法语课程、参加企业或机构课程和教学辅助类课程的各类学员）。若只统计参加法语课程的学员，学员总数为47.3万。

学员人数最多的15个国家及其人员分布是：巴西29 896人、中国28 256人、马达加斯加27 984人、印度27 984人、美国24 155人、法国23 961人、哥伦比亚23 505人、墨西哥22 697人、秘鲁15 821人、阿根廷15 821人、加拿大12 799人、委内瑞拉12 693人、澳大利亚11 795人、古巴11 558人、西班牙10 548人。

学员人数[②]最多的15所法盟是：利马新城区（秘鲁）、布宜诺斯艾利斯（阿根廷）、哈瓦那（古巴）、塔那那利佛（马达加斯加）、波哥大（哥伦比亚）、巴黎（法国）、北京（中国）、加拉加斯（委内瑞拉）、多伦多（加拿大）、香港（中国）、圣保罗（巴西）、里约热内卢（巴西）、上海（中国）、纽约（美国）、首尔（韩国）。

2. 课程、考试与证书

销售课程学时数[③]最多的10个地区是：利马新城区（秘鲁）、波哥大（哥伦比亚）、哈瓦那（古巴）、巴黎（法国）、新德里（印度）、北京（中国）、

[①] 法语联盟基金会网站. 法语联盟在世界的数据报告（2015）[EB/OL]. http://www.fondation-alliancefr.org/?p=23498.
[②] 包括参加法语课程、企业或机构课程、教学辅助类课程的学员。
[③] 包括法语课程和其他课程的小时数。

里约热内卢（巴西）、加拉加斯（委内瑞拉）、塔那那利佛（马达加斯加）、上海（中国）。

推广和组织考试是各地法语联盟的重要职能之一。近一半的法盟取得法国教育部、巴黎工商会等授权成为各类法语水平测试的指定考点。考试收入是部分法语联盟的主要资金来源，在欧洲尤为如此，意大利和西班牙的部分法语联盟就属于这种情况。

每年共有17万考生在法盟参加各类法语水平测试，其中法语学习文凭（DELF）占80%，高级法语文凭（DALF）占4%，法语知识测试（TCF）占8%，法语水平测试（TEF）占3%，其他证书占5%。

颁发证书数量最多的10个国家是：意大利、西班牙、印度、墨西哥、哥伦比亚、法国、马达加斯加、阿根廷、韩国、巴西。考试和证书收入最多的10个国家是：西班牙、意大利、法国、美国、中国、巴西、加拿大、哥伦比亚、墨西哥、印度。

参加DELF/DALF考试人数最多的10个地区是：波哥大（哥伦比亚）、首尔（韩国）、塔那那利佛（马达加斯加）、利马新城区（秘鲁）、马德里（西班牙）、吉隆坡（马来西亚）、墨西哥城（墨西哥）、布宜诺斯艾利斯（阿根廷）、曼谷（泰国）、台湾（中国）。

3. 文化活动

举办文化活动，介绍和推广法国和法语区文化是法语联盟的重要使命之一。法盟的文化活动丰富多彩，形式多样，通过介绍法国的文化、社会和风土人情等，向世界展现一个全面、立体、"原汁原味"的法国。文化活动面向当地所有对法语和法国感兴趣的公众，参与者并不局限于法语联盟的学生，活动一般不收取任何费用。法盟组织的文化活动具有双向性，注重与当地文化活动的融合互动，在展示法国文化的同时，也展示当地文化，促进不同文化的交流和弘扬。此外，每个法盟都配有多媒体图书馆，向全社会开放，成为其所在城市了解法国语言和文化的场所。

2015年全年，法盟组织的文化活动数量超过2.2万余次，相当于每天60次。活动类型包括视觉艺术、数字艺术、戏剧、电影、音乐、讲座、对话、美食等，约 370 万观众参与了文化活动。19% 的法盟参加了法盟基金会举办的年度摄影大赛。法盟共有 460 个多媒体图书馆，图书馆年度借阅量为 150 万次，相当于巴黎所有图书馆年度借阅量的 11%。图书馆年度借阅量排名前 10 名的国家分别是：马达加斯加、印度、巴西、美国、科摩罗、哥伦比亚、澳大利亚、罗马尼亚、秘鲁和中国。

4. 人力资源和管理

法语联盟的员工主要由行政人员和教师组成。行政人员大多由当地人担当，他们熟悉本国法律和风土人情，聘用他们有利于具体工作的开展。教师以法国教师为主，本国专兼职教师为辅。

2015 年，法盟员工总数为 1.25 万，包括 7900 名教师，还有约 300 名员工（校长、地区总代表、项目专员、国际志愿者）由外交部派驻各地法盟工作。

25% 的法盟员工人数低于 6 人，23% 的法盟员工人数在 6—10 人，18% 的在 11—15 人，16% 的在 16—25 人，10% 的在 26—40 人，超过 40 人的法盟占 8%。

法盟会员（法盟在当地注册社团的会员）总数为 12.1 万，其中包括 6100 名不计报酬的理事。3% 的法盟会员人数超过 1000 名，30% 的法盟拥有 100—1000 名会员，17% 的法盟拥有 51—99 名会员，50% 的法盟拥有 51 名以下的会员。

（三）讲话与评价摘要

2013 年 7 月，法国总统奥朗德参加法语联盟成立 130 周年庆祝大会，并发表主题演讲。

在演讲中，奥朗德指出，法盟自成立之初便有三个目标：第一个目标是依靠所有活跃的社会力量在世界范围内实践法国文化政策。这个目标不容小觑。然而，法盟却用独特的方式完成了这项伟大的使命，它不依附于任何权力机构，完全是由自由人组成独立协会。第二个目标也十分远大，即在世界范围内，依靠那些使用和热爱法语的人们把它发扬光大。法盟充分体现了他们对法语的热爱。法盟是世界各国友人们管理的当地协会，这一原则一直体现在法盟的办学章程中。第三个目标是在国家层面，实现法国自身价值、原则、文化和语言的复兴。这个目标延续至今，并且比以往任何时候都更被我们珍视。

奥朗德强调，每一代人都应该铭记并坚守这份承诺。自1983年百年华诞之后，法盟一直不断发展壮大：在世界136个国家设有900所分校，共50万学生接受法语培训，法盟每年还会举办数千场艺术和学术活动。随着法盟在世界各地的开办，法语也随之在全球传播。

奥朗德说，我们大家都希望通过法语国家和地区的繁荣和发展，能够拉近法国与世界其他地方的距离，法国也能因此变得更加强大。为了让法语能够成为一门世界性语言，在参与推广法语的各方共同努力下，我们不断超越自我，不断努力奋斗。我知道，正是因为你们不懈地努力和工作，法盟才实现了不同语言、思想以及文化间的对话。

我希望法盟能够加强和法国文化中心、大使馆以及各个部委，特别是和文化部之间的合作关系，使我们能够在世界范围内发挥更加积极的作用。

——法国总统弗朗索瓦·奥朗德在法盟成立130周年庆祝大会的致辞[1]

2015年，在一年一度的世界法语联盟大会上，法国外交部长法比尤斯在讲话时指出，对于很多人来说，法语联盟是法国的名片之一，有时甚至能代表法国。当我到外国访问时，经常有人跟我说"我在法语联盟学习的法语"，或者"我就是在法语联盟了解了维克多·雨果"。他们不仅掌握了法语这门语言，而且还能用它表达对法国深深的向往和喜爱。我想他们的话很好地阐释了法语联盟在全球的主要使命：传播法语和法国文化。

法比尤斯建议，除了时刻谨记传播法语和法国文化这两项首要使命外，也不要忘记法盟为促进各民族之间的交流做出的贡献。法语不仅仅是交流的工具，它的力量和吸引力在于它也承载着某种价值观和世界观。正是你们的时刻维护才使它一直充满活力！

---

[1] 法国总统府网站. 法国总统奥朗德在2013年法语联盟成立130周年庆祝大会的致辞[EB/OL]. http://www.elysee.fr/declarations/article/intervention-du-president-de-la-republique-lors-de-la-reception-pour-les-130-ans-de-l-alliance-francaise/.

法比尤斯说，我认为法语联盟网络还可以通过与我们的使馆和法国文化中心建立直接联系以突显一些新的优势。在尊重其独立性的前提下，事实上法语联盟在很多领域都是法国外交的有力王牌。

　　法比尤斯认为，法语联盟在宣传法国方面发挥了重要作用。尤其是通过法语联盟所提供的在法国的语言与文化亲身体验，人们可以更好地了解法国的优势。对法国进行直接的展示是最好的阐明法国意愿的方式。

　　很多法语联盟和法国高等教育署在一起办公，这样法盟就可以跟法国精英学校以及公立大学建立直接联系。法盟同样参与了我们新推出的留学法国校友网络的创建，它同大使馆一起来推动所在地法国校友网网站的发展。

　　法比尤斯强调，法语联盟基金会是法国外交部必不可少的合作伙伴，我们有着在国际舞台上推广法国的共同目标，我们一同朝着共同的目标迈进。

　　——法国外交部长洛朗·法比尤斯在2015年世界法盟大会上的致辞[①]

（本节编译：刘洪东）

二、英国文化委员会

（一）机构介绍

　　英国文化委员会成立于1934年，其成立背景主要包括三个方面：一是英联邦的成立，使得建立专门机构加强英联邦成员之间的文化联系成为英国政府的迫切需求；二是法国、美国、德国、意大利等国相继成立语言文化推广机构，给英国带来了压力；三是鉴于商业合作和国家利益的需要，英国政府把建立英国文化委员会，加强海外教育放在了优先考虑的位置。1936年，英国外交和联邦事务部正式宣布将"英国对外关系委员会"简称为"英国文化委员会"。

---

① 法国外交部官方网站. 法国外交部长法比尤斯在2015年世界法语联盟大会上的讲话[EB/OL]. http://basedoc.diplomatie.gouv.fr/vues/Kiosque/FranceDiplomatie/kiosque.php?fichier=bafr2015-01-26.html#Chapitre7.

1940年，英国文化委员会获得英国皇家特许状，成为正式的社会团体。①

英国文化委员会隶属于英国外交部，是英国皇家特许状与英国外交部共同支持的非政府组织，致力于增进不同国家和人民友好认识和理解，为英国和其他国家做出积极贡献、创造改变生活的机会，建立联结发展信任。其目标包括：促进英国和其他国家人民和民族文化之间的关系和理解；推动有关英国更广泛知识的发展；发展更为广博的英语知识；鼓励英国和其他国家之间的文化、科学、技术及其他教育合作；促进教育的发展。英国文化委员会的工作受英国皇家特许状指导，主要内容包括"英语教学、考试管理、推动文化事业、支持教育、建立更强大的社会"。通过在英国与世界的重要决策者、影响者和潜在的未来领导者之间建立联系，帮助提升英国的国际地位和影响力。

截止到2016年3月，英国文化委员会在全球106个国家和地区建立了180余所办事机构。其中，在中国北京、重庆、广州、香港、上海、武汉、台北设有办事处。

（二）年度工作②

1.2015—2016年度成果

在英国社交学习平台Future Learn上推出第三大慕课英语学习课程，约44.1万人参加这一免费课程；在土耳其举办英国文化委员会在土耳其设立75周年庆典活动，在伊斯坦布尔和安卡拉展出英国特纳奖得主Grayson Perry的作品。

通过"指导教师的英语"这个项目，在英联邦教育大臣会议上赢得"英联邦教育优秀实践奖"，获得国际资助发展部（DFID）资金资助，帮助发展卢旺达的教学。

作为2015"中英文化交流年"的一部分，中国和英国将在对方国家展示自己的优秀文化，通过两国的文化合作，推动创意产业的发展；启动2015—2016英国/尼日利亚年，在尼日利亚举办超过80场活动，加强两国创意产业

---

① 曹德明.国外语言文化推广机构研究[M].北京：时事出版社，2016，pp92-95.
② British Council: Annual Report and Accounts 2015-2016[EB/OL]. https://www.britishcouncil.org/sites/default/files/annual-report-2015-2016.pdf.

发展，支持英国—尼日利亚新型合作关系，尤其支持青年人的合作发展。

英国汇丰银行中东分公司与英国星火慈善机构启动了帮助年轻人在中东和北非地区发展软技能（soft skills）的项目，这一项目旨在帮助解决该地区青年人失业问题。

首次在伊拉克开展"活跃公民"社会领导力项目，帮助年轻人掌握开展社会活动项目的技能，该项目旨在提升社区凝聚力，提升女性的社会参与度。

文化、媒体和运动部公布了英国文化保护基金。英国文化委员会将获准支配3千万英镑的基金，在中东和北非等受冲突影响的地区与参与者进行合作，帮助人们掌握保护文化遗址的技能；英国与印度总理大臣公布2016年为英国/印度教育、研究与创新年，2017年为文化年，在两国举办文化活动并开展教育与文化合作。

2015年是英国—墨西哥双年，两国双向项目接近尾声，英国通过艺术、文化项目将英国文化传播到墨西哥。

启动"永恒的莎士比亚"（Shakespeare Lives）暨纪念莎士比亚逝世400周年的全球性活动。与英国合作伙伴包括大不列颠竞选组织合作，借助这一英国最大的文化符号，加强英国与世界其他国家之间的联系。

2016英国—俄罗斯语言与文学年开启。英国文化委员会将在2014年英国—俄罗斯文化年的基础上，在俄罗斯各地展示英国最好的写作与口语语言活动。

与英超合作在塞拉利昂发起运动改善生活项目，通过足球运动帮助年轻人融入社区，开发就业技能，提升他们的自尊。该计划主要通过将女性训练成为足球教练这一途径，运行社区项目，鼓励女性更充分地参与社会。

2. 主要目标进展情况

通过拓展数字产品范围，开发新的产品，提高服务水平，应对全球对英语的巨大需求，获取国际认可的资格、教育机会和提高艺术修养。

通过与政府、捐助者、公司和基金会的合作，创造一个更具影响力并可以独立落实更多工作的合作伙伴关系。

在保持工作的高质量的同时，工作范围涉及英国和海外数亿人。

2015—2016年总收入达到9.71亿英镑，与2015—2017年计划预期一致。通过为英国民众和相关机构提供国际合作与交流机会，为英国创造价值。

为外交部授予资格的国家提供更多的英国援助，增加支出比例，占2015—2016年支出的69%。

维护英国文化委员会的全球物理性网络与专业支持网络，包括在那些对英国有战略重要性的国家。减少平台支出（办公场所、基础设施、人力资源），占2015—2016年总支出的15%。

（三）讲话与评价摘要

在谈到英国文化委员会的工作和职责时，委员会主席 Christopher Rodrigues 和首席执行官 Ciarán Devane 撰文指出，通过在教育、英语、艺术、民间社会、体育、科学和社会企业领域的工作，以及在许多有价值的合作伙伴的支持下，英国文化委员会已经在全球联结了 6.46 亿人。

与英国的文化和教育部门合作的目标，是创建英国文化委员会创始人所预期的平台，一个实现英国和其他国家人民"友好的认识和理解"的平台。通过创造跨国契机，建立与英国的联系和信任，英国文化委员会为人民、机构和政府做出了积极贡献，为推动所在地的稳定、发展及增进世界对英国的了解做出不懈努力，为英国的安全、繁荣和影响力提供一种持久性支持。

为了支持这一使命，今年英国文化委员会的总体收入继续增加，超过了2015—2017年企业计划中设定的目标。英语教学和考试工作再次成为我们最大的收入来源。来自英国的外交和联邦事务部（FCO）的赠款，对我们的全球影响力发展至关重要。今年，我们已经能够证明英国文化委员会对英国经济财政的贡献远远超过了我们所收到的资助。根据英国政府在2015年支出审查中增加支持的承诺，我们欣喜地发现，政府已经认识到了我们工作的价值，无论是国内还是国外。

——Christopher Rodrigues 爵士，主席
Ciarán Devane 爵士，首席执行官[①]

（本节编译：周汶霏）

[①] British Council: Annual Report and Accounts 2015-2016[EB/OL]. https://www.britishcouncil.org/sites/default/files/annual-report-2015-2016.pdf.

三、歌德学院

（一）机构介绍

歌德学院成立于1951年。其前身可追溯至1923年在慕尼黑成立的"德国学院"，其目标定位于改善德国在国际上的形象并向国外输出德国文化。1932年，为纪念德国伟大诗人歌德逝世100周年，德国学院在慕尼黑新设一个专门用于定期培训德文教师的下属机构，定名为歌德学院。1945年"德国学院"被美国当局解散，1951年"歌德学院"恢复办学。[1]

作为德意志联邦共和国在世界范围内从事文化活动的非营利性机构，歌德学院以全世界范围内推广德语、推动并促进文化交流、宣传德国与全方位展示德国形象为宗旨，在全球从事德语教学和文化活动，是德国对外文化政策的主要执行机构之一。其主要工作任务是：在全世界推广德语语言及文化，促进国外的德语教学并从事国际文化合作。除此之外，通过介绍有关德国文化、社会以及政治生活等方面的信息，展现一个丰富多彩的德国形象。

歌德学院包括慕尼黑总部、国内分院与国外分院，通过60多年的发展，目前在五大洲拥有159家分院，分布在98个国家和地区。此外，歌德学院还拥有考试中心、教学资源中心、语言学习中心等分支机构，遍布在全球范围近1000个联系点。歌德学院在中国的代表处分别设在北京、上海、香港和台北。[2]

（二）年度工作[3]

歌德学院致力于推广和传播德语，为教育、职业和理解建立一种认证资质。注重提高德语在世界语言版图中的地位，并为德国的教学制定全球质量标准。在创造关于德国的知识和信息，塑造德国的文化现象、定位和经验的同时，利用跨文化对话所提供的机会，将其他世界地区的重要发展情况传播到德国。

---

[1] 曹德明.国外语言文化推广机构研究[M].北京：时事出版社，2016，p178.
[2] 歌德学院网站.https://www.goethe.de/ins/cn/cn/index.html.
[3] 歌德学院网站.Annual Report Jahrbuch 2015/2016[EB/OL].https://www.goethe.de/en/uun/pub/20378153.html.

歌德学院与东道国实现了跨领域的合作，从而建立起相互间的持久信任。同时，歌德学院的工作得到联邦外交部的支持。

1. 语言学习

2015年，参加歌德学院语言课程的学员总数为271 986人，其中境外234 055人、德国国内37 931人。学员人数最多的三个国家分别是印度（13 728人）、土耳其（10 358人）、巴西（9 406人）。

目前，全世界德语学习者共有1540万人，其中有1340万学习者分布在长期教授德语的9.5万所学校。这些学校中，有90%的学校参与歌德学院相关的项目。

举办考试合计435 102场。举办考试最多的三个国家分别为希腊（48 136场）、印度（42 343场）、意大利（34 536场）。

为新移民打造学习实践平台并提供相关信息的门户网站"我的通往德国之路"，访问人数为995 497人（此数据截至2016年5月）。

世界范围内共有10 774名德语教师参加培训。

2. 文化活动

在全世界范围内举办的文化活动共计19 661场，平均每天53场，参与人数1100万人。

共有198本图书得到翻译资助，被翻译成36种语言。除了阿塞拜疆语、冰岛语以及第一次使用的库尔德语等小语种外，英语是翻译时使用最多的语言。

"艺术家居留项目"共有30个国家的129人参加，其中48个为持续项目。

"德语季"项目的参与人数：印度尼西亚411 997人、以色列175 080人。

针对文化管理者的在线慕课课程"管理艺术：转型中的文化组织"共吸引来自140个国家的6000名参与者，并得到1000所大学的认证（此数据为2016年初统计）。

3. 歌德学院的图书馆

歌德学院官方网站的访问人数为3190万。

世界范围内访问歌德学院图书馆的总人数为883 756人。

"信息之旅国际访问者计划"：共有来自124个国家的1222人参加。

世界范围内脸书的粉丝数量为2900万。海外脸书粉丝数量最多的3个国家为埃及（155 104人）、泰国（117 279人）和印度尼西亚（81 043人）。

"Ankommen"（到达）应用程序下载次数为13.5万次。①

4.歌德学院的员工

全球员工合计3500人，男性占32%，女性占68%，其中境外员工2800人，分别来自102个国家，境内员工700人（总部与各地歌德学院）。人数最多的歌德学院为莫斯科歌德学院，员工98人；人数最少的歌德学院为金沙萨歌德学院，员工1人。

（三）讲话与评价摘要

德国外交部长Frank-Walter Steinmeier指出，歌德学院是德国对外文化和教育政策旗舰及品牌。歌德学院150多个分支机构是德国海外文化基础设施的中心，是我们的语言大使和进行双边对话的自由文化区域。特别是面对集中的危机和冲突，德国比以往更需要这些名副其实的自由区域。他们帮助我们重新思考"国内外"的联系以及更好地审视德国在21世纪应担负的责任。

——德国外交部长Frank-Walter Steinmeier[②]

歌德学院主席Klaus-Dieter Lehmann在《歌德学院年度报告2015—2016》中指出，歌德学院最重要的使命是与他人进行对话和共同体验。我们相信对话比之前任何时候都重要；这里的对话不是无约束的对话，也不是充满抽象意义的对话或者日常贸易对话。基于此，分布在近100个国家的159所歌德学院与当地艺术家、文化专家、教育专家和机构建立了密切合作关系。这是一个充满生命力和富有经验的民间社会，也是一个学习共同体和交流网络。对歌德学院而言，这意味着对其工作的强大自信，以及对所有在合办国工作的同仁及合作

---

① Ankommen（到达）为针对难民的德语自学程序，也提供有关庇护、就业和日常生活的相关信息。该数据截止日期为2016年5月。
② 歌德学院网站. https://www.goethe.de/en/uun/akt/20792427.html.

方安全的重大责任。然而,我们需要继续展示对自身信念的坚守,这是对自身及他人的责任。

——歌德学院主席 Prof.Dr.h.c.Klaus-Dieter Lehmann[1]

（本节编译：阎啸）

四、日本国际交流基金会

（一）机构介绍

日本国际交流基金会成立于 1972 年,当时正值日本经济的高速发展期。经济上的成功以及伴随而来的民族文化自豪感,使日本意识到开展国际文化交流对促进经济发展的重要性,开始主动宣传本国文化特色,以求化解日本与他国的经济摩擦与矛盾、增进相互沟通,加深国际社会对日本的理解,进而为经济发展营造良好的国际环境。基金会最初以美国为主要对象,随后逐渐向欧洲、韩国和中国拓展。[2]

国际交流基金会主要受日本外交部管理,是日本外交政策的承载者与执行者。根据《日本国际交流基金会法》,其目的是"通过有效地进行国际文化交流,加深各国对日本的了解,增进国际相互理解,促进国际间的友好亲善,为世界文化的进步和人类的福祉做贡献"。因此,国际交流基金会的主要职能是：文化艺术交流、日语国际教育、日本研究与学术交流。

目前,国际交流基金会本部设在日本东京,同时还设有京都分部以及日语国际中心（琦玉）和关西国际中心（大阪）两个附属机构,在世界 21 个国家设有 22 个分支机构。该基金会以这些机构为支点,在亚洲、大洋洲、美洲、欧洲、中东和非洲开展活动。在中国,北京日本文化中心作为基金会的北京事务所于 1994 年成立。

---

[1] 歌德学院网站.Annual Report Jahrbuch 2015/2016[EB/OL]. https://www.goethe.de/en/uun/pub/20378153.html.
[2] 曹德明.国外语言文化推广机构研究[M].北京：时事出版社,2016,p178.

（二）年度工作[①]

1. 文化艺术交流

（1）向海外介绍日本多样的文化与艺术。通过公演、研讨、展览、电影、电视、翻译、出版、演讲、座谈等形式，向世界各国介绍包含日本传统技艺与现代艺术在内的、丰富多样的文化与艺术。因地制宜制订计划，以特定国家和地区为重点，向世界各地持续并富有成效地介绍日本文化，并将有关信息通过网络传播至全世界。

（2）通过文化、艺术对世界做出贡献。首先，不断支持各国专家进行交流，加强文化艺术各领域的跨国合作。其次，利用日本已有的经验，支持他国相关领域人才培养，夯实国际文化交流基础。再次，针对灾区重建、环境保护、文化遗产保护与利用等全世界共同关心的问题，通过文学与艺术营造日本与他国民众形成共识的环境。

（3）中日青少年交流。2014年度，举办第8、9期中国高中生访日研修；在中国12个城市设置、运营"日本角"；进行中日交流协作，加强人员互访。

2. 日语国际教育

（1）推广《JF日语教育标准》。如：标准修订，出版《JF日语教育标准2010》第三版，制作宣传册；标准讨论，针对日本国内外研究小组、学会、研究会的介绍推广63项；标准普及推动活动，向海外日语教育学会，教师协会推广7项；《整体学习，日本词汇与文化》，该书初级1·2（A2）级别上市。（2）JF日语讲座。在28个国家31地举行。（3）网络教育。Web版《艾琳的挑战！学会日语》年访问量677万次，《大家的教材网站》年访问量240万次；《整体学习+》入门（A1）/初级1（A2）年访问量141万次，《NIHONGOcare-navi》年登陆量67万次，《动漫·漫画日语》年访问量223万次，《NIHONGOeな》年访问量127万次。（4）日语能力考试（JLPT）。合计海外66个国家和地区，213个城市，449 464人参加。（5）外派日语

[①] 日本国际交流基金会网站.国际交流基金会2014年度年报[EB/OL].http://www.jpf.go.jp/j/about/result/ar/2014/pdf/dl/ar2014.pdf.

专家。日语专家，40国126地；外派实习生，将日本51所大学260名本科生和研究生派遣至25个国家和1个地区的99所机构；向美国外派青年教师（J-LEAP），新派9人，合计20人。（6）日语教育援助项目。至2014年末，海外分支机构援助47个国家和地区的127个机构。其他日语教育机构和团体在63国组织活动149次。（7）基于经济合作协定（EPA）的护理人员的日语教育。印度尼西亚，看护44人，护理人员147人；菲律宾，看护36人，护理人员151人。（8）海外教师研修培训。研究生教育，硕士8人，博士1人；高级研修，6国10人；访日研修，长期29个国家地区57人；短期30个国家地区87人；JF培训师，24国41人；日语国际教育企划，含日本6国36人。（9）海外日语学习者培训。日语专业培训（外交官、公务员），34个国家地区35人；日语专业培训（文化、学术专家），16个国家地区39人；日语学习者访日培训，共223人；海外日语教育策划，共77人。（10）委托培训。共175人。

3. 日本研究、学术交流

（1）援助日本研究机构。援助各国日本研究机构，28国67个机构；北京日本学研究中心，派出18人，招生36人，协助研究4人。（2）援助日本研究者。长期70人，短期34人，协助博士论文写作者96人。（3）推动日本研究合作。主办5项，协办27项。（4）学术交流与对外传播。主办23项，协办47项。（5）人才培养。学术交流项目，7人；地区领袖、青年交流，30项。（6）和美国的学术交流、民间交流。主办项目，3项；协办项目，67项；日美文化教育交流会议，2014年11月在华盛顿举行。（7）青少年交流。短期访问共1242人，短期派出共1311人。

4. 2015年重大活动介绍

日本国际交流基金会2015年的主要工作基于此前的两次追加预算展开：一是"加强亚洲文化交流"（2013年追加）；二是"日本广播电视节目海外传播"（2014—2015年追加）。2015年的主要工作基于此展开。[1]

---

[1] 国际交流基金会.平成27年度业务实绩报告书[EB/OL]. http://www.jpf.go.jp/j/about/result/br/2015/index.htm.

（1）亚洲中心主要活动。2015年来日参与"日语伙伴"项目回国的168人，目前在220所中学和大学，辅助459名日语教师进行日语教学，教授学生75 363人。他们在课外活动、校内活动和当地日本文化节庆活动中积极推广日本文化，受众涵盖学生、教师、当地民众117 234人。

为配合东京国际电影节，三国合作拍摄电影《亚洲三面镜》。在日本、菲律宾和柬埔寨遴选导演，进行外景拍摄。该作品将在2016年东京国际电影节首映。

从东南亚和日本选拔青年演奏家（日本12人，东南亚5国16人）组成乐队，在东南亚（印度尼西亚、新加坡、泰国、菲律宾、马来西亚）和日本（东京、福岛、宫城）巡回演出。

以防灾教育为主题的青年领袖项目"HANDs!–Hope and Dreams Project!"参加国家增加2个，扩大至8国。社交网络关注人数达到50万，较去年的29万人大幅增加。

（2）日本电视节目海外推广项目。为实施"推广日本节目，增强地区经济活力"项目2014年追加预算，设立影像事务部，委托业内相关机构选定节目内容，向提出申请的约70个国家，提供外语版节目40多个。2015年末，向50个国家提供190个节目，完成21个节目的外语版制作，20多个国家开始播放31个节目。

（3）文化艺术交流。2015年开始实施"日本传统节日节庆支持"项目，例如在日中交流月期间，通过举办日本鼓、东北传统技艺、J-POP音乐会、NHK交响乐团公演等大型表演，增进日中交流，应对外交重要机遇。

以日美首脑会谈共识为基础，在美国主要美术馆举办三个大型美术展，超过22万观众到场。18个巡回展在66个国家的91个城市举办，到场观众46万人以上。

（4）日语海外推广。扩大对英国初等教育阶段日语教育的援助，同时针对该国大学入学考试欲废除日语科目的现象，通过与相关机构合作，说服对教育政策具有影响力的议员和官员，影响公众舆论，成功将日语保留在考试科目中。

作为2005年以来的工作成果，在法国国家教师资格考试中正式设立日语教师类别，将在中等教育阶段定期聘用专职日语教师纳入国家预算。

2015年参加日本语能力考试（JLPT）人数约47万人，超过预期目标的43万人，考试收入9亿日元。

（5）支持海外日本研究。向美国和中国提供重点支持。在美国，对包括大学在内的17个机构进行援助。其中，南加利福尼亚大学是美国最具研究活力的日本研究中心之一，借助基金会提供的援助在当地形成了扩大日本研究的呼声，最终于2014年获得相应资助，确立了该校在西海岸日本研究中心的地位。

在中国北京大学设立的日本研究中心，2015年迎来设立30周年庆典，10月，在当地举办了庆祝典礼，有200人参加。该中心王勇教授，因对日中学术交流的贡献，获得2015年度国际交流基金会奖。

（6）学术交流。2015年4月下旬安倍首相访美期间，日本青年公共知识分子协作项目成员参加了在日本大使馆举行的发布会、首相座谈会等会议，对首相访美相关的信息发布做出了贡献。

（三）讲话与评价摘要

日本国际交流基金会理事长安藤裕康在《国际交流基金2014年度年报》中指出，对国际交流基金会而言，2014年是充满全新挑战的一年。基于2013年末在ASEAN特别首脑会议上公布的日本新的亚洲文化交流政策，2014年4月，日本国际交流基金会亚洲中心成立。该中心的成立，是通过加强沟通、融合价值理念、推广日语等多种方式，进一步加强日本同亚洲文化交流的一个新尝试。

安藤裕康说，尽管日本的财政状况依然严峻，但通过加强与亚洲的交流，如推广日本广播节目等，我们感受到外界对国际交流基金会的期待。我们决心在2020年东京奥运会召开之际，进一步实现传播日本文化、促进相互理解的目标，取得新的成绩。

他认为，通过国际文化交流，促进人与人之间相互理解，达成共识，既丰富了个人的人生体验，也构成了人类共同建设和平世界的基础。国际交流基金会将为不断拉近世界各国人民与日本人民的距离，培育共鸣、信赖和善意，为让更多人了解文化交流的意义而努力。

——日本国际交流基金会理事长安藤裕康[①]

（本节编译：矫雅楠）

五、塞万提斯学院

（一）机构介绍

塞万提斯学院创建于 1991 年，《塞万提斯学院建立章程》中描述了其创建动机：对于一个历史悠久、语言使用广泛和文化古老的发达国家而言，长期、持续和积极的海外活动是其战略目标。语言与文化深刻地勾画出国家的自我身份，反映其特有品质，透露出统一而又多元的现实理念。西班牙语是世界上使用最广泛的语言之一，人们对西班牙语以及西语文化的学习和研究日益增加，西班牙在此过程中承担着举足轻重的作用，因而需要一个专门机构保质保量地促进西班牙语和西班牙语文化。[②]

作为西班牙政府建立的非营利性组织，塞万提斯学院隶属于西班牙外交部，具有独立的法人资格，由西班牙及西班牙语美洲的学术界、文化界、文学界的代表人物领导工作，主要任务如下：组织西班牙语水平认证考试，为学员颁发官方学位证书或证明；开设西班牙语课程；开设对西班牙语教师的培训课程；为西班牙语语言文学研究者提供支持；与其他机构合作组织文化活动。

塞万提斯学院总部设在马德里及西班牙著名作家米盖尔·塞万提斯的故乡阿尔卡拉·德·埃纳雷斯（马德里大区）。总部理事会是领导塞万提斯学院各项活动的机构，由国王担任荣誉主席，首相担任执行主席。经过 20 多年发

[①] 日本国际交流基金会网站. 国际交流基金会 2014 年度年报 [EB/OL]. http://www.jpf.go.jp/j/about/result/ar/2014/pdf/dl/ar2014.pdf.
[②] 曹德明. 国外语言文化推广机构研究 [M]. 北京：时事出版社，2016，p226.

展，塞万提斯学院目前在世界五大洲拥有70多所分院。其中，在中国的北京、上海设有两所分院。

（二）年度工作[①]

1. 教学活动

2014—2015学年，学院共开设14 706期西班牙语课程，其中包括9654期的普通课程，4187期具有针对性的特殊课程，以及865期的教师培训课程。

至此，自塞万提斯学院开设以来，学院总共开设114 527期课程，其中包括82 582期普通课程，31 945期特殊班。如果计算15 900期的教师培训课程，以及69 868期的"西班牙语虚拟课堂"，课程总数达到200 295期。

众多语言中心呈现出更具有针对性的发展方向，这一方向日益明显：提供更多具有针对性的产品以及教学服务。通过不断增多的特殊课程和教师培训可以证实这一特点。在这些特殊课程中，针对儿童、青少年和年轻人开设的课程增长迅速。

（1）西班牙语（作为外语）语言认证（DELE）。本学年取得DELE证书的人数达到67 657人，比去年增长9.2%。

2014—2015年度，DELE考试进行了系列改革，如考试日期的安排、考试的管理以及证书发放数量等。为了满足DELE考生的需求，DELE将一年中的考试增至5次，分别在4、5、7、10和11月。2014年，有1013人报名参加了10月份的考试；19 491人参加了11月份的考试；2015年4月份，有2988人参加了考试，6月份最终参加考试的有4647人。此外，专门针对法国的DELE考试有6903人参加。

在世界127个国家设有947所考试中心。本学年在105个国家共举行了大约500场DELE考试。

2015年5月，在DELE（学校）等级为A2和B1的考试中首次使用新题型。学院也特别关注残障考生，针对在视力、听力等方面有残障的考生，在DELE

[①] 塞万提斯学院网站. 塞万提斯学院2014–2015年鉴 [EB/OL]. http://www.cervantes.es/sobre_instituto_cervantes/memoria_2014_2015.htm.

考试中提供了 129 项特殊服务。这其中有大约 6% 的服务是针对视力残疾的考生，这些服务是通过与 ONCE 合作完成的。

去年，在塞万提斯学院官网上，DELE 考试的浏览量达到 140 万次。

（2）西班牙语虚拟课堂（AVE）。2014—2015 学年，有 69 868 人开通 AVE 平台。

2014 年 11 月，为适应科技和教学现代化的发展，满足使用平板电脑移动学习的需求，学院推出多媒体"全球西班牙语虚拟课堂（AVE）"。使用者只需在总部设在马德里的一个商业门户网站上付费，就可实现自主学习。虚拟课堂丰富了西班牙语的学习，满足了新形势的需要，尤其符合在线学习西班牙语的趋势。

自 2015 年 9 月起，AVE（Flash 技术）上的西班牙语普通课程停止运营，各个塞万提斯学院推出"全球 AVE"。由于去年这两种模式的并行，上个学年该平台的使用人数呈现下降趋势。

2. 文化活动

塞万提斯学院致力于开展高质量的文化活动。在预算紧缩的情况下，学院今年开展的文化活动的数量大致与去年持平。2014—2015 学年，学院共开展文化活动 4783 次，其中包括电影展播、讲座、演唱会、展览、文学作品朗诵、舞台剧表演以及汇演等。

（1）活动种类。电影 1983 场次，演唱会 364 场，讲座 524 场，座谈会 215 场，比赛 12 场，讨论会 20 场，"大师系列"课程 49 节，文化日 126 天，展览 307 场，游艺会 66 次，纪念活动 19 次，圆桌会议 103 次，演出 29 场，图文等的展示 151 次，专题性质的节目 95 个，文学诵读 160 次，舞台剧表演 177 次，文化周 21 周，学术会议 53 次，小论坛 248 场，向导游览 34 次，其他文化活动 11 个。

（2）文化活动的类型分布。放映类是较为常用的，占到整个文化活动的 45%；随后是讲座、座谈会、讨论会、圆桌会议、书展、作品诵读等，占 24%；演唱会及舞台剧演出占 13%；展览和向导游览占 8%；文化日、纪念活动、专题性质的活动等占 5%。此外，今年大力推广文化工作室，约占到整个文化活动的 5%。

（3）相关活动的参与人数。据统计，各个塞万提斯学院相关活动的参与人数达到 1 112 886 人。

（4）合作单位。与其他单位合作是塞万提斯学院运行中一个较为突出的特点。今年，参与合作的单位有 2449 家，其中 598 家来自于西班牙本土，1851 家来自于海外。

3. 图书馆系统（RBIC）

（1）资源。塞万提斯学院图书馆系统由 60 个图书馆组成，2014—2015 年度的图书总量达 1 324 120 册。

资源种类大致分为以下几种：82% 是图书和杂志，16% 是视听材料。此外，还有来自电子图书馆的 4525 个文件。电子图书馆包括数据库、以各种形式（MP3、PDF、E-pub 以及 HIML）储存的电子书和对外西语教学杂志等。

（2）使用者。本年度使用图书馆资源的读者达 63 426 人次，其中 23 913 人（38%）是新读者，39 513 人（62%）是老读者。

有关数据显示，读者人数呈递减趋势。主要原因是近几年图书资料更新迟缓等。因此，期待今年预算的大幅度增加能够为学院增添图书资源，也能吸引更多的人加入到图书馆管理中去，以扭转当前递减的形势。

学院图书馆正逐步向当地人开放，阅读者不仅能够找到西班牙语学习的相关材料，也可以查阅到关于西班牙或是西班牙语美洲文化的资料。

（3）服务。塞万提斯学院提供线上和线下的服务。线下服务更多的是图书借阅和在图书室内查阅资料。加上在图书室借阅的数量，总共进行借阅操作 587 732 次，其中 507 812 次的借阅采用邮寄到家的方式。

（4）电子图书馆。电子图书馆可以随时访问并且资源相对新颖。这是一种新的消费习惯，电子资源的查阅以及电子服务的使用保持着较高的水准。对于电子图书馆的投入已经取得了较好的回报。据统计，查阅电子材料、下载和借阅书籍、下载电子有声书等 30 669 次。

（5）网络图书馆系统（RBIC）。图书馆网站、博客是信息和服务的主要来源，而且弥补了图书馆线下服务的不足。今年，图书馆目录线上查询（OPAC）

使用量 382 637 次。

4. 互联网中的塞万提斯学院

2014—2015 年度，塞万提斯学院在网络上的影响力与日俱增。有些学院建立了自己的主页。这一期间，塞万提斯学院通过网络向用户提供了 41 378 741 份文档打开服务。

此外，塞万提斯学院一直以来都积极参加欧洲以外的关于语言、教育以及书籍的博览会。这是向更多人宣传推广西班牙语教学以及促进该语言文化的一个理想平台。2014—2015 年度，共参加 80 多场国际博览会。如"波尔多阿莱格莱图书展销会（巴西）""卡萨布兰卡图书出版国际沙龙（摩洛哥）""美洲图书博览会（BEA）"，以及在美国旧金山举行的"对外西班牙语教学美洲峰会"，在伦敦举行的主题为"语言 show 出来"等展会，在亚太地区（北京、孟买、雅加达或首尔）举行的高级教育博览会等。

（三）讲话与评价摘要

2016 年，西班牙首相拉霍伊出席塞万提斯学院成立二十五周年会议并发表演讲。

拉霍伊指出，众所周知，西班牙语文化具有全球性，而且文化的传播始于伟大的作家塞万提斯。世界上的全球性文化并不多，但我们是其中一员，这是因为我们的文化也扎根于其他大陆，并将不同的政治、地理以及历史紧密地融汇在一起。

拉霍伊说，作为首相，我很荣幸能够成为塞万提斯学院理事会的执行主席。这项工作意味着保护并传播我们最重要的遗产——西班牙语，是它让世界上 5 亿人紧密地联结到一起，在长达几个世纪中造就了我们的历史与认同感。

西班牙语是一门极具表现力的语言，正是用它写出了许多伟大的文学作品，这使我们倍感自豪。我们可以说西班牙语是我们在历史与世界面前的第一封"介绍信"，因此，我们应该携手竭尽全力保护它，共创美好未来。

拉霍伊在讲话中提到，塞万提斯学院在 1991 年成立后，一直都表现出非常好的发展势头：从最初标准的制订，规划西班牙语语言文化中心在世界的分布，之后，通过不懈努力和有效管理迅速向自主长效经营发展，现在已经遍布世界各地。

拉霍伊在讲话中指出，刚刚提到的这个全球化的大发展得益于两个方面：一方面，我们加入到了"学院欧盟化"中，值得欣慰的是，我们首次加入就主持了"多彩欧洲（EUNIC欧盟国家文化学院网络体系）"；另一方面，我们通过各方的努力与合作，推出了一个新的西班牙语水平国际认证体系，推进了"伊比利亚美洲化"。

拉霍伊说，在我这么多年来的政治生涯中，在不同的领域身居要职，但对于担任文化教育部长的那段时期记忆犹新。那正是塞万提斯学院发展的关键时期，我非常坚定地支持它的发展，因为它在我们外交政策中占有非常重要的位置。正因如此，才有幸见证了它作为一个西班牙文化项目，不仅向世人展示了我们国家强有力的发展势头，也向世人展现了我们多彩的文化。

——西班牙首相马里亚诺·拉霍伊在塞万提斯学院成立二十五周年时的讲话[1]

（本节编译：张沁园、于杨）

---

[1] 西班牙政府官方网站. 西班牙首相拉霍伊在2016年塞万提斯学院成立25周年大会上的讲话[EB/OL].http://www.lamoncloa.gob.es/presidente/intervenciones/Paginas/2016/prot20160422.aspx.

| 附录 2 |

2015年孔子学院研究文献索引[①]

期刊文献

[1]Albro, R., The Disjunction of Image and Word in US and Chinese Soft Power Projection. *International Journal of Cultural Policy*, 2015. 21(4):382–399.

[2]Alikberova, A.R. & E.S. Alikberov, The Tatarstan-Chinese Relations in the Humanitarian Sphere: Forms of Interaction. *Journal of Sustainable Development*, 2015. 8(5):71–79.

[3]Alikberova, A.R., Academic Expansion of Peoples' Republic of China on the Example of Confucius Institutes Functioning in Russian Federation. *Journal of Sustainable Development*, 2015. 8(4):32–37.

[4]Avoungnansou, O.S. & P. Guan, A Survey on the Practical Difficulties of Chinese Learners in Benin-Taking the Confucius Institute of Benin as a Case 1. *Quarterly Journal of Chinese Studies*, 2015. 3(4):1.

[5]Caceres-Lorenzo, M., Teenagers Learning Chinese as a Foreign Language in a European Confucius Institute: the Relationship between Language Learner Strategies and Successful Learning Factors. *Language Awareness*, 2015. 24(3):255–272.

[6]Coordination, Soft Power&Agency,African East-asian Affairs/The China

---

① 索引按照期刊、学位论文、图书、辑刊、会议分类，同一类别文献以作者姓名音序排序。

Monitor, Issue 2 June 2015. *ANR EsCA*, 2015.

[7]Eom, I., The Problems of Korean Edition of Dangdai Zhongwen, a Global Mandarin Textbook. *The Journal of Study on Language and Culture of Korea and China*, 2015. 38: 83–102.

[8]Gil, J., China's Cultural Projection: A Discussion of the Confucius Institutes. *China:An International Journal*, 2015. 13(1):200–226.

[9]Hartig, F., Communicating China to the World: Confucius Institutes and China's Strategic Narratives. *Politics*, 2015. 35(3–4):245–258.

[10]Hui, G., Persons of the Year for Promotion of Chinese Culture Worldwide Awarded. 中外文化交流：英文版, 2015(2):12–16.

[11]Lahtinen, A., China's Soft Power: Challenges of Confucianism and Confucius Institutes. *Journal of Comparative Asian Development*, 2015. 14(2):200–27.

[12]Lee,S.E. 与이승은, 대만서원의성장과발전：중국공자학원과의비교를 중심으로. 세계지역연구논총, 2015. 33(3):147.

[13]Lien, D., China, Mexico and the US: Opportunities for Trade and Growth. *North American Journal of Economics and Finance*, 2015(34):345–350.

[14]Mingu, N., Korea Rhetoric in the Global World-history of International Research Exchange of Korean Society of Rhetoric in 21th Century. *Korean Journal of Rhetoric*, 2015(23):89–115.

[15]Nah, Y.J. 与나영주, 중국의화교화인정책：변화와전망. 민족연구, 2015(61):54.

[16]Nivard, J., Confucius Institutes and China's Soft Power. *Chin'Electrodoc*, 2015.

[17]Oprean, C., E.N. Burdusel & L. Qian, Cultural Institutes-enablers of Sustainable Development. *Management of Sustainable Development*, 2015. 7(2):31–33.

[18]Paris consortium, Conférence : Le Poids de l'histoire dans les Relations Est-asiatiques, 21 avril 2015.*Réseau desétudes sur la Corée*, 2015.

[19]Peng, C. & 박수정, 대외중국어교사의역량분석. 한국교원교육연구,

2015. 31(3):269-290.

[20]Penger, S., V. Dimovski & J. Peterlin, Rethinking Dialogue and Education between Slovenia and China: Sustainability-our Common Language? *Journal for East European Management Studies*, 2015. 20(2):153-173.

[21]Perez-Milans, M., Mandarin Chinese in London Education: Language Aspirations in a Working-class Secondary School. *Language Policy,* 2015. 14(2):153-181.

[22]Peterlin, J., et al., Integrating Stakeholders' Multiple Intelligences into the Leadership Development of a Cross-cultural Entity: Evidence from the CI Ljubljana. *Journal for East European Management Studies*, 2015. 20(2):202-225.

[23]Poizat-Xie, H., Quelques réflexions sur la Traduction Littéraire du Chinois vers les Langues Européennes. *Asiatische Studien - Études Asiatiques*, 2015. 69(1):1-17.

[24]PR, N., The Confucius Institute Magazine Revamps their Digital Editions. *PR Newswire US*, 2015.

[25]Qiang, F., The Research on China's Public Diplomacy : Focusing on the Closure of the Confucius Institute at the University of Chicago (CIUC). 现代社会文化研究 / 新潟大学大学院现代社会文化研究科纪要编集委员会编 , 2015(61):171-190.

[26]Seo-won, K., On the Investigation and Study of the Korean Overseas Chinese Schools. *The Journal of Chinese Characters*, 2015(13):75-97.

[27]Shan, W. & M. Chuang, An Analytic Research on the Communication Strategies of Confucianism in Mainland China within the Context of Globalization: A Case Study of the Confucius Institute. *Universitas-Monthly Review of Philosophy and Culture*, 2015. 42(9):45-68.

[28]Stambach, A., Confucius Institute Programming in the United States: Language Ideology, Hegemony, and the Making of Chinese Culture in University classes. *Anthropology & Education Quarterly*, 2015. 46(1):55-70.

[29]Wang, D. & B. Adamson, War and Peace: Perceptions of Confucius Institutes

in China and USA. *Asia-Pacific Education Researcher*, 2015. 24(1):225–234.

[30]The Confucius Institute Magazine Revamps Digital Editions.*Entertainment Close-up*, 2015.

[31] 김가람 & G. Kim, 비원어민한국어교원교육의과제와방향 – 중국의 "한어국제교육" 과비교를중심으로. 이중언어학, 2015. 59:1.

[32] 나민구, 세계속의한국수사학 : 한국수사학회 21 세기국제학술교류의역사. 수사학, 2015(23):89–115.

[33] 리단 & 정소영, Korea's Public Diplomacy and Diaspora–focusing on the Implications of Chinese Foreign Public Diplomacy. *Journal of Diaspora Studies*, 2015. 9(2):303–322.

[34] 최은진, 언론매체를통해형성된공자학원 Confucius Institutes 이미지와중국의소프트파워확산. 중국학연구, 2015(72):65–95.

[35] 安然、魏先鹏. 孔子学院跨文化传播模式研究[J]. 对外传播.2015（01）:53–55.

[36] 安然、许萌萌. 美国芝加哥大学停办孔子学院新闻话语分析[J]. 对外传播.2015（02）:43–45.

[37] 白雪.HSK 分级测评及网络自主学习素材库的构建与思考[J]. 考试周刊.2015（47）:7–8.

[38] 班振林、闫丽萍、易红. 中亚地区汉语师资现状调查——以吉尔吉斯斯坦为例[J]. 新疆职业大学学报.2015（02）:62–65.

[39] 包小玲、李跃敏. 汉语国际教育专业第三课堂教学的多元化创新与实践[J]. 科教文汇.2015（03）:41–42.

[40] 冰虹. 论汉语国际教育诗歌教学的意义与策略[J]. 现代语文（教学研究版）.2015（01）:21–23.

[41] 曹晋. 汉语国际推广与国家文化安全[J]. 现代语文（学术综合版）.2015（05）:121–122.

[42] 柴俊星. 对国家汉办首届赴美汉语教师志愿者美国本土岗中培训的调研分析[J]. 长春教育学院学报.2015（14）:118–120.

[43] 昌沧.再议"期望武术进入孔子学院"[J].中华武术.2015（01）:45.

[44] 昌灏.孔子学院的发展回顾与前瞻[J].高教发展与评估.2015（01）:23–31.

[45] 常峻、黄景春."非遗"保护理念在汉语国际教育中的传播与应用[J].浙江师范大学学报（社会科学版）.2015（01）:51–55.

[46] 车晓庚、张洋.构建汉语国际教育专业本科生辅助教学实践新模式[J].长春教育学院学报.2015（24）:93–94.

[47] 陈海芳、冯少中.翻转课堂在基础汉语国际教育中的作用机制[J].现代语文（教学研究版）.2015（04）:4–5.

[48] 陈戎女、秦晓星."跨文化论坛2014：海外汉学与比较文学研究新方向"综述[J].中国比较文学.2015（01）:212–213.

[49] 陈树峰、徐彩玲.越南汉语国际推广策略研究[J].楚雄师范学院学报.2015（04）:51–55.

[50] 陈为春.美国孔子学院文化活动的创新与发展[J].科教文汇.2015（03）:143–144.

[51] 陈为春.孔子学院文化传播与"第三文化"探讨——以中国传统文化在美国的传播为例[J].中华文化论坛.2015（04）:30–33.

[52] 陈曦.孔子学院研究进展：国内外视角的反差及其政策启示[J].广西社会科学.2015（06）:198–202.

[53] 陈颖.面向汉语国际教育的修辞学教学改革刍议[J].安徽电气工程职业技术学院学报.2015（04）:88–91.

[54] 陈志禄、张民选.中国和博茨瓦纳的教育合作与交流：内容、特点及政策启示[J].比较教育研究.2015（11）:64–70.

[55] 程雁雷、廖伟伟.孔子学院立法若干问题的思考[J].法学杂志.2015（02）:39–44.

[56] 程晔.中国语言文化推广机构的跨文化传播策略研究[J].同济大学学报（社会科学版）.2015（02）:85–89.

[57] 褚蓓娟.跨文化语境下的中国文学海外传播——以埃及为例[J].浙江工业大学学报（社会科学版）.2015（02）:155–160.

[58] 褚鑫、岳辉.孔子学院"有限市场化"发展战略模型与要素分析 [J]. 东北师大学报（哲学社会科学版）.2015（05）:211-215.

[59] 褚鑫、岳辉.孔子学院"市场化"运作战略分析 [J]. 税务与经济.2015（03）:55-60.

[60] 崔希亮.关于汉语国际教育的学科定位问题 [J]. 世界汉语教学.2015（03）:405-411.

[61] 戴俊红.孔子学院的文化交流意义与可持续发展 [J]. 人民论坛.2015（32）:249-251.

[62] 邓昊熙."后方法"时代下汉语国际教育专业综合英语课程教学的反思 [J]. 佳木斯职业学院学报.2015（12）:357.

[63] 邓淑兰.关于海外本土汉语师资培训的几点思考——以比利时鲁汶大学为例 [J]. 现代语文（语言研究版）.2015（10）:87-89.

[64] 刁世兰.汉语国际教育专业汉语语言类课程模块化教学体系研究 [J]. 安徽警官职业学院学报.2015（06）:99-102.

[65] 丁安琪.中外合作：汉语教材国际推广的重要途径 [J]. 国际汉语教学研究.2015（02）:8-10.

[66] 丁春雪.汉语国际教育中的公共外交意识探讨 [J]. 高教学刊.2015（23）:13-14.

[67] 董吉颖.汉语国际教育发展之我见 [J]. 科学中国人.2015（14）:136.

[68] 董蕾.应用型师范类文科专业中国现当代文学课程教学改革探究——以汉语国际教育专业为例 [J]. 当代教育实践与教学研究.2015（04）:169-170.

[69] 董学峰、彭爽.中外语言国际推广教育的政策比较 [J]. 外国问题研究.2015（04）:84-88.

[70] 董雪松.论对俄汉语综合课教材增设汉字项目的重要性——以汉办规划教材《新编汉语新目标》为例 [J]. 现代语文（教学研究版）.2015（01）:147-149.

[71] 杜保国、刘章才.汉语国际推广与齐鲁文化传播 [J]. 人文天下.2015（09）:66-74.

[72] 杜欣.以学生为事件核心的体验式案例设置构想——汉语国际教育专

业硕士视角 [J]. 赤子 .2015（20）:55-56.

[73] 杜欣 . 汉语国际教育专业硕士课堂控制性管理能力的培养 [J]. 亚太教育 .2015（11）:29.

[74] 段维彤、王红、胡阳 . 中国传统文化海外传播的发展研究——以印度创办的第一个"孔子学院"为例 [J]. 天津大学学报（社会科学版）.2015（04）:324-328.

[75] 段舟杨 . 汉语国际教育专业海外实习管理模式探索——以西安文理学院为例 [J]. 新西部（理论版）.2015（18）:31-32.

[76] 范尚琪 . 汉语国际教育硕士选拔中的近义词辨析探究 [J]. 现代语文（语言研究版）.2015（06）:112-114.

[77] 方彩琴 ."一带一路"背景下中国茶文化的国际传播 [J]. 福建茶叶 .2015（04）:49-52.

[78] 方贻聪 ."慕课"对网络孔子学院在线课堂的启示 [J]. 亚太教育 .2015（27）:286-295.

[79] 冯海丹 . 汉语国际教育专业普通话语音能力培养策略 [J]. 科教导刊 .2015（12）:53-54.

[80] 冯丽萍、谭青钦、李玉典 . 赴美、泰汉语教师志愿者胜任力结构与特征研究 [J]. 学术研究 .2015（09）:130-136.

[81] 冯韬 . 孔子学院对发展中国家公共外交的意义——以柬埔寨王家学院孔子学院为例 [J]. 人民论坛 .2015（02）:254-255.

[82] 冯韬、赵宋文 . 发展中国家孔子学院存在问题研究 [J]. 长江丛刊 .2015（28）:22-23.

[83] 冯韬、周子渊 . 学院式公共外交中的国家形象传播研究——以柬埔寨王家学院孔子学院为视点 [J]. 雪莲 .2015（17）:33-35.

[84] 冯馨叶 . 关于汉语国际推广的若干思考——以湖南师范大学承办的第四届"华夏·潇湘"之旅为例 [J]. 管理观察 .2015（29）:131-132.

[85] 符绍强 . 推动孔子学院从"数量扩张型"向"内涵提升型"转变 [J]. 中国党政干部论坛 .2015（12）:92-93.

[86] 高凯燕. 汉语国际教育专业毕业生就业问题探讨——以山西大学为例 [J]. 亚太教育 .2015（19）:275.

[87] 高霞、李清."整合连贯型"汉语国际教育专业教育实践模式的构建与实践——以楚雄师范学院为例 [J]. 楚雄师范学院学报 .2015（07）:18–22.

[88] 高霞、王玉芬."整合连贯型"与汉语国际教育专业本科毕业论文教学模式的构建与实践——以楚雄师范学院为例 [J]. 楚雄师范学院学报 .2015（11）:63–68.

[89] 高育花. 汉语国际教育硕士外向型人才培养模式探究——以北京外国语大学为例 [J]. 对外传播 .2015（10）:56–58.

[90] 高蕴华. 文化融合背景下孔子学院的新视野 [J]. 北京电子科技学院学报 .2015（01）:105–110.

[91] 葛睿琪. 泰国汉语教师志愿者面临的主要问题及解决思路 [J]. 青年文学家 .2015（33）:163–164.

[92] 葛馨、高淑平. 汉语国际教育本科专业"全过程"实践模式探究 [J]. 黑龙江高教研究 .2015（04）:156–159.

[93] 苟德培. 中国文化"走出去"的话语表达与路径选择 [J]. 对外传播 .2015（02）:23–25.

[94] 古丽尼沙·加马力、李建宏. 国际汉语学历教育中翻译课程问题及其对策 [J]. 语言与翻译 .2015（01）:90–94.

[95] 顾肃. 孔子学院在海外面临新考验 [J]. 社会观察 .2015（09）:38–39.

[96] 关健. 论对外汉语专业教育的国际化 [J]. 科研 .2015（25）:220.

[97] 关健. 对外汉语教师的素质探究 [J]. 教育 .2015（26）:287–287.

[98] 关晓红. 法语联盟语言课堂教学研究及对孔子学院的启示 [J]. 河南教育学院学报（哲学社会科学版）.2015（01）:111–115.

[99] 关晓红. 法语联盟机构运作模式及对孔子学院的启示 [J]. 郑州航空工业管理学院学报 .2015（02）:133–139.

[100] 管秀兰. 孔子学院在中国海外形象建构过程中的作用 [J]. 世界教育信息 .2015（21）:58–61.

[101] 郭景红. 中国文化走出去新态势考察——基于《中国文化走出去年度研究报告（2015卷）》的分析 [J]. 对外传播 .2015（07）:54–56.

[102] 郭丽. 基于就业需求的汉语国际教育本科专业课程方向分流探析 [J]. 海外华文教育 .2015（03）:421–428.

[103] 郭敏、汪思琪. 湖北省汉语国际推广策略研究 [J]. 现代语文（学术综合版）.2015（11）:151–152.

[104] 郭伟、潘雅. 打造中巴教育文化交流的互动平台——访巴西里约热内卢天主教大学孔子学院中方院长乔建珍 [J]. 世界教育信息 .2015（18）:57–61.

[105] 郝红艳. 汉语国际教育硕士教学能力培养研究——基于"合作学习"理论的思考 [J]. 洛阳理工学院学报（社会科学版）.2015（05）:92–96.

[106] 何建. "古代汉语"在汉语国际教育专业课程体系中的设置 [J]. 内蒙古师范大学学报（哲学社会科学版）.2015（03）:108–111.

[107] 何雅沁、罗耀华. 论汉语国际教育教师的职业能力要求 [J]. 社科纵横 .2015（02）:176–178.

[108] 何智刚. 汉语国际教育本科专业外语课程设置研究 [J]. 智富时代 .2015（S1）:290.

[109] 洪波. 守约·创新·共赢 [J]. 孔子学院 .2016（01）:34–35.

[110] 侯钰. 在自主探究学习中提升实践能力——以汉语国际教育专业的《外国文学》为例 [J]. 大东方 .2015（09）:41–42.

[111] 胡德映、王静. 汉语国际教育中"基地"和"推广"的英文翻译 [J]. 云南师范大学学报（对外汉语教学与研究版）.2015（05）:60–64.

[112] 胡若扬. 汉语教师在泰跨文化交际案例分析——以素攀府乌通学校为例 [J]. 教育 .2015（35）:115–116.

[113] 胡素莲. 试论汉语国际教育专业综合英语课程的教材建设 [J]. 内蒙古师范大学学报（教育科学版）.2015（07）:99–101.

[114] 胡素莲、黄丽娜. 议汉语国际教育专业综合英语课堂教学 [J]. 语文学刊（外语教育教学）.2015（05）:93–95.

[115] 胡秀梅、杨泉. 美国中小学中文多媒体教学现状调查——以芝加哥、

旧金山和波特兰为例 [J]. 云南师范大学学报（对外汉语教学与研究版）.2015（05）:12-16.

[116] 胡艳、赵静. 给文化来一点"玩味"——《2014汉语桥户外挑战赛》真人秀突破创新分析 [J]. 声屏世界 .2015（04）:41-42.

[117] 胡一凡. 小"窗口"，大世界——由第九届全球孔子学院大会看当前汉语国际教育事业的发展 [J]. 丝绸之路 .2015（18）:79-80.

[118] 黄革. 面向泰国的汉语国际教育专业人才培养模式的研究——以百色学院为例 [J]. 传承 .2015（11）:148-150.

[119] 黄启庆. 基于留学生个体差异的国际汉语教师个性特征研究 [J]. 云南师范大学学报（对外汉语教学与研究版）.2015（05）:77-86.

[120] 黄涛、陈波. 项目教学法在地方高校汉语国际教育专业的应用 [J]. 现代语文（教学研究版）.2015（09）:24-25.

[121] 黄兴亚、孙永林、周青. 中医院校汉语国际教育的优势和瓶颈 [J]. 吉林省教育学院学报 .2015（01）:44-45.

[122] 季狄. 汉语国际教育专业现代汉语课程教学改革探索 [J]. 产业与科技论坛 .2015（14）:173-174.

[123] 季红琴. 孔子学院对外汉语教师的文化素养与文化传播 [J]. 长春大学学报 .2015（05）:137-140.

[124] 贾静. 论普通话教学与HSK的相互促进 [J]. 科教文汇 .2015（11）:26-27.

[125] 贾铭、新华. 孔子学院转身 [J]. 留学 .2015（02）:20-21.

[126] 贾雯. 农业孔子学院：农业文明传播的创新与探索 [J]. 高等农业教育 .2015（07）:114-118.

[127] 贾雯. 传统农业文化的现代传播与高校国际化发展——基于农业孔子学院的视野 [J]. 山西农业大学学报（社会科学版）.2015（05）:458-463.

[128] 姜冬梅. 高校非汉语专业留学生汉语教学探究——论汉语水平考试的反拨效应 [J]. 语文建设 .2015（21）:26-27.

[129] 姜礼立、郭笑. 对外汉语听力教学的反思和策略——基于新HSK留学生调查问卷的分析 [J]. 绥化学院学报 .2015（06）:126-129.

[130] 姜丽萍.《HSK 标准教程》系列教材的编写理念与实践 [J]. 国际汉语教学研究.2015（02）:53-59.

[131] 姜茹茹.全球孔子学院武术国际推广战略研究 [J]. 搏击（武术科学）.2015（02）:14-16.

[132] 蒋继彪.孔子学院跨国运营的文化风险探讨 [J]. 高教论坛.2015（10）:101-104.

[133] 康瑞军.海外孔子学院音乐文化传播诸问题与对策——以美国密歇根大学孔子学院为例 [J]. 音乐探索.2015（04）:87-93.

[134] 孔桂英.转型时期地方院校汉语国际教育专业人才培养的思考——以梧州学院汉语国际教育专业为例 [J]. 梧州学院学报.2015（04）:86-90.

[135] 寇名帅、王艳荣.汉语国际教育中的书法教学刍议 [J]. 长春师范大学学报.2015（07）:187-188.

[136] 雷莉.数据挖掘技术在孔子学院慕课微视频教学中的应用与意义 [J]. 宜宾学院学报.2015（03）:106-112.

[137] 李安琪.新 HSK 试题中文化因素的分析与研究 [J]. 考试周刊.2015（45）:2-4.

[138] 李白琨.歌德学院文化活动开展模式对孔子学院发展的启示 [J]. 科教文汇.2015（04）:155-156.

[139] 李冰.汉语国际教育中文化传播途径研究 [J]. 对外传播.2015（12）:28-29.

[140] 李春玲.关于汉语国际教育师资培养的新构想 [J]. 云南师范大学学报（对外汉语教学与研究版）.2015（01）:63-70.

[141] 李东伟.国际汉语教师专业发展中的问题与对策探究 [J]. 黑龙江高教研究.2015（07）:79-81.

[142] 李桂梅、张晋军、解妮妮等.新 HSK 词汇控制对试卷难度影响的研究 [J]. 中国考试.2015（03）:38-40.

[143] 李红秀.非洲孔子学院建设与汉语文化传播 [J]. 中华文化论坛.2015（01）:111-117.

[144] 李宏亮. 孔子学院传播少数民族文化的意义与策略 [J]. 贵州民族研究. 2015（05）:207-209.

[145] 李欢. 国际汉语教学课堂中的主要颜色词教学 [J]. 长安学刊（哲学社会科学版）. 2015（03）:136-138.

[146] 李军、田小红. 中国大学国际化的一个全球试验——孔子学院十年之路的模式、经验与政策前瞻 [J]. 中国高教研究. 2015（04）:37-43.

[147] 李钧. 失去传统，何来底气？没有特色，焉能出新！——《汉语国际教育：中华文化精神的源流、继承与传播》跋 [J]. 现代语文（语言研究版）. 2015（10）:158-160.

[148] 李浪安、余江英、李丽娜. 开放大学专业学习支持服务架构初探——以汉语国际教育专业为例 [J]. 云南开放大学学报. 2015（03）:11-16.

[149] 李娜. 论汉语国际教育专业教师与学生对动机教学策略认知的不对称性 [J]. 云南师范大学学报（对外汉语教学与研究版）. 2015（01）:41-47.

[150] 李娜. 汉语教师志愿者与汉语学习者动机教学策略意识对比研究 [J]. 国际汉语教学研究. 2015（04）:69-77.

[151] 李启辉、姜兴山. 印尼孔子学院现状与发展探析 [J]. 福建师范大学学报（哲学社会科学版）. 2015（03）:161-166.

[152] 李倩岚、李资源. 提升我国少数民族文化国际传播能力的几点思考 [J]. 贵州民族研究. 2015（12）:43-47.

[153] 李泉. 汉语国际教育硕士的教学信念和专业发展信念 [J]. 云南师范大学学报（对外汉语教学与研究版）. 2015（03）:1-8.

[154] 李泉. 国际汉语教学的语言文字标准问题 [J]. 语言教学与研究. 2015（05）:1-11.

[155] 李泉、宫雪. 通用型、区域型、语别型、国别型——谈国际汉语教材的多元化 [J]. 汉语学习. 2015（01）:76-84.

[156] 李然. 汉语国际教育专业文学课的教学探索与实践 [J]. 钦州学院学报. 2015（07）:43-46.

[157] 李柔冰. 中医药院校汉语国际教育专业本科生就业困境分析及思

考——以安徽中医药大学为例 [J]. 科学中国人 .2015（08）:127-128.

[158] 李柔冰 . 汉语国际教育专业男女比例对男生心理健康的影响 [J]. 科技资讯 .2015（08）:223.

[159] 李莎 . 地方高校汉语国际教育专业硕士人才建设探究——以河南省为例 [J]. 成才之路 .2015（21）:28-29.

[160] 李树欣 . 汉语国际教育专业文化类课程的教学探索 [J]. 黑龙江教育（理论与实践）.2015（Z1）:60-61.

[161] 李万青 . 孔子学院文化传播活动现状分析——以国家汉办官网报道为例 [J]. 人文天下 .2015（20）:63-69.

[162] 李潇潇、普通 . 试论汉语国际教育专业学生的跨文化教学能力培养——以对泰汉语教学为例 [J]. 文教资料 .2015（29）:142-143.

[163] 李晓君 . 国家汉办泰国汉语教师志愿者项目对泰国汉语教育事业发展的影响 [J]. 中华少年 .2015（28）:179-180.

[164] 李雅 . 海外汉语师资的可持续发展对策研究——以塔吉克斯坦汉语师资为例 [J]. 新疆教育学院学报 .2015（02）:88-91.

[165] 李雅娟 . 从文化软实力的视角看"一带一路"战略 [J]. 河南财政税务高等专科学校学报 .2015（06）:82-84.

[166] 李永红 . 浅谈对外汉语教学的发展——以近六年孔子学院的发展（2009—2014 年）为例 [J]. 北方文学 .2015（05）:171-173.

[167] 厉力 . 汉语国际教育中语言文化教学的新思路 [J]. 课外语文 .2015（16）:222-223.

[168] 连大祥、吴瑛、张丹雨 . 中墨经贸发展的新机遇 [J]. 社会观察 .2015（12）:64-65.

[169] 林任风、彭晓媛 . 汉语国际教育游戏需求调查与分析——以初级阶段文化教学为例 [J]. 广西师范大学学报（哲学社会科学版）.2015（05）:160-164.

[170] 林文月 . 文化因素对汉语国际教育专业课程设置的影响研究——以楚雄师范学院为例 [J]. 亚太教育 .2015（18）:85-86.

[171] 林源 . 汉语国际教育专业古代汉语课程研究——兼评张博本《古代

汉语》[J]. 国际汉语学报 .2015（01）:234-240.

[172] 蔺磊 . 以汉字教学促进汉语国际教学与推广 [J]. 语言文字应用 .2015（01）:74-81.

[173] 刘芳彬 . 当前海外华文教育发展之处境与对策分析 [J]. 八桂侨刊 .2015（02）:35-39.

[174] 刘芳彬 . 海外华文教育与对外汉语教学之资源整合 [J]. 广州社会主义学院学报 .2015（03）:84-87.

[175] 刘凤芹 . 面向汉语国际教育的记号字研究 [J]. 东方论坛 .2015（01）:88-93.

[176] 刘弘、周力群 . 中学国际汉语教师课堂提问研究——基于五位教师的考察 [J]. 现代语文（语言研究版）.2015（03）:89-93.

[177] 刘红英 . 韩国本土汉语教师来华培训创新案例分析 [J]. 沈阳师范大学学报（社会科学版）.2015（01）:129-131.

[178] 刘佳、常绍舜 . "软实力"理论的创新及其对中国发展的思考——基于对"软实力"之父约瑟夫·奈访谈的研究 [J]. 辽宁大学学报（哲学社会科学版）.2015（01）:148-154.

[179] 刘剑荣、唐泽民 . 健身气功在文化强国中的作用及国际推广模式研究 [J]. 河北体育学院学报 .2015（06）:93-96.

[180] 刘敬家 . 略论中国对印度的公共外交 [J]. 齐齐哈尔大学学报（哲学社会科学版）.2015（10）:41-44.

[181] 刘娟 . 慕课（MOOC）背景下的国际汉语教学和推广 [J]. 学术论坛 .2015（03）:177-180.

[182] 刘军 . 国际汉语教师资格考试的回顾与现状 [J]. 云南师范大学学报（对外汉语教学与研究版）.2015（05）:87-92.

[183] 刘磊 . 国际汉语教学中"导入法"教学探索 [J]. 课外语文 .2015（14）:59.

[184] 刘谦功 . 幼儿汉语教师基本素质的培养 [J]. 云南师范大学学报（对外汉语教学与研究版）.2015（05）:1-4.

[185] 刘秋韵 . 作为文化战略的汉语国际推广刍议 [J]. 汉字文化 .2015

（02）:62-65.

[186] 刘权、黄薇.孟加拉国南北大学孔子学院汉语教学及推广概况[J].红河学院学报.2015（01）:105-108.

[187] 刘世海、张长念.英国奥斯特大学孔子学院武术项目开展现状研究[J].湖北师范学院学报（哲学社会科学版）.2015（03）:109-112.

[188] 刘苏乔.对法国别化初级汉语教材的考察与分析——以《汉语双轨教程》和《新实用汉语课本》为例[J].国际汉语教学研究.2015（02）:60-67.

[189] 刘巍.论汉语国际教育专业古代汉语课程教学改革[J].当代教研论丛.2015（08）:8-9.

[190] 刘香君.近15年汉语国际传播研究状况及其发展趋势[J].北华大学学报（社会科学版）.2015（06）:16-22.

[191] 刘潇萌.汉语国际教育中隐喻理论在惯用语教学中的运用[J].沈阳干部学刊.2015（02）:55-57.

[192] 刘晓惠.国外汉语课堂教学思考——以美国小学汉语课堂教学为例[J].教育理论与实践.2015（26）:57-59.

[193] 刘旭.中国孔子学院历时发展研究[J].重庆大学学报（社会科学版）.2015（06）:234-241.

[194] 刘旭.孔子学院十年：实现中国文化"走出去"——从孔子学院发展现状问题与对策研究谈起[J].出版广角.2015（08）:15-17.

[195] 刘亚辉.财经类高校汉语国际教育专业实践教学研究——以浙江财经大学为例[J].现代语文（教学研究版）.2015（07）:18-21.

[196] 刘延东.适应需求融合发展为促进世界文明多元多彩贡献力量——在第十届孔子学院大会开幕式上的主旨演讲[J].孔子学院.2015（01）:22-31.

[197] 刘瑶.孔子学院与国际汉语教育的公共外交价值分析[J].高教学刊.2015（24）:3-4.

[198] 刘宇.汉语国际教育中的谦敬语教学[J].商.2015（52）:298.

[199] 刘云春、孔稚凤.汉语国际教育专业海外沉浸式实践教学探索——以成都大学为例[J].绵阳师范学院学报.2015（06）:64-68.

[200] 龙俊灵.汉语国际教育人才培养模式研究[J].文摘版：教育.2015（02）:44.

[201] 龙俊灵、何玲.跨文化交际与汉语国际教育研究[J].文摘版：自然科学.2015（02）:178.

[202] 龙藜.西部开发与汉语国际教育的发展[J].大学（研究版）.2015（09）:33-37.

[203] 卢双双、彭杰、刘小龙.不同组卷方式下HSK（四级）题目质量比较研究[J].中国考试.2015（11）:58-63.

[204] 卢晓晴、冯刚.中国语言文化国际传播的借鉴与反思——基于日语国际传播的比较[J].对外传播.2015（11）:56-58.

[205] 鲁馨遥.AP汉语课程对汉语国际教育文化教学的启示研究[J].亚太教育.2015（17）:20.

[206] 陆春蓉.谈地方本科院校汉语国际教育专业的转型发展[J].西部素质教育.2015（04）:47-128.

[207] 陆俭明.汉语国际教育与中华文化国际传播[J].同济大学学报（社会科学版）.2015（02）:79-84.

[208] 陆伟杰.浅析孔子学院飞速发展的原因和存在问题[J].青年文学家.2015（33）:178-179.

[209] 路崴崴、张晓黎.汉语国际教育专业本科学生教学能力培养问题探讨——以长春理工大学为例[J].北方文学.2015（10）:186.

[210] 栾小惠、王雪芃、刘琨等.李润和儒学是安东孔院的重要特色[J].走向世界.2015（01）:38-41.

[211] 罗默·科奈赫、蓝博.从文化外交看中国对拉美国家的影响[J].江苏师范大学学报（哲学社会科学版）.2015（06）:14-20.

[212] 罗娴.关于汉语国际教育专业实施双语教学的思考[J].科技创新导报.2015（08）:161-162.

[213] 骆红斌、蔡瑾瑾.中国武术跨文化传播的困境与对策——以孔子学院传播网络为例[J].中华武术（研究）.2015（02）:34-39.

[214] 吕金薇、徐德荣.新形势下汉语国际推广的路径分析[J].边疆经济与文化.2015（01）:101-102.

[215] 吕挺.论国际汉语影视教学中教师的三重身份[J].教育评论.2015（01）:126-128.

[216] 马春燕.国别化教材合作开发模式探讨[J].中国出版.2015（12）:52-55.

[217] 马晓乐、宁继鸣.孔子学院的文化功能与社会价值[J].山东社会科学.2015（08）:173-178.

[218] 马晓文.汉语国际教育地方文化教材编写初探[J].教育界：高等教育研究.2015（11）:109-110.

[219] 马晓文、罗家国.汉语国际教育文化教学改革初探[J].江西理工大学学报.2015（02）:65-68.

[220] 马莹、张美霞.武舞结合的历史渊源与海外孔子学院巡演中的现状及相关英文翻译初探[J].教育教学论坛.2015（13）:66-67.

[221] 马玉龙.孔子学院武术传播的现状分析[J].长江大学学报（自科版）.2015（07）:75-77.

[222] 孟庆波.汉语国际教育需要海外汉学研究——以海外汉学研究为视角[J].广西师范学院学报（哲学社会科学版）.2015（04）:133-137.

[223] 苗莉青、陈聪.孔子学院对我国高等教育出口的影响——基于主要国家面板数据的实证研究[J].国际商务（对外经济贸易大学学报）.2015（06）:27-35.

[224] 缪迅.期待孔子学院更好地"适应需求，融合发展"[J].上海教育.2015（36）:58.

[225] 牛丹丹.新世纪以来中国和美国对拉美地区公共外交的比较[J].拉丁美洲研究.2015（06）:21-29.

[226] 牛倩.论汉语国际教育古代汉语课程师资素质培养[J].现代语文（教学研究版）.2015（03）:20-22.

[227] 欧阳雪梅.中华文化国际传播能力建设路径探析[J].湖南社会科学.2015（01）:183-187.

[228] 潘前颖.基于慕课、翻转课堂、移动微学习的MobiMOOC推进汉语

国际化研究[J].安徽工程大学学报.2015（06）:42-45.

[229]潘先军.汉语国际教育硕士培养的普适性与针对性[J].学术研究.2015（03）:129-131.

[230]潘雅、张金晓.用热爱与坚持铸就中赞友谊的桥梁——访赞比亚大学孔子学院中方院长何懿[J].世界教育信息.2015（18）:52-56.

[231]潘玉华.瑞典孔子学院汉语教学现状及发展策略研究[J].语文学刊.2015（03）:106-109.

[232]彭建玲、陆建生、吴海燕等."2+1+1"汉语国际教育人才培养模式探索[J].保山学院学报.2015（01）:86-91.

[233]彭燕、刘利平.文化全球化对孔子学院发展的机遇与挑战[J].云南行政学院学报.2015（03）:159-162.

[234]亓海峰.汉语国际教育专业硕士学位论文选题和研究方法调查分析[J].云南师范大学学报（对外汉语教学与研究版）.2015（01）:87-92.

[235]秦岭.汉语国际教育专业现代汉语的改革探索[J].时代教育.2015（05）:200.

[236]邱凌、张慈梅.李平生架起文化传播的桥梁[J].走向世界.2015（15）:94-96.

[237]仇鑫奕.汉语国际教育硕士专业学位研究生专业问题研究能力培养刍议[J].华文教学与研究.2015（01）:32-40.

[238]仇鑫奕.汉语国际教育高端人才培养平台建构思路[J].研究生教育研究.2015（02）:74-80.

[239]任瑞英.针对汉语国际教育课堂教学中文化教学的研究[J].参花.2015（03）:148.

[240]阮李全.孔子学院境外办学纠纷及其应对策略[J].社会科学家.2015（04）:116-120.

[241]桑坚信.妥善应对孔子学院发展面临的新挑战[J].团结.2015（06）:55.

[242]沈毅、刘灏.孔子学院可持续发展的新思路[J].云南师范大学学报（对外汉语教学与研究版）.2015（05）:65-70.

[243] 盛继艳. 华裔学生汉语习得水平的区域性差异——HSK 成绩抽样分析 [J]. 海外华文教育 .2015（03）:402-408.

[244] 施真珍、柳戬. 云南省汉语国际推广的现状研究 [J]. 现代语文（语言研究版）.2015（03）:16-17.

[245] 石潇. 泰国汉语实习教师教学情况调查对汉语国际教育硕士培养的启示——以西南某大学为例 [J]. 时代教育 .2015（07）:113-114.

[246] 石彦霞. 谈汉语国际教育专业学生艺术素质的培养 [J]. 语文建设 .2015（24）:40-41.

[247] 宋海燕. 汉语国际推广战略下的文化认同与中华文化传播 [J]. 中州学刊 .2015（11）:168-171.

[248] 宋海燕. 汉语国际推广视角下的中原文化产业发展策略 [J]. 天中学刊 .2015（05）:45-49.

[249] 宋晖. 论汉语国际教育中的文史意识 [J]. 海外华文教育 .2015（02）:180-185.

[250] 宋婧婧. 比较理念下的汉语国际教育教材研究——以早期教材《语言自迩集》为例 [J]. 牡丹江师范学院学报（哲学社会科学版）.2015（06）:137-140.

[251] 宋婧婧. "互联网+"背景下的汉语国际教育 [J]. 语文建设 .2015（36）:23-24.

[252] 宋璐. 文化外交与人民币国际化发展：以孔子学院为例 [J]. 现代经济信息 .2015（14）:7-8.

[253] 苏昕. 浅谈汉语国际教育专业的设置与改革 [J]. 俪人：教师 .2015（23）:271-272.

[254] 孙博艺. 浅谈协力教学下汉语教师实践性知识的运用 [J]. 教育 .2015（13）:93.

[255] 孙瑞、李丽虹. 论汉语国际教育硕士专业学位教育的基本属性 [J]. 理论月刊 .2015（02）:77-81.

[256] 孙夕珺. "汉语桥"世界大学生中文比赛的偏误现象分析 [J]. 云梦学刊 .2015（02）:133-138.

[257] 孙宇心.比较视域下孔子学院跨文化传播研究[J].中国报业.2015（04）:89-90.

[258] 谭丽梅、金学丽.国际视野：汉语言教学和中华文化传播——汉语国际教育背景下的语言与文化国际研讨会综述[J].沈阳师范大学学报（社会科学版）.2015（06）:2.

[259] 檀晶晶、屠海波.关于应用型高校汉语国际教育专业特色化发展的思考[J].决策与信息.2015（09）:63.

[260] 唐琛.汉语国际教育专业跨文化敏感度与效能感调查研究——以西安建筑科技大学汉语国际教育本科专业为例[J].西安建筑科技大学学报（社会科学版）.2015（01）:96-100.

[261] 唐海龙.汉语国际传播视域下国家软实力提升路径研究[J].北华大学学报（社会科学版）.2015（04）:11-15.

[262] 唐燕儿、庞志坚、苏宝华.移动互联网时代下汉语国际教育硕士教育模式探析[J].电化教育研究.2015（08）:34-39.

[263] 陶园.面向汉语国际教育的"现代汉语语音学"教学改革刍议[J].科技视界.2015（01）:102.

[264] 田小红、李军.发达国家与发展中国家孔子学院的功能与服务模式比较研究[J].江苏高教.2015（05）:31-34.

[265] 王冰.怎样实现孔子学院文化活动的可持续发展[J].湖北经济学院学报（人文社会科学版）.2015（07）:11-12.

[266] 王春懿.试论汉语国际教育课堂中的认同感[J].科研.2015（33）:54.

[267] 王端.汉语国际教育本科专业人才跨文化交际与传播能力培养研究[J].现代语文（学术综合版）.2015（09）:97-99.

[268] 王帆秋.微课在独立学院汉语国际教育专业英语翻译教学中的适用性[J].安徽电子信息职业技术学院学报.2015（06）:34-36.

[269] 王芳.中国思想史的发展与汉语的国际传播[J].东方企业文化.2015（14）:171-172.

[270] 王刚.孔子学院的院长精神[J].山东社会科学.2015（S2）:25-26.

[271] 王国彪. 国际汉语教师可以这样成长——读《国际汉语教师自主发展导论》[J]. 现代语文（学术综合版）.2015（05）:80.

[272] 王宏丽. 从面试看汉语国际教育硕士的中华才艺胜任力及其培养[J]. 唐山师范学院学报.2015（06）:138-140.

[273] 王建军. 汉语国际教育师资本土化的基本内涵、培养模式与未来走向[J]. 云南师范大学学报（对外汉语教学与研究版）.2015（03）:9-14.

[274] 王静. 汉语国际教育本科专业海外实习模式构建研究[J]. 新疆师范大学学报（哲学社会科学版）.2015（03）:129-133.

[275] 王兰婷. 秘鲁汉语教学情况分析——以秘鲁天主教大学孔子学院为例[J]. 现代语文（语言研究版）.2015（12）:103-107.

[276] 王立军. 云时代孔子学院文化传播过程中存在的问题及对策研究[J]. 牡丹.2015（12）:77-78.

[277] 王玲玲. 泰国汉语教育与中华语言文化传播[J]. 南洋问题研究.2015（04）:71-77.

[278] 王柳、李鑫. 探索应用于汉语国际教育的多媒体教学[J]. 中国教育技术装备.2015（10）:143-144.

[279] 王美玲、张茜. 汉语国际教育中的文化词语教学[J]. 延安大学学报（社会科学版）.2015（05）:91-93.

[280] 王媚. 俄罗斯留学生新HSK四级试题成绩分析研究及教学启示[J]. 考试周刊.2015（54）:2.

[281] 王明国. 中国对中东欧国家人文外交：发展、挑战与对策[J]. 江南社会学院学报.2015（02）:50-55.

[282] 王瑞. 文化软实力大棋局：超越零和博弈走向正和博弈[J]. 理论与现代化.2015（06）:121-125.

[283] 王淑芳、葛岳静、刘玉立. 中美在南亚地缘影响力的时空演变及机制[J]. 地理学报.2015（06）:864-878.

[284] 王添淼. 国际汉语教师专业发展现状及其对策[J]. 东北师大学报（哲学社会科学版）.2015（02）:229-231.

[285] 王添淼. 国际汉语教师文化的转型：从孤立走向合作 [J]. 国际汉语教学研究. 2015（03）:12-14.

[286] 王添淼. 国际汉语教师行动研究现状、问题与对策 [J]. 汉语学习. 2015（05）:85-90.

[287] 王伟鑫. 中华语言文化对外传播发展策略探索——以"汉语桥"、《快乐汉语》等一系列成功的跨文化传播电视节目为例 [J]. 语文教学通讯·D刊（学术刊）. 2015（09）:79-80.

[288] 王伟鑫. 谈"汉语桥"比赛对文化教学的启示——以第十二届、第十三届"汉语桥"比赛为例 [J]. 语文教学通讯·D刊（学术刊）. 2015（06）:61-63.

[289] 王希月. 浅析高校汉语国际教育专业汉语语法教学课程的特点 [J]. 科技视界. 2015（02）:139.

[290] 王贤森、杨耀防. "一带一路"建设与孔子学院的使命 [J]. 九江学院学报（自然科学版）. 2015（04）:15-16.

[291] 王笑楠. 汉语国际教育专业本科毕业论文选题情况调查研究——以鞍山师范学院为例 [J]. 考试周刊. 2015（41）:170.

[292] 王笑楠. 大学生创新创业教学模式建构研究——以鞍山师范学院汉语国际教育专业为例 [J]. 亚太教育. 2015（10）:265.

[293] 王煦哲. 浅析孔子学院在南太平洋地区的发展——以南太平洋大学孔子学院为例 [J]. 中共乌鲁木齐市委党校学报. 2015（01）:60-64.

[294] 王煦哲. 浅谈欧美地区孔子学院的可持续发展 [J]. 学周刊. 2015（13）:228.

[295] 王雪、许蔚. 网络对外汉语教学中内容型教学法的运用 [J]. 现代语文（语言研究版），2015（07）:94-96.

[296] 王亚宁. 中国文化外交可持续发展的基础 [J]. 理论界. 2015（11）:35-40.

[297] 王阳、邓茗文、董德. 音乐孔子学院："我们从不'推广'，我们分享" [J]. 留学. 2015（08）:44-51.

[298] 王宇. 基于国内网络的国际汉语教学资源整合问题探析 [J]. 图书馆学研究. 2015（06）:26-30.

[299] 王宇. 国际汉语教学视频案例编写的几点思考 [J]. 东北师大学报（哲学社会科学版）.2015（02）:195-199.

[300] 王忠一. 汉语国际教育优秀团队建设的思考与实践 [J]. 科技资讯.2015（27）:157-159.

[301] 王壮."双品牌"出版战略与"一带一路"国际汉语推广 [J]. 出版参考.2015（14）:9-11.

[302] 王祖嫘. 孔子学院官方话语中的中外认知异同探析——以孔子学院大会开幕式演讲话语为例 [J]. 民族教育研究.2015（03）:54-60.

[303] 王祖嫘、吴应辉. 汉语国际传播发展报告（2011—2014）[J]. 新疆师范大学学报（哲学社会科学版）.2015（04）:92-99.

[304] 韦鑫. 浅谈汉语国际教育推广和发展过程中存在的问题 [J]. 课程教育研究：学法教法研究.2015（07）:70.

[305] 韦鑫. 汉语国际教育专业培养学生跨文化交际能力研究 [J]. 当代教研论丛.2015（06）:5.

[306] 魏礼庆. 来华留学事业的历史回顾与未来展望 [J]. 世界教育信息.2015（20）:67-71.

[307] 魏薇、蔺佳影. 吉林省汉语国际教育专业发展策略研究 [J]. 开封教育学院学报.2015（09）:98-99.

[308] 魏薇、赵润. 吉林省汉语国际教育专业现状及特点研究 [J]. 教育教学论坛.2015（40）:95-96.

[309] 魏艳伶. 汉语国际推广背景下对外汉语专业学生职业能力的培养 [J]. 当代职业教育.2015（01）:61-63.

[310] 文珍、刘文霞. 地方高校汉语国际教育专业实践教学建设的思考——以琼州学院为例 [J]. 教育教学论坛.2015（24）:200-202.

[311] 翁燕珩、臧璇. 试论汉语国际教育课堂中的认同感 [J]. 考试.2015（09）:50-53.

[312] 吴波."中国形象"来自全体国民的自觉行动 [J]. 商业文化.2015（34）:84-85.

[313] 吴聪. 赴美英语专业志愿者老师国际汉语推广工作发展现状及问题研究 [J]. 海外英语 .2015（23）:32-33.

[314] 吴方敏. 汉语国际教育背景下文化教学策略的思考——以美国 AP 汉语与文化课为例 [J]. 云南师范大学学报（对外汉语教学与研究版）.2015（04）:1-7.

[315] 吴泓. 汉语国际教育专业双语教学问题探索——以黑龙江外国语学院为例 [J]. 黑龙江教育（理论与实践）.2015（01）:79-80.

[316] 吴坚. 汉语教育国际化发展的现状、问题及对策 [J]. 华南师范大学学报（社会科学版）.2015（06）:89-93.

[317] 吴剑. 多元学科背景下培养国际汉语教师的有益尝试——以山东大学"教育学双学位"项目为例 [J]. 海外华文教育 .2015（01）:38-44.

[318] 吴莉. 汉语国际教育中的"游教"初探 [J]. 才智 .2015（22）:212-214.

[319] 吴明海. "一带一路"与孔子学院 [J]. 文化学刊 .2015（03）:175-176.

[320] 吴明海. 新丝路与民族教育发展战略的思考 [J]. 民族高等教育研究 .2015（01）:6-10.

[321] 吴应辉. 汉语国际传播事业新常态特征及发展思考 [J]. 语言文字应用 .2015（04）:27-34.

[322] 习觅哲. 汉语国际推广中合作教学模式的思考——以韩国江原道地区普通高中为例 [J]. 大庆社会科学 .2015（05）:154-156.

[323] 席锡芳. 播撒中华文化的种子——赴英国担任汉语教师志愿者的实践和思考 [J]. 创新时代 .2015（04）:95-97.

[324] 夏耕. 建构理论视域下的民族院校汉语国际教育专业培养模式研究 [J]. 中国民族博览 .2015（08）:81-83.

[325] 夏建辉. 关于中华文化"走出去"的思考 [J]. 孔学堂 .2015（02）:8-10.

[326] 夏莉娜. 许嘉璐：推动中华文化走出国门 [J]. 中国人大 .2015（02）:49-51.

[327] 肖达娜. 由英语专业转型而来的对外汉语教师在教学中优劣势分析——以四川师范大学国际教育学院为例 [J]. 云南师范大学学报（对外汉语教学与研究版）.2015（04）:42-47.

[328] 胥洋. 国际汉语教学中词语色彩义的模糊性探讨 [J]. 北方文学 .2015

[329] 徐聪聪、胡磊.汉语国际教育专业大学生就业心理分析及就业心理辅导[J].当代教育实践与教学研究.2015（12）:156–157.

[330] 徐九庆、王朋举.孔子学院国际化效应评价及发展对策研究[J].科技创业月刊.2015（11）:91–95.

[331] 徐英春、李冬梅.从孔子学院教师的角度看汉语教学与中国文化传播的密切关系[J].华夏文化论坛.2015（01）:143–147.

[332] 许琳.第十届孔子学院大会总结[J].孔子学院.2016（01）:84–87.

[333] 许琳.2015年孔子学院总部工作汇报[J].孔子学院.2016（01）:10–17.

[334] 许妍、张砚.中英互文写作在汉语国际教育专业英语教学中的应用[J].写作.2015（07）:28–31.

[335] 许艳.新HSK改革对泰国学生的影响——以努姑娜丽女子学校为例[J].教育观察.2015（09）:36–37.

[336] 闫丽萍、班振林.吉尔吉斯斯坦孔子学院汉语教材使用现状调查——以吉尔吉斯国立民族大学孔子学院为例[J].新疆广播电视大学学报.2015（01）:68–71.

[337] 闫丽萍、赵莉、班振林.吉尔吉斯国立民族大学孔子学院汉语国际教育发展现状与思考[J].新疆职业大学学报.2015（03）:49–53.

[338] 严晓鹏、孙将文.政府在孔子学院与华文学校发展中的作用比较——基于新公共服务理论视野[J].云南师范大学学报（对外汉语教学与研究版）.2015（04）:73–77.

[339] 严彦.不同环境不同岗位教师的课堂语音教学策略调研[J].华文教学与研究.2015（03）:51–58.

[340] 颜国琴.俄罗斯孔子学院文化传播现状与策略[J].重庆文理学院学报（社会科学版）.2015（03）:61–65.

[341] 燕董娇、徐姗姗.汉语国际推广中的少林武术文化传播[J].齐齐哈尔师范高等专科学校学报.2015（01）:111–112.

[342] 杨琛、张海涛.面向"丝绸之路经济带"国家的汉语国际教育专业

硕士点建设探析——以西安石油大学为例[J]. 石油教育.2015（05）:65-67.

[343] 杨春秋、刘霞. 新形势下独立学院汉语国际教育专业建设的思考[J]. 文教资料.2015（20）:98-99.

[344] 杨达. 基于中华民族软实力构建的对外汉语教学探析[J]. 贵州民族研究.2015（04）:192-197.

[345] 杨光. 美国政府在文化外交中的角色探析及启示[J]. 教学与研究.2015（12）:27-34.

[346] 杨吉春. 汉语国际教育专业本科"知—行—研"人才培养模式探索[J]. 民族教育研究.2015（01）:118-125.

[347] 杨建兵. 汉语国际教育专业中国现代文学教学的困境与对策[J]. 湖北工程学院学报.2015（02）:92-94.

[348] 杨景萍. 孔子学院教育功能优化对地方政府提升教育功能的启示研究[J]. 才智.2015（33）:164.

[349] 杨锐. 对外汉语教学中语言教学与文化教学综述[J]. 现代语文（教学研究版）.2015（03）:16-19.

[350] 杨天昊. 对外汉语教学的历史与未来[J]. 北方文学.2015（11）:155.

[351] 杨同军、万慧君. 研究语言和分析语言——汉语国际教育专业汉语语言类专业课教学探究[J]. 甘肃广播电视大学学报.2015（06）:49-51.

[352] 杨文艳. 文化实体与文化理据——汉语国际教育背景下的文化教学[J]. 中华文化论坛.2015（01）:118-121.

[353] 杨文艺. 全球竞争的文化转向与孔子学院的转型发展——孔子学院十周年回眸与展望[J]. 中国高教研究.2015（04）:44-52.

[354] 杨新新、刘晓玲. 汉语国际教育硕士专业学位研究生培养实践导向探索——以安阳师范学院为例[J]. 安阳师范学院学报.2015（03）:129-132.

[355] 杨岩. 英国曼彻斯特大学孔子学院文化体验课发展模式分析[J]. 云南师范大学学报（对外汉语教学与研究版）.2015（04）:8-13.

[356] 杨艳. 浅谈汉语国际教育现阶段根本目标的指导意义[J]. 河北企业.2015（04）:88-89.

[357] 杨洋.中国民族传统体育在海外文化推广中的效力研究[J].哈尔滨体育学院学报.2015（06）:59-62.

[358] 叶英.从外媒报道看孔子学院的海外形象[J].四川大学学报（哲学社会科学版）.2015（03）:48-57.

[359] 衣玉敏.关于应用型高校汉语国际教育专业语言学概论课程教学改革的思考与实践[J].科教文汇.2015（01）:40-42.

[360] 易丹.东盟视角下汉语国际教育专业本科人才培养模式研究[J].广西社会科学.2015（04）:65-69.

[361] 尹春梅.中亚孔子课堂档案建设研究——以吉尔吉斯国立民族大学孔子学院为例[J].新疆教育学院学报.2015（03）:65-73.

[362] 尹冬民.基于教育与传播的视角：中国书法文化走出去的坚守与迎合[J].中国成人教育.2015（24）:182-184.

[363] 尹京子、杨柳青.文化外交与高校的国际化[J].沈阳工程学院学报（社会科学版）.2015（04）:541-546.

[364] 于本凤.汉语国际教育专业人才跨文化交际能力培养模式研究[J].辽宁经济管理干部学院.辽宁经济职业技术学院学报.2015（04）:106-108.

[365] 于丹霞.论汉语国际教育教师的礼仪素质[J].赤子.2015（13）:141-142.

[366] 于萌、郭薇.汉语国际教育中的文化冲突与解决策略[J].北华大学学报（社会科学版）.2015（06）:141-143.

[367] 余博.我国海外文化传播战略亟待调整[J].中国党政干部论坛.2015（06）:38-41.

[368] 余江英.生态语言学视角下的汉语国际教育信息化——兼议第二语言教育技术的学科性[J].云南开放大学学报.2015（04）:73-77.

[369] 余江英.基于开放大学实践的南亚汉语传播的若干思考[J].南昌师范学院学报.2015（05）:75-79.

[370] 袁礼.国际汉语教育预备师资汉语水平考查述评——以孔子学院奖学金2011级汉语国际教育硕士留学生为例[J].河北师范大学学报（教育科学版）.2015（02）:136-139.

[371] 袁佩. 东南亚对外汉语文化教学的局限性和教学建议——以柬埔寨孔子学院文化教学为例 [J]. 安徽文学 .2015（01）:146-147.

[372] 约翰·桑顿. 世界形势与孔子学院的关键作用 [J]. 孔子学院 .2015（01）:70-77.

[373] 藏梓彤. 浅析汉语国际推广与文化观念的转变 [J]. 新闻研究导刊 .2015（06）:156.

[374] 翟保军. 对孔子学院教学质量评估的若干建议 [J]. 辽宁广播电视大学学报 .2015（01）:32-33.

[375] 翟保军. 海外本土汉语教师的培训需求分析——以秘鲁利马本土教师为例 [J]. 云南师范大学学报（对外汉语教学与研究版）.2015（03）:80-86.

[376] 张博. 关于词汇大纲语言单位取向问题的思考——兼议《新汉语水平考试大纲》"重大轻小"的收录取向 [J]. 语言教学与研究 .2015（01）:1-9.

[377] 张成淑. 如何培养赴韩汉语教师志愿者的跨文化交际能力——以在韩任教期间的真实案例为例 [J]. 教育教学论坛 .2015（37）:30-32.

[378] 张东辉、谷婷婷. 孔子学院发展模式探析——对四所孔子学院的比较研究 [J]. 复旦教育论坛 .2015（01）:50-55.

[379] 张芳. 面向朝鲜半岛的汉语国际教育与中国文化传播研究——以辽东学院为例 [J]. 亚太教育 .2015（20）:244-245.

[380] 张建民. 文化在汉语国际教育专业课程设计中的作用 [J]. 云南师范大学学报（对外汉语教学与研究版）.2015（06）:1-6.

[381] 张洁. 国际汉语教师文化知识测试的长度研究 [J]. 考试研究 .2015（03）:33-36.

[382] 张晋军、符华均. 新 HSK 纸笔考试与网络考试比较研究 [J]. 中国考试 .2015（11）:54-57.

[383] 张晶晶、于晓东. 中国教育援外现状研究 [J]. 工业技术与职业教育 .2015（04）:56-58.

[384] 张婧. 孔子学院海外发展及其展望 [J]. 河北经贸大学学报（综合版）.2015（04）:122-125.

[385] 张婧. 孔子学院海外传播现状及美国孔子学院遭拒的原因浅析 [J]. 中小企业管理与科技 .2015（10）:233-234.

[386] 张婧、刘轶. 孔子学院品牌建设的必要性 [J]. 邯郸职业技术学院学报 .2015（02）:79-82.

[387] 张兰. 汉语国际教育推广之现状与发展——以泰国汉语教学推广为例 [J]. 时代文学 .2015（12）:86-87.

[388] 张立志. 国家汉办泰国汉语教师志愿者项目发展研究 [J]. 边疆经济与文化 .2015（05）:126-128.

[389] 张丽丽. 四十载中国缘分——专访奥地利维也纳大学孔子学院院长李夏德 [J]. 孔子学院 .2015（05）:28-37.

[390] 张梅、安成蓉. 培养汉语国际教育专业学生良好的教学语言能力 [J]. 读与写（教育教学刊）.2015（05）:21.

[391] 张梦凡、王昌达、张文莉. 智能组卷的 HSK 自适应分级考试系统 [J]. 信息技术 .2015（09）:24-27.

[392] 张倩倩. "文化移情"能力在国际汉语教育中的作用——以澳大利亚新南威尔士州教育与社区部孔子学院为例 [J]. 南京晓庄学院学报 .2015（02）:47-50.

[393] 张霞. 从韩语的国际传播模式反观汉语国际推广模式的现状 [J]. 科学中国人 .2015（15）:168.

[394] 张小文、张晓芳. 金融支持孔子学院可持续发展的措施建议——以澳大利亚孔子学院发展为例 [J]. 湖北第二师范学院学报 .2015（12）:36-38.

[395] 张晓慧. 汉语国际教育专业硕士人才培养模式改革应处理好"三个关系"[J]. 安徽师范大学学报（自然科学版）.2015（04）:406-408.

[396] 张笑难. 国际汉语教师：跨文化传播的"把关人"[J]. 内蒙古师范大学学报（教育科学版）.2015（10）:33-35.

[397] 张炎钰. 基于孔子学院的韩国汉语言文化传播研究 [J]. 北方文学 .2015（09）:158-159.

[398] 张艳. 汉语国际教育专业古代文学课程教学浅论 [J]. 南阳师范学院学

报.2015（08）:63-65.

[399] 张艳华.面向海外本土汉语教师的国别化培训方略探析——以蒙古国为例[J].海外华文教育.2015（01）:30-37.

[400] 张艳梅.汉语国际教育专业《古代汉语》课程实践教学研究与探索[J].考试周刊.2015（77）:157-158.

[401] 张燕.汉语国际教育本科专业现代汉语课程实践体系的构建[J].教育与职业.2015（06）:161-162.

[402] 张燕飞.基于移动终端的国际汉语教师志愿者中华才艺训练设计研究[J].课程教育研究：学法教法研究.2015（22）:103-104.

[403] 张宇.汉语国际教育专业人才培养模式[J].时代农机.2015（06）:143-144.

[404] 张彧扬.从"汉语热"分析汉语国际教育推广[J].才智.2015（10）:71.

[405] 赵立春.中国书法艺术的当代传播及其策略[J].四川戏剧.2015（10）:51-53.

[406] 赵明玉.批评话语分析视角下关于孔子学院新闻报道的研究[J].蚌埠学院学报.2015（05）:39-44.

[407] 赵明玉.介入系统视角下关于孔子学院新闻报道的研究[J].湖北第二师范学院学报.2015（07）:120-124.

[408] 赵娅.汉语国际教育专业"语言学概论"课程教学反思[J].现代语文（语言研究版）.2015（06）:109-111.

[409] 赵一轩.浅析汉语教师志愿者培训前后的需求现状[J].考试周刊.2015（37）:158-159.

[410] 郑丹丹、王婷.学习结果分类理论与对外汉语教学[J].海外华文教育.2015（01）:138-142.

[411] 郑坚、钱晓燕、颜辉.孔子学院可持续发展探究[J].湖南税务高等专科学校学报.2015（04）:32-33.

[412] 郑梅、李晓鹏.关于汉语国际教育中的中国传统精神文化教学的探讨[J].大众文艺.2015（07）:254.

[413] 郑茗芥、李虎.国际孔子学院武术志愿者教师短期培训的研究[J].运

动.2015（21）:100-101.

[414] 郑艳群.新时期信息技术背景下汉语国际教育新思路[J].国际汉语教学研究.2015（02）:26-33.

[415] 郑莹.浅谈汉语国际教育本科专业课程设置的相关问题——以西华大学为例[J].时代教育.2015（15）:201.

[416] 郑园园.讲座是孔子学院高效传播的途径[J].文教资料.2015（13）:43-44.

[417] 钟衍.浅谈汉语国际教育汉字教学——以泰国春府大众学校为例[J].亚太教育.2015（24）:98-99.

[418] 钟英华.孔子学院在中外文化交融中的作用[J].天津师范大学学报（社会科学版）.2015（02）:73-76.

[419] 钟英华、杨薇、张琳.泛在学习在汉语国际教育中的应用[J].广西民族大学学报（哲学社会科学版）.2015（03）:171-176.

[420] 周慧.汉语国际教育中反思性教学法的应用分析[J].当代教育实践与教学研究（电子版）.2015（05）:219.

[421] 周璐铭.孔子学院十年发展统计、成果分析与战略建议[J].西南交通大学学报（社会科学版）.2015（01）:38-44.

[422] 周清艳.关于汉语国际教育硕士提问意识和能力的思考——基于视频教学课的观察[J].南昌师范学院学报.2015（04）:89-92.

[423] 周少蓉.对外汉语教学中的文化教学探略——以美国新墨西哥州立大学孔子学院为例[J].广西教育.2015（43）:131-132.

[424] 周圣文.基于孔子学院模式下健身气功的国际化传播研究[J].湖南科技学院学报.2015（05）:173-175.

[425] 周汝霏、宁继鸣.孔子学院的创新扩散机制分析[J].中国软科学.2015（01）:77-87.

[426] 周艳芳.特色和实用相结合的汉语国际教育本科专业课程改革初探——以大连外国语大学为例[J].太原城市职业技术学院学报.2015（06）:124-125.

[427] 周艳芳. 关于高校汉语国际教育专业硕士课程设置的思考 [J]. 邢台职业技术学院学报. 2015（04）:65-67.

[428] 周艳芳. 高校汉语国际教育专业硕士人才培养现状调查分析 [J]. 吉林省教育学院学报. 2015（07）:106-109.

[429] 周艳芳、陈子骄、韩蓉等. 高校汉语国际教育专业硕士人才培养模式的探索与思考 [J]. 佳木斯职业学院学报. 2015（07）:214-227.

[430] 周毅. 国际传播背景下的艺术类院校汉语国际教育课程设置刍议 [J]. 浙江传媒学院学报. 2015（04）:113-117.

[431] 周玉芳. 孔子学院传播武术太极路径探索 [J]. 体育文化导刊. 2015（01）:199-202.

[432] 周子衡. 成人阶段汉语国际教育的起点词汇假设 [J]. 考试周刊. 2015（105）:157-158.

[433] 朱军利、潘英典. 论以孔子学院为平台的中国戏曲海外传播 [J]. 戏曲艺术. 2015（02）:126-129.

[434] 朱瑞平、钱多. 汉语教师志愿者背景、动机与志愿者项目的可持续发展研究 [J]. 国际汉语教学研究. 2015（01）:63-68.

[435] 朱珠. 开放教育模式下汉语国际教育专业课程体系设置——以云南开放大学为例 [J]. 湖北函授大学学报. 2015（21）:104-105.

[436] 祝敏. 试析地方院校汉语国际教育本科专业的发展瓶颈及突破口——以湖北科技学院为例 [J]. 湖北科技学院学报. 2015（05）:148-151.

[437] 卓婷. 新形势下汉语国际教育专业现代汉语课教学改革刍谈 [J]. 课外语文. 2015（09）:127-128.

[438] 邹青. 探寻肯尼亚四所孔子学院发展模式异同 [J]. 校园英语. 2015（32）:4-5.

[439] 邹小青. 汉语国际教育专业学生教学实践能力调查研究 [J]. 文教资料. 2015（05）:147-148.

[440] 及时调整孔子学院海外布局 [J]. 民主. 2015（09）:29.

[441] 校长论坛 [J]. 孔子学院. 2016（01）:48-65.

[442] 院长论坛 [J]. 孔子学院. 2016（01）:66-83.

学位论文

[1] Kan Kensei. 汉语国际教育专业外国硕士生的就学及就业情况分析 [D]. 广东外语外贸大学 ,2015.

[2] Lo Gullo Chiara. 意大利米兰大学孔子学院汉语教学现状调查报告 [D]. 辽宁师范大学 ,2015.

[3] Nisarat Jina. 赴泰汉语志愿者跨文化交际研究 [D]. 中央民族大学 ,2015.

[4] N. Khusamutdinov. 乌兹别克斯坦孔子学院发展现状调查研究 [D]. 辽宁师范大学 ,2015.

[5] Nyakufu Tafirenyika. 分析中国文化外交 [D]. 吉林大学 ,2015.

[6] Tricia Bethel. 中国依托软实力塑造国际形象：格林纳达赴华奖学金留学生案例研究（2005-2014）[D]. 吉林大学 ,2015.

[7] Turnquest Tamara. 中国与巴哈马的文化外交 [D]. 吉林大学 ,2015.

[8] Wakayo Mesfin Wudneh. 推动中国文化外交 [D]. 吉林大学 ,2015.

[9] Yamusa Adamu Hassan. 试论文化在公共外交中的作用 [D]. 吉林大学 ,2015.

[10] 阿曼泰玛合帕丽 . 哈萨克斯坦学生汉字学习问题与教学对策探讨 [D]. 天津师范大学 ,2015.

[11] 晁亚若 . 孔子学院书法教学调查及书法体验课教学设计 [D]. 山东大学 ,2015.

[12] 陈冰 . 汉语国际教育初级阶段综合课教师提问研究 [D]. 重庆师范大学 ,2015.

[13] 陈桂满 . "汉语桥"辩论赛对中学汉语学习者的影响研究 [D]. 兰州大学 ,2015.

[14] 陈丽娟 . 菲律宾红溪礼示大学孔子学院研究 [D]. 暨南大学 ,2015.

[15] 陈奇源 . 汉语国际教育专业硕士课程开设比较分析 [D]. 广西师范大学 ,2015.

[16] 陈涛 . 基于数据库的美国孔子学院文化交流活动研究 [D]. 中央民族大

学 ,2015.

[17] 陈薇 . 初级《新实用汉语课本》的文化内容及教学策略研究 [D]. 西北师范大学 ,2015.

[18] 陈魏 . 逆向设计在中高级汉语口语课中的应用研究——以韩国孔院为例 [D]. 山东大学 ,2015.

[19] 陈琰 . 泰国宋卡王子大学普吉孔子学院学习者的汉语需求分析 [D]. 云南师范大学 ,2015.

[20] 陈禹彤 . 四川师范大学汉语国际教育硕士专业研究生课程设置研究——以 2012 级为例 [D]. 四川师范大学 ,2015.

[21] 程敬馨 . 汉语国际教育硕士毕业生就业状况调查——以郑州大学为例 [D]. 郑州大学 ,2015.

[22] 代日(Mondoon Dairiisuren). 赴蒙汉语教师志愿者跨文化适应性研究 [D]. 北京外国语大学 ,2015.

[23] 邓潇婉 . 智利初级水平汉语学生语音学习策略研究——以智利天主教大学孔子学院为例 [D]. 南京大学 ,2015.

[24] 董路 . 法语联盟和孔子学院的比较研究 [D]. 沈阳师范大学 ,2015.

[25] 段爱峰 . 汉语桥文化符号研究 [D]. 福建师范大学 ,2015.

[26] 冯晋阳 . 汉语国际教育中的文化差异问题及其解决策略初探 [D]. 内蒙古师范大学 ,2015.

[27] 符史涵 . 海南汉语国际教育发展研究 [D]. 海南师范大学 ,2015.

[28] 龚淳熙 . 针对韩国学生的"结果补语"和"把"字句的教学设计 [D]. 四川师范大学 ,2015.

[29] 巩磊 . 汉语国际教育硕士评估指标体系新构想——以曲阜师范大学汉语国际教育硕士专业为个案研究 [D]. 曲阜师范大学 ,2015.

[30] 巩香君 . 墨西哥新莱昂自治大学孔子学院汉语教学调查报告 [D]. 广东外语外贸大学 ,2015.

[31] 谷雨 . 苏丹喀土穆大学孔子学院学生习得范围副词"都""全"的偏误分析 [D]. 西北师范大学 ,2015.

[32] 郭丹丹. 新手、熟手教师初级汉语口语教学比较研究[D]. 北京外国语大学,2015.

[33] 郭梦. 意大利新HSK（二级）考试反拨效应初步研究——以比萨孔子学院为例[D]. 重庆大学,2015.

[34] 郭文静. 菲律宾布拉卡大学孔子学院学生的比较句偏误分析及教学策略[D]. 西北大学,2015.

[35] 郝妍琳. 任务型教学法在布隆迪大学孔子学院汉语综合课中的应用[D]. 渤海大学,2015.

[36] 何晛云. "汉语桥"世界大学生中文比赛参考试题研究——以2008-2014年为例[D]. 四川师范大学,2015.

[37] 贺旋. 案例教学法在斯里兰卡凯拉尼亚大学孔子学院高级口语课中的运用[D]. 重庆师范大学,2015.

[38] 侯美羽. 孔子学院十年发展与管理问题研究[D]. 浙江大学,2015.

[39] 侯欣欣. 中国传统文化太极拳的国际化传播及发展战略[D]. 河南大学,2015.

[40] 胡聪. 韩国本土汉语学习者口语学习策略调查分析[D]. 山东大学,2015.

[41] 胡晴晴. 韩国孔子学院口语课教学调查与分析[D]. 哈尔滨师范大学,2015.

[42] 黄杰. 澳大利亚初级水平华裔与非华裔学生汉语阅读焦虑研究[D]. 南京大学,2015.

[43] 黄婧. 江西省赴泰汉语志愿者现状调查及启示[D]. 江西师范大学,2015.

[44] 黄禄晶. 厄瓜多尔孔子学院学生汉语学习动机调查[D]. 暨南大学,2015.

[45] 黄清. 汉语国际教育语境下的汉语教师文化形象探究——以2014年广西大学赴泰实习的汉语教师为例[D]. 广西大学,2015.

[46] 季晶静. HSK四五六级写作偏误分析[D]. 北京外国语大学,2015.

[47] 贾东澎. 汉语国际教育中的节日文化教学[D]. 云南大学,2015.

[48] 江洋. 基于教育叙事研究的汉语国际教育课堂管理探析[D]. 云南大学,2015.

[49] 江瀛.Chineasy 在对外汉字教学中的应用研究——基于肯尼亚莫伊大学孔子学院的调查 [D]. 广西师范大学,2015.

[50] 孔梓.孔子学院社会资本研究 [D]. 山东大学,2015.

[51] 况野.四川师范大学—延世大学孔子学院运营现状及发展方向探析 [D]. 四川师范大学,2015.

[52] 雷云.汉语国际推广组织建设问题研究 [D]. 华侨大学,2015.

[53] 李菲.从目的论看孔子学院中国文化类课程的英汉口译 [D]. 苏州大学,2015.

[54] 李洪源.跨文化交际中的文化差异与文化融合 [D]. 东北师范大学,2015.

[55] 李佳琪.孔子学院在法国报刊中的形象 [D]. 广东外语外贸大学,2015.

[56] 李金艳.摩尔多瓦孔子学院教材研究 [D]. 西北师范大学,2015.

[57] 李腊.泰国汉语教师志愿者教学设计情况与教学设计策略分析 [D]. 暨南大学,2015.

[58] 李丽.论中国新疆与中亚五国的文化交流与合作 [D]. 新疆大学,2015.

[59] 李楠楠.浅谈"汉语桥"比赛对对外汉语教学的启示——以第十三届"汉语桥"世界大学生中文比赛为例 [D]. 曲阜师范大学,2015.

[60] 李若璇.堪萨斯孔子学院远程汉语课堂教学活动设计研究 [D]. 华中师范大学,2015.

[61] 李唯实.意大利米兰国立大学汉语教学现状调查与分析 [D]. 辽宁师范大学,2015.

[62] 李欣岩.孔子学院教育资源信息化建设研究 [D]. 华中师范大学,2015.

[63] 李彦艳.山西大学汉语国际教育发展调查报告——以汉语国际教育专业硕士培养和留学生教育为例 [D]. 山西大学,2015.

[64] 李玉梅.汉语国际教育中学生情感因素的调查研究 [D]. 云南大学,2015.

[65] 李智惠.韩国大学汉语专业课、通选课及孔子学院补习课的对比研究 [D]. 山东大学,2015.

[66] 凌丁洋.从孔子学院看中美关系 [D]. 南京大学,2015.

[67] 刘陈.基于安卓平台的 HSK 词汇学习软件设计与实现 [D]. 广东外语外

贸大学,2015.

[68] 刘琳. 汉语国际教育专业硕士课程的 MOOC 设计研究 [D]. 暨南大学,2015.

[69] 刘珊. 吉尔吉斯斯坦汉语教师志愿者教学角色适应特征 [D]. 新疆大学,2015.

[70] 刘晓蕾. 韩国又石大学孔子学院初级汉语综合课任务型教学设计 [D]. 山东师范大学,2015.

[71] 刘笑薇. 波兰学生汉字学习策略调查与分析 [D]. 北京外国语大学,2015.

[72] 刘杨. 泰国清迈大学孔子学院中国文化活动调查研究 [D]. 云南师范大学,2015.

[73] 刘长江. 基于 iOS 平台的 HSK 客户端设计与实现 [D]. 大连海事大学,2015.

[74] 卢志强（Chonlachart Nukulwutthiopart）. 泰国南部孔子学院招生策略研究 [D]. 华南理工大学,2015.

[75] 鲁玉杰. 孔子学院武术课程基本功内容与标准体系的研究 [D]. 北京体育大学,2015.

[76] 罗浩然. 孔子学院特许经营办学模式初探 [D]. 四川师范大学,2015.

[77] 罗薇. 人本主义指导下的海外少儿汉语课堂教学行动研究 [D]. 北京外国语大学,2015.

[78] 罗迅捷. 重庆师范大学汉语教师志愿者培训模式分析 [D]. 重庆师范大学,2015.

[79] 吕婷. 汉语国际教育硕士专业课学习策略研究 [D]. 中央民族大学,2015.

[80] 马岚. 汉语国际教育硕士专业课程设置现状研究 [D]. 郑州大学,2015.

[81] 马生元. 中华才艺与国际汉语教学研究——基于学习需求的角度 [D]. 广西师范大学,2015.

[82] 苗苗. 重庆师范大学汉语国际教育硕士专业课程设置学生问卷调查 [D]. 重庆师范大学,2015.

[83] 穆晓彤. 韩国孔子学院的文化体验课程教学设计 [D]. 山东大学,2015.

[84] 牛晓萌. 哥伦比亚麦德林孔子学院汉字教学策略初探 [D]. 天津师范大学, 2015.

[85] 欧青. 汉语教师志愿者跨文化适应问题及对策研究 [D]. 北京外国语大学, 2015.

[86] 欧珊余. 匈牙利汉语民俗文化教学情况调查 [D]. 中央民族大学, 2015.

[87] 潘凌燕. 秘鲁汉语学习者状语习得偏误分析及教学策略——以秘鲁天主教大学孔子学院为例 [D]. 上海外国语大学, 2015.

[88] 齐欣. 初中级汉语课堂小组活动研究——以马德里孔子学院为例 [D]. 上海外国语大学, 2015.

[89] 钱一菁. 以学生为中心的助词"了"课堂教学设计 [D]. 北京外国语大学, 2015.

[90] 钱依琳. 新手汉语口语教师实践性知识形成研究 [D]. 北京外国语大学, 2015.

[91] 乔恂. 维也纳大学孔子学院初级班任务型汉语课外活动反思 [D]. 北京外国语大学, 2015.

[92] 琴扬. 波兰汉语教学现状初探——以波兰克拉科夫孔子学院为例 [D]. 上海外国语大学, 2015.

[93] 任晓婕. 马达加斯加孔子学院文化教学实践与探索 [D]. 江西师范大学, 2015.

[94] 任艺. 坦桑尼亚多多马大学孔子学院汉语推广情况调研报告 [D]. 广西师范大学, 2015.

[95] 尚上. 信息传递对汉语国际教育机构的促进作用 [D]. 天津师范大学, 2015.

[96] 佘娇. 中国茶文化与汉语国际教育 [D]. 四川师范大学, 2015.

[97] 沈磊. 孔子学院与中华文化传播论析 [D]. 天津师范大学, 2015.

[98] 水晓晓. 试论汉语国际推广视域中的"汉语桥"比赛 [D]. 陕西师范大学, 2015.

[99] 宋颂. 孔子学院网站与歌德学院网站的比较研究 [D]. 对外经济贸易大

学 ,2015.

[100] 苏静 . 塞内加尔达喀尔大学孔子学院汉语教学现状调查报告 [D]. 沈阳师范大学 ,2015.

[101] 孙秀芬 . 澳大利亚维州中小学汉语教师志愿者专业素养调查研究 [D]. 北京外国语大学 ,2015.

[102] 孙媛媛 . 汉语国际教育硕士实践能力培养研究——以四川师范大学为例 [D]. 四川师范大学 ,2015.

[103] 唐凡钦 . 中国特色文化外交的新路径探析 [D]. 北京外国语大学 ,2015.

[104] 陶婷婷 ."网络孔子学院"汉语教学网站考察研究 [D]. 重庆大学 ,2015.

[105] 田莹 . 美国堪萨斯大学孔子学院远程交互式汉语教学模式调查 [D]. 华中师范大学 ,2015.

[106] 王媛晨 . 关于约旦汉语教学情况的调查 [D]. 沈阳师范大学 ,2015.

[107] 王贝 . 孔子学院与西欧主要文化传播机构的比较研究 [D]. 中共中央党校 ,2015.

[108] 王斌 . 吉尔吉斯斯坦中学孔子课堂教学状况的调查与研究 [D]. 新疆大学 ,2015.

[109] 王丰 . 孔子学院对外传播策略研究 [D]. 天津师范大学 ,2015.

[110] 王琦 . 孔子学院市场化运作初探 [D]. 山东大学 ,2015.

[111] 王瑞玉 . 比什凯克人文大学孔子学院汉语教学现状调查与分析 [D]. 黑龙江大学 ,2015.

[112] 王树强 . 泰国中小学国际汉语教师胜任力研究 [D]. 广西大学 ,2015.

[113] 王婷 . 汉语教师志愿者海外教学的影响因素调查——以泰国汉语教师志愿者教学情况为例 [D]. 河北大学 ,2015.

[114] 吴梦冉 . 赴欧美汉语教师志愿者跨文化交际敏感度与效能感研究 [D]. 北京外国语大学 ,2015.

[115] 吴睿 . 汉语国际教育硕士培养的调查与研究——以郑州大学为例 [D]. 郑州大学 ,2015.

[116] 伍晨阳 . 汉语国际推广对我国出口贸易和对外直接投资的影响研究

[D]. 暨南大学, 2015.

[117] 席晨露. 江西师范大学国际汉语教学案例库建设研究 [D]. 江西师范大学, 2015.

[118] 夏米尔（Avoungnansou Orens Shamir）. 贝宁人学习汉语的实际情况调查 [D]. 重庆师范大学, 2015.

[119] 向胶. 试论孔子学院文化教学对学生文化习得的影响 [D]. 华中师范大学, 2015.

[120] 肖煌辉. 中华民族传统体育在韩国孔子学院传播的现状和对策研究 [D]. 北京体育大学, 2015.

[121] 肖娟. 汉语国际教育硕士专业课程教学案例库网站的开发与建设 [D]. 暨南大学, 2015.

[122] 谢佳萍. 保加利亚"汉语桥"世界中学生中文比赛选手培训的个案研究 [D]. 北京外国语大学, 2015.

[123] 熊惟杰. 美国 K-5 汉语教学模式探究 [D]. 华中师范大学, 2015.

[124] 徐可. 跨文化交际视角下泰国汉语国际教育研究——以泰东北那空孔敬中学为例 [D]. 四川师范大学, 2015.

[125] 徐倩. 对外汉语初级听说课中微技能的训练策略 [D]. 新疆大学, 2015.

[126] 徐婷婷. 孔子学院的欧洲形象研究 [D]. 北京外国语大学, 2015.

[127] 许珩. 塔那那利佛大学孔子学院二三年级本科生语法偏误比较分析 [D]. 江西师范大学, 2015.

[128] 许萌萌. 海外华文媒体孔子学院报道研究 [D]. 华南理工大学, 2015.

[129] 薛筱曦. 罗马尼亚孔子学院汉语教学现状的调查与分析 [D]. 沈阳师范大学, 2015.

[130] 闫敬晶. 国际汉语教学案例库优化研究 [D]. 中央民族大学, 2015.

[131] 颜莎莎. 中法两国语言推广机构的比较研究——以孔子学院和法语联盟为例 [D]. 上海外国语大学, 2015.

[132] 杨番. 孔子学院中方合作院校网站调查研究 [D]. 山东大学, 2015.

[133] 杨红芳. 丽江地区汉语国际推广现状调查 [D]. 云南师范大学, 2015.

[134] 杨洁. 丹麦哥本哈根商务孔子学院武术课程发展现状的研究 [D]. 北京体育大学, 2015.

[135] 杨荣蓉. 吉尔吉斯斯坦汉语学习者"的"字习得研究 [D]. 新疆大学, 2015.

[136] 杨艳. 汉语国际教育教师的情感因素对教学的影响调查研究 [D]. 云南大学, 2015.

[137] 杨月杏. 汉语教师志愿者职业生涯规划研究 [D]. 广西师范大学, 2015.

[138] 姚佳.《长城汉语生存交际》初级教材分析 [D]. 西北师范大学, 2015.

[139] 叶姣. 新汉语水平考试与新日本语能力测试的对比研究 [D]. 云南师范大学, 2015.

[140] 余诗卉. 新 HSK 与新 TOCFL 比较研究 [D]. 暨南大学, 2015.

[141] 袁嘉. 汉语国际教育硕士专业课程学习策略调查研究 [D]. 云南师范大学, 2015.

[142] 袁晓露. 卢旺达孔子学院（课堂）运用 MOOC 进行汉语教学的调查研究 [D]. 重庆师范大学, 2015.

[143] 袁晓倩. 汉语国际教育教学案例开发研究 [D]. 暨南大学, 2015.

[144] 袁月. 美国加州中小学教师资格认证制度与赴美汉语国际教育硕士培养启示 [D]. 中央民族大学, 2015.

[145] 臧文轩. 以赛代学寓教于乐——浅析"汉语桥"世界大学生中文比赛落户湖南卫视以来的发展变化 [D]. 曲阜师范大学, 2015.

[146] 臧亚茹. IGCSE 汉语考试特点分析 [D]. 北京外国语大学, 2015.

[147] 曾奇. 阿塞拜疆孔子学院学生汉字学习策略的调查研究 [D]. 安徽大学, 2015.

[148] 曾山月. 对首都高校归国志愿者关于汉语国际教育硕士专业课程设置的调查 [D]. 北京外国语大学, 2015.

[149] 张丹. 布隆迪大学孔子学院汉语学习者需求分析 [D]. 渤海大学, 2015.

[150] 张丁丁. 堪萨斯大学孔子学院的远程交互式汉语教学 [D]. 华中师范大学, 2015.

[151] 张凤改. 新疆高校汉语国际教育专业硕士赴中亚汉语教学情况调查研究 [D]. 新疆师范大学, 2015.

[152] 张洁. 当代中国跨文化交流中国家形象塑造探析 [D]. 云南师范大学, 2015.

[153] 张娟. 海外新手汉语教师词语教学情况考察 [D]. 中央民族大学, 2015.

[154] 张蕾. 关于汉语国际教育信息化模式优越性的思考 [D]. 郑州大学, 2015.

[155] 张璐. 赴泰汉语教师志愿者跨文化适应能力培养对策研究 [D]. 湖北工业大学, 2015.

[156] 张吕明. 中国的中亚公共外交研究 [D]. 兰州大学, 2015.

[157] 张梦凡. 基于覆盖算法的HSK自适应分级在线考试系统研究与实现 [D]. 江苏大学, 2015.

[158] 张梦媛. 中级汉语课堂文化教学策略研究 [D]. 北京外国语大学, 2015.

[159] 张珊. 中央民族大学汉语国际教育硕士外国留学生论文摘要问题研究 [D]. 中央民族大学, 2015.

[160] 张天禄. 汉语国际教育中的文化教学问题——以郑铁生主编《中国文化》为个案 [D]. 西北师范大学, 2015.

[161] 张晓宇. 以日语国际推广为观照的汉语国际推广问题研究 [D]. 辽宁大学, 2015.

[162] 张雪婷. 中国民族民间舞对外教学方法研究 [D]. 北京舞蹈学院, 2015.

[163] 张喻. 汉语国际教育硕士专业学位论文调查研究——以河北大学为例 [D]. 河北大学, 2015.

[164] 张哲. 赴泰汉语教师志愿者角色转型研究 [D]. 广西大学, 2015.

[165] 章新拓. 论以武术为载体的汉语国际教学研究 [D]. 郑州大学, 2015.

[166] 赵菲. "汉语桥"世界大学生中文比赛演讲话题分析 [D]. 北京外国语大学, 2015.

[167] 赵静. 泰国曼松德孔子学院汉语水平考试的调查与分析 [D]. 天津师范大学, 2015.

[168] 赵临宇. 地州院校汉语国际教育本科专业区域化建设思考 [D]. 云南师范大学, 2015.

[169] 赵谦. 汉语国际教育在来华留学市场的发展研究 [D]. 辽宁大学, 2015.

[170] 赵琼阁. 汉语国际教育硕士中国学生培养现状调查 [D]. 重庆师范大学, 2015.

[171] 赵亚雯. 四川高校汉语国际教育专业学生英语能力现状调查 [D]. 四川师范大学, 2015.

[172] 赵莹. 关于赴南美汉语教师志愿者跨文化适应的实证研究 [D]. 上海外国语大学, 2015.

[173] 钟静雯. 赴泰汉语教师志愿者利用影视资源辅助教学的情况研究 [D]. 暨南大学, 2015.

[174] 周鼎. 欧洲孔子学院（课堂）教材使用情况研究 [D]. 山东大学, 2015.

[175] 周丽霞. 论汉语国际教育中语言教学与文化活动的关系——以尼泊尔中小学为例 [D]. 郑州大学, 2015.

[176] 周梅君. 基于案例的汉语课堂学生问题行为及其策略研究 [D]. 北京外国语大学, 2015.

[177] 周锐. 孔子学院中方院长岗前培训效果调查研究——以国家汉办"2013年孔子学院中方院长岗前培训"为例 [D]. 大连外国语大学, 2015.

[178] 周汶霏. 孔子学院：国际理解教育的实践研究 [D]. 山东大学, 2015.

[179] 朱田媛. 美国孔子学院中国文化课开设情况调查研究 [D]. 四川师范大学, 2015.

[180] 朱晓敏. 在非目的语环境下创设"目的语环境"之策略研究 [D]. 东北师范大学, 2015.

[181] 朱颖. 非洲地区孔子学院汉语教师志愿者开展专题文化活动调查研究 [D]. 暨南大学, 2015.

[182] 左亚威. 匈牙利中学汉语课堂非预设事件应对策略研究 [D]. 北京外国语大学, 2015.

图书文献

[1] Falk Hartig. *Chinese Public Diplomacy: The Rise of the Confucius Institute*（*Routledge New Diplomacy Studies*）[M]. Routledge. 2015.

[2] Phraprommangkalachan. *Confucius Institute of Maritime Silk Road: A Diplomatic Strategy for World Peace and Development* [M]. CreateSpace Independent Publishing Platform. 2015.

[3] Zhu Anqi. *Comparative Study on Goethe Institute and Confucius Institute*[M]. AV Akademikerverlag. 2015.

[4] 安然、刘程、王丽虹. 孔子学院中方人员跨文化适应能力研究 [M]. 北京：中国社会科学出版社.2015.

[5] 崔秀仲. 国际汉语教育蒙古实践研究 [M]. 北京：中国商务出版社.2015.

[6] 傅其林、邓时忠、甘瑞瑷主编. 汉语国际教育导论 [M]. 重庆：重庆大学出版社.2015.

[7] 李钧、王曰美主编. 汉语国际教育中华文化精神的源流、继承与传播 [M]. 北京：北京语言大学出版社.2015.

[8] 亓海峰、曹儒主编. 汉语国际教育硕士学位论文写作分析与指导 [M]. 北京：华语教学出版社.2015.

[9] 沈蓓蓓. 孔子学院品牌塑造研究 [M]. 北京：中央民族大学出版社.2015.

[10] 王建勤等. 全球文化竞争背景下的汉语国际传播研究 [M]. 北京：商务印书馆.2015.

[11] 王丕承. 汉语国际教育师资任务培养方式 [M]. 北京：知识产权出版社.2015.

[12] 原一川. 汉语国际教育学习与教学动机和策略研究 [M]. 昆明：云南大学出版社.2015.

[13] 张建成主编. 理念与追求汉语国际教育实践探索集 [M]. 北京：中国社会科学出版社.2015.

[14] 赵成平、郑通涛主编. 变革中的国际汉语教育：第四届汉语国别化教

材国际讨论会论文集 [M]. 重庆：重庆大学出版社 .2015.

[15] 赵金铭总主编 . 汉语国际教育硕士系列教材 [M]. 北京：外语教学与研究出版社 .2015.

[15-1] 吴中伟主编 . 汉语作为第二语言教学——汉语技能教学 [M]. 北京：外语教学与研究出版社 .2014.

[15-2] 毛悦主编 . 汉语作为第二语言教学——汉语要素教学 [M]. 北京：外语教学与研究出版社 .2015.

[15-3] 叶军主编 . 国际汉语教学案例分析与点评 [M]. 北京：外语教学与研究出版社 .2015.

[15-4] 赵长征、刘立新编著 . 中华文化与传播 [M]. 北京：外语教学与研究出版社 .2015.

[15-5] 赵杨 . 第二语言习得 [M]. 北京：外语教学与研究出版社 .2015.

[15-6] 祖晓梅 . 跨文化交际 [M]. 北京：外语教学与研究出版社 .2015.

[16] 朱斌、伍依兰 . 面向汉语国际教育的语法研究与教学 [M]. 广州：世界图书广东出版公司 .2015.

辑刊文献

[1] 鲍丽娟 . 孔子学院教材开发的原则构建 [J]. 孔子学院发展研究 .2015（01）:106–110.

[2] 陈涛、央青 . 基于数据库的美国孔子学院文化交流活动分析 [J]. 汉语国际传播研究 .2015（01）:147–156.

[3] 谷陵 . 美国名校精英式汉语强化教学模式对国际汉语教学的启示 [J]. 汉语国际传播研究 .2015（01）:76–83.

[4] 韩丹星 . 谈国际汉语教师的素质标准 [J]. 世界汉语教学学会通讯 .2015（01）:23–25.

[5] 黄露阳 . 强化教学，先语后文——海外孔院零起点汉语教学的有效途径 [J]. 孔子学院发展研究 .2015（01）:45–52.

[6] 黄晓琴.海外办学对中外合作办学立法的质疑与补充——以孔子学院为例[J].孔子学院发展研究.2015（01）:1–11.

[7] 江西元.从语言哲学，看国际汉语教育的文化政治意义[J].国际汉语教育研究.2015（00）:1–6.

[8] 靳洪刚.21世纪学习需求与汉语国际教育的可持续发展[J].国际汉语教育.2015（01）:73–82.

[9] 李加方.中小学国际汉语教学研究综述[J].国际汉语教育.2015（01）:189–197.

[10] 李强、袁毓林.服务于国际汉语教学的同义名词辨析查询系统建设[J].对外汉语研究.2015（01）:115–123.

[11] 李泉.汉语国际教育硕士专业建设的开拓性成果——读赵金铭总主编MTCSOL系列核心课教材[J].国际汉语教育.2015（02）:3–20.

[12] 李馨郁.美国内布拉斯加-林肯大学孔子学院汉语远程教学模式述评[J].孔子学院发展研究.2015（01）:31–39.

[13] 刘畅.从新手教师视角看国际汉语教师实践性知识及专业发展——基于本人教学日志的个案研究[J].国际汉语教育.2015（02）:30–43.

[14] 刘弘、时娟.汉语国际教育本科生教学研究类论文摘要考察[J].国际汉语教育.2015（02）:21–29.

[15] 刘军.孔子学院和台湾书院的异同比较与发展争议[J].孔子学院发展研究.2015（01）:19–25.

[16] 马秀丽.汉语国际教育研究方法类课程初探[J].国际汉语教育.2015（01）:33–42.

[17] 彭赟、田艳."汉语桥"在华留学生中文比赛的分析与思考——基于第六届"汉语桥"比赛试题[J].汉语国际传播研究.2015（01）:168–175.

[18] 亓海峰.面向汉语国际教育的案例教学[J].国际汉语教育研究.2015（00）:118–122.

[19] 全香兰.汉语国际教育用汉字表的字义信息标注初探[J].国际汉语教育.2015（01）:144–151.

[20] 王恩旭.论国际汉语教师的跨文化沟通素质[J].孔子学院发展研究.2015（01）:71-78.

[21] 王仁法.《中华文化才艺与展示》课程设置的现状与分析[J].国际汉语教育研究.2015（00）:143-148.

[22] 王数财.国际化语境中对外汉语课堂教学的实践创新研究——以孔子学院奖学金留学生为例[J].孔子学院发展研究.2015（01）:53-59.

[23] 王英贤.关于汉语国际教育案例库建设的相关思考[J].国际汉语教育研究.2015（00）:123-127.

[24] 吴思科.丝路思想沉淀超拔 丝路战略定性塑形——评《丝路学研究——基于中国人文外交的阐释框架》[J].公共外交季刊.2015（01）:105-130.

[25] 武慧君、金克华、吴应辉."政商孔校"优质资源整合，实现孔子学院可持续发展[J].汉语国际传播研究.2015（01）:140-146.

[26] 徐英春、李冬梅.从孔子学院教师的角度看汉语教学与中国文化传播的密切关系[J].华夏文化论坛.2015（01）:143-147.

[27] 尹博、吴应辉.运用影视材料进行国际汉语教学的方法探究[J].汉语国际传播研究.2015（01）:91-97.

[28] 张丹.列日孔子学院在比利时多元语言和多元文化教育中的地位与作用[J].国际汉语教育.2015（02）:52-58.

[29] 张慧晶.拉丁美洲孔子学院发展的现状、困惑及对策研究[J].汉语国际传播研究.2015（01）:39-53.

[30] 张慧晶.海外汉语教师志愿者项目培训、管理及评估方式[J].世界汉语教学学会通讯.2015（02）:17-20.

[31] 赵金铭.汉语国际教育硕士专业学位课程与教材研究[J].国际汉语教育.2015（01）:3-9.

[32] 赵永亮.吉尔吉斯汉语教学发展与汉语师资本土化问题之探讨[J].孔子学院发展研究.2015（01）:40-44.

[33] 周敏康.浅谈西班牙语国家的汉语教师素质与培养[J].国际汉语教育研究.2015（00）:149-152.

[34] 朱勇. 海外汉语学习的语境补偿问题 [J]. 对外汉语研究 .2015（02）:154-164.

会议文献

[1] 曹佩芳. 不同洲际孔子学院武术课程体系构建的理论研究 [C]. 2015 第十届全国体育科学大会. 中国浙江杭州 :2015.

[2] 陈梓楠. 海外汉语教师志愿者教学中的文化休克问题探析——以菲律宾华校的汉语教学为案例分析 [C]. 第八届北京地区对外汉语教学研究生论坛. 中国北京 :2015.

[3] 戴国华. 国别化教材有必要吗 [C]. 第四届汉语国别化教材国际研讨会. 中国重庆 : 2015.

[4] 耿直. 第二语言教材中的意识形态宣传 [C]. 第四届汉语国别化教材国际研讨会. 中国重庆 : 2015.

[5] 龚泽军、赵茜. 汉语国际教育硕士（留学生）汉字书写偏误分析 [C]. 第四届汉语国别化教材国际研讨会. 中国重庆 :2015.

[6] 韩淑红、胡晓清. 面向汉语国际教育的反问句研究 [C]. 第四届汉语国别化教材国际研讨会. 中国重庆 :2015.

[7] 晋小洁、张长念. 汉语国际推广与武术国际传播的互动关系探析 [C]. 2015 第十届全国体育科学大会. 中国浙江杭州 :2015.

[8] 孔令远、李艳华. 卢旺达大学教育学院孔子学院的汉语教学本土化建设的实践与创新 [C]. 第四届汉语国别化教材国际研讨会. 中国重庆 :2015.

[9] 李劲松. "互联网 +"时代的汉语教学服务——以韩国 HSK 考教结合应用成果为例 [C]. 2015 年中国语言文学研究暨汉语教学国际学术研讨会. 中国甘肃兰州 :2015.

[10] 刘硕. 论国际汉语教学中在华留学生的跨文化交际能力培养问题 [C]. 第八届北京地区对外汉语教学研究生论坛. 中国北京 :2015.

[11] 陆筱俊. 新媒体时代优质在线同步汉语课堂的构建——基于网络孔子

学院在线同步汉语课学生参与度的分析 [C]. 第八届北京地区对外汉语教学研究生论坛. 中国北京:2015.

[12] 茅晓嵩. 论准官方文化组织在文化外交中的作用——以英国文化委员会为个案 [C]. 美国华人人文社科教授协会第二十一届国际会议. 美国佛罗里达州杰克逊维尔市:2015.

[13] 牛聪伟、梁小娟、殷锋等. 全球孔子学院"武术课"的推广策略研究 [C]. 2015 第十届全国体育科学大会. 中国浙江杭州:2015.

[14] 邵鹏博. 浅谈国际汉语教师教育信念系统的构建 [C]. 2015 年中国语言文学研究暨汉语教学国际学术研讨会. 中国甘肃兰州:2015.

[15] 申慕野. 浅议 OBE 教学模式下的汉语国际教育专业硕士培养 [C]. 第八届北京地区对外汉语教学研究生论坛. 中国北京:2015.

[16] 檀晶晶、屠海波. 关于应用型高校汉语国际教育专业特色化发展的思考 [C]. 决策论坛——公共管理决策案例与镜鉴研讨会. 中国北京:2015.

[17] 武超、吕韶钧. 孔子学院武术教学存在的问题与解决对策 [C]. 2015 第十届全国体育科学大会. 中国浙江杭州:2015.

[18] 杨桦. 汉语国际教育框架内的中国文化课教学初探 [C]. 2015 年中国语言文学研究暨汉语教学国际学术研讨会. 中国甘肃兰州:2015.

[19] 岳薇. 从需求分析看国际商务汉语教材的编写 [C]. 第四届汉语国别化教材国际研讨会. 中国重庆:2015.

[20] 张成淑. 韩国外国语大学孔子学院初级口语教材词汇分析——以《汉语口语速成》入门篇下（韩文注释）为例 [C]. 第八届北京地区对外汉语教学研究生论坛. 中国北京:2015.

[21] 张建民. 文化在汉语国际教育专业课程设计中的作用 [C]. 2015 年中国语言文学研究暨汉语教学国际学术研讨会. 中国甘肃兰州:2015.

[22] 张长念、王璐璐、张长思. 论武术国际传播的四种形式及其关系 [C]. 2015 第十届全国体育科学大会. 中国浙江杭州:2015.

后　记

在《孔子学院研究发展报告(2016)》即将付梓之际,掩卷沉思,既心存感激,亦浮想联翩。2004年,笔者正式参与汉语国际推广和孔子学院建设,从此便没有离开一线,无论是教学、研究还是管理工作。对孔子学院的关注和思考,特别是对其战略发展和研究动态的关注与思考从未有过停歇。

面对需求和期望、面对现实和理想,或许孔子学院还有很多需要改革和完善的方面,也还有很多令人疑虑或困惑的地方,但毋庸置疑,遍布世界134个国家和地区的500所孔子学院和1000所孔子课堂,已经成为全球化背景下语言与文化传播中国实践的代言人。孔子学院的未来需要更多的关心、理解和支持。其中,学术的关心、理解与支持是不可或缺的。

孔子学院研究是对孔子学院社会存在的认知和延伸。诚如传播学者麦克卢汉的著名论断"媒介是人的延伸"所言,研究成果也应被视为研究对象的一种延伸。孔子学院研究成果的丛生问世,积厚流光,是孔子学院社会存在及其价值衍生的一种不可替代的呈现。一个事物的客观存在与演进发展,既是其本体价值的彰显,也是其社会意义的表达。实践证明,孔子学院直接推动了中国语言文化实质性参与全球文化治理的进程。这项事业将是长期稳定、广泛认真的,因为这是一种源于国家层面上的制度安排,这是孔子学院可持续发展的基础。倘若有时间精读细研,您会发现无论是宗旨理念还是发展目标、无论是创业精神还是发展速度、无论是合作模式还是传播内容,孔子学院的方方面面都显现出鲜明的中国特色,烙上了浓厚的中国烙印。

在社会需求的激发与推动下,孔子学院已渐渐成长为一个具有广泛社会属性的价值主体,创造了中国语言文化走出去的若干个"第一次",成为名副其实的"中国制造"。面对这样一个新兴的价值主体，在教育、文化、政治、经济等不同的话语体系下，通过不同的叙事，汇成一个个内涵丰富的学术意义群。就像《孔子学院年度发展报告》体现出的纷繁与丰富一样，《孔子学院研究发展报告》也可以在集成甄别、探赜索隐的基础上，离析出年度学术探究的热点关注与研究关键。

通过研究，体现并促进发展，在孔子学院及其学术回响之间、在理论思考与实践总结之间，搭建一个可以互动并转化的枢纽或桥梁，是本报告的初心之一。基于年度文本事实，关注战略发展的理念与观点，探幽穷赜、审慎思考，分置于教学研究、发展研究、影响研究和舆情研究不同章节。通过主题聚合，突出针对性、导向性和选择性。按照编撰理念与设计，遴选摘录文献的总量控制在百篇左右，希望通过几年的积累，构建一个关涉孔子学院战略发展研究成果与导向的框架。笔者深知，纯粹的契合是一种美好的愿景，理想与现实，或目标与实现之间总是会存在着一些反差或距离。但笔者及其团队仍然希望这种良好的愿景或设计，在众人的关心和支持下，可以无限地接近理想靠近目标。

本报告得到多方的关注、关爱与提携。在此，要感谢商务印书馆给予的信任和支持。特别是周洪波总编辑在写作过程中的真知灼见，无论是谋篇布局还是体例规范，都有他的提点和智慧，其孜孜以求的敬业精神令笔者及其团队感动至深。要感谢本书的责任编辑袁舫老师、戴军明老师，他们的经验、责任和耐心是本书得以顺利出版的重要因素。要感谢赵金铭教授、郭熙教授、王建勤教授、李泉教授，几位教授拨冗阅稿，提出高见，他们的建议对本书影响颇深。最后，要特别感谢国家汉办/孔子学院总部，感谢他们为孔子学院建设与发展所做出的不懈努力和卓越贡献，他们的不断创新与辛劳付出，把国家战略转换成为一个可实现可预期的价值实体，塑造了一个全新的、全球化背景下人文与社会科学领域的学术命题。中国文化有探本溯源的传统，"问渠那得清如许，为有源头活水来"。孔子学院总部所在地，北京德胜门的箭楼，一个象征着当代中国语言文化出发的地方，就像孔子当年"乘桴浮于海"，希望孔子学院的事业"直挂云帆济沧海"，渐行渐远，且歌且行！

本书是《孔子学院研究发展报告》的首册。尽管是多年关注与思考的外化，并在编撰过程中不断地进行反思、批判和修改,但这中间的尺度和吻合以及最终的呈现,仍与理念与设计差距甚远,亦需时间和实践的检验。孔子学院是一项崇高的事业,也是一个关涉方方面面的系统工程,笔者及其团队对于其发展事实的掌握与学习,以及对于研究动态的纵观与洞悉,限于时间、能力、经验、技术等方面的原因,在认知、分析和把握等方面难免有偏颇之处,如有不妥,敬请方家指正,也请大家海涵。

衷心希望各位读者、专家学者,特别是孔子学院的建设者,从不同的方面提出意见和建议,提供或推荐优秀成果和学术信息,特别是关涉孔子学院战略发展等方面的高见与判断。

宁继鸣

2016 年 10 月 19 日

图书在版编目(CIP)数据

孔子学院研究发展报告.2016/宁继鸣主编.—北京：商务印书馆,2016
ISBN 978-7-100-12744-8

Ⅰ.①孔… Ⅱ.①宁… Ⅲ.①汉语—对外汉语教学—教育组织机构—研究报告—2016　Ⅳ.①H195-40

中国版本图书馆 CIP 数据核字(2016)第 282301 号

所有权利保留。
未经许可,不得以任何方式使用。

孔子学院研究发展报告(2016)
宁继鸣　主编

商 务 印 书 馆 出 版
(北京王府井大街36号　邮政编码100710)
商 务 印 书 馆 发 行
北京市艺辉印刷有限公司印刷
ISBN 978-7-100-12744-8

2016年12月第1版　　开本787×1092　1/16
2016年12月北京第1次印刷　印张21¾
定价:78.00元